IDÉOLOGIES
AU CANADA FRANÇAIS
1900~1929

« HISTOIRE ET SOCIOLOGIE DE LA CULTURE »

Collection dirigée par

Fernand Dumont et Pierre Savard

1. *Idéologies au Canada français, 1850-1900.* Ouvrage collectif publié sous la direction de Fernand Dumont, Jean-Paul Montminy et Jean Hamelin, 1971.

2. *Savoir et Pouvoir. Philosophie thomiste et politique cléricale au XIXᵉ siècle,* par Pierre Thibault, 1972.

3. *Les Religions populaires. Colloque international 1970.* Textes présentés par Benoît Lacroix et Pietro Boglioni, 1972.

4. *Le Merveilleux. Deuxième colloque sur les religions populaires 1971.* Textes présentés par Fernand Dumont, Jean-Paul Montminy et Michel Stein, 1973.

5. *Idéologies au Canada français, 1900-1929.* Ouvrage collectif publié sous la direction de Fernand Dumont, Jean Hamelin, Fernand Harvey et Jean-Paul Montminy, 1974.

6. *Les Manuels d'histoire du Canada au Québec et en Ontario, de 1867 à 1914,* par Geneviève Laloux-Jain, 1974.

7. *L'Apolitisme des idéologies québécoises. Le grand tournant 1934-1936,* par André-J. Bélanger (à paraître).

IDÉOLOGIES AU CANADA FRANÇAIS 1900~1929

Ouvrage publié sous la direction de
Fernand DUMONT
Jean HAMELIN
Fernand HARVEY
Jean-Paul MONTMINY

HISTOIRE ET
SOCIOLOGIE
DE LA CULTURE

5

LES PRESSES DE L'UNIVERSITÉ LAVAL
Québec, 1974

*Cet ouvrage est publié grâce
à une subvention du Conseil canadien
de recherches sur les humanités
provenant de fonds fournis par
le Conseil des arts du Canada.*

Les articles réunis dans ce deuxième ouvrage sur les idéologies au Canada français sont issus d'un projet de recherche amorcé à l'Institut supérieur des sciences humaines de l'université Laval en 1967-1968. La première tranche de la recherche couvrait la période 1850-1900 et les résultats en ont été publiés en 1971 dans le volume I de la collection « Histoire et Sociologie de la culture ».

Nous présentons aujourd'hui de nouveaux travaux, sur la période 1900-1929, qui résultent d'un séminaire tenu durant l'année 1968-1969. Ils procèdent de la problématique et du cadre d'analyse que nous avons décrits dans l'introduction du volume précédent.

Nous espérons publier bientôt un ensemble de travaux semblables sur la période 1930-1939.

LES ÉDITEURS.

TABLE DES MATIÈRES

DU DÉBUT DU SIÈCLE
À LA CRISE DE 1929 :
UN ESPACE IDÉOLOGIQUE

Par comparaison avec celles de la seconde moitié du XIXe siècle, on se demandera si les idéologies québécoises des années 1900 à 1929 ont quelque originalité. À première vue, les thèmes sont les mêmes, comme si les représentations déjà acquises poursuivaient leur carrière monotone. Après coup, beaucoup d'auteurs ont insisté sur cette continuité; pour eux, les idéologies n'ont pas eu alors d'autre sens que de se perpétuer et, par là même, de décrocher de plus en plus d'avec les impératifs de l'époque, de masquer les vrais enjeux collectifs.

À mon avis, cette impression première est quelque peu illusoire. Les idéologies définitives de la société canadienne-française s'étaient formulées au siècle précédent non pas comme une sorte de survol arbitraire des conflits propres à cette société, mais comme un compromis. Il est vrai que cet arbitrage était devenu un système : avec sa faiblesse numérique, son isolement, sa pauvreté en capitaux, sa sujétion politique et économique, le pays s'était replié sur la tradition et, dans ce repli, il avait même trouvé une mission originale sur le continent. C'est avec ce bagage, un mode de lecture de l'histoire péniblement acquis lors des crises du siècle passé, que le Québec allait affronter de nouveaux défis : l'urbanisation, l'industrialisation, la première guerre mondiale. Cette épreuve pour les idéologies déjà mises en place ne les incitera pas simplement à répéter indéfiniment leur propos : elle les forcera à manifester leur virtualité, à dire leur puissance comme leur pauvreté d'assimilation, et ainsi à révéler les contradictions profondes de notre collectivité.

Est-il besoin de le rappeler : dans le cas qui nous occupe comme dans tous les autres, l'idéologie ne plane jamais au ciel des sociétés. Elle est une procédure de la convergence qui sourd des autres pratiques sociales. On a toujours tort d'en faire une *représentation* plus ou moins adéquate. Elle est ce qu'une société peut dire d'elle-même. Comprendre une idéologie ne consiste pas à se demander si elle se trompe ou non mais à la replacer dans le contexte dont elle est à la fois le produit et le complément.

I

De puissantes forces historiques ont modifié les structures de la société québécoise dès le début de la période. On a même pu dire que notre économie avait alors connu son *take off*; il est certain, en tout cas, que l'industrialisation et l'urbanisation ont franchi une étape décisive. On trouvera là-dessus, dans un autre chapitre, les indications essentielles. Bien sûr, des bouleversements de ce genre ne sont jamais clairement perçus dans aucune collectivité; ils se produisent toujours dans une sorte d'anonymat où le jeu des forces en présence échappe à la compréhension même de ceux qui en sont les plus proches agents. Cette difficulté à s'insérer lucidement dans les grands axes d'évolution a pourtant revêtu ici des caractères spécifiques qu'il faut tâcher de dégager si l'on veut comprendre quelque peu les idéologies et la vision du monde qui en ont résulté.

On se heurte aussitôt, en cette matière comme en tant d'autres, à la pauvreté des recherches historiques. Par exemple, nous ne disposons pas, pour cette phase de l'urbanisation du Québec, d'une étude comme celle qu'a menée Philippe Ariès pour la France et d'autres pays. Quelles strates de la société rurale ont été touchées par les migrations à la ville et selon quelles séquences ? Selon quelle échelle des occupations urbaines s'est effectuée l'intégration au nouveau milieu ? Quels compromis concrets ont été faits entre l'un et l'autre genres de vie ? À ces questions et à bien d'autres, nous ne pouvons encore répondre avec quelque précision. Une chose paraît pourtant certaine : entre ruraux et prolétaires des villes, une continuité des attitudes s'est maintenue. Il ne faut pas céder, à cet égard, à la magie des statistiques. Quand on nous répète que la proportion de la population urbaine est passée de 40 à 60 pour cent entre 1900 et 1930, il faut au moins se rappeler que le qualificatif *urbain* recouvre en l'occurrence des réalités extrêmement diverses. Nous avons tous connu, il n'y a pas si longtemps, des quartiers ouvriers où s'étaient conservés des coutumes, des modes de relations sociales qui ressemblaient de près à ce qu'on pouvait observer à la campagne. Cela a joué ici d'autant plus que, pendant des générations, une grande partie de notre population a vécu dans l'isolement de la *folk society*. On ne quitte pas un milieu restreint et bien structuré pour adopter brutalement ailleurs de plus larges horizons et des comportements nouveaux. Surtout que la population rurale se trouvait, arrivée en ville, non seulement devant un monde du travail différent de celui de la campagne mais aussi, très souvent, devant un univers linguistique nouveau. Le milieu urbain et industriel, ce ne fut pas seulement ici la machine ou le cinéma, mais aussi une civilisation différente par le langage qui nommait les choses de la nouvelle quotidienneté et qui incarnait le pouvoir. Par là s'explique sans doute la forme particulière de repli sur soi des urbains que nous fûmes; en tout cas, on peut y voir un des facteurs de survivance des mentalités rurales. Quand la recherche historique nous aura fourni là-dessus des données plus précises, il sera important de les comparer avec des observations faites sur les migrations de travailleurs étrangers en divers pays; on comprendra mieux cette réticence à l'urbanisation qui marqua les attitudes avant de se dire ouvertement dans les idéologies.

Ce sentiment de l'étrange s'est aussi alimenté à d'autres sources. On n'oubliera que, durant la période qui nous intéresse, l'immigration a déposé sur notre sol des contingents considérables. On le rappelle plus loin pour les Juifs : ils sont 2 703 en 1891 et 50 087 en 1931. Cela n'a pu manquer d'étonner et de provoquer la crainte. J'avais été frappé, à la lecture de la correspondance du poète Charles Gill, par un passage où il fait part d'une rencontre fortuite d'Albert Ferland devant une vitrine de la rue Saint-Laurent. Nous sommes en mai 1911 :

> Le soleil se couchait; dans une poussière d'or passait la foule cosmopolite. Ce soleil au couchant, cette rue que j'avais vue il y a vingt ans toute française..., cette foule composée de races hostiles à notre étoile, la diversité des langages, notre race représentée là surtout par ses prostituées de douze ans et ses jeunes ivrognes, tout cela me frappa. Nous étions demeurés près de la vitrine; j'attirai Ferland jusqu'au bord du trottoir; d'un geste je lui montrai le soleil et de l'autre la foule : Regardez Ferland, lui dis-je, regardez mourir le Canada français [1]...

Dans des termes moins pathétiques, bien des Canadiens français de l'époque s'inquiétèrent du flot montant de l'immigration, de la politique fédérale qui, sur ce point comme sur d'autres, ne tenait pas compte des traits originaux du Québec. Il faut comprendre ce sentiment si l'on veut, encore aujourd'hui, saisir pourquoi les francophones d'ici ont des attitudes méfiantes qui étonnent les observateurs superficiels. Jules Fournier disait déjà l'essentiel dans un article de 1908 :

> 300,000 immigrants aujourd'hui, demain 500,000 nous sont jetés à la tête par le gouvernement d'Ottawa. Dans vingt-cinq ans, il y aura au Canada une population de 40 millions d'hommes. Là-dessus, 2½ millions de Canadiens français, peut-être moins. Au sud, 100 ou 120 millions d'Américains... Écrasés sous le nombre nous sommes encore les derniers dans tous les domaines d'activité. Si nous ne nous réveillons pas au plus vite, qu'allons-nous devenir ? [2]

Jusqu'alors confiné surtout à son terroir, doublement étranger à la ville où il afflue, confronté à des immigrants nombreux, ce peuple n'est même pas assuré de son identité ! Est-il britannique, avant tout sujet de l'Empire ? Henri Bourassa et d'autres lui disent que non. Mais il est pratiquement le seul à le croire spontanément : ses voisins anglais pensent généralement autrement. Est-il Canadien ? Il n'en doute pas, mais le mot est pour lui, et restera encore longtemps dans les milieux populaires, synonyme de « français » par opposition à « anglais ». Il est donc canadien-français, mais ce terme englobe une diaspora tout en coïncidant d'abord avec le Québec. Il est catholique, et cela lui sera rappelé souvent comme étant sa qualification première. Mais c'est une identité qui ne lui est pas exclusive. Et si on répète que la langue est gardienne de la

---

[1] Charles GILL : *Correspondance*, publiée par Réginald Hamel, Éditions Parti Pris, Montréal, 1969, p. 28.

[2] *Le Nationaliste*, 8 mars 1908.

foi, la réciproque n'est pas vraie, comme le rappelle Bourassa : « Lier la cause de l'Église à celle de la race et de la langue française serait une erreur [3]. »

L'identité de ce peuple se trouve donc d'abord dans son retrait, dans le réseau étroit de ses coutumes et de ses relations sociales. Il n'a pas vraiment de cohésion officielle qui tranche dans les incertitudes des appartenances et des langues. Voilà qui explique largement la manière dont il abordera les brusques poussées de l'urbanisation et de l'industrialisation.

Possède-t-il du moins des centres de décisions qui lui permettraient de canaliser ces forces historiques qui agissent sur lui et qu'il a du mal à comprendre ? On retrouve sur ce terrain le même éparpillement que pour ce qui concerne l'identité. Les décisions politiques viennent d'un espace infiniment plus vaste : de Londres, de Rome. Le gouvernement d'Ottawa est tout-puissant auprès de celui de la Province. Il y a des députés du Québec à Ottawa; mais ils s'y comportent le plus souvent comme des étrangers. C'est bien ainsi que Jules Fournier nous les a décrits. En voici un qui commence à parler devant la Chambre :

> Son discours (généralement en anglais) dure trois quarts d'heure, à tout coup. Lieux communs, généralités, développements aqueux et boursouflés : *Le Canada est un grand pays... ses ressources sont immenses... les libertés dont nous jouissons... nos pères ont été des héros... la gloire du drapeau britannique... sir Wilfrid est un grand homme...* Pas un mot qui touche au cœur du sujet; rien qui ne sente de dix lieues sa rhétorique de collégien. Les autres canayens applaudissent à tout casser, pendant que les Anglais, ministériels comme oppositionnels, écoutent avec un sourire amusé...

Fournier est correspondant du *Devoir* à Ottawa. Il y a vu des choses concrètes. Il a constaté, par exemple, que le local réservé aux députés du pouvoir, où se trament les décisions importantes et les collusions des intérêts financiers et de la politique, n'est pas fréquenté par les Canadiens français; on a relégué ces derniers à la *tabagie* où d'ailleurs ils se trouvent fort à leur aise :

> La plupart d'entre eux n'émargent à aucun fonds secret. Seuls sont rémunérés les malins qui se chargent de conduire le troupeau du *bon côté*. Les *schemers* sont bien consentants à délier les cordons de leur

---

[3] *Le Devoir, ses origines, sa naissance, son esprit*, 1930, p. 25.

bourse en faveur des Anglais, ou tout au moins à les satisfaire de quelque autre façon; mais, pour ce qui est des députés de la Province de Québec, c'est une autre affaire. Ils ne prennent même pas la peine de les acheter [4].

Fournier prétend qu'il s'agit, au commencement du siècle où il écrit, d'un phénomène récent. Selon lui, Laurier et le parti libéral seraient responsables de cette médiocrité de la députation québécoise comme de sa ségrégation en marge des vrais pouvoirs. Cela mérite d'être retenu comme hypothèse dans des recherches historiques qu'il reste à conduire. D'ailleurs, il se peut qu'il faille remonter plus avant : ainsi, certaines indications des *Mémoires Chapais* incitent à ramener l'hypothèse aux origines de la Confédération.

Voilà le peuple singulier qui traverse les phases décisives de l'urbanisation et de l'industrialisation. Ce qu'il sait de la vie, il l'apporte de la campagne ou de quartiers urbains qui ressemblent aux milieux ruraux. À la ville, dans l'industrie, il ne rencontre pas que ses pareils. Les Irlandais, par exemple, sont pauvres et catholiques; ils ne lui sont pourtant pas solidaires. Les autres immigrants non plus. On le comprend sans peine : les uns et les autres, les autochtones comme les nouveaux arrivés, entrent dans un nouveau milieu où ils sont tous des marginaux et, par conséquent, des concurrents de mêmes réticences et de mêmes ambitions.

II

Ces autochtones, qui étaient aussi des étrangers, quelles idéologies allaient-ils se donner pour rendre compte de leur situation et de leurs incertitudes ?

Sans mauvais jeux de mots, on peut parler d'idéologies d' « étrangers », incapables de pénétrer le sens de l'histoire où ils sont impliqués et qui se fait sans eux. À de rares exceptions près, leurs idéologues n'analysent pas l'industrialisation, l'urbanisation, la première guerre mondiale selon leurs coordonnées spécifiques.

Certains survivants de la gauche libérale, au journal *le Canada* et ailleurs, en sont encore à départager religion et politique. Ils

---

4 Jules FOURNIER : « Notre députation », *le Devoir*, 22-25 février 1910; article reproduit dans *Mon encrier*, nouv. éd., Fides, 1965, pp. 149-150, 154.

entonnent la chanson du progrès; ils prônent le suffrage féminin, l'éducation, l'enseignement de l'anglais et autres réformes qui, pour n'être pas négligeables, ne sont pas fondamentales. À un tout autre horizon, apparaissent des tentatives politiques qui se réclament du monde ouvrier : pour une grande part, leurs idéologies viennent d'ailleurs et leurs répercussions ne seront pas bien grandes [5]. Des esprits réalistes, Bouchette, Asselin, Montpetit, quelques autres, tâchent d'attirer l'attention sur des tâches précises : contrôle de nos ressources, formation scientifique et technique, etc. Dès le début du siècle, *l'Union* s'exclame :

> Que l'on n'aille pas croire à cette monstrueuse hérésie nationale que pour nous, Canadiens français, il nous suffit de croître et de nous multiplier... Borner là nos efforts serait former une nation de malheureux peinant et suant les sept jours de la semaine pour donner le confort et la richesse aux étrangers. (5 mars 1903.)

En 1923, évoquant le souvenir d'Errol Bouchette, Montpetit tiendra des propos semblables :

> Si nous voulons remplir notre rôle et sauvegarder nos origines, nous devons, comme nous avons fait autrefois, lutter avec les armes mêmes dont on nous menace. Lorsque nous aurons acquis la richesse, nous pourrons développer en nous la culture française [6].

Mais ces appels ne sont guère entendus et, quand ils le sont, on les réintègre le plus souvent dans un diagnostic plus général, dans une définition idéologique qui doit son inspiration principale à d'autres sources. Dans les changements historiques, ce ne sont pas les forces en jeu qui mobilisent d'abord l'attention, mais le changement lui-même et l'effarement qu'il inspire. Aussi, les idéologues insistent constamment sur les transformations des mœurs plutôt que sur celles des structures.

Écoutons par exemple Mgr Bégin et les évêques de la Province ecclésiastique de Québec dans une lettre pastorale de 1923 :

---

[5] Je ne veux pas minimiser l'importance de l'action politique des mouvements ouvriers internationaux que retrace M. Rouillard dans une très belle étude du présent ouvrage. Mais je crois constater que leur idéologie n'a guère eu d'impact sur l'espace idéologique québécois d'alors. Quant aux syndicats catholiques, ils ont surtout emprunté aux idéologies dominantes.

[6] Dans *l'Action française*, janvier 1919, p. 20.

Un besoin morbide de changement dans tous les domaines, conséquence de l'ébranlement nerveux causé par les cataclysmes qui ont troublé le monde, exerce une influence néfaste sur l'exode dont nous souffrons actuellement. Comme nous retrouvons son action malfaisante dans les tentatives d'introduire, à tout moment, des nouveautés de nature à bouleverser l'ordre normal et traditionnel...

Et ailleurs :

Nous ne constituerons un peuple solide et fort que dans la mesure de l'énergie avec laquelle nous adhérerons au sol des ancêtres, résistant à tous les souffles violents, à toutes les bourrasques économiques ou autre qui menacent de nous déraciner.

Repli sur soi-même, repli sur la terre, repli sur le passé : trois dominantes complémentaires qui ne se retrouvent pas seulement dans la pensée des évêques mais aussi, nous le suggérions plus avant, dans les attitudes d'une population étrangère à son devenir.

Il serait pourtant erroné de confondre les vitupérations des mœurs de l'époque avec un pur et simple moralisme. Le moralisme y est, bien entendu, mais on décèle toujours en corrollaire le souci de maintenir la continuité d'une société malgré les bouleversements qui l'affectent. Se défendre contre le changement n'est pas de soi refus de l'histoire. C'est même une condition de survie pour toutes les collectivités et tous les individus du monde. On n'accepte le changement qu'en prenant appui sur ce qui perdure : comment y aurait-il autrement ce qu'il est convenu d'appeler une *conscience historique* ? Ici, le point d'appui, ce fut la tradition, une *tradition* qu'il reste d'ailleurs à mieux cerner dans la notion qu'elle a revêtue au cours de ces années. Après 1900, on exalte encore les vieilles coutumes comme on l'avait fait auparavant. Mais les défis de la ville, de l'industrie, de la guerre provoquent dans les consciences comme dans les idéologies un ébranlement de ces coutumes. À son tour, cet ébranlement suggère une sorte de descente aux fondements de la tradition : ce qui a été vécu doit être volontairement maintenu; ce qui était comportement concret doit être conçu comme le sens général d'un destin. Je cite au hasard une illustration empruntée à un article mineur de Lionel Groulx sur les traditions du Jour de l'An :

La tradition est le signe d'une culture au même titre que la langue. Laisser corrompre sa langue ou cesser de la parler, c'est le propre d'une nationalité qui se meurt; laisser tomber la tradition, ne plus accomplir le rite, c'est laisser voir que l'âme a changé. Quelle tristesse quand la tradition est de caractère religieux ! Sa disparition fait alors entendre un abaissement de la foi. L'âme ne peut plus accomplir des gestes qui sont devenus plus grands qu'elle-même... Un peuple qui change de traditions est un peuple qui a commencé de changer d'âme[7].

C'est dans cette perspective qu'il faudrait considérer l'évolution de la pensée historique elle-même durant cette période. La reconstitution du passé canadien-français est alors moins la recherche empirique d'un donné, comme y procédaient à l'étranger tant d'écoles à tendance positiviste, que le dégagement et le rappel d'une continuité de sens, d'un retour à des archétypes qui puissent fonder un destin. L'idée était déjà chez Garneau ; mais elle prendra toute son importance et connaîtra son plus grand essor au cours de ces années que nous considérons. C'est Lionel Groulx qui l'incarnera au mieux. Rappelons seulement sa préface à *la Naissance d'une race*, qui est sans doute son plus beau livre et le plus caractéristique de sa manière :

> Déracinés par le colonianisme politique et moral, dédoublés par le dualisme d'un pays fédératif, nous avons besoin qu'on nous rende, plus que toute chose, le sentiment de notre personnalité... Allons-nous marcher plus longtemps avec cette conscience désagrégée, flottante, où ne peut s'appuyer aucune fixité du patriotisme ? A-t-elle seulement droit à l'existence, peut-elle se promettre l'avenir, la nationalité qui s'ignore, qui ne sait plus garder pour elle-même son allégeance spirituelle ?[8]...

À ces propos de la première édition Groulx ajoutera, dans une nouvelle préface de 1938 : « Si vivre est persévérer dans son être, les Canadiens français ont besoin de savoir quel est leur être national, et comment, à travers l'histoire, il s'est formé. »

Aussi, la constante recherche d'une *doctrine* marque cette période. Le mot revient partout avec insistance et il a prêté aisément aux caricatures de ceux qui en ont fait, après coup, la recension. À moins qu'on la détache de son contexte — de son champ sociologique aussi bien que de son environnement dans l'écriture — on peut comprendre le rôle pour ainsi dire nécessaire d'une pareille préoccupation. Faisant le pont entre les coutumes héritées et un changement historique

---

[7] « Nos traditions du jour de l'an », dans *la Vie nouvelle*, 1924. Reproduit dans *Dix ans d'action française*, Bibliothèque de l'Action française, 1926, pp. 203, 206.

[8] *La Naissance d'une race*, 3ᵉ éd., Granger, 1938, pp. 11-12.

inexpliqué, la *tradition* devient plus abstraite : la *doctrine* se situe dans la ligne de ces avatars. Elle est la contrepartie de la coutume, se nourrissant d'elle, et trouvant dans la tradition son assise. Empruntons à Groulx, une fois encore. Dans un article-programme de *l'Action française*, il commence par évoquer une règle qui lui paraît régir la croissance des individus : « L'homme n'est vraiment lui-même que le jour où il s'est libéré de l'inconscience et des instabilités de tempérament. » L'auteur transpose aussitôt aux peuples : ce qui était inconscience (coutume) doit devenir vocation (doctrine). Certains peuples ont trop longtemps prolongé leur jeunesse; « leur conscience, leur raison publique mal éveillées ne fournissent aucun pôle vers lequel s'orientent leurs énergies ». Groulx poursuit :

> Ces peuples se dirigent moins qu'ils ne sont dirigés. Ils tombent dans la dépendance de tous les courants d'opinions, vassaux des maîtres ou des voisins plus forts qui, de l'extérieur, leur imposent leur domination morale ou politique... L'effort que leur destinée leur commande, c'est de se libérer de la sujétion étrangère et de l'inconsistance de leurs propres pensées; c'est de s'élever jusqu'à l'état d'âme supérieur où ils prendront en eux-mêmes, dans la synthèse de leurs vertus natives, dans le commandement de leur histoire et de leur vocation, le gouvernement immédiat de leur pensée, l'essor souverain de leur vie[9].

On en revient toujours à une collectivité à laquelle échappent les choses, les décisions, les forces historiques : comment pourrait-elle trouver un sens à l'histoire qui la concerne autrement qu'en portant ce qui a été inconsciente survie au plan d'une *doctrine* ?

Des coutumes à la tradition et à la doctrine, ces idéologies sont donc passées sans transitions trop douloureuses. Du même coup s'est effectué un déplacement de cette société vers la sphère idéologique, et cela reste la caractéristique principale de cette phase de notre histoire. Le rôle des idéologies est toujours irremplaçable dans toutes les sociétés, mais il est plus ou moins considérable selon les structures sociales. Ici, au cours de la première moitié du XXe siècle, la sphère idéologique a pris une énorme ampleur; on a l'impression que, impuissante à se reconnaître vraiment dans ses conditions matérielles d'existence, une collectivité s'est exilée dans

---

9 « Notre doctrine », dans *l'Action française*, janvier 1921. Reproduit dans *Dix ans d'action française*, pp. 124-125.

un univers social parallèle, celui du souvenir, du rêve, de la spéculation.

Aussi s'explique-t-on pourquoi la considération concrète des pouvoirs occupe si peu de place dans les idéologies du temps. Ou bien on en parle vaguement, s'il s'agit d'un pouvoir étranger, ou bien on le dénonce comme un fantoche, s'il est autochtone. De nos jours, on a pu s'étonner du mépris de l'État qui marqua cette phase de nos attitudes et de nos idéologies ; on n'a pas saisi, ce me semble, que l'État c'était alors le *politicien*. Or le dégoût du politicien fournit l'un des thèmes majeurs des idéologies de ce temps : Nevers, Asselin, Fournier, Bourassa, Groulx et bien d'autres nous fourniraient une anthologie copieuse et pittoresque. Les générations que nous évoquons n'ont pas cru à la politique parce qu'elles ont vaguement senti que la politique ne concernait jamais les vrais pouvoirs, du moins par la face qu'elle tournait vers le peuple. On aura beaucoup joué à la politique, mais on l'aura aussi beaucoup méprisée.

En revanche, quand les idéologues du temps parlent du pouvoir idéal — celui qui serait dans la ligne de la tradition et qui ferait de la doctrine un destin — ils ne pensent pas d'abord à l'homme politique. Même quand ils font carrière de député, et ils sont nombreux à recourir ainsi aux mécanismes officiels, ils n'en confessent pas moins comme Bourassa :

> Les hommes de cœur, de conscience, de devoir et d'action — et même les seuls hommes d'esprit, ayant quelque respect de leur intelligence et quelque sentiment des convenances — comprennent chaque jour davantage qu'il faut reconstituer une opinion publique en dehors et au-dessus des partis [10].

Ils rêvaient d'une société où le pouvoir eût émergé organiquement de la collectivité elle-même. Ils ont parlé d'*élites* au moins autant que de doctrines ; c'était pour les mêmes raisons. Sur ce point, ils n'avaient pas si mal assimilé les leçons de la démocratie britannique qui est restée jusqu'à aujourd'hui inconcevable sans les assises d'élites traditionnelles ou de parvenus revêtus après coup du manteau de la tradition légitime. On peut retenir la rapide esquisse de Bourassa qui est comme une histoire du pouvoir québécois vue à travers des lunettes anglo-saxonnes :

---

[10] *Pour la justice*, 1912, p. 41.

Certes je n'ignore pas ce qui manquait à nos vieilles familles canadiennes. On n'en saurait méconnaître les faiblesses et les lacunes, et notamment celles qui provenaient de l'absence d'une véritable hiérarchie sociale, d'une aristocratie consciente de son rôle et de ses responsabilités, d'une bourgeoisie éclairée, entreprenante et solidement progressive. Les éléments existaient mais le régime colonial français les étouffait. Plus tard, les agents de l'Angleterre, en dominant les seigneurs et les têtes dirigeantes du clergé, puis en corrompant les chefs politiques, accentuèrent le mal [11].

☆

En somme, au cours de ce quart de siècle, notre société a eu sa manière propre de vivre l'histoire. En apparence, elle s'est arrêtée, elle a *répété* ses coutumes. J'ai tenté pourtant de suggérer que, replacés dans leur contexte, arrêt et répétition relevaient d'une façon de vivre et d'interpréter des conflits. Étrangère aux grandes forces historiques où elle se trouvait impliquée, cette collectivité les a affrontées quotidiennement grâce aux mécanismes de défense de ses coutumes. Cela ne lui a pas donné une identité, des procédés de décision, une politique qui eussent pu lui permettre de surmonter les défis et les crises. Son histoire n'en a pas moins eu sa forme d'ensemble : ses idéologues ont transposé ses mécanismes de défense dans la *tradition* et la *doctrine*. S'il y avait là une *évasion*, comme on l'a dit, il y faut d'abord reconnaître un mode particulier de conscience historique.

Nous serons alors moins tentés de répéter sans cesse des procès rétrospectifs qui n'éclairent plus rien. Nous nous orienterons plus utilement vers la comparaison avec d'autres collectivités. Nous serons peut-être incités aussi à suivre jusqu'à nous la filiation de cette conscience historique, d'en déceler encore les traits sous une *révolution tranquille* qui s'est souvent donné comme repoussoir les idéologies ici évoquées. Car les impératifs de fonds, ceux que nous énumérions dans la première partie de cette esquisse, sont-ils aujourd'hui si foncièrement différents ? Des idéologies tout autres, en apparence, ne diraient-elles pas essentiellement la même chose ? Nous ne devons pas nous refuser à analyser ces mystérieuses équivalences de langage, malgré la diversité des paroles qui caractérise la conscience historique à diverses époques.

---

[11] *Le Pape arbitre de la paix*, 1918, p. 99.

Pour nous y attacher longuement, attendons d'avoir parcouru plus avant l'histoire la plus manifeste des idéologies en ce pays. Soulignons seulement pour l'instant, et comme un constat préparatoire à cette tâche, combien le champ idéologique de la période que nous étudions, malgré les fermes doctrines qu'il a produites, n'a rien eu d'immobile. Les thèmes qu'il voulait mettre ensemble ont sans cesse bougé. D'Asselin à Bourassa, on sait les différences. Du *Devoir* à *l'Action française*, les dérivations et les ruptures furent nombreuses. De la Confédération exaltée par les curés, les politiciens, les jeunes gens de l'A.C.J.C. aux formes diverses de *séparatismes*, les déplacements et les conflits sont connus. Bourassa représente, par son propre destin, en quoi cette période apparemment étale fut aussi celle de l'angoisse. Petit-fils de Papineau et ultramontain, ami de Laurier et opposé à l'Empire, nationaliste et catholique : voilà bien des variables pour un seul homme. Il m'arrive de penser que le destin sinueux et même contradictoire de Bourassa représente assez bien les incertitudes d'une société qui s'est tellement acharnée, par ailleurs, à se donner une cohérence apparente. Ce destin nous prévient, et aussi bien le dossier réuni dans ce livre, contre la tentation d'interpréter comme un ensemble monolithique une collectivité qui, pour parer aux contradictions multiples qu'elle affronta, a tenté justement de suggérer qu'elle était un système.

Fernand Dumont.

QUÉBEC 1896-1929 :
UNE DEUXIÈME PHASE D'INDUSTRIALISATION

Loin de s'élaborer en vase clos, les idéologies portent la marque de la conjoncture dans laquelle elles évoluent et des problèmes structurels que chaque cycle économique soulève. Il convient donc de situer dans une vue globale de l'histoire du Québec les analyses thématiques que contient ce volume.

I. — LA CONJONCTURE ÉCONOMIQUE

Le Québec n'est pas un îlot autarcique qui se développe en marge de l'Amérique et du monde. Des réseaux de relations économiques, politiques et culturelles l'insèrent dans des espaces qui débordent largement ses frontières politiques et dont les mutations pèsent lourd sur son orientation. Des décisions prises à des centaines de kilomètres du Québec se répercutent sur ses structures et limitent ses options, parfois même les déterminent à son insu.

Ainsi, sur le plan économique le Québec s'insère dans le marché nord-américain que commandent les métropoles de Londres et de New York. Le marché anglais détermine durant cette période les prix québécois, notamment pour les produits laitiers et ceux du textile. Le marché américain commande la technologie, les salaires et les prix de plusieurs matières premières. Pour sa part, le marché canadien provoque certaines orientations de l'économie québécoise, notamment la spécialisation de son agriculture et celle de son secteur secondaire.

Sur le plan politique, Ottawa est le centre de décision des grandes politiques fiscales, tarifaires, commerciales et de toutes celles qui touchent au développement économique. Le cabinet fédéral, préoccupé davantage de croissance économique que d'aménagement ou de développement régional, joue le rôle d'une chambre de compensation s'efforçant de mettre en œuvre des politiques qui sont des compromis entre les intérêts régionaux. Sur le plan culturel, le Québec est au carrefour de quatre grands espaces : l'Empire britannique, la catholicité, les États-Unis et la France. Chaque groupe ethnique du Québec s'alimente à des courants idéologiques qu'il tamise avec ses préjugés.

Ce système de relations engendre les cycles de la vie économique. La période 1896-1929 constitue sur un long terme un tout organique caractérisé par l'intégration du Québec au continent nord-américain. Cette intégration se fait à l'entour de deux pôles : le marché de l'Ouest canadien et le marché américain. D'une part, la hausse des prix sur le marché international qui commence à l'automne 1896 a pour effet de mettre en marche le plan de développement économique élaboré par les pères de la confédération. Les besoins du marché anglais en blé, en farine, en viande, en produits laitiers occasionnent ce qu'il est convenu d'appeler le boom de l'Ouest et, par ricochet, le développement des industries manufacturières dans le Québec et l'Ontario. Grâce aux tarifs, le Québec obtient sa large part du marché de l'Ouest canadien. Son industrie manufacturière fait des progrès dans la plupart des principaux domaines de la production. D'autre part, les besoins du marché américain en pâte et papier et en minerai ouvrent de nouveaux courants commerciaux nord-sud, si bien que les ressources naturelles du Québec sont appelées à remplir une fonction définie à l'intérieur du continent nord-américain.

Plusieurs facteurs expliquent pourquoi le Québec est capable de répondre rapidement à la demande des marchés nord-américains. Il a une main-d'œuvre abondante et peu coûteuse; il a des ressources naturelles; il a un réseau de transport entrepris au XIXe siècle et complété entre 1900 et 1915; il a des infrastructures régionales mises en place par les mouvements de colonisation et prêtes à soutenir l'implantation de l'industrie. Enfin, le Québec possède de nombreux cours d'eau qui se prêtent bien à la production de la houille blanche, car le façonnement glaciaire a multiplié sur leur parcours de brusques dénivellations, des passages faciles à verrouiller, et des précipitations élevées, jointes à une multitude de lacs, assurent le volume de leurs débits.

Il s'ensuit durant cette période une croissance économique rapide : la valeur brute de la production monte de 74,9 pour cent de 1900 à 1910 à un taux annuel de 5,79 pour cent, et la valeur ajoutée monte de 81,6 pour cent à un taux de 6,14 pour cent par année. Ce sont les pâtes et papiers, les métaux non ferreux, le fer et l'acier, l'équipement de transport qui bénéficient le plus de cette conjoncture favorable. En 1904, le Québec répond à 4 pour cent des besoins du marché des États-Unis en papier journal, à 25 pour cent en 1916 et à 62 pour cent en 1932.

La croissance économique suscite un climat d'euphorie qui conditionne les hommes de cette époque. Les hommes politiques optimistes et mégalomanes prennent des allures d'administrateurs et s'acoquinent aux financiers. Les idéologues stigmatisent du vocable « affairisme » cette collusion de la finance et de la politique. L'aisance donne des allures de conquérants aux orateurs patriotes. Ainsi, Mgr Paquet, dans son discours de 1902, fait état de la prospérité générale : « De fait, tous en conviennent, nous entrons dans une ère de progrès : l'industrie s'éveille; une vague montante de bien-être, d'activités, de prospérité, envahit nos campagnes; sur les quais de nos villes la fortune souriante étage ses greniers d'abondance, et le commerce, devenu chaque jour plus actif, pousse vers nos ports la flotte pacifique de ses navires [1]. »

Cet ensemble de facteurs explique pourquoi le Québec est en mesure de profiter d'une période de prospérité à long terme. Cependant, cette prospérité n'est pas sans à-coups : elle est ponctuée de périodes d'hésitations et d'ajustement. Akerman a découpé en quatre cycles la période 1897-1933 aux États-Unis : (1°) automne 1897-hiver 1907-1908, (2°) février 1908-1914, (3°) printemps 1915-1922, (4°) 1822-1933. Une brève analyse des statistiques montre que ces cycles rythment la vie économique du Québec.

---

[1] H.-J.-J.-B. Chouinard, *Annales de la Société Saint-Jean-Baptiste de Québec*, **IV**, pp. 30s.

Cycle 1897-1908

Ce cycle commun à l'Atlantique-Nord commence à l'automne 1896 sous l'action d'une forte demande du marché anglais en produits agricoles et se termine par la crise de 1907 et la récession qui s'ensuit. Il est marqué de crises mineures en 1900 et en 1903 qu'on peut assimiler à des troubles de croissance trop rapide. Dans le Québec, ce cycle est caractérisé par la demande de l'Ouest canadien en produits ouvrés. L'industrie manufacturière québécoise répond à cette incitation par une augmentation et une diversification de sa production. Montréal devient une ville tentaculaire.

Les États-Unis en pleine expansion urbaine cherchent dans le Québec à satisfaire leurs besoins en bois scié pour construire leurs villes, en bois brut pour fabriquer leur papier, en foin pour nourrir leur cheptel. Le réseau d'échanges nord-sud s'intensifie.

Cycle 1908-1914

La récession de l'automne 1907 en Angleterre et aux États-Unis se prolonge dans le Québec durant toute l'année 1908. Un nouveau cycle s'amorce pour ne terminer sa course dans le Québec qu'en 1914. Il est caractérisé par l'essor de l'industrie des pâtes et papier grâce à l'embargo que le gouvernement du Québec décrète sur les exportations de bois brut aux États-Unis, comme l'Ontario l'avait fait en 1900. Cette mesure, qui coïncide avec l'épuisement des forêts de l'Est et du Centre des États-Unis et le développement de la presse à bon marché, force les États-Unis à acheter les pâtes et papier produits dans le Québec et à abaisser en 1911 leurs droits d'entrée sur le papier importé. Ces modifications dans la structure tarifaire assurent l'essor de l'industrie papetière, dont le capital fixe évalué à $7,2 millions en 1901, atteint $18,5 millions en 1911, $63,9 millions en 1917, $121,7 millions en 1921, et $284,9 millions en 1929.

Cet essor de l'industrie des pâtes et papier s'appuie sur l'utilisation massive de l'électricité. La *Quebec Power* régularise le débit de la rivière Montmorency en 1908; la ville de Sherbrooke harnache la rivière Magog de 1908 à 1914; les ingénieurs du gouvernement construisent trois écluses sur la haute Manouane et obturent, en 1917, le haut Saint-Maurice par le barrage Gouin. L'industrie

papetière doit beaucoup à l'utilisation intensive de l'hydro-électri-
cité et des techniques nouvelles. « Les perfectionnements apportés
aux commandes électriques, l'augmentation du nombre des cylindres
dans les sécheries, le contrôle de l'uniformité de la pâte à son
passage de la caisse d'arrivée à la toile métallique, le remplacement
des épurateurs plats par des épurateurs centrifuges et le transport
par succion du papier en voie de fabrication améliorent considérablement le rendement de ces industries et le volume de leur
production. »

Cycle 1915-1921

La guerre qui élimine la concurrence des pays scandinaves dans
la production forestière, qui crée un vaste marché pour les produits
agricoles, qui multiplie les besoins en produits ouvrés, relance
l'économie du Québec qui depuis 1913 montrait des signes d'es-
soufflement. Ainsi, la seule valeur de la production agricole passe
de $93,9 millions à $266,1 millions de 1915 à 1920. Les chantiers
de construction navale fonctionnent à plein, les fabriques d'armes
et de munitions se développent. L'armistice met un terme à cette
prospérité artificielle. La crise de 1920, suivie d'une sévère contraction jusqu'en 1921, manifeste beaucoup plus une crise structurelle
que conjoncturelle.

Cycle 1921-1933

La crise de 1921 suscite de difficiles rajustements. Le secteur
agricole, qui avait crû sous la pression de besoins éphémères,
décline. La production du secteur manufacturier dépasse les besoins
de la consommation comme en témoignent les prix de gros : le
papier vaut $75 la tonne en 1923, $73 en 1924, $65 en 1926, si
bien qu'en 1927 les premiers ministres Taschereau et Ferguson
invitent quatorze compagnies à former un cartel (*Canadian News
Print Institute*) pour concurrencer un autre géant, *International
Papers*. La prospérité est fondée sur les facilités que procurent la
« vente à tempérament » et le développement de l'industrie des
appareils électriques. La crise de 1929 suivie d'une contraction
jusqu'en 1931 indique que les ajustements de 1921 n'étaient que
superficiels.

II. — CROISSANCE ET DÉVELOPPEMENT

Plusieurs économistes ont analysé l'évolution économique du Québec dans le premier tiers du xxe siècle. André Reynaud accepte l'hypothèse de Rostow, à savoir que le Québec a connu son *take off* entre 1896 et 1914. R. F. Ryan situe plutôt au xixe siècle le démarrage de l'économie québécoise. Ces discussions académiques proviennent surtout de l'imprécision de la théorie et des déficiences des instruments de mesure sur une longue période.

Il ressort du tableau I que le Québec connaît de 1895 à 1929 une croissance économique soutenue et parfois rapide. Deux indicateurs de la croissance, la population et la production, en témoignent.

De 1901 à 1931, la population du Québec passe de 1 648 898 âmes à 2 874 662, soit une augmentation de 74,3 pour cent. Ce fort accroissement s'explique par le jeu des forces démographiques traditionnelles : jusque vers 1915, le taux de naissance demeure élevé. À partir de la première guerre mondiale, signe d'une urbanisation croissante, le taux de natalité commence à décliner. Le taux de mortalité n'amorce sa courbe descendante que dans les années 1920, grâce aux mesures d'hygiène mises en œuvre par le gouvernement Taschereau.

Signe évident de croissance, la population active augmente plus vite que la population totale. Elle croît de 99,3 pour cent, soit un taux de croissance de 25 pour cent supérieur à celui du taux de croissance de la population totale. Cette forte poussée de la population active s'explique par une diminution de l'émigration aux États-Unis et un taux plus élevé de participation chez les femmes (14,7 pour cent en 1901, 21,2 pour cent en 1931).

La croissance de la population active est inégale selon les secteurs de l'économie : le secteur primaire cède la première place au tertiaire et subit le plus fort déclin relatif. Cela s'explique par la spécialisation et la mécanisation de l'agriculture. Cependant, le primaire augmente ses effectifs, grâce au développement de l'industrie minière et des centres d'abattage, et au maintien d'une large zone de colonisation. Le secteur secondaire, dont la production progresse rapidement, attire 100 000 travailleurs de plus, même si son importance relative décline au profit du tertiaire. C'est un indice non équivoque de la modernisation des équipements dans certaines industries, notamment le textile et les pâtes et papier, et peut-être aussi d'une faible diversification de certaines branches du secteur secondaire. L'expansion et la diversification de la production dans le secondaire se traduisent par une forte demande de services, notamment dans le transport, les communications, les banques, la finance et le commerce.

Le développement du secteur secondaire retient dans le Québec une partie de la main-d'œuvre libérée dans le primaire et la localisation des entreprises détermine des courants migratoires internes. La population urbaine passe de 36,1 pour cent à 57,6 pour cent, et la population rurale de 63,9 pour cent à 41,4 pour cent. Le développement rapide des villes demeure sans conteste un des traits caractéristiques de la croissance économique du Québec.

Comme les données démographiques, les statistiques relatives à la production confirment la croissance économique. En 1900, la production brute des manufactures est de \$158 286 994; elle atteint \$1 160 612 992 en 1929. Évaluée à \$96 per capita en 1900, cette même production en 1929 se situerait aux alentours de \$403 per capita. Si on ne tenait compte que de la population active, les chiffres seraient de \$1 435 en 1900, \$5 830 en 1920 et \$5 623 en 1929. De 1900 à 1929, la production brute manufacturière a donc triplé (3,2) par rapport à la population totale, et triplé aussi (2,9) par rapport à la main-d'œuvre active. Non seulement peut-on parler de croissance économique, mais aussi de croissance économique intensive.

Le tableau II dégage les deux caractéristiques principales de cette croissance. En premier lieu, le Québec développe une industrie légère à forte intensité de main-d'œuvre. En deuxième lieu, l'industrie des pâtes et papier est le pôle de croissance le plus dynamique de l'économie. D'autres séries statistiques mettraient en évidence un troisième trait : la localisation de l'industrie manufacturière dans la région montréalaise. Celle-ci assure, en 1900, 44,9 pour cent de la production manufacturière, et 63,1 pour cent en 1929.

Sans l'apport des investissements étrangers, une croissance aussi rapide n'aurait pas été possible. De 1901 à 1929, les capitaux engagés dans le secteur manufacturier passent de \$142 millions à \$1 246 209 000. Les investissements doublent donc de 1901 à **1911**, de 1911 à 1917 et de 1917 à 1929. Jusqu'à la première guerre mondiale l'Angleterre demeure le principal fournisseur de capitaux. Ainsi, des Écossais établissent, en 1907, aux Trois-Rivières une usine textile, et trois ans plus tard la papeterie Wayagamack. MacLaren installe une papeterie sur la basse Lièvre. *Price Brothers* organisent le groupe Kénogami-Jonquière. La première guerre mondiale stoppe les investissements européens dans le Québec. Commence alors la montée fulgurante des investissements américains. Dans le Saguenay, *Price Brothers* s'associent à Duke, le roi américain du tabac. *Aluminium Company of Canada,* une filiale de *Aluminium Company of America,* construit la centrale hydro-électrique de Shipshaw et l'usine d'Arvida. Dans les pâtes et papier, l'*International Paper Company* achète La Tuque, fonde une grande usine aux Trois-Rivières, deux à Gatineau, une au débouché du lac Témiscamingue. Un autre géant, la *Consolidated Paper Corporation,* regroupe les usines de Shawinigan, Grand-Mère, Port-Alfred, Cap-de-la-Madeleine. La *Quebec North Shore Paper Company* qui possède de nombreuses industries sur la Côte-Nord est la propriété entière de la *Tribune Company* de Chicago. Le capital américain domine aussi dans le raffinage du pétrole, l'industrie chimique naissante, le textile et l'amiante.

Stimulé par les besoins du marché nord-américain, le secteur primaire connaît une croissance parallèle à celle du secondaire. Ainsi, les activités minières, centrées au XIXe siècle sur l'extraction de l'amiante et des matériaux de construction, doivent combler les besoins en métaux ferreux et non ferreux de l'industrie secondaire. Les Américains commencent par investir en Ontario : à Sault-Sainte-Marie dans le fer, à Sudbury dans le nickel et le cuivre; et de là, ils gagnent le nord-ouest du Québec par le Bouclier canadien. De 1901 à 1929 la production minière passe de $3,7 millions à $46,3 millions. Le bond le plus remarquable survient durant la période 1905-1920 où la production passe de $14,4 millions à $28,8 millions.

Les chiffres indiquent qu'il y a croissance. Peut-on affirmer qu'il y a développement, c'est-à-dire que la croissance est accompagnée de transformations dans les structures socio-économiques, dans les institutions, dans les mentalités qui ont pour effet de la soutenir ? Des indices de développement sont perceptibles à tous les paliers

de la société : création d'un ministère de la Voirie, insertion dans
le système scolaire de l'École des Hautes Études commerciales,
d'écoles techniques, de cours du soir pour les adultes, mise sur
pied d'une Commission des eaux courantes mandatée pour inven-
torier les forces hydrauliques et construire des réservoirs pour
régulariser le régime des rivières, multiplication des institutions
de crédit, des journaux et revues spécialisés dans les affaires, etc.
Qu'il y ait développement économique, cela ne paraît faire aucun
doute. Plus difficile, dans l'état actuel des recherches, serait de
mesurer ce développement et de savoir s'il a été plus marqué
dans les milieux anglophones du Québec que dans les milieux
francophones. L'analyse des divers courants idéologiques qui ont
cours à l'époque pose inévitablement la question des freins qui
ralentissent la croissance et de l'adaptation inégale des milieux
québécois à la croissance économique.

III. — L'URBANISATION

La croissance économique se traduit par une urbanisation accé-
lérée du Québec. D'environ 39,9 pour cent en 1901, le taux d'urbanisation atteint 63 pour cent en 1931. Cette année-là, le Québec
compte 1 060 649 ruraux et 1 813 606 citadins.

Ceux-ci sont concentrés autour de deux pôles : Montréal qui
en rassemble 818 577, et Québec, 130 594. Une extrême concentration caractérise donc le réseau urbain. Encore en 1930, on ne
compte que dix-huit villes de plus de 10 000 habitants, soit toutefois
plus que le double de ce qui existait en 1911.

Sur le processus et l'intensité de l'urbanisation, les études font
défaut. Les historiens ne se sont pas préoccupés d'analyser l'écla-
tement de la ville traditionnelle, assemblage mal ajusté de villages
autonomes dans lesquels dominent les relations de voisinage. Une
définition statistique du citadin est trompeuse, car elle ne coïncide
en rien avec le concept sociologique. Une étude poussée du réseau
urbain, dans laquelle seraient analysées la répartition des villes,
leurs fonctions, la qualité de leur population, révélerait peut-être
que, hormis les Montréalais qui sont grillés dans le creuset de
l'industrialisation, les citadins québécois sont, dans une perspective

sociologique, des êtres hybrides issus d'une symbiose ville-campagne, dont la vision du monde s'accommode mal de la vie urbaine.

L'étude de la classe ouvrière, dont les effectifs croissent rapidement durant cette période, constituerait l'une des voies d'approche possibles pour étudier certains aspects de l'urbanisation. Même si les ouvriers ne sont guère présents dans cet ouvrage — si ce n'est par la perception qu'en ont les élites — il ne faudrait pas conclure qu'ils forment une entité négligeable et silencieuse. Dans le secondaire seulement, ils sont 129 000 en 1901 et plus de 291 000 en 1931, répartis principalement dans les quartiers ouvriers de Montréal et de Québec. Le syndicalisme international depuis les années 1880 et le syndicalisme catholique depuis 1921 donnent une voix à leur misère, à leurs aspirations et à leur vision du monde. L'analyse des témoignages laissés par les syndicats permettrait de décrire et de comprendre le cheminement par lequel s'est effectuée la mutation d'un Québec rural en un Québec urbain.

☆

Cette analyse rapide des principales facettes de l'histoire québécoise pendant le premier tiers du xxᵉ siècle nous permet de conclure que le Québec a connu une véritable croissance économique entre 1901 et 1929. Rappelons ici quelques indices significatifs. Le total des revenus et dépenses passe de \$9 079 000 qu'il était en 1901 à \$82 485 000 en 1929, soit un rapport de 1 à 9. Pour la même période, nous assistons à une augmentation de 15,2 pour cent de la main-d'œuvre active dans le secteur tertiaire, au profit surtout du secteur primaire. L'accroissement de la production brute en dollars est encore plus remarquable tant dans les industries manufacturières et minières que dans le domaine de l'énergie hydro-électrique.

Il est bien connu, par ailleurs, que l'industrialisation d'un pays a pour conséquence inévitable l'urbanisation, tout au moins si l'on donne à ce dernier concept le sens d'une concentration de la population dans un territoire généralement restreint. Mais urbanisation signifie beaucoup plus que cela : l'urbanisation, c'est aussi et peut-être davantage une mentalité, une vision du monde fort différente de celle qui domine dans les milieux ruraux. Que la

population urbaine du Québec passe de 39,7 pour cent en 1901
à 63 pour cent en 1929 ne veut pas dire pour autant que les
Québécois sont devenus des « citadins ». L'absence d'études sur la
question nous empêche de conclure catégoriquement dans un sens
ou dans l'autre. Notre hypothèse provisoire serait cependant qu'il
faudra attendre encore plusieurs décennies avant de parler de
Québécois « citadins ».

Un chapitre du premier ouvrage de la présente série demandait
si, face à la révolution industrielle du Québec au début du XXᵉ
siècle, le retard accusé des mentalités empêcherait « la collectivité
canadienne-française de s'adapter aux conditions de la vie urbaine
et d'assumer son destin ». Les analyses thématiques réunies dans
ce volume ne nous laissent pas d'autre possibilité qu'une réponse
affirmative.

L'industrialisation d'un pays pose, entre autres, deux questions
fondamentales eu égard aux mentalités. Qui est responsable au
premier chef de l'industrialisation, qui la « subit » ? Or nous savons
pertinemment que le Québec de la période étudiée n'est pas, il
s'en faut ! le propriétaire réel de sa croissance économique. Avant
1914, les investissements sont d'abord et avant tout fournis par
l'Angleterre. Après la première guerre mondiale, les Américains
prennent la succession. C'est donc dire que toute l'orientation et
la planification de notre développement sont aux mains de
l'étranger : le Québec apparaît nettement comme une succursale
de Londres ou de New York.

Qu'en est-il alors des idéologies, composantes essentielles de la
mentalité de la collectivité québécoise ! Le lecteur de cet ouvrage
saisira très rapidement que le matériel idéologique révélé par les
imprimés de la période 1901-1929 est très globalement identique
à celui du dernier quart du XIXᵉ siècle. Sur ce point c'est la stagnation. Un conservatisme bien ancré, dominé par l'ultramontanisme
de l'Église québécoise, n'a pas rendu possible, par exemple, l'important courant radical des années 1850. La résultante la plus manifeste de cette situation est l'étrange hiatus entre un Québec devenu
industriel et des Québécois demeurés culturellement traditionnels
et ruraux.

On peut légitimement se demander si la phrase maintenant célèbre
de Mgr L.-A. Paquet dans un *Sermon* de 1902 : « Notre mission

est moins de manier des capitaux que de remuer des idées », n'a pas été la trame de fond de la très grande majorité du matériel idéologique des années 1901-1929. Quand on sait, par ailleurs, que ces « idées » traduisaient une vision théocratique de notre société, dans laquelle la prise en charge de l'infrastructure sociale et économique était en pratique méprisée, il n'y a pas de quoi s'étonner si le Québec a été alors incapable d'assumer son destin, donnant même naissance à une réaction idéologique de toute façon peu propice au développement industriel qu'il subissait.

Jean HAMELIN,
Jean-Paul MONTMINY.

TABLEAU I

Aspects quantitatifs de l'évolution économique du Québec

	1901	*1911*	*1921*	*1931*
1. *Population*	1 648 898	2 005 776	2 360 510	2 874 662
% de la population francophone	80,3	77,9	77,1	77,5
% de la population rurale	60,3	51,8	44,0	36,9
% de la population catholique	86,8	86,0	85,7	85,7
Population de Montréal ..	267 730	467 986	618 506	818 577
Population de Québec	68 840	78 118	95 193	130 594
2. *Main-d'œuvre active (effectifs)*				
Secteur primaire	247 467	303 803	327 680	389 585
Secteur secondaire	128 999	148 565	170 031	219 536
Secteur tertiaire	135 560	200 873	279 734	412 638
Grand total	512 026	653 241	777 445	1 021 759
3. *Main-d'œuvre active (%)*				
Secteur primaire	48,3	46,5	41,9	38,1
Secteur secondaire	25,2	22,7	21,8	21,5
Secteur tertiaire	26,5	30,8	35,8	40,4
4. *Production brute en $ courants*				
Pêcheries	2 174 000	1 868 000	1 815 000	1 953 000
Agriculture	86 327 158	—	—	101 592 000
Manufactures	158 288 000	350 902 000	729 544 000	801 644 000
Minerai	2 987 731	8 679 786	15 522 988	36 051 366

SOURCES : *Recensement du Canada; Annuaire statistique,* Province de Québec, 1960 et 1961.

TABLEAU II

Production manufacturière en millions de dollars (courants)

	1900	Ordre d'importance	1929	Ordre d'importance
Chaussures	$14,0	(1)	$29,3	(8)
Beurre et fromage ..	$12,8	(2)	$29,1	(9)
Produits des scieries .	$10,3	(3)	$28,3	(10)
Habillement (hommes)	$ 6,6	(4)	$31,7	(6)
Textile	$ 6,1	(5)	$59,1	(3)
Tabac	$ 5,7	(6)	$55,1	(4)
Pâte et papier	$ 5,0	(7)	$129,7	(1)
Construction de wagons et accessoires			$70,8	(2)
Lumière et force motrice électrique			$46,3	(5)
Habillement (femmes)			$30,6	(7)
Abattoirs et établissements de conserve .			$27,2	(11)
Appareils électriques et accessoires			$27,2	(12)

TABLEAU III

Population des villes de 10 000 âmes et plus en 1931

	1931	1911	1901
Chicoutimi	11 877	5 880	3 826
Granby	10 587	4 750	—
Hull	24 433	18 222	13 993
Joliette	10 765	6 346	4 220
Lachine	18 630	11 688	5 561
Montréal	818 577	467 956	267 730
Outremont	28 641	4 820	—
Québec	130 594	78 118	68 840
Saint-Hyacinthe	13 448	9 747	9 210
Saint-Jean	11 256	5 903	4 030
Shawinigan	15 345	4 265	—
Sherbrooke	28 933	16 405	11 765
Sorel	10 320	8 420	7 057
Thetford Mines	10 701	7 261	3 256
Trois-Rivières	35 450	13 691	9 981
Valleyfield	11 411	9 449	11 055
Verdun	60 745	11 629	1 898
Westmount	24 235	14 579	8 856

LE CANADA, 1920-1921

Les années 1920 et 1921 apparaissent comme l'épilogue de la période de guerre, et l'introduction à l'ère de paix qui se prolonge jusqu'en 1939.

Au plan politique, nous assistons au renouvellement de la direction des partis. À Ottawa, Mackenzie King vient de chausser les bottes du vieux chef libéral, Wilfrid Laurier. Robert Borden passe l'administration conservatrice à son lieutenant, Arthur Meighen. Au Québec, Lomer Gouin cède son poste à Alexandre Taschereau, qui devient premier ministre et chef du parti libéral.

L'imposition de la conscription, certaines brusqueries de la gent militaire, et les brimades subies par les Franco-Ontariens ont indisposé la population francophone à l'égard de la majorité canadienne-anglaise. L'exploitation de ces rancœurs par les libéraux, l'activité des nationalistes, séparatistes sur les bords [1], contribuent à l'affaiblissement du lien fédératif et à la constitution du bloc solide des libéraux québécois. Le parti conservateur tente de regagner le Québec mais Meighen devient vite un épouvantail qui joue contre ses candidats canadiens-français pendant la campagne électorale de 1921.

Des régions anglo-canadiennes trouvent à redire à la politique protectionniste des conservateurs et à leur conduite pendant la guerre. Ce mécontentement s'exprime par la montée d'un tiers-parti puissant à l'élection fédérale de 1921. Mackenzie King accède au

---

[1] Casey MURROW, *Henri Bourassa and French-Canadian Nationalism, Opposition to Empire*, Montreal, Harvest Hall (1958), p. 107 ; Mason WADE, *les Canadiens français de 1760 à nos jours*, vol. II : *1911-1963*, Montréal, Le Cercle du livre de France (1963), pp. 302-303.

pouvoir de justesse. Il doit accepter une certaine politique libre-échangiste pour obtenir l'appui de ces progressistes.

Au Québec, le parti libéral demeure vigoureux. Cette position de force lui sera très utile lors de la présentation de mesures controversées dans le domaine de l'assistance sociale et de la vente des alcools.

Le principal groupe avec lequel le gouvernement québécois doit compter est l'Église. Celle-ci continue d'étendre son emprise, sa théocratie sans la lettre. Son champ d'action embrasse l'enseignement, l'hospitalisation, l'assistance sociale et des associations professionnelles.

Le clergé jouit d'un grand prestige. Il se situe au sommet des groupes sociaux dans la considération populaire. L'élite sociale est elle-même très liée au clergé et lui demeure unie par des liens de famille ou d'amitié. Le catholique canadien-français a tendance à se définir comme paroissien plutôt que comme citoyen. Dans les milieux populaires, il prend volontiers conseil auprès de son curé [2].

Dans un tel contexte, le gouvernement doit mesurer ses gestes quand il pénètre dans un domaine traditionnellement occupé par l'Église. Une certaine idéologie antiétatiste renforce d'ailleurs la position de l'Église [3]. Selon cette pensée, l'intervention de l'État est dangereuse, il doit se limiter à un rôle supplétif en éducation et en assistance sociale [4]. En 1921, quand Alexandre Taschereau « proposa d'assister financièrement les institutions privées et les municipalités qui s'occupaient d'œuvres sociales », les « chefs cléricaux et nationalistes s'y opposèrent vigoureusement, car ils y voyaient une mesure socialisante [5] ». C'est sur l'intervention spéciale de la hiérarchie que les institutions acceptent l'aide gouvernementale [6].

---

2 J.-C. FALARDEAU, « The changing social structures », dans J.-C. FALARDEAU, édit., *Essais sur le Québec contemporain*, Québec, Les Presses de l'université Laval, 1950, pp. 112-113.

3 P. E. TRUDEAU, « La province de Québec au moment de la grève », dans P. E. TRUDEAU, édit., *la Grève de l'amiante*, p. 73 ; Michel BRUNET, « Trois dominantes de la pensée canadienne-française », *Écrits du Canada français*, III, pp. 79-86, 102-105.

4 Mgr L.-A. PAQUET soutenait cette thèse à travers les nombreux tomes de son œuvre, spécialement dans le *Droit public de l'Église*.

5 TRUDEAU, *op. cit.*, p. 73.

6 *Ibid.*

Dans le domaine de l'éducation, l'Église semble aussi assurée de ses positions. Quand la succursale montréalaise de l'université Laval devient autonome (1920), la direction demeure entre les mains du clergé. Les campagnes de Godfroy Langlois puis de T.-D. Bouchard en faveur de réformes de l'enseignement ont échoué et ont plutôt affecté leurs instigateurs : Langlois a dû accepter un exil doré en Europe, et Bouchard a été défait à l'élection provinciale de 1919 [7].

Dans le secteur économique, l'élite, cléricale ou laïque, communie toujours à une même idéologie, l'agriculturisme têtu et virulent [8]. Une crise de chômage surgissant vers les années 1920, le grand remède préconisé est le retour à la terre [9]. Aussi le gouvernement est-il amené à prêter une attention spéciale à la vie rurale, à y investir des sommes importantes.

Mais cet attachement à l'agriculture n'est plus exclusif. Depuis la parution de *Rerum novarum*, l'Église québécoise s'est partiellement convertie à la cause ouvrière. Après « un chemin montant, sablonneux, malaisé », l'Église arrive à une compréhension de plus en plus grande. Les *Lettres pastorales* et les *Semaines sociales* en témoignent à l'évidence [10]. Depuis 1907, elle a établi divers syndicats ouvriers et couronné son action en 1921 par la fondation de la Confédération des travailleurs catholiques qui groupait 45 000 membres [11].

Ces faits servent d'arrière-scène aux éditoriaux du *Canada* (1920-1921) et permettent de mieux comprendre ces derniers.

Le présent travail dégage les thèmes idéologiques du périodique, dont il utilise les éditoriaux. Le chapitre qui précède cette analyse des thèmes idéologiques fournit des renseignements sur le journal.

---

[7] T.-D. BOUCHARD, *Mémoires*, vol. III, *Quarante ans dans la tourmente politico-religieuse*, Montréal, Éditions Beauchemin, 1960, p. 75.

[8] M. BRUNET, « Trois Dominantes de la pensée canadienne-française », *Écrits du Canada français*, III, Montréal, 1957, pp. 51-70; Maurice TREMBLAY, « Orientation de la pensée sociale », dans J.-C. FALARDEAU, édit., *op. cit.*, pp. 198-200; TRUDEAU, *op. cit.*, pp. 17-18, pp. 64-68.

[9] *Mandements des évêques de Québec*, vol. XII (1919-1925), pp. 295-301.

[10] Les Semaines sociales, qui tinrent leur première session en 1920, adoptèrent le programme suivant pendant les trois premières années de leur existence : *Encyclique « Rerum novarum »* (1920), le *Syndicalisme* (1921), *Capital et Travail* (1922).

[11] TRUDEAU, *op. cit.*, pp. 81-82.

I. — LE JOURNAL

1. Historique

La fondation du *Canada* remonte à 1903. Après son éviction du cabinet Wilfrid Laurier, Israël Tarte retint la direction de *la Patrie,* qui cessa dès lors de défendre la cause libérale. Malgré les pressions des chefs libéraux, l'ancien ministre refusa de leur céder son journal. *Le Soleil* se trouvait ainsi « le seul organe français quotidien du parti libéral dans la province de Québec [12] ».

Le parti libéral décida de combler cette lacune. Il confia la fondation d'un nouveau quotidien au sénateur et financier F.-L. Béique, qui fut élu président de la Société de Publication du *Canada.* Des financiers libéraux fournirent le capital; en 1930, les principaux actionnaires demeuraient les sénateurs libéraux Marcellin Wilson, Donat Raymond et F.-L. Béique.

Le premier numéro du quotidien (grand in-plano) parut le samedi 4 avril 1903 [13]. Le journal possédait une édition quotidienne, du lundi au vendredi, comportant huit à douze pages. Son édition hebdomadaire, publiée le samedi, offrait 12 à 16 pages de lecture.

Pendant plusieurs années, la publicité s'étalait sur toutes les pages, abondante et envahissante, telle une végétation de jungle tropicale. Il s'en dégageait une impression de désordre. Peu à peu un réaménagement s'opère. La publicité recule, elle est reléguée à certaines pages. Sauf un espace de quelques pouces carrés, la première, la deuxième et la dernière page sont attribuées uniquement aux textes, à partir des années 1908-1909.

Les titres subissent également une évolution heureuse. Dans les premières années du journal, ils se détachent fort peu. Vers la fin de la première décennie, ils ressortent davantage, occupent plus d'espace et finissent par s'étaler sur plusieurs colonnes.

Les éditoriaux ont toujours occupé en partie ou en entier l'espace de deux colonnes en page quatre. Ils ne portent pas de signature.

Le journal présente un feuilleton au rez-de-chaussée de la page deux. En fin de semaine, des rubriques sur les arts, les spectacles,

---

[12] *Le Soleil* cité (sans date) dans RUMILLY, *Histoire de la province de Québec,* vol. X, p. 192.

[13] *Le Canada,* 4 avril 1903.

les lettres s'ajoutent à celles qui traitent d'agriculture et de finance, de sports et de politique. Peu à peu, la rubrique féminine prend de l'importance; en 1920-1921, une page complète lui est consacrée.

Le Canada tirait ses revenus de la publicité et de la vente au numéro ou par abonnement. Au début il se vendait un sou. Après la guerre, il relève ses tarifs car « les effets de la guerre se font sentir [14] ».

À cette époque, il se vend 3 sous le numéro. L'abonnement au quotidien s'obtient à $3 par année. Pour l'édition hebdomadaire, on demande $1. La livraison à domicile fait monter l'édition quotidienne à $4. Pour stimuler la vente, on accorde des primes comme des reproductions de peintures représentant Papineau.

À sa fondation, le journal possédait un bureau à Toronto; celui-ci a été supprimé après quelques années. On établit alors un bureau à Québec. Les bureaux généraux du périodique se trouvaient 73-75, rue Saint-Jacques, Montréal. Le tirage fut rarement considérable. De 9 800 à la fondation, il s'élève à 18 000 en 1905 et se situe à 8 284 en 1921 [15].

Le Canada eut la bonne fortune de compter à sa direction et à sa rédaction des hommes remarquables. À Godfroy Langlois et Fernand Rinfret s'ajoutent Edmond Turcotte, Guy Jasmin, Claude-Henri Grignon, Lucien Parizeau, Berthelot Brunet, René Garneau, Robert Élie, Fulgence Charpentier, Adjutor Savard [16]. À côté de Rinfret, qui devint maire de Montréal et ministre fédéral, plusieurs ont joué un rôle dans la diplomatie (Turcotte, Garneau, Charpentier), et dans les commissions gouvernementales (Langlois, Garneau, Savard).

---

[14] *Le Canada*, 5 avril 1920.

[15] A. Beaulieu et Jean Hamelin, *les Journaux du Québec de 1764 à 1964*, Québec, Les Presses de l'université Laval, 1965, p. 65; *Canadian Almanac*, Toronto. Tirage par année : 1907, 20 290; 1909, 13 963; 1910, 13 000; 1911, 16 022; 1912, 17 143; 1913, 16 357; 1914, 12 309; 1915, 11 689; 1916, 13 426; 1917, 10 560; 1918, 9 524; 1919, 18 784; 1920, 11 905; 1921, 8 284; 1922, 9 081; 1923, 8 102; 1924, 7 219; 1925, 9 343; 1926, 8 171 (*Canadian Almanac*, Toronto).

[16] Beaulieu et Hamelin, *op. cit.*, p. 68.

2. Les orientations

Pendant plusieurs années, le périodique porta en exergue une maxime favorite de Laurier : « Le Canada d'abord, le Canada toujours, rien que le Canada [17] ». C'était une indication de l'orientation du journal. Le premier éditorial, intitulé « Notre programme », apporta des précisions : « Le parti libéral, par la voix de ses chefs, a confié à notre journal la tâche d'être son organe, d'exposer au corps électoral ses vues et les réformes qu'il veut opérer et l'impulsion qu'il désire donner aux affaires du pays [18]... »

Au cours des sept premières années de son existence, le Canada contribue au maintien du courant radical qui subsistait à côté des éléments modérés dans le parti libéral. Sur le plan idéologique, la nouvelle feuille prolongeait, avec des variantes et des adoucissements, les journaux avancés du XIXᵉ siècle, l'Avenir (1847-1857) [19], le Pays (1852-1871) [20], le National (1872-1879) [21] et la Patrie (1879-1902) [22].

La parenté spirituelle de la Patrie et du Canada à ses débuts est soulignée par le fait que ces deux journaux eurent successivement Godfroy Langlois comme directeur. Ce dernier avait poursuivi à la Patrie l'action d'Honoré Beaugrand, allié spirituel de Louis-Antoine Dessaulles, d'Antoine-Aimé Dorion, de Joseph Doutre et de Rodolphe Laflamme [23].

Au Canada, Langlois continue de combattre les trusts et de réclamer l'instruction neutre, gratuite et obligatoire. Il est l'âme dirigeante de la Ligue pour l'enseignement, fer de lance de sa campagne. Il se fait élire député de Saint-Louis et propose de multiples projets de loi pour la réforme de l'éducation. Mais la liste des francs-maçons appartenant à la loge l'Émancipation, de Montréal, est jetée dans le public, et Godfroy Langlois figure en tête. Mal vu de l'Église, de la haute finance et de son propre parti,

---

17 BEAULIEU et HAMELIN, op. cit., p. 66.
18 Le Canada, 4 avril 1903.
19 BEAULIEU et HAMELIN, op. cit., p. 60.
20 Ibid., pp. 136-137.
21 Ibid., p. 127.
22 Ibid., pp. 135-136. 1902 est l'année où la Patrie a quitté le camp libéral. Le journal s'est maintenu jusqu'à aujourd'hui.
23 R. RUMILLY, Histoire de la province de Québec, vol. 1, p. 178.

qu'il embarrasse, le journaliste réformateur doit quitter *le Canada* en 1910 [24].

Fernand Rinfret, son remplaçant au poste de directeur-gérant [25], est un modéré; il évitera les positions trop agressives. Ce futur ministre fédéral maintiendra le journal au service du parti libéral ainsi qu'il l'indique lui-même en éditorial [26].

II. — LES THÈMES IDÉOLOGIQUES

De tous les thèmes développés par la feuille libérale, c'est la politique qui prend le plus d'importance. Sur 1 650 éditoriaux parus pendant les années 1920 et 1921, 71 pour cent ont traité de politique, 20 pour cent d'économie et de travail, 4 pour cent d'éducation, 3 pour cent de la nation, moins de 1 pour cent se rapportent à la famille ou à la religion. *Le Canada* apparaît bien comme un journal politique. Parmi les articles qui se rapportent à la politique, 80 pour cent traitent de politique fédérale et 8 pour cent de politique provinciale.

1. *La famille*

Sur la famille, *le Canada* développe fort peu sa pensée. Il laisse toutefois percer certaines préoccupations au sujet du bien-être. Ainsi il mentionne le sur-salaire familial institué par des États européens. La feuille libérale ne porte pas de jugement cependant sur cette formule d'allocation familiale. « Nous ne citons cette innovation, affirme-t-elle, qu'à titre documentaire [27]. » Le périodique s'intéresse au logement familial et dénonce les propriétaires profiteurs [28].

Au sujet du féminisme, mouvement qui concerne d'assez près la famille, *le Canada* se montre sympathique. Il prône le suffrage féminin et l'admission des femmes au barreau [29]. La feuille libérale

---

[24] *Le Canada*, 7 janvier 1910.
[25] *Ibid.*
[26] *Ibid.*, 27 juillet 1921.
[27] *Le Canada*, 27 juin 1921.
[28] *Ibid.*, 7 octobre 1920.
[29] *Ibid.*, 18 février 1920.

est ainsi considérablement en avance sur son milieu : l'Église comme l'élite canadienne-française entretient des idées singulièrement conservatrices sur le sujet. Mgr L.-A. Paquet et Henri Bourassa, tous deux violemment antiféministes, voient dans l'émancipation de la femme un danger pour la famille, la société et l'Église [30].

Quant au suffrage féminin, l'opinion, l'Église et les partis politiques québécois, y compris le parti libéral, y sont opposés. Ottawa a bien accordé le droit de vote aux femmes en 1918; mais Québec se laisse tirer l'oreille jusqu'en 1940 avant d'imiter le geste du gouvernement central. Et la loi Godbout qui accorde le droit de vote aux femmes québécoises sera reçue très froidement [31].

2. L'éducation

Le Canada manifeste une grande sollicitude pour l'éducation; il en fait un de ses thèmes favoris. Il en appelle à la conscience des parents pour les inciter à pourvoir leurs rejetons d'un minimum d'instruction [32]. Cependant il ne se fait pas d'illusion au sujet de ses appels et il demande au gouvernement de relayer les parents négligents, car il y va de la valeur des citoyens et de leur bonheur [33]. Il loue les dirigeants de favoriser indirectement l'éducation en interdisant le travail en usine aux moins de 16 ans [34]. Il trouve normal que l'État affecte des sommes de plus en plus considérables à l'éducation [35].

Pour ce journal, c'est surtout à l'instruction primaire que les dirigeants doivent consacrer leurs soins, car c'est à ce niveau

---

30 Henri Bourassa, Femmes-hommes ou hommes et femmes, Montréal, Imprimerie du Devoir, 1925; Mgr L.-A. Paquet, Études et appréciations. Nouveaux mélanges canadiens, Québec, Imprimerie franciscaine missionnaire, 1919, pp. 3-43.

31 En 1940, quand Adélard Godbout proposa d'accorder aux femmes le droit de vote, le cardinal Villeneuve est intervenu pour manifester sa désapprobation de la mesure projetée (la Semaine religieuse de Québec, 52e année, no 27 (7 mars 1940, pp. 418-419). Et plusieurs associations féminines ont fait campagne contre la loi du suffrage féminin.

32 Le Canada, 23 août 1921.

33 Ibid.

34 Ibid., 21 avril 1920.

35 Ibid.. 21 août 1921.

« que les enfants vont puiser les éléments nécessaires à une instruction plus développée [36] ». Il n'en néglige pas pour autant la formation professionnelle, qu'il s'agisse de l'enseignement technique [37], commercial [38] ou agricole [39]. Il y voit une condition de réussite, d'insertion plus facile dans le monde du travail [40].

Mais *le Canada* ne poursuit pas seulement des visées utilitaires. Il fait campagne pour la formation artistique de la jeunesse. Musée [41], conservatoire [42], salle de concert [43], école de musique [44] reçoivent tour à tour son appui et son encouragement. C'est qu'il considère l'artiste comme celui « qui assure à la société sa part de spiritualité et d'idéal sans laquelle elle ne serait qu'une agglomération matérielle et sans âme [45] ».

Au sommet du monde de l'éducation, *le Canada* réclame des institutions universitaires florissantes; il les considère comme moyen d'ascension assurée pour la population canadienne-française [46]. Mais l'universitaire canadien risque de se scléroser en se confinant à son milieu étroit. Pour élargir les horizons, rien comme un séjour d'étude à l'étranger. C'est pourquoi *le Canada* « applaudit à la mesure qu'a adoptée le gouvernement Gouin, à la fin de la session, votant une somme pour envoyer chaque année cinq jeunes Canadiens étudier à Paris [47] », où ils « se prendront à aimer les choses de France, la culture française [48] ».

Ce goût de la culture française n'empêche pas le journal de souhaiter une amélioration de l'enseignement de l'anglais [49] conformément à la pensée du premier ministre de l'époque, Alexandre

[36] *Le Canada*, 23 août 1921.
[37] *Ibid.*, 1er septembre 1920.
[38] *Ibid.*, 7 juin, 14 avril 1921.
[39] *Ibid.*, 10 mars 1921.
[40] *Ibid.*, 1er septembre 1921.
[41] *Ibid.*, 14 mars 1921.
[42] *Ibid.*, 26 octobre 1921.
[43] *Ibid.*, 4 décembre 1920.
[44] *Ibid.*, 15 décembre 1921.
[45] *Ibid.*, 26 avril 1920.
[46] *Ibid.*, 23 février 1920.
[47] *Ibid.*, 19 février 1920.
[48] *Ibid.*, 24 janvier 1920.
[49] *Ibid.*, 21 janvier 1920.

Taschereau [50]. Cette réforme partielle satisferait *le Canada*. Le journal de Godfroy Langlois a perdu de son sens critique. Le sel s'est affadi. Dans son appréciation de l'enseignement, la feuille montréalaise adopte l'attitude des gens qui récemment encore considéraient le système d'éducation du Québec comme le « meilleur au monde [51] ».

3. *La religion*

Le Canada (1920-1921) ne se targue pas de nourrir une pensée religieuse originale; il se confine à la plus stricte orthodoxie. La religion occupe chez lui une place assez marginale. Les événements religieux apparaissent parmi les faits divers. À l'occasion des grandes célébrations liturgiques, Semaine sainte [52], Pâques [53], Noël, paraît un article de circonstance. Le périodique publie aussi de substantiels comptes rendus des sermons donnés à Notre-Dame pendant le carême [54].

Le Canada ne s'irrite pas de la présence cléricale dans les domaines temporels. Ainsi il voit très bien le prêtre comme propagandiste idéal de la colonisation [55]. Le journal fondé par Godfroy Langlois considère de même avec la plus grande sympathie le rôle de l'Église dans l'assistance publique. Il souscrirait sans doute à l'idéologie qui réserve un rôle supplétif à l'État dans ce domaine [56].

À l'égard des différentes confessions religieuses, *le Canada* affiche une largeur de vue de bon aloi, une certaine pensée œcuménique avant la lettre. À l'occasion de la venue possible d'immigrants mennonites, il souhaite qu'on se montre bienveillant : « Québec,

---

[50] Mason Wade, *les Canadiens-français de 1760 à nos jours*, vol. II, pp. 196-197. Cette attention à l'enseignement de la langue seconde est une constante du parti libéral provincial. Dans les années 1939-1944, Adélard Godbout réclamera encore un meilleur enseignement de l'anglais (*le Devoir*, 23 octobre 1940) ; le premier ministre s'attirera ainsi l'ire des nationalistes (A. Laurendeau, « Alerte aux Canadiens-français », *l'Action nationale*, vol. XVI, n⁰ 3 (novembre 1940), pp. 194-195.

[51] *Le Canada*, 24 juin 1921.

[52] *Ibid.*, 1er avril 1920.

[53] *Ibid.*, 3 avril 1920.

[54] *Ibid.*, 7 mars 1921.

[55] *Ibid.*, 5 février 1920.

[56] *Ibid.*, 5 avril 1921.

terre de liberté, accueillera sans doute les mennonites avec cordia-
lité, s'ils décident de se fixer chez nous [57]. »

4. La nation

Le journal libéral exprime des idées précises sur le statut du
Canada. Il se demande d'abord si nous sommes vraiment une
nation indépendante, et opine pour la négative [58]. Parmi les traits
du colonialisme canadien, le journal signale l'appartenance à
l'empire britannique [59], l'autorité limitée dans l'octroi des passe-
ports [60]. Il reconnaît tout de même que le pays s'achemine vers
l'indépendance : il a signé le traité de Versailles, « tout comme les
autres nations [61] » ; il possède de ses représentants à Genève, il y
vote en son propre nom [62]. Le journal applaudit à cette participation
canadienne [63], mais il ne se fait pas d'illusion sur l'importance de
ce rôle des Canadiens à la Ligue des nations; il le considère comme
marginal [64].

Dans son aspiration vers l'autonomie canadienne, le journal
revendique une plus large indépendance à l'intérieur de l'Empire
britannique. Il s'oppose à la participation aux guerres de l'Angleterre [65]. Dans cet esprit, il conseille la réduction des dépenses
militaires. Et la marine de guerre que les Canadiens tentent de
constituer avec de vieux navires anglais lui semble un fardeau
trop lourd [66].

En attendant l'autonomie absolue, le journal souhaite la formation d'un sentiment canadien. Et, selon lui, « le meilleur moyen
d'arriver à ce but, c'est en établissant (sic) l'union et la concorde
entre les deux grandes races du pays, en commençant (sic) par

---

[57] *Le Canada*, 2 septembre 1920.
[58] *Ibid.*, 2 mai 1921.
[59] *Ibid.*, 25 avril 1921.
[60] *Ibid.*, 2 mai 1921.
[61] *Ibid.*
[62] *Ibid.*, 25 avril 1921.
[63] *Ibid.*, 6 mai 1921.
[64] *Ibid.*
[65] *Ibid.*, 9 juin, 4 juillet 1921.
[66] *Ibid.*, 24 décembre 1920; 12 février, 16 avril, 2 mai, 23 juin, 2, 21, 24 septembre 1921.

s'entendre et par prêcher d'exemple [67] ». La diversité de langue,
d'origine et de culture n'apparaît pas à la feuille libérale comme
un obstacle à la formation de ce sentiment canadien [68]. Le rédacteur
se montre d'ailleurs très optimiste au sujet de la Confédération [69]
sans croire pour autant que tout y est pour le mieux dans le
meilleur des mondes. Ainsi il sent très bien que les minorités sont
brimées [70] et que le pouvoir central se fait parfois envahissant à
l'égard des provinces [71].

5. Le travail et l'économie

Le Canada attache une importance particulière aux questions
économiques. Mais il les voit avec des lunettes spéciales. En accord
avec les « sociologues [72] » de son temps, il attribue une vertu extraordinaire à l'agriculture : « Il n'est pas de plus noble but, de tâche
plus désirable [73]. » Mesurant l'ampleur du chômage en ce début de
la décennie, il suggère d'éponger le surplus de main-d'œuvre en
orientant les travailleurs vers ces « vastes et prospères régions » du
nord québécois [74]. Le grand moyen d'opérer ce retour à la terre
serait d'amener la population urbaine à « se dégager de l'attrait
factice de la ville » et à « comprendre tout le bonheur et le bien-
être qu'on goûte à la campagne [75] ».

Mais l'importance attachée à l'agriculture ne fait pas oublier
celle de l'industrie. Le Canada ne boude pas l'industrialisation; il
s'oppose ainsi à plusieurs chefs de file de l'époque : Henri Bourassa [76], Victor Barbeau, Édouard Montpetit, Olivar Asselin, Athanase

---

[67] Le Canada, 31 mars 1920.

[68] Ibid., 21 février 1920.

[69] Ibid., 1er juillet 1921.

[70] Ibid., 9 avril, 15 juillet 1920.

[71] Ibid., 24 décembre 1921.

[72] Roland PARENTEAU, « Les idées économiques et sociales de Bourassa », la
Pensée de Henri Bourassa, Montréal, Éd. L'Action nationale, 1952, p. 171 ;
Mgr L.-A. PAQUET, Études et appréciations. Mélanges canadiens, Québec,
Imprimerie franciscaine missionnaire, 1918, p. 21; Pierre Elliott TRUDEAU,
« La province de Québec au moment de la grève », la Grève de l'amiante,
Montréal, les Éditions Cité libre, 1956, pp. 17-19, 28.

[73] Le Canada, 24 juillet 1920.

[74] Ibid., 27 juillet 1921.

[75] Ibid.

[76] R. PARENTEAU, op. cit., p. 170.

David [77]. Ce n'est pas *le Canada* qui souhaiterait qu'on retarde le plus possible l'industrialisation. Au contraire, il chante « l'essor vraiment merveilleux de la province de Québec au point de vue industriel [78] » et prévoit que c'est surtout l'industrie, spécialement l'industrie forestière, qui contribuera désormais au développement de la province [79]. Il souhaite que l'État stimule les progrès en ce domaine en établissant une certaine protection des matières premières contre les exportations même si les politiciens américains s'en offusquent [80].

Dans le domaine du commerce extérieur, *le Canada* adopte l'attitude du parti libéral. Il n'est ni protectionniste, comme le parti conservateur de Meighen, ni libre-échangiste, comme les fermiers de l'Ouest. Il favorise un tarif modéré et dicté par les conditions économiques [81]. Selon les idées du temps, *le Canada* base l'ajustement du tarif sur la nécessité d'assurer un revenu suffisant à l'administration du pays, tout en reconnaissant les limites de cette politique [82]. Ainsi, à l'égard des États-Unis, il en vient à prôner la réciprocité [83].

Si *le Canada* assigne un rôle au gouvernement au sujet du commerce extérieur et de multiples autres activités, il n'est pas pour autant gagné au socialisme, à la gestion des entreprises par l'État. Il s'oppose fermement à la nationalisation des chemins de fer en citant à l'appui l'exemple américain [84]. D'ailleurs les expériences économiques hardies ne sont pas le fait du journal libéral. L'épargne des particuliers [85] et les budgets équilibrés sont au nombre de ses grands principes.

À l'égard des ouvriers, *le Canada* se montre compréhensif tout en voyant un danger dans certaines promesses qui leur sont faites [86]. Quant aux conflits, il voudrait les voir régler sans intervention

---

[77] P. E. TRUDEAU, *op. cit.*, p. 17.
[78] *Le Canada*, 2 juin 1920.
[79] *Ibid.*, 4 février 1920.
[80] *Ibid.*, 10 juillet 1920.
[81] *Ibid.*, 27 mars 1920.
[82] *Ibid.*, 27 décembre 1920.
[83] *Ibid.*, 20 janvier 1920.
[84] *Ibid.*, 2, 19 février 1920.
[85] *Ibid.*, 18 février 1920.
[86] *Ibid.*, 9 mai 1921.

gouvernementale [87]; il fait cependant exception pour les conflits dans la fonction publique [88].

6. La politique

Le Canada s'intéresse à la politique fédérale, provinciale et municipale. Il réclame l'assainissement de la vie publique, l'abolition du patronage, « un fardeau pour tous les partis, une somme indiscutable de favoritisme et d'abus [89] ». Son souci de moralité publique dépasse la simple légalité. Il s'oppose au maintien au pouvoir d'un parti qui n'a plus l'appui populaire. Il réclame des élections en 1920 et en 1921 parce que le gouvernement a un mandat pour la durée de la guerre seulement [90], qu'il « vient d'être répudié dans plus d'une élection partielle [91] ». C'est également au nom de l'éthique qu'il dénonce les lois électorales d'exception de 1917. Au lendemain du scrutin général de 1921, il applaudit l'Ouest d'avoir voté contre ces lois, même « si là-bas c'est le parti fermier qui en a profité [92] ».

Mais ce souci de l'honnêteté publique ne fait pas oublier au journal ses préoccupations étroitement partisanes. Arthur Meighen devient sa tête de Turc. Le chef du parti conservateur est présenté comme l'ennemi des Canadiens français. Meighen choisit-il un ministre qui aurait prononcé des paroles malveillantes à l'adresse des francophones ? c'est une preuve de la haine du premier ministre contre ces derniers [93]; la liste des commissaires du commerce à l'étranger ne comprenant qu'un Canadien français, « voilà une des nombreuses branches d'activité dans lesquelles monsieur Meighen a ignoré les nôtres », conclut le Canada [94].

En contrepartie, la feuille partisane trace un profil sympathique des libéraux, les conservateurs leur servant en quelque sorte de repoussoir.

---

[87] Le Canada, 7 janvier 1920.

[88] Ibid., 7 janvier, 8 juillet 1921.

[89] Ibid., 4 mai 1921.

[90] Ibid., 4, 5 juillet, 3 septembre 1921.

[91] Ibid., 3 mars 1921.

[92] Ibid., 10 décembre 1921.

[93] Ibid., 14 octobre 1921.

[94] Ibid., 3 février 1921.

Le Canada (1920-1921) se révèle tributaire de son milieu. Il en partage la pensée. Ainsi il lui apparaît tout naturel que des fonctions profanes soient réservées presque exclusivement à des ecclésiastiques. Malgré l'exiguïté du sol arable et la rigueur du climat, l'agriculture est présentée comme la panacée économique. En administration publique, le journal considère l'épargne et l'équilibre des budgets comme des procédés de tout repos.

Au point de vue politique, le journal demeure étroitement partisan. Il se confine au rôle de propagandiste, il ne fait pas tellement l'éducation politique de la population, il n'éclaire pas même, semble-t-il, son propre parti.

Sur certains points, le journal se montre tout de même un tantinet progressiste, en regard de son milieu. Sur la question du féminisme, il est plus avancé que l'opinion courante et même que son propre parti. Dans le domaine économique, il se rend bien compte que l'industrie et le commerce contribueront désormais à éponger les surplus de main-d'œuvre et à résorber le chômage. Voilà donc *le Canada* de 1920-1921, libéral ardent, légèrement progressiste mais ennemi des liaisons dangereuses qui pourraient compromettre le parti. Un *Canada* respectable et accepté dans le milieu canadien-français.

Jean-Guy GENEST.

LA CROIX, 1923-1924

L'analyse qui suit porte sur une période de deux ans, soit de janvier 1923 à décembre 1924. Deux ans dans la vie d'un journal qui s'échelonne sur trente-quatre ans (avril 1903 à novembre 1937), c'est peu, mais suffisant, nous semble-t-il, pour cerner certains aspects importants de son univers de pensée.

Nous devions à l'origine faire porter notre étude sur la période qui va de 1925 à 1927. L'antisémitisme qui domine complètement la pensée du journal à cette époque nous a cependant forcé à rebrousser chemin pour tenter d'en retracer l'origine. C'est ainsi que nous avons fixé le point de départ de notre étude au début de l'année 1923, moment où le journal entreprend sa campagne systématique contre les Juifs. Et c'est en fonction de cette orientation prise par le journal que, petit à petit, se sont dégagées les grandes lignes que devait suivre notre étude. Il nous semblait que dans un premier temps nous pourrions, par le biais d'une analyse thématique, tenter de préciser les contours de l'univers symbolique préalable à l'élaboration de l'idéologie antisémite du journal; qu'à travers les thèmes comme ceux de famille, religion et politique, nous devions viser aux idées générales sur l'homme et la société, et aux tensions provenant de la situation. Et que dans un deuxième temps, par le biais de la représentation des adversaires, nous pourrions concentrer notre attention sur l'élaboration de l'idéologie antijuive vue comme un syncrétisme tentant d'intégrer dans un ensemble cohérent certains aspects des idées générales en réserve et certains éléments de la situation.

Et c'est selon ce cheminement en deux temps que s'ordonne notre étude. Après les deux premières sections consacrées à la présentation du journal et de son orientation idéologique en général, nous nous efforcerons, dans une troisième, de voir comment les thèmes abordés par le journal sont reliés entre eux et renvoient à un même univers symbolique, toile de fond de l'idéologie antisémite. Dans une quatrième partie, nous verrons comment s'élabore l'idéologie antijuive du journal devant la désintégration de l'ordre social chrétien. Une cinquième partie précisera le modèle de société propre au journal.

I. — RENSEIGNEMENTS D'ORDRE GÉNÉRAL SUR LE JOURNAL

La documentation que nous possédons sur le journal *la Croix* se résume à fort peu de chose. Toutes les recherches que nous avons entreprises se sont révélées infructueuses [1].

Nous ignorons tout des circonstances qui ont entouré la fondation du journal par Joseph et J.-V. Bégin le 5 avril 1903. Nous savons cependant que Joseph Bégin fut le gendre de Jules-Paul Tardivel qu'il vénérait comme un dieu et que, à la mort de ce dernier, il écrivit dans *la Croix* :

> L'Église, au Canada, vient de perdre un de ses défenseurs les plus courageux et les plus éclairés, et la Patrie canadienne-française un de ses fils adoptifs les plus chers. M. Jules-Paul Tardivel, dont la mort a déjà été annoncée par tout le pays, fut pour nous non seulement un père et un ami, mais aussi l'idéal du vrai journaliste catholique franc et sans dol [2].

Nous pouvons supposer qu'à l'exemple de son beau-père, qui fonda le journal *la Vérité* de Québec, Joseph Bégin ait voulu fonder son propre journal voué exclusivement à la défense des intérêts catholiques, libre de toute allégeance partisane et qu'à la mort de celui-ci il ait voulu continuer son œuvre :

> Les fléaux dont Tardivel voulait à tout prix conjurer les ravages, c'est l'invasion des Juifs et le complot des francs-maçons. Les puissances de régénération et de salut dont il fut le serviteur aussi convaincu que zélé, c'est l'école, c'est la paroisse, c'est la presse catholique, c'est un clergé laborieux, c'est un épiscopat armé en guerre...

---

[1] Nous avons consulté *Biographies canadiennes-françaises* et *Pseudonymes Canadiens* de MALCHELOSSE et AL., sans obtenir de résultats.

[2] Article de J. BÉGIN cité par Mgr Justin FÈVRE, *Vie et travaux de J.-P. Tardivel*, Arthur Savaète, éditeur, Paris, 1906.

Les erreurs que combattit Tardivel se ramènent à une seule, le libéralisme, sous toutes les nuances trompeuses et menteuses qui essaient vainement de couvrir son impiété et de dissimuler ses attentats [3].

Ce sont ces mêmes erreurs que Joseph Bégin combat à sa façon. Nous ne savons rien de plus sur sa vie si ce n'est qu'en 1942 il publie un volume intitulé *l'Abîme de l'Assimilation* [4], œuvre consacrée au relèvement social, économique et politique des Canadiens français, où on ne retrouve plus de trace de son antisémitisme virulent.

Le journal *la Croix* semble surtout l'œuvre d'un seul homme. On y trouve en tout cas très peu de collaborateurs. Seul le nom de Pierre Bayard revient avec une certaine régularité. L'abbé Georges Dugas (qui a 90 ans en 1924) collabore aussi quelques fois. Nous ignorons tout de ces personnages. Il faut souligner que plusieurs articles du journal sont des extraits d'articles parus dans des publications françaises.

Le journal est en principe un hebdomadaire de quatre pages publié le samedi à Montréal. En principe un hebdomadaire mais, en fait, sur la période étudiée, il paraît en moyenne trois fois par mois. Cette irrégularité dans la parution trahit sans doute des difficultés financières. Difficultés qui semblent aussi soulignées par les appels fréquents du journal à la générosité des abonnés. *La Croix* est une œuvre, de dire le journal, mais comme toute œuvre, elle a besoin d'argent [5]. Tout cela suggère un très faible tirage, sûrement pas plus de 3 500 (tirage de 1916).

Si on en juge d'après les lettres des lecteurs que le journal publie à l'occasion, ce sont des curés qui constituent la majorité des abonnés de *la Croix*. Et ils ne nous apprennent pas grand chose sur leur compte sinon ce que peut suggérer le style de leurs lettres : « Nous vous envoyons dix dollars, c'est dix mille que nous aimerions vous faire parvenir. Que le Sacré-Cœur de Jésus vous bénisse ». Il faut dire que certaines lettres parviennent de curés du New Jersey et de la Nouvelle-Angleterre. Ajoutons que, durant sa cam-

---

[3] Article de J. BÉGIN cité par Mgr Justin FÈVRE, *Vie et travaux de J.-P. Tardivel*, Arthur Savaète, éditeur, Paris, p. 12.

[4] J. BÉGIN, *l'Abîme de l'Assimilation*, Éd. les Avant-Coureurs, Montréal, 1942, 124 p.

[5] 15 mars 1924, annonce en p. 1.

pagne contre les Juifs, le journal reçoit des lettres d'encouragement de marchands, d'hommes d'affaires, de médecins et même d'un étudiant, ce qui suggère que peut-être durant cette période *la Croix* connaît une plus grande diffusion.

II. — L'ORIENTATION GÉNÉRALE DU JOURNAL

1. *Conception générale du journal* : *la presse catholique*

Depuis sa fondation en mars 1903, *la Croix* s'est toujours définie comme un journal catholique entièrement et exclusivement voué à la défense des intérêts de l'Église catholique, libre par conséquent de toute allégeance politique :

> *La Croix* est née libre de tous les liens autres que ceux qui l'attachent à la Sainte Église Catholique [6].
>
> Nous devons noter que *la Croix,* de Montréal, n'a jamais reçu un sou pour travaux d'imprimerie des divers gouvernements qui se sont succédé à Québec depuis qu'elle est fondée. Aussi c'est la voix la plus libre qu'il y ait dans toute la province [7].

Cette conception particulière du journalisme trouve son point d'appui dans les écrits, entre autres de Pie X et Pie XI, auxquels se réfère constamment *la Croix* :

> C'est un fait qu'aujourd'hui, déclare Pie X, le peuple chrétien est trompé, emprisonné, perdu par les journaux impies. En vain vous bâtiriez des églises, vous prêcheriez des missions, vous fonderiez des écoles, toutes vos bonnes œuvres, tous vos efforts seraient détruits si vous ne saviez manier en même temps l'arme défensive et offensive de la presse catholique, loyale et sincère [8].
>
> Mettre les œuvres de presse de côté, déclare Pie X, c'est se condamner à n'avoir aucune action sur le peuple et ne rien comprendre au caractère de son temps [9].

La Croix endosse volontiers les positions de l'Église sur la presse catholique et s'engage à « continuer de marcher dans cette voie » (vol. 20, n° 29, 24 février 1923, p. 1, J. Bégin).

---

[6] 22 mai 1920, p. 1, J. BÉGIN, « Le Journal Catholique ».

[7] 27 janvier 1923, p. 1, article de P. BAYARD, « Les Journaux vraiment indépendants sont rares ».

[8] Citation de PIE X publiée régulièrement dans les numéros du journal.

[9] 27 janvier 1923, citation de PIE X.

En y regardant de plus près, on peut distinguer deux grandes dimensions qui sont impliquées dans cette orientation générale tracée par les papes et dont se réclame le journal. La première concerne la presse catholique comme arme offensive et défensive au service de la vérité, la seconde se réfère à l'action formatrice qu'elle exerce sur le peuple chrétien en contrepoids aux journaux impies.

Il s'ensuit que le journal la Croix se perçoit comme un journal de combat et comme un « bon journal ».

2. Journal catholique de combat

De la première dimension de la conception générale de la presse catholique, la Croix a choisi de retenir surtout l'aspect d'arme offensive : « Et durant 17 ans elle (la Croix) a vécu en dépit des difficultés que son caractère de journal de combat, de sentinelle avancée lui créait chaque jour [10]. »

Dans un article consacré à son vingtième anniversaire en mars 1923 [11], la Croix nous livre quelques images de son passé comme journal de combat. Elle rappelle d'abord qu'en 1903-1904, par une campagne à travers toute la province, elle a contribué à la formation d'une association de la jeunesse catholique (A.C.J.C.), puis qu'elle a livré combat contre la mauvaise presse : le Canada, de Godfroy Langlois, et les Débats d'Édouard Charlier, tous deux, selon ses dires, journaux francs-maçons. En 1910, un autre combat fut engagé contre la loge l'Émancipation dont elle publie la liste des affiliés qu'on retrouve au Conseil de la Ville de Montréal, à la législature, dans la magistrature : « ... et le Canada français et catholique fut sauvé du plus grave péril qui l'ait menacé jusqu'ici [12] ».

Vers cette même époque, elle entreprend une campagne contre la consommation de l'alcool en organisant une manifestation populaire au Monument National à Montréal, manifestation qui donna naissance à la Ligue antialcoolique de Montréal. Cette campagne contre l'alcool connaîtra un regain de vigueur en 1921, à l'occasion de la création de la Loi des Liqueurs votée par le

---

[10] 22 mai 1920, p. 1, J. BÉGIN, « Le Journal Catholique ».
[11] 17 mars 1923, p. 1, J. BÉGIN, « Le 20ème anniversaire de « la Croix ».
[12] Ibid.

gouvernement Taschereau. On en trouvera des échos dans l'analyse subséquente. Enfin en 1914, *la Croix* : « ... fustigea autant qu'elle le put le gouvernement canadien qui, sans l'assentiment du peuple, nous jettait dans la fournaise européenne : elle montra les conséquences désastreuses de cette guerre; elle remonta au besoin à ses auteurs, les Juifs et les francs-maçons, pour souligner tout l'aveuglement de nos gouvernants [13] ».

Et fidèle à sa tradition de journal de combat, *la Croix* en 1923 entreprend, de façon systématique, une nouvelle lutte : « Aujourd'hui nous tenons tête à la juiverie, et nous espérons réussir à la refouler dans ses repaires; demain, nous aurons probablement à faire face à un autre ennemi de notre race. C'est notre mission d'être constamment sur le champ de bataille. Et on nous rendra témoignage que nous n'avons pas failli à notre devoir [14]. »

3. « *Bon journal* »

Les propos tenus par Mgr Gaillard, lors du congrès annuel de *la Croix* de Paris, en 1923, nous éclairent sur le rôle de la presse catholique comme élément de formation de l'esprit catholique : « Les services que nous rend la presse catholique... : elle forme l'esprit catholique... ils sont rares ceux qui ont un jugement sain, solide, et une culture suffisante, une provision suffisante d'idées générales pour pouvoir penser par eux-mêmes. (Les autres) sont amenés à peu près fatalement à penser avec leur journal... Rien que dans l'information seule, il y a de quoi déformer ou mal former la mentalité catholique [15]. »

La conception de Mgr Cloutier sur la bonne presse rejoint celle de Mgr Gaillard sur la presse catholique. La bonne presse est pour lui un contrepoison qu'il faut opposer à la mauvaise presse fort répandue dans le peuple, au point de lui faire perdre « ses belles qualités des temps anciens » :

> Nous avons des journaux catholiques avant tout et patriotes avant tout, des journaux qui se préoccupent plutôt de faire du bien à leurs lecteurs que de remplir leur caisse, des journaux qui opposent la lumière des

---

[13] *Ibid.*

[14] 12 avril 1924, p. 1, J. Bégin, « Le rôle du bon soldat et celui du bon lecteur ».

[15] 27 octobre 1923, p. 3, « À qui la faute ? »

principes de droiture et de vérité aux ténèbres des doctrines fausses ou tortueuses... Ces journaux ne mettent pas leur drapeau dans leur poche ; ils n'ont pas peur de poursuivre un idéal. Ils ne se vendent pas. Ces journaux ne veulent pas accroître leur tirage et leur circulation en faisant primer le fait divers sur l'information solide et sérieuse [16].

C'est à cette conception générale du bon journal que se rattache celle du rédacteur en chef de la *Croix* :

> Les congrès, les semaines sociales, les conventions de toutes sortes, sans le bon journal, qui les prolonge indéfiniment pour ainsi dire en répercutant aux quatre coins du pays leurs paroles, ne seraient que des réunions sans lendemains. D'autre part, la crainte du journal franc et sans dol qui sait dire la vérité à temps, qui surveille, qui avertit, qui menace même, est pour les politiciens qui brassent les affaires publiques le commencement de la sagesse. Ils n'ont guère d'autre crainte. Supprimez le journal libre et du coup vous verrez le niveau de la morale publique baisser [17].

De cette conception du journal comme bon journal, deux aspects sont à retenir. Le bon journal est le propre d'une élite qui a comme mission de former l'esprit chrétien. Et dans l'accomplissement de cette mission, le bon journal se distingue de la presse ordinaire ou la mauvaise presse qui elle se maintient par l'annonce, par la « nouvelle à clairon », à l'exemple de la *Presse* de Montréal :

> « La Presse » de Montréal, n'en déplaise aux imbéciles qui se pâment d'admiration devant son supplément illustré, n'a pas cessé de faire une œuvre malsaine dans la province de Québec. Fondée par Trefflé Berthiaume, qui fut sans doute un homme d'affaires, mais qui n'eut aucune idée de la haute mission qu'un journal respectable doit poursuivre, elle fut, dès ses débuts, une feuille boulevardière, cherchant surtout à satisfaire les bas appétits de curiosités qui sont généralement à l'état latent dans le peuple [18] ...

III. — LE JOURNAL « LA CROIX » COMME MÉDIATEUR D'UNE IDÉOLOGIE ULTRAMONTAINE

Nous concevons avant tout ces thèmes idéologiques comme devant servir en quelque sorte d'arrière-plan symbolique préalable

[16] 21 juin 1924, p. 3, « Lettre pastorale de S. G. Mgr Cloutier sur la bonne presse ».
[17] 25 août 1923, p. 1, J. BÉGIN, « L'élite de la Croix ».
[18] 19 mai 1923, p. 1, Pierre BOYARD, « La Presse de Montréal et les Juifs ».

à l'élaboration de l'idéologie antisémite. Non pas que ces thèmes ne forment les tissus d'une idéologie. Au contraire. Mais ils ne sont qu'esquissés par le journal et de plus on les retrouve sous une forme beaucoup plus explicite dans certains journaux ultramontains de la fin du dix-neuvième siècle comme *la Vérité* de Tardivel. Aussi, ce qui a semblé d'intérêt pour nous, c'est bien plutôt la formulation systématique d'une idéologie antisémite pour répondre aux tensions provoquées par la crise dans laquelle se trouve plongée la collectivité canadienne-française.

Vus sous cet angle, les thèmes nous aideront à préciser des « idées générales » sur l'homme ou la société et des éléments de la situation perçue par le journal. Car c'est suivant une sélection de certains éléments de cette situation et de certains aspects de ces idées générales que naîtra le syncrétisme de l'idéologie antisémite.

1. *La famille*

Dans l'ensemble, sur la période couverte par l'analyse, il est peu fait mention comme tel de ce thème dans le journal. Et lorsqu'on en traite, c'est presque exclusivement de façon indirecte, par le biais d'articles extraits de journaux français, en spécifiant cependant que les problèmes de la France sont d'actualité au Canada, que « ce qui est bon pour la France, est bon aussi pour la province de Québec ».

C'est à travers ces articles qu'il nous sera possible de toucher certaines idées générales sur la famille et la société et certains éléments de la situation telle que perçue.

À l'occasion de la quinzième session des Semaines sociales en France, portant sur le problème de la natalité, le journal *la Croix* livre à ses lecteurs des compte rendus d'exposés susceptibles de les intéresser. Car « ce problème se pose aussi déjà en Canada » et « tout ce qui peut aider à le résoudre doit nous intéresser » (vol. 21, nº 13, 18 août 1923, p. 1, « Le grand problème de la natalité en France »). Un des conférenciers fait un exposé contre la conception individualiste de la vie : « Le seul remède sera d'admettre, comme l'Église, que la société humaine repose sur des individus, mais que c'est la famille qui les forme et que les individus n'atteignent leur fin qu'en formant à leur tour d'autres individus dans l'amour qui règle la vérité. La perspective de l'au-delà est la seule perspective vraie de la vie humaine, la seule qui puisse rétablir l'équilibre rompu par l'égoïsme humain [19] »

L'exposé de Mgr Julien, pour sa part, va à l'encontre de la thèse étatiste : « L'État doit travailler au relèvement juridique de la famille, renforcer l'autorité des parents, supprimer le divorce, donner à la famille une plus grande place dans l'organisme social, par exemple au moyen du vote familial [20]. » La partie subséquente de la conférence de Mgr Julien attire notre attention sur les tensions que provoquent au niveau du vécu la dualité religion société, la séparation de l'Église et de l'État. « Le grand remède est la restauration morale de la famille. C'est une mauvaise politique de séparer l'intérêt social de la morale éternelle. Tout ce que la religion a perdu en influence, la famille française l'a perdu en vitalité. »

D'autre part, nous touchons à ce même univers d'idées générales sur la famille par le détour d'un article, d'un certain G. V., dont nous n'avons pu retracer l'identité, portant sur l'individualisme et l'étatisme comme ennemis de la famille. Pour l'auteur, « le mouvement social », depuis un siècle, est caractérisé par une « floraison maladive de l'individualiste [21] ». L'individualisme est bon s'il est « le développement des libres initiatives et libres efforts [22] », mais il est mauvais s'il est « la priorité toujours accordée à l'intérêt particulier sur l'intérêt général, *au droit sur le devoir*, à la jouissance sur la vertu [23] ». Le besoin d'affranchissement et le besoin de bien-être sont deux traits élémentaires de ce mauvais individualisme moderne qui conduit à l'étatisme. Le besoin d'affranchissement va à l'encontre de la famille qui est « discipline, ordre, respect [24] ».

On trouve aussi dans *la Croix* des allusions à la fonction de la famille comme centre de formation intellectuelle et surtout morale. « La famille doit s'intéresser, dans une surveillance journalière,

---

[19] 18 août 1923, p. 1, « Le grand problème de la natalité en France ».

[20] *Ibid.* — Grâce au vote familial, le père, ou la mère en cas de décès du père, pourrait voter autant de fois qu'il a d'enfants mineurs. Ce moyen, conçu en France et approuvé par *la Croix*, redonnerait à la famille l'influence politique et sociale à laquelle elle a droit.

[21] 8 septembre 1923, pp. 1-2, « Les ennemis de la famille ».

[22] *Ibid.*

[23] *Ibid.*

[24] *Ibid.*

au développement intellectuel et moral de ses membres. Il faut guider l'enfant autrement que par l'inspection hebdomadaire de ses notes... C'est le rôle du père ou de la mère d'être le « bon ouvrier » pour faire rendre au maximum les enseignements reçus du dehors [25]. » Le journal s'attache aussi au rôle prépondérant de la mère comme éducatrice en matière religieuse : « Mais le livre des livres, pour vos enfants, ce sera vous, madame... mais tout cela ne serait rien si vous ne vous trouviez là pour y mettre la vie... Murmurez donc à ces enfants, comme si vous parliez à vous seule, ce que vous pensez, ce que vous croyez, ce que vous vivez sous leurs yeux, et vous les aurez rendus attentifs pour toujours; même quand vous les aurez quittés, même lorsqu'ils seront eux-mêmes au soir de leur vie, à ces paroles divines nées du cœur maternel [26]. »

Le journal la Croix, par l'entremise de son directeur, participe de cet univers d'idées générales sur la famille, univers axé sur la famille comme « véritable unité sociale » et comme « assise fondamentale de l'ordre social », lieu de la « discipline, du respect » et centre d'éducation morale.

En marge de la session d'août 1923 des Semaines sociales de Montréal où « on a cherché à faire ressortir l'importance d'avoir, comme nos ancêtres, des familles nombreuses [27] », le directeur du journal épilogue sur le sens de la vie familiale, menacé par l'univers de la ville où l'on trouve des « sujets mordus de la jouissance effrénée du siècle [28] ».

> D'après nous, la jeune fille et le jeune homme, à Montréal notamment, en fréquentant les théâtres, les cinémas, les bals, et la rue jusqu'à des heures très avancées, habituellement, cinq jours et quelques fois sept par semaine, gâchent complètement chez eux, avant même de se marier, le sens de la vie familiale... Ils ont un premier enfant; ils s'entendent tout de suite pour n'en avoir pas d'autres. Madame veut continuer à aller au théâtre, au bal, au cinéma; elle veut continuer à danser plusieurs jours ou plusieurs nuits par semaine. Le mari de même. Tous deux trouvent que la maison est ennuyante...

---

[25] 10 mars 1923, p. 2, « Internes ou externes ».

[26] 10 février 1923, p. 3, « Les choses divines à l'âge divin ».

[27] 8 septembre 1923, p. 1, J. BÉGIN, « La crise de la natalité ».

[28] *Ibid.*

Et voilà comment les plaisirs mondains, à Montréal, comme dans toutes les grandes villes d'ailleurs, empoignent nos jeunes gens jusqu'au point de les écarter si funestement de leurs grands devoirs d'époux chrétiens [29].

Il y a ici, au niveau de la réalité sociale, contradiction entre les valeurs familiales et la présence de la ville avec ses salles de cinéma, ses théâtres, ses salles de danses, ses tavernes [30]. On cherche à résorber cette tension en réclamant la suppression des salles de cinéma, de danses. Alors, « nous verrons les familles canadiennes-françaises devenir grandes et fortes dans nos villes comme dans nos campagnes, et comme jadis [31] ».

2. La religion

L'importance quantitative de ce thème est presque négligeable, aussi surprenant que cela puisse paraître à première vue pour un journal consacré à la défense des intérêts de l'Église. Mais en fait il n'y a à cela rien d'étonnant car si ce thème est peu abordé comme tel, c'est sans doute que, les valeurs religieuses étant fondamentales à toute la pensée du journal, on les retrouve profondément impliquées dans tous les autres thèmes, comme on a pu le constater au sujet de la famille.

La première encyclique du pape Pie XI qui est reproduite intégralement dans les pages du journal constitue un cadre général de référence aux valeurs religieuses auxquelles se rattache la pensée du journal. Cette encyclique est consacrée au mal sous toutes ses formes qui ronge l'époque, à ses causes et aux remèdes qu'il faut y apporter. Le mal est d'abord perçu entre les États : la guerre. Puis il est vu au sein même des États, où il prend la forme de la lutte des classes. On constate sa pénétration « jusqu'aux racines de la société humaine » : la famille. Enfin pour couronner ce désordre général on observe, au niveau des individus, l'inquiétude des esprits, le mécontentement, le dégoût de l'obéissance, l'impatience du travail.

Les causes de cet état de crise religieuse sont à trouver dans les biens extérieurs désirés sans mesure, dans la concupiscence de la

[29] 8 septembre 1923, J. Bégin, « La crise de la natalité ».
[30] 24 mai 1924, p. 4, Jean Dollard, « Lettre ouverte au maire de Montréal ».
[31] 8 septembre 1923, J. Bégin, « La crise de la natalité ».

chair, des yeux, dans l'orgueil de la vie. « La société est pauvre de s'être écartée de Dieu [32]. » C'est dans la paix chrétienne qui produit justice et charité, qui est la gardienne de l'ordre, qu'il faut chercher remèdes à ces maux. *Devant l'impuissance des institutions humaines, il faut se tourner vers l'Église du Christ,* le règne du Christ, car la paix chrétienne suppose le règne du Christ. Encore ici, nous constatons ce même souci devant la désintégration de l'ordre chrétien, de concilier la logique de la structure religieuse avec celle de la structure sociale, en subordonnant les institutions sociales à l'Église.

Cette primauté du religieux sur le social, fondement de l'ultramontanisme, se retrouve aussi, sous une autre forme dans un article signé G. B., sur la vie moderne :

> Notre existence telle que nous l'organisons dans les grandes villes est un chef-d'œuvre de hâte et de mobilité. Or cette hâte et cette activité qui se multiplient dans toutes les formes de la vie, que laissent-elles ? Sont-elles plus généreuses ou plus fécondes que cette lenteur, cette mesure, auxquelles nos aïeux obéissaient ? Il n'y paraît point. Cette précipitation ne nous laisse dans la mémoire que le souvenir de gestes vagues, aux contours mal marqués. Elle nous prive de la notion réelle du temps...
>
> Les jeunes gens veulent être célèbres avant de l'avoir mérité, les hommes notoires veulent posséder une légende avant d'être morts...
>
> La collectivité elle-même montre le besoin de marquer son passage sans attendre la postérité...
>
> Le temps remettra tout en place : car il est rigoureux et ne permet pas qu'on force sa nature. Nous ne changerons pas l'ordre des choses, et nous ne pourrons aller contre cette loi : rien n'est durable que ce qui est accompli sans hâte et en harmonie avec le temps. Mais pour notre agrément et pour cette sensation de durée à laquelle nous tenons, il serait peut-être utile que parfois nous revenions à plus de calme, et que nous n'allions pas plus vite que ce chef mystérieux qui nous bat la mesure [33]...

On notera, dans cette tentative de réduction de l'ordre naturel à l'ordre surnaturel, la référence explicite à la notion de temps. Le temps réel ne se situe pas au niveau de l'ordre de la vie quotidienne qui est celui de la durée éphémère, de la hâte, de la mobilité, mais dans un au-delà, au niveau du « Chef mystérieux qui bat la mesure ». À cette notion du temps se greffe la conscience de la réalité qui n'est pas de l'ordre social, mais bien de l'ordre religieux.

---

[32] 20 janvier 1923, p. 1.
[33] 20 janvier 1923, p. 1, G. B., « La vie nouvelle ».

Cet univers de valeurs religieuses, dont on vient d'évoquer quelques grands traits, peut aussi être perçu par le biais des modèles de christianisme que propose le journal *la Croix*.

Au premier rang de ces modèles, il faut compter Louis Veuillot, père spirituel de Joseph Bégin. Les articles signés de sa main sont nombreux dans le journal en 1923. Ceux-ci renvoient à un certain style de christianisme axé sur la souffrance et l'obéissance à la volonté de Dieu :

> Assurément, je me sens homme lorsque je vois souffrir; mais après tout, la souffrance est le juste lot de l'homme; et même elle est sa grande richesse. Je me sens plus touché quand je vois comment Dieu a pu s'y prendre pour multiplier la paix dans cet abîme de contradictions qui est notre cœur, dans cet abîme de misères qui est la vie. Cette paix, ce bien si peu mérité, cette lumière qui crée l'ordre dans le chaos et la joie dans les ténèbres, il l'a mise ici, pour être goûtée et pour être répandue [34].

D'autres modèles de chrétienté sont proposés par le journal, à travers lesquels on rejoint le même univers de valeurs religieuses, tels que Pie XI et saint François de Sales.

Les valeurs religieuses auxquelles adhère le journal entrent en conflit avec les idées modernistes :

> Les idées modernistes ont fait du dimanche un jour de congé, consacré aux jeux, aux promenades et aux divertissements bruyants. Théologiquement parlant, nous affirmons que les jeux publics de sport depuis deux heures jusqu'à cinq heures, comme nous les avons vus en maints endroits, sont à cent lieues de la sanctification du dimanche et que c'est un modernisme déplorable dont Dieu fera rendre un compte sévère [35].

Ce « modernisme déplorable » est perçu comme une grave menace pour la foi. C'est ainsi que le cardinal Bégin, archevêque de Québec en 1923, dans une lettre contre « les mauvais théâtres et cinémas, les modes indécentes, les danses lascives et la contrebande des boissons enivrantes », que *la Croix* reproduit dans son intégralité, décrète, comme occasion prochaine de péché, le mauvais théâtre et en particulier le cinéma et prohibe « positivement les danses lascives » telles que le *fox-trot*, en même temps qu'il met en garde les femmes contre le scandale que provoquent les modes indécentes.

---

[34] 10 mars 1923, p. 2, « Saint Benoît par Louis Veuillot ».
[35] 21 juillet 1923, p. 1, XX, ptre, « La sanctification du dimanche ».

Malgré le peu de place accordée à ce thème de la religion, on perçoit quand même des tensions entre l'univers des valeurs religieuses traditionnelles auquel adhère le journal et le monde envahissant qu'on appelle, faute d'un meilleur terme, le modernisme, mais qui est en fait la structure du milieu urbain.

3. La politique et la nation

Nous avons choisi de traiter ensemble de ces deux thèmes, car ils sont intimement liés l'un à l'autre dans la pensée du journal. Il est à noter que l'importance numérique de ces deux thèmes est plus considérable que celle de la famille et de la religion.

Le père L. Boncompain, s.j., dans un article portant sur les principes généraux qui doivent guider le citoyen, exprime certaines notions se rattachant à une conception d'ensemble de la réalité politique qui nous semble être celle du journal la Croix. Du moins cette conception rejoint-elle l'univers des valeurs générales sur la religion et la famille que nous venons d'esquisser.

Ce jésuite distingue deux sociétés : la société civile et l'Église. « La société civile s'occupe des intérêts matériels, elle vise à garantir à ses membres la liberté et la paix; elle a en vue d'assurer la prospérité publique. L'Église entend diriger les consciences et conduire les âmes à Dieu. Les deux sociétés ont donc leur but particulier, leur champ d'action respectif. Car outre que l'Église, par ses principes divins, donne seule la solution aux problèmes les plus complexes, elle assure à la société son plus ferme appui en prêchant la morale et en imposant le respect de l'autorité[36]. »

Il distingue deux sociétés, qui ont chacune leur « champ d'action respectif », mais il y a primauté de l'Église sur la société civile. Cette idée de subordination de la société civile et par conséquent de l'univers politique à un univers de valeurs plus élevées, on la retrouve de façon implicite dans les écrits de Pie XI sur la politique : « Pour ce qui est de la « politique pour la politique », de la lutte politique et de la politique de parti, l'action catholique ne doit ni ne peut s'en mêler, justement parce qu'elle est catholique. Faut-il donc exclure complètement la politique ? Non... La politique en son temps, quand et comme il faut, et s'en occupe qui de droit,

---

[36] 17 mars 1923, L. Boncompain, s.j., « Le devoir politique des catholiques ».

après une préparation opportune : préparation complète, religieuse, intellectuelle, économique, sociale [37]... »

On retrouve cette même idée de subordination du politique au religieux dans le tableau que brosse le journal de l'homme public idéal. En plus d'être un honnête citoyen et de posséder « une certaine science politique... » :

> Il doit avoir des notions justes sur les grandes questions religieuses, sociales et économiques qui sont à l'ordre du jour. Il doit connaître à fond l'histoire de son pays et suffisamment celle des grands peuples, afin de pouvoir, au besoin, en tirer des leçons à l'avantage de ses compatriotes. À défaut de ces connaissances acquises, il doit avoir, au moins, une intelligence d'élite qui le rende apte à bien comprendre les choses abstraites et à porter un jugement droit sur les causes qui lui sont soumises [38].

Il faut noter que le meilleur exemple, celui qui incarne à la perfection ce modèle de l'homme politique, c'est en Mussolini que le journal la Croix le trouve. Durant toute l'année 1923, la pensée politique du journal est dominée par le thème du fascisme. Pour le journal, Mussolini, avec le « bon sens » qui le caractérise empêche le recrutement des émeutiers et surtout lutte contre l'Étatisme, ce qui est le moyen le plus efficace de combattre le socialisme et le bolchevisme. L'État en effet, pour le journal, « c'est la mafia des ministres cupides, des parlementaires incapables ou corrompus, au service des grands financiers et de gros mercantis [39] ». Et on n'a qu'à se référer à la France à titre d'exemple : « Pendant la guerre, l'État, en France, s'est substitué le plus possible aux entreprises privées. Le « socialisme d'État » s'est implanté dans tous les domaines de l'activité nationale. Or, ce qu'entreprend l'État finit mal généralement [40]. » Et Mussolini déclare : « Je crois que l'État doit renoncer aux fonctions économiques, surtout à celles qui ont un caractère de monopole, et pour lesquelles il est insuffisamment qualifié [41]... »

Mais ce qui retient le plus l'attention du journal, c'est la place qu'accorde Mussolini à la religion et la lutte qu'il livre à l'immoralité :

---

[37] Vol. 22, no 19, 11 octobre 1924, p. 4, « S. S. Pie XI et la politique ».
[38] 13 janvier 1923, p. 1, « L'homme public idéal ».
[39] 29 septembre 1923, p. 1, « Notes et Nouvelles », « L'État, c'est le vol ! »
[40] Ibid.
[41] 7 avril 1923, p. 4, Extrait de l'Écho de Paris, « L'Étatisme ».

Cette courageuse décision (de placer un crucifix en chambre) est un éclatant hommage à la force sociale que représente la religion : elle atteste le profond sens politique du dictateur et montre l'importance qu'il attache au maintien de la foi catholique sous toutes ses manifestations dans la vie nationale [42].

Nous ne pouvons qu'applaudir à ces actes du régime fasciste (lutte contre l'immoralité). M. Mussolini aspire à régénérer l'Italie. Or un des éléments importants de cette régénération morale est, sans contredit, la guerre faite à la littérature immorale et corruptrice qui tend à pervertir l'âme nationale [43].

Un article portant sur la possibilité d'un État catholique et français dans la Vallée du Saint-Laurent, signé par R. Villeneuve, o.m.i., nous laisse entrevoir à quelle représentation de la nation se rattachent les quelques éléments de la conception d'ensemble de la réalité politique exprimés de façon détournée par le journal *la Croix* :

Et que la vocation surnaturelle de la race française en Amérique acquière de ce chef son plein épanouissement ; que l'indépendance politique rêvée mette notre nationalité dans le rôle auguste auquel la dispose comme de longue haleine l'éternelle Providence ; qu'elle devienne ainsi le flambeau d'une civilisation idéaliste et généreuse dans le grand tout que fusionne l'avenir américain, qu'elle soit, en un mot, au milieu de la Babylone en formation, l'Israël des temps nouveaux, la France d'Amérique, la nation-lumière et la nation apôtre ; c'est une divine faveur qu'il y a lieu de demander et dont il est sage de nous rendre dignes par la réflexion et par le courage qui font les peuples grands [44].

Les statistiques de 1921 du Bureau fédéral de la statistique montrent que la proportion des Canadiens anglais a augmenté de 25 pour cent par rapport à 1911 et que celle des Canadiens français n'a subi qu'une hausse de 19 pour cent. Parallèlement à cette baisse, il y a aussi la diminution de l'influence des Canadiens français au niveau de l'administration publique à Ottawa. La situation aux yeux du directeur devient alarmante ; les Canadiens français perdent du terrain et marchent vers l'assimilation anglaise. Il faut agir : « Ces chiffres sont alarmants. Ils nous avertissent que, avant 20 ans, nous serons noyés dans les populations de langue

---

[42] 25 avril 1923, p. 4, « Mussolini remet le Crucifix à sa place d'honneur ».

[43] 14 juillet 1923, p. 1, « Les efforts de Mussolini contre l'immoralité ».

[44] Vol. 21, no 31, 9 février 1924, p. 2, R. P. VILLENEUVE, o.m.i., « Un État catholique et français dans la vallée du Saint-Laurent ».

angaise, si nous ne savons échapper à leur emprise nous séparant des provinces de l'Ouest avant qu'il ne soit trop tard [45]. »

Il devient évident pour le journal la Croix que « la question de la division du Canada en deux pays, le Haut et le Bas-Canada, va se poser, et que moins sa solution rencontrera d'entraves, mieux ce sera [46] ». Et cela d'autant plus qu'on compte déjà deux millions d'émigrés canadiens-français aux États-Unis et dans les provinces de l'Ouest.

Poursuivant ses interrogations, le journal formule son projet politique, celui d'un Bas-Canada autonome : « ... tout homme de bon sens dira que l'est à tout intérêt à se séparer de l'ouest par un régime politique qui considérera le développement de ses propres ressources naturelles, de son commerce, de son industrie et de son agriculture. Le temps est venu d'ouvrir nos voiles au bon vent de l'autonomie qui souffle sur le Bas-Canada [47] ».

Les avantages d'un tel projet seraient considérables. Les Canadiens français seraient la majorité. Ils pourraient élaborer des politiques extérieures et internes selon leurs intérêts. Les finances, les travaux publics, les chemins de fer, l'immigration seraient sous leur contrôle.

Mais qu'entend le journal par « l'est du Canada » ? Il s'agit pour lui de réunir les trois provinces Maritimes en une seule province qui s'unirait au Québec pour former le dominion du Bas-Canada. En contrepartie à ce dominion de l'est du Canada, les provinces de l'Ouest réunies en une seule formeraient, avec l'Ontario, le Haut-Canada.

Il est intéressant de noter que ce dominion du Bas-Canada, projet somme toute assez vague qui tire ses origines du mécontentement qu'engendre la Confédération, serait placé sous l'égide de la couronne britannique : « Le pacte fédéral de 1867 fut un traquenard. La minorité anglaise dans le Québec a été bien traitée. La minorité française dans les provinces anglaises a été jouée, bafouée, maltraitée. Presque tous les hauts-postes du service civil sont occupés par des anglais. La Confédération depuis 27 ans a donné des milliards aux entrepreneurs anglais de chemin de fer. À bas la

---

[45] 10 mars 1923, p. 1, J. Bégin, « L'influence canadienne-française diminue ».
[46] 17 février 1923, p. 1, J. Bégin, « Les fermiers unis de Québec ».
[47] 26 janvier 1924, article en gros caractères, sous forme d'annonce, p. 1.

Confédération ! *Vive le Bas-Canada autonome sous la Couronne
d'Angleterre* [48]. »

Tout au long de l'année 1924, le journal insiste sur ce projet de
rupture avec la Confédération et de formation d'un Bas-Canada
autonome, sans en préciser davantage le contenu. Les articles qui
lui sont consacrés prennent la forme de réclames faites par le
journal et placées au centre de la première ou de la dernière page,
du genre de celles-ci :

> La question du tarif divise le pays : l'ouest et l'est sont aux
> antipodes. Mackenzie-King devra adopter des demi-mesures.
> Cette politique de faux-fuyants est la conséquence de la Confé-
> dération, elle est la raison du marasme de notre agriculture et
> de notre industrie. La Confédération n'est favorable qu'à la
> majorité anglaise pour tenir la minorité française sous sa domi-
> nation [49].

> À l'exposition impériale de Wembley, le Canada français est
> ignoré et méprisé,
> Sous le régime Borden on voulait faire de nous de la Chaire à
> Canon,
> Sous le régime MacKenzie-King, nous sommes traités avec plus
> de ménagement, mais aussi plus hypocritement,
> La Confédération est une ignoble marâtre pour les Canadiens
> français.
> Vive l'autonomie du Bas-Canada [50] !

D'autres éléments de la situation politique sont perçus par le
journal. Ils touchent au modèle de l'homme politique. Ces éléments
sont le reflet de tensions qui existent entre la représentation idéale
de la politique que formule le journal et la réalité politique qu'il
observe. C'est ainsi que pour *la Croix*, « nos parlements sont en-
vahis par l'ignorance et l'insuffisance », que peu d'hommes politiques
répondent aux exigences morales préalables à toute action politique,
à part quelques exceptions : « Lui (L.-O. Taillon) et ses deux
distingués collègues (sir A.-R. Angers et l'honorable Alphonse
Desjardins) montrèrent dans cette circonstance une grandeur d'âme

---

48 19 février 1924, article en gros caractères, sous forme d'annonce, p. 1.
49 12 avril 1924, annonce en page 1.
50 13 septembre 1923, annonce en page 1.

vraiment admirable, alors que tant de politiciens canadiens-français, assoiffés de pouvoir, trahissaient cette même cause [51]. »

4. Le travail et l'économie

Ce thème occupe avec la politique une place importante dans le journal la Croix, en 1923. Importance toute qualitative en ce que c'est surtout à travers ce thème que le journal perçoit l'état de crise dans lequel se trouve plongée la collectivité canadienne-française. Et cet état de crise est d'autant plus angoissant pour le journal que ce dernier souscrit d'une part à l'idée de la vocation agricole du peuple canadien-français et qu'il constate par ailleurs la désertion massive des campagnes.

Il existe un lien étroit dans la pensée du journal entre les intérêts économiques d'un pays et les intérêts de l'agriculture. Les uns sont indissociables des autres. Et parler de l'économie de la province se résume à parler surtout de son agriculture.

La lettre du cardinal Bégin et des archevêques et évêques de la province ecclésiastique de Québec, sur la désertion du sol natal, révèle quelques «idées générales » auxquelles renvoie cet univers de l'agriculture :

Ce fut toujours notre gloire de nous réclamer d'être non des étrangers sur la terre canadienne, des importés de passage, mais des produits du sol, d'être enracinés et en quelque sorte identifiés par les traditions des ancêtres...

Les habitants des campagnes sont la réserve des forces religieuses et nationales. C'est là, au contact du sol qui enracine à la patrie, au grand air libre des champs qui tonifie la vigueur physique et morale, dans le décor grandiose de la nature qui élève l'âme, et dans la vertu du travail sanctifiant qui discipline les énergies, c'est là que s'est fortifiée notre race ; là que s'est assurée notre survivance, là qu'ont grandi et que se sont affermies les vertus caractéristiques qui ont fait de notre peuple le peuple en somme le plus heureux et le plus religieux de la terre...

Restez (...) attachés à la terre qui a fait jusqu'ici notre force et qui demeure notre grand espoir. C'est par elle que le peuple canadien assurera son avenir. Nous sommes un peuple essentiellement agricole par vocation [52].

[51] 26 mai 1923, p. 1, J. BÉGIN, « Sir L.-O. Taillon ».

[52] 16 juin 1923, pp. 1-2, « La désertion du sol natal, Lettre pastorale de S. E. le Cardinal Bégin et de NN.SS. les Archevêques et Évêques de la province ecclésiastique de Québec ».

L'agriculture ici se réfère à l'héritage sacré qu'est la terre. Elle est en effet le lieu des traditions ancestrales, qui sont la réserve des forces religieuses et nationales; elle est source d'enracinement à la patrie, source de vigueur physique et morale, source d'élévation de l'âme, de travail sanctifiant. En un mot, elle est le passé, le présent et l'avenir du peuple canadien-français.

En conséquence, l'agriculture occupe une place de choix parmi les types d'occupation économique. « Longtemps encore on verra les paysans se consacrer manuellement et amoureusement à la motte verdoyante où chacun établit sa famille, sa fortune, sa cité. Et qui oserait inquiéter leurs habitudes séculaires ou troubler leur expérience riche de traditions, d'émotions et de certitudes éprouvées ? [53] »

Aussi, le journal accorde trop peu d'importance, en termes d'articles, aux autres secteurs de l'économie pour que nous puissions y trouver d'autres vérités générales propres à l'économie. Néanmoins quelques articles sur les associations syndicales et patronales nous permettent d'entrevoir certaines valeurs qui rejoignent celles que nous avons décelées à travers les autres thèmes.

La Confédération des travailleurs catholiques du Canada est surtout vue par le journal comme un moyen d'encadrement des ouvriers, leur permettant de s'acheminer dans la voie du progrès moral, matériel et social et d'échapper à la lutte des classes et à l'anarchie [54]. Un des premiers buts de cette association doit être d'instruire les jeunes travailleurs catholiques, de leur *devoir professionnel*, qui est d'abord l'amour du travail, à en juger par l'extrait d'article qui suit : « Et le pire aspect de l'infection bolchéviste qui se propage sur la terre entière est cette haine du travail. Toute l'ambition de l'ouvrier ou des commis, à l'usine, au magasin, au bureau, dans l'administration publique ou dans les entreprises particulières, est de réduire le temps de travail, et pendant le temps réduit, de ne fournir presque aucun travail [55]. »

En contrepartie aux associations syndicales, doivent exister des associations patronales qui, elles, doivent former les patrons de demain, en leur apprenant « la théologie morale et les directives

53 23 juin 1923, p. 2, « Le travail rural ».
54 24 février 1923, p. 4, « Mgr de la Villerabel et la formation des élites ».
55 5 juillet 1924, p. 4, « La haine du travail ».

des papes [56] » pour qu'ils puissent mieux remplir leur *devoir* qui est de faire régner la justice et la charité.

On retrouve cette même notion de devoir que l'analyse d'autres thèmes (famille et religion) nous a déjà permis de relever. L'ouvrier et le patron n'ont pas tant des droits que des devoirs, des obligations à remplir. Cette idée de soumission nous semble centrale à toute la pensée du journal. Elle est au cœur de la conception générale de l'homme : « L'homme n'est pas sur la terre pour s'amuser et jouir; c'est tout le contraire qui est vrai. Après le devoir accompli, s'il lui reste du temps, il peut le donner au repos, mais seulement afin de se rendre plus apte au travail [57]. »

L'élément dominant de la situation économique telle que perçue par le journal est sans conteste l'exode rural. La situation est inquiétante :

> Un mouvement intense d'émigration arrache à nos campagnes, et jusque dans nos centres ouvriers, des milliers de nos compatriotes qui désertent le sol, et font bénéficier nos voisins d'un travail plus que jamais nécessaire au rétablissement de l'équilibre économique de notre pays.
>
> ... Une poignée de français fondaient, guidés par la volonté supérieure de la Providence, une colonie destinée à fournir au continent américain le modèle vivant d'un peuple formé dans l'esprit de sacrifice et les fortes vertus de la foi chrétienne.
>
> Un moment de panique va-t-il risquer de fausser le sens traditionnel de notre histoire et faire perdre à notre peuple les résultats chèrement achetés par des siècles de sacrifices et d'héroïques labeurs [58] ?

Ces propos sont du cardinal Bégin et des évêques et archevêques de la province ecclésiastique de Québec. Et il est intéressant de noter ici les divergences de vue entre le journal et la pensée des évêques quant aux causes de cette situation de crise et aux remèdes à y apporter. Les évêques s'expriment en ces termes :

> Un besoin morbide de changement dans tous les domaines, conséquence de l'ébranlement nerveux causé par les cataclysmes qui ont troublé le monde, exerce une influence néfaste sur l'exode dont nous souffrons actuellement. Comme nous retrouvons son action malfaisante dans les tentatives d'introduire, à tout moment, des nouveautés de nature à bouleverser l'ordre normal et traditionnel...

---

[56] 24 février 1923, p. 4, « Mgr de la Villerabel et la formation des élites ».

[57] 10 mars 1923, p. 1, Pierre BAYARD, « L'ordre mène à Dieu ».

[58] 16 juin 1923, pp. 1-2, « La désertion du sol natal, lettre pastorale de S. E. le Cardinal Bégin... »

....

Tout drainage de nos populations rurales vers les villes est un ralentisse-
ment de notre évolution naturelle. Et, pour guérir les plaies qui mettent
en danger notre survivance, nul remède ne sera plus salutaire que le
retour à l'amour de la terre : c'est là que notre race trouvera les
traditions les plus vivifiantes, les garanties les plus solides de sa vitalité
et les éléments les plus féconds de son expansion [59].

Tandis que pour le journal :

On n'a pas encore compris, au gouvernement de Québec, que la raison
de la désertion de la terre est toute économique. On ne fuit pas la terre
parce qu'on ne l'aime pas, mais parce qu'elle ne paie pas suffisamment
celui qui la cultive. Là est la cause profonde du mal. Et c'est parce que
nos gouvernants n'ont jamais essayé de la détruire d'une manière sérieuse
que le mal s'aggrave d'année en année... On prétend que les vieilles terres
de la province ne suffisent pas aux activités de la population rurale.
C'est faux. Elles suffiraient amplement si nos gouvernants s'étaient efforcés
de faire de l'agriculture une industrie rémunératrice.

On voit nettement, ce nous semble, qu'entre la définition de la
situation que proposent les évêques, pouvoir officiel, et celle du
journal qui lui sert de véhicule, il n'y a pas concordance complète.
L'accord existe quant à la valeur accordée à l'agriculture. Cela ne
fait pas de doute. Elle occupe une place prépondérante dans
l'économie. Cependant, au niveau de la perception de la situation,
ce n'est pas l'amour de l'agriculture qui est en cause pour le
journal, mais bien sa rentabilité économique.

Les solutions proposées pour remédier à cet état de crise de
l'agriculture, bien qu'émanant de plusieurs sources différentes, nous
semblent pouvoir former un ensemble. À la base, nous pourrions
placer la solution du cardinal Bégin et des évêques de la province
ecclésiastique de Québec, puis celle de Mgr Ross, évêque de Gaspé :

... Nous ne constituerons un peuple solide et fort que dans la mesure
de l'énergie avec laquelle nous adhérerons au sol des ancêtres, résistant à
tous les souffles violents, à toutes les bourrasques économiques ou autres,
qui menacent de nous déraciner [60].
Pour remédier à cette angoissante situation, il n'y a qu'un remède vraiment efficace : l'agrandissement du domaine culturel par la colonisation [61].

---

[59] 16 juin 1923, pp. 1-2, « La désertion du sol natal ».
[60] 16 juin 1923, pp. 1-2, « La désertion du sol natal ».
[61] 25 août 1923, « L'organisation économique du diocèse de Gaspé par S. G.
Mgr Ross », p. 1.

Enfin, pour le journal, il faudrait s'attaquer à « la machine économique de l'agriculture qui est détraquée afin de rendre l'agriculture rentable [62] ». Mais il y a un obstacle : « Ni M. Caron, ni M. Taschereau, ne sont capables de la remonter (la machine de l'agriculture) ... parce qu'ils n'ont pas les aptitudes voulues pour la comprendre [63]. » L'idéal serait de suivre l'exemple de l'Allemagne qui a conçu un plan pour assurer son alimentation « sans presque faire appel au concours de l'étranger [64] », centré sur le développement de la petite propriété, le défrichement des nouvelles terres, l'accroissement du nombre des fermiers et les crédits pour l'amélioration du sol.

Une autre solution que propose le journal touche à l'exploitation des forêts :

> Depuis quelque temps, des capitalistes des États-Unis et d'Angleterre sont venus s'emparer d'une partie de nos forêts, qu'ils tournent sommairement en pulpe et qu'ils apportent ainsi à l'état brut dans leurs pays où cette pâte est définitivement manufacturée en papier. Nous alimentons ainsi les usines américaines et anglaises alors que nous pourrions, par des lois sages, obliger ces capitalistes à construire ici même au Canada leurs moulins à papier, ce qui procurerait à nos ouvriers un travail rémunérateur [65].

Quant aux solutions touchant aux autres aspects de l'économie, il faut lutter, de façon générale contre « les monopoleurs, les accapareurs, les trusts (qui) sont les fléaux de la société », mais pour ce faire : « ... il faudrait une main puissante et énergique. Et c'est ce qui manque le plus parmi tous les politiciens qui cherchent aujourd'hui à garder ou à prendre les rênes du gouvernement au Canada ».

Ici aussi, comme au niveau de l'agriculture, les solutions à apporter au plan de l'économie sont liées à l'action politique.

Pour ce qui est des ouvriers, il faut les protéger contre eux-mêmes en s'opposant à la journée de huit heures qui est perçue comme un instrument au service des révolutionnaires :

> La journée de huit heures est l'un des grands chevaux de bataille des révolutionnaires pour arriver au grand bouleversement universel de la

---

[62] 10 février 1923, p. 1, « Statistiques qui parlent ».
[63] *Ibid.*
[64] *Ibid.*
[65] 13 janvier 1923, p. 1.

société chrétienne... Forcément, elle diminuera la production et créera des troubles économiques à la faveur desquels les socialistes juifs et autres essaieront de s'emparer comme en Russie, de la propriété et du capital. La journée de huit heures, conduira le Canada rapidement à la ruine, moins un peuple travaille, plus il est pauvre [66].

III. — LE JOURNAL « LA CROIX » COMME DÉFINISSEUR D'UNE IDÉOLOGIE

L'analyse thématique que nous venons d'esquisser nous a permis de constater les angoisses, les tensions, les contradictions provoquées par le contact de deux structures opposées : celle de la religion et celle de la société.

Il nous faut voir maintenant comment, devant l'impossibilité de réconcilier ces deux logiques, le journal *la Croix* tisse tout un réseau de rationalisations qui se greffent autour du Juif, l'ennemi universel; comment ce syncrétisme tente de former l'arrière-plan symbolique que nous avons mis à jour en privilégiant certains éléments de la situation et en développant certains aspects des vérités générales.

1. *L'alcool*

Un thème dont nous n'avons pas fait mention jusqu'à présent sert d'intermédiaire à la représentation d'adversaires au début de 1923, avant que ne s'élabore de façon systématique la représentation du Juif comme principal ennemi à combattre. C'est celui de la consommation de l'alcool.

L'alcool est en effet, pour le journal, un fléau qu'il faut combattre parce qu'il rend « tuberculeux, fou, épileptique, criminel, et qu'il peuple les hôpitaux, les asiles d'aliénés et les prisons [67] ». En conséquence, *la Croix* de Montréal perçoit comme adversaires tous ceux qui encouragent la consommation de l'alcool, au premier rang desquels elle place le gouvernement Taschereau.

Dès 1909, *la Croix* avait entrepris une campagne contre l'alcool à travers la province. Cette campagne avait même donné naissance à une ligue de tempérance à Montréal. Mais la « loi des liqueurs »

---

[66] 16 août 1924, p. 1, Pierre BAYARD, « La journée de huit heures ».
[67] 27 janvier 1923, p. 1, J. BÉGIN, « Guerre à l'alcool ».

votée par le gouvernement Taschereau en 1921, instituant une commission des liqueurs pour contrôler la fabrication et le commerce des boissons alcooliques dans la province, détruit à ses yeux tous les effets de sa « croisade ». « Dans la province de Québec, la même croisade (que celle entreprise par la Belgique avant la guerre) marchait bien, mais la loi Taschereau (loi des liqueurs) accordant au gouvernement le droit de faire librement le commerce de l'alcool a aussi donné à l'ivrogne la liberté d'affamer sa famille [68]. »

Et au sujet de cette loi, le journal s'exprime en ces termes : « C'est la loi la plus néfaste qui ait été votée au Québec. C'est une loi profondément anti-sociale, une loi corruptrice, une loi scandaleuse, une loi dépravante, dont les répercussions se font sentir dans toutes les classes de la société [69]. »

Principalement pour cette raison, bien que ce ne soit pas le seul grief qu'elle formule à son égard, comme on a pu le constater au cours de l'analyse du thème de l'agriculture, la Croix prend violemment à partie M. Alexandre Taschereau et toute son administration :

Si le gouvernement Taschereau l'avait voulu, il lui aurait été facile de soutenir la tempérance au lieu de l'entraver. Mais la soif de l'or, chez lui a parlé plus fort que la voix du devoir. Il s'est vautré dans l'abîme et il cherche aujourd'hui à y entraîner tout ce que la province a de respectable, de grand et de noble afin de détruire, par là, tous les obstacles que son commerce d'alcool pourrait rencontrer [70].

La loi arbitraire et les menaces à peine cachées contre la presse libre, est digne d'un Lénine ou d'un Trotsky. En Russie, depuis 5 ans, on procède de cette manière brutale. Heureusement nous ne sommes pas en Russie et notre petit Lénine Canadien commence à s'en apercevoir [71].

Et le journal d'ajouter sentencieusement : « Quand un État en est venu à exploiter sans scrupule, à l'aide des lois qu'il fabrique, les passions du peuple, c'est qu'il est rendu aux derniers degrés de la dépravation sociale [72]. »

Ce thème de l'alcool et quelques autres qui servent de canaux d'expression à la représentation d'adversaires, s'estompent progres-

---

[68] Ibid.

[69] Ibid.

[70] 20 janvier 1923, p. 1, J. Bégin.

[71] 10 février 1923, p. 1, J. Bégin, « Après la bataille électorale » (élections provinciales du 5 février 1923).

[72] 22 septembre 1923, p. 1, « Une loi absurde et immorale ».

sivement pour laisser place, à partir de mars 1923, à la représentation d'un seul grand adversaire : le Juif.

2. Le Juif

Dans ce qui nous semble correspondre à une première phase de l'élaboration systématique d'une idéologie antijuive, le journal *la Croix* au début de l'année 1923 s'efforce de présenter les Juifs sous leur vrai visage. Le moyen utilisé pour atteindre cette fin est surtout une chronique intitulée « L'action néfaste des Juifs à travers le monde », chronique qui apparaît régulièrement dans presque tous les numéros du journal entre 1923 et 1925 [73].

Dans un article en première page, en date du 24 mars 1923, le journal entreprend de tracer de façon systématique le portrait des Juifs qu'il avait esquissé, de façon confuse, au cours d'articles antérieurs. Image des Juifs, qui restent toujours juifs quel que soit leur pays d'adoption, image d'un peuple dirigé par le Kahal, puissance occulte, qui a pour mission la destruction des valeurs chrétiennes. On n'a qu'à voir, pour s'en convaincre, comment ils ont machiné la première guerre mondiale, provoqué la révolution russe et comment, par l'entremise de la haute finance juive internationale ils ont aujourd'hui la mainmise sur plusieurs pays d'Europe et sur les États-Unis ! Et ce danger que constitue le peuple juif menace aussi le Québec :

> Nous avons commencé, dans *la Croix*, à faire connaître les Juifs tels qu'ils sont, partout où ils réussissent à mettre un pied à terre. Ce peuple, rejeté de Dieu, est le fléau de l'humanité. Il est sans conteste le bras droit de Satan sur la terre. Chez lui, le mal trouve ses plus obstinés propagandistes, par tous les moyens : par la presse, par le théâtre, par le cinéma, par l'école, par le livre, par la débauche, par les mœurs dissolues, par la mode scandaleuse, par la danse immorale. Il est non seulement pervers, mais astucieux et intrigant. Il organise en sociétés secrètes entre l'Église les chrétiens sans que ceux-ci soupçonnent même qu'ils sont conduits à l'abîme par une main juive. Le Juif est toujours juif, qu'il vive en Allemagne, en Angleterre, en France ou au Canada. Il ne s'assimile pas, il ne change pas. Sa loi, c'est le Talmud, compilé par les rabbins et il l'observe partout où il est. Cette loi lui enseigne que les chrétiens sont des bêtes et qu'ils doivent être traités comme des bêtes; elle lui dit qu'il peut les voler, les maltraiter et même les tuer...

---

[73] 10 février 1923, p. 1, « L'action néfaste... ».

À Montréal, il y aurait déjà 80,000 juifs sur une population de 700,000 âmes. C'est plus qu'il n'en faut pour faire de la métropole du Canada un ghetto. Et on leur laisse le champ libre. Ils envahissent tout : la finance, le commerce, les positions lucratives. On leur fait place. Et ils s'enrichissent à nos dépens, et ils se multiplient et ils se fortifient sous nos yeux, en attendant le jour où, comme à Moscou, comme à Varsovie, comme à Vienne, ils puissent nous dire : nous sommes les maîtres, à nous la haute finance, à nous le haut commerce, à nous les hautes écoles, à nous la grande presse, à nous les gouvernements, nous avons l'or, nous avons tout.

Eh bien ! armé de *la Croix*, nous allons essayer de leur barrer le chemin. Nous prions d'abord nos compatriotes de n'avoir aucune relation avec les juifs, de ne pas leur vendre ni leur louer leurs maisons, de n'acheter rien d'eux. Il faut les boycotter; il faut les obliger à s'en aller [74].

Ces quelques lignes contiennent le noyau central de l'idéologie antisémite que formule le journal et qui tente de résoudre les contradictions provenant à la base de la disjonction de la religion et de la société.

Ce noyau central nous apparaît comme une sorte d'axiomatisation manichéenne des conditions générales de l'action à poser. D'un côté se trouve la puissance du bien représentée par Dieu, de l'autre celle du mal représentée par Satan. Ces deux puissances sont antagonistes. Les valeurs chrétiennes, trouvant leur origine en Dieu, et dont l'Église est le dépositaire, se trouvent menacées par le peuple juif, rejeté de Dieu, bras droit de Satan sur la terre, dont la visée est la domination du monde par tous les moyens.

Et c'est sous cet éclairage idéologique qu'il faut, selon le journal, redéfinir la situation telle qu'elle se présente dans la province de Québec. Les Juifs sont en nombre imposant à Montréal, ils y étendent leur domination. Si on les laisse faire, ils seront les maîtres. Il faut donc « leur barrer le chemin ». Comment ? en ayant aucune relation avec eux. Des objectifs concrets sont ainsi proposés : ne pas leur vendre ses biens, ne rien acheter d'eux.

Tous les autres éléments idéologiques viendront se greffer autour de ce noyau central issu d'un univers manichéen préalable, pour constituer un modèle explicite de la situation en vue de l'action à entreprendre dans la province de Québec.

---

[74] 24 mars 1923, p. 1, J. Bégin, « Nos ennemis les juifs ».

À la suite de cet article, le journal entreprend dans les mois qui suivent, soit d'avril à juin 1923, la publication des *Protocoles des Sages de Sion*, vaste plan de domination du monde par les Juifs. La publication de ce plan a pour but manifeste de convaincre les lecteurs du journal de l'action maléfique des Juifs :

> Le plan de la domination du monde par les Juifs a été arrêté au Congrès des Hautes Sociétés secrètes, tenu à Bâle en 1897, sous la forme de Conférences données par un haut sociétaire et intitulées les *Protocoles ou Secrets des Sages de Sion*. Ce plan de campagne devait naturellement être tenu secret et n'être connu que par les grands chefs de la judéo-maçonnerie. Mais le texte des Protocoles est malheureusement tombé entre les mains de Serges Nilus, un savant russe, qui le publie la première fois en 1902. Depuis, il a été traduit en anglais et en français. Cette publication a été toute une révélation dans le monde entier. Enfin, l'action néfaste des juifs à travers le monde était mise au grand jour, de manière que personne n'en pût douter [75].

Quelques titres de paragraphe suffisent à nous donner une image du contenu de ce plan : gouvernement : la Société des Nations; écoles spéciales modernistes; destruction des pouvoirs régnants : « Quand nous aurons obtenu le pouvoir par des coups d'État préparés par nous de façon à ce qu'ils se produisent simultanément dans tous les pays... »; détruire la famille sous le despotisme; unité de conception et de commandement; miner les institutions des États des Goïm; le poison du libéralisme (le libéralisme est une maladie mortelle injectée par les Juifs dans l'organisme de l'État), multiplication mondiale des loges de francs-maçons : « Tant que nous n'aurons pas atteint le pouvoir, nous tâcherons de créer et de multiplier les loges de francs-maçons dans toutes les parties du monde »; la liberté d'après la judéo-maçonnerie; la presse sous le pouvoir judéo-maçonnique : contrôle des firmes de publication; censure des journaux, de revues, des livres et des organismes d'information : « Aucune information n'atteindra la société sans passer par notre contrôle »; transformation judéo-maçonnique de l'enseignement; détruire la liberté de pensée...

Ce plan de domination devient ainsi un procédé assez commode, voire même simpliste, employé par le journal pour résoudre les tensions engendrées par le modernisme, le libéralisme, le progrès

---

[75] 21 avril 1923, p. 2, « Le plan de la domination du monde par les Juifs ».

(cf. thème de la religion). En assimilant ces réalités à des instruments de domination utilisés par les Juifs, il peut ainsi mieux les condamner.

Parallèlement à la révélation de ce plan de domination, *la Croix* de Montréal présente des faits qui attestent de son exécution par les Juifs, à l'exemple de ceux-ci :

> La Société des nations a pour président un haut franc-maçon, Léon Bourgeois [76].

> Dès qu'un homme intelligent et de bonne foi (il s'agit de M. Alex Proctor, ex-capitaine de l'armée britannique qui a vécu 18 ans en Russie, qui confirme que la Révolution russe est le « fait de la Finance juive internationale et de ses agents ») examine les péripéties de la Grande Catastrophe, il arrive infailliblement à deux conclusions : 1/ Chaque épisode important a été machiné par une force cachée (Puissance occulte) ; 2/ Cette puissance occulte est la Juiverie internationale, représentée tantôt par ses financiers (Schiff, Huhn, et Loeb..., les Rothschild...) tantôt par ses chefs religieux et politiques (Louis Marshall). Et, dans chaque occasion décisive, les Wilson, Clemenceau, Lloyd George ont trahi leurs patries, trahi la Race blanche, au profit de l'ennemi commun : le Juif [77].

Et le journal, au cours de cette première phase de l'élaboration de l'idéologie antisémite, insiste sur la nécessité de la mise à jour de la conjuration juive qui menace les pays catholiques :

> Il faut que la lumière continue de se faire non seulement sur les actes des martyrs de Russie, mais sur la vaste conjuration juive qui menace les catholiques de tous les pays. *La Croix* s'est donnée à ce travail qui, d'après nous, est le plus nécessaire et le plus urgent, du point de vue catholique, et elle ne se reposera pas tant qu'elle n'aura pas réussi à écarter le danger [78].

> Un très petit nombre de journaux dans l'univers entier, osent leur barrer la route, les démasquer, les montrer tels qu'ils sont. Au Canada, *la Croix* est à peu près seule à leur faire la guerre. Guerre aux Juifs ! La survivance de notre race est à ce prix [79].

La mission salvatrice que s'attribue le journal prend d'autant plus d'importance que se dégagent, au fil des articles, les traits de

---

[76] Vol. 21, no 1, 7 avril 1923, p. 1, « La Société des Nations et la franc-maçonnerie ».

[77] 16 juin 1923, p. 1, « L'Internationale Juive ».

[78] 14 avril 1923, p. 1, J. BÉGIN, « Jets de lumière sur les ténèbres du mal ».

[79] 23 juin 1923, p. 1.

caractère du Juif qui sont de nature à aggraver le danger. Les Juifs sont des révolutionnaires, assassins et voleurs, menteurs et cruels. Ils sont de race asiatique. Ils ne sont pas assimilables et forment partout une nation dans la nation... « Donc le Juif n'est ni Canadien, ni Anglais, ni Français, mais Juif tout court. Quand il emprunte une nationalité pour s'établir dans un pays, c'est pour couvrir ses aspirations juives et tromper ceux qui lui donnent l'hospitalité [80]. »

Le mois d'octobre 1923 marque le début d'une seconde phase dans l'élaboration de l'idéologie antisémite du journal *la Croix*. C'est à partir de ce moment que le journal commence à situer de façon systématique l'action des Juifs dans le contexte de la province et plus spécialement à Montréal.

En marge d'une campagne de souscription que les Juifs de Montréal viennent d'entreprendre, *la Croix* déclare : « Continuez Canadiens français et Irlandais catholiques à acheter des exotiques, portez-leur vos salaires et vos économies; rendez-les riches, puissants, arrogants : laissez partir pour les États-Unis vos fils, vos frères, vos parents dont vous n'encouragez pas le commerce ou l'industrie, et Montréal, la ville de Maisonneuve et de Jeanne Mance, deviendra la métropole israélite du Canada [81]. »

Par ces quelques lignes, le journal suggère une relation entre l'émigration des Canadiens français vers les États-Unis et la présence des Juifs à Montréal. Indirectement, les Juifs en accaparant commerce et industrie, sont responsables de l'émigration des Canadiens français à l'étranger.

La seconde phase de l'élaboration idéologique du journal est marquée dans un premier temps par l'apparition, en date du 27 octobre 1923, des « annonces » publiées en première page. En fait, il s'agit plutôt d'articles encadrés, écrits en gros caractères et placés au centre de la page, couvrant quatre colonnes sur six et occupant les deux tiers de la page. La première de ces « annonces » est rédigée dans les termes suivants :

---

[80] 6 octobre 1923, p. 4, « Ce qu'ils sont ».

[81] 6 octobre 1923, p. 1, PATRIOTE, « Ils nous font la leçon ».

> Il y a 85,000 Juifs à Montréal, c'est 85,000 de trop !
> Si nous les laissons agir à leur guise, ils seront 250,000 dans dix ans.
> Canadiens français et catholiques, allez-vous vous laisser submerger par les flots impurs de la juiverie ?
> Avons-nous évangélisé et civilisé le Canada pour le donner en héritage aux ennemis de l'Église ?
> Que diraient nos pères...
> Ils nous écraseraient de leur mépris et nous accuseraient de lâches et traîtres à la Patrie.
> Canadiens français, il n'est pas trop tard, serrons les rangs et sus aux Juifs !
> Boutons-les dehors [82] !

La seconde annonce fait aussi appel aux Canadiens français pour qu'ils défendent leur patrie menacée par l'envahisseur :

> Débarqués d'Europe ou d'Asie avec un paquet de guenilles, les Juifs sont déjà des richards à Montréal.
> Tandis que nos compatriotes appauvris par le commerce déloyal de ces intrus, sont obligés de passer aux États-Unis [83].

L'angoisse que provoque l'émigration des Canadiens français et que nous avons perçue au cours de l'analyse thématique, tend ici à être résorbée par cette rationalisation sur les Juifs, responsables de la situation. On n'aurait qu'à renvoyer ces intrus pour que la situation redevienne normale !

Dans ces annonces, le journal rappelle que les Juifs sont demeurés une nation qui a pour but la domination du monde par la corruption des esprits et que, lorsqu'ils seront assez forts, ils feront à Montréal ce qu'ils ont fait à Moscou. On compte déjà à Montréal 500 médecins juifs, 22 pharmaciens et beaucoup d'avocats.

Les articles du premier temps de cette seconde phase sont en majorité consacrés aux Juifs. Ils nous apprennent, entre autres choses, que les marchands, bouchers et boulangers juifs de Montréal violent de façon flagrante la loi de l'observance du dimanche : que *la Presse* de Montréal fait de la réclame pour les marchands juifs,

---

[82] 27 octobre 1923, annonce en page 1.
[83] 10 novembre 1923, annonce en page 1.

subit l'influence des « agences télégraphiques internationales » qui sont au service des Juifs, et fait souvent l'apologie des assassins de la Russie (les Juifs, Lénine et Trotsky).

Par ce processus de dévalorisation constante de l'activité juive à Montréal, la Croix donne de l'importance aux finalités qu'elle propose. Ces objectifs concrets, elle les résume dans une « annonce » du numéro du 1er décembre 1923 : « Pour arracher la province de Québec de l'étreinte des Juifs », il faut fermer l'immigration (d'où l'importance de la formation d'un Bas-Canada autonome pour contrôler l'influx des étrangers), ne rien acheter des Juifs, leur interdire l'accès aux professions libérales et à la fonction publique, ne pas publier d'annonces pour eux dans les journaux.

Le début de l'année 1924 marque un deuxième temps dans cette seconde phase d'élaboration idéologique. Les « annonces » jusqu'alors réservées pour la première page font aussi leur apparition en page quatre. Leur style est toujours le même. Quant au contenu, il ne diffère pas beaucoup de celui des précédentes annonces. La répétition des mêmes thèmes s'accentue. Le cercle de redéfinition de la situation en fonction des Juifs est presque refermé. Il ne reste que quelques éléments à mettre en place.

Le plus souvent ces annonces reprennent de façon lapidaire les thèmes abordés dans les articles. Aussi, dans le numéro du 24 janvier 1924, le directeur du journal, Joseph Bégin, lance un cri d'alarme contre le projet de loi de M. Smart (député de Westmont) visant à accorder aux Juifs le droit d'être admis dans toutes les écoles catholiques de la province [84]. Il y voit là le danger de la neutralité scolaire. Le contenu de cet article est présenté sous forme schématique dans une annonce en page un.

Au début du mois de février, la Croix revient sur le thème de la Presse. Ce journal vient de publier un compte rendu des obsèques de Lénine que lui a fourni la United Press, agence de nouvelles juive. Or « on sait que la Révolution a été organisée et exécutée par des Juifs authentiques camouflés sous des noms juifs [85] ».

En conséquence, on peut lire l'annonce en page quatre :

---

[84] 26 janvier 1924, p. 1, J. Bégin, « Cri d'alarme ».

[85] 9 février 1924, p. 4, J. Bégin, « La trahison de La Presse ».

Canadiens français, défiez-vous de *La Presse* ! Le journal de
Trefflé Berthiaume remorque le bolchévisme
Il essaie de réhabiliter Lénine...
La Presse trahit les meilleurs intérêts des Canadiens français [86]...

Un article de Joseph Bégin, en date du 1er mars 1924, nous
fournit une voie d'accès à l'image de la communauté que le journal
veut atteindre par son idéologie antisémite : « *La Croix* veut faire
le raliement des forces vives du peuple. À ses yeux, il n'y a ni
conservateurs, ni libéraux, ni nationalistes : tous sont Canadiens
français et à tous elle veut donner une vraie patrie après les
avoir délivrés des Juifs. Les questions secondaires des partis politiques qui nous divisent doivent faire place à la grande et urgente
cause de l'avenir de notre race en Amérique. Fin donc aux disputes
inutiles et nuisibles ! Que tous les efforts tendent vers le même but !
La victoire nous suivra [87]. »

Ainsi c'est à la race des Canadiens français que s'adresse le
journal. Au-delà des partis politiques, source de discorde, il y a
les forces vives dispersées du « peuple » qui tire leur origine de
cette race. La lutte contre les Juifs envahisseurs et non contre les
Anglais dominateurs devient un moyen de recréer l'unanimité chez
le peuple et de ramener la situation à une certaine cohérence. Pour
empêcher les Juifs d'entrer au Canada, et assurer la survivance de
la race canadienne-française, il faut briser la Confédération.

Tout au long de ce deuxième temps de la seconde phase de
formulation idéologique, des articles et « annonces » révèlent
combien l'idéologie antisémite du journal puise ses racines dans
l'histoire de l'Église.

L'Église dans les premiers siècles de l'ère chrétienne a mis les
catholiques en garde contre les Juifs...
L'Église, avant tous les politiques, donc, a compris que les Juifs
étaient un danger et qu'il fallait les tenir à l'écart [88].

La conséquence à tirer de là, c'est que le peuple juif est, à double titre,
le peuple de l'anathème : peuple de l'anathème parce qu'il n'a pas accepté

---

[86] *Ibid.*
[87] 1er mars 1924, p. 1, J. BÉGIN, « La Victoire nous suivra ».
[88] 29 mars 1924, annonce en page 1.

la révélation de l'Évangile, peuple de l'exécration, parce qu'il s'est fait le
bourreau du révélateur : peuple si terriblement maudit, qu'on croit reconnaître encore sur son front le signe de Caïn [89].

Aux mois d'avril et mai 1924, *la Croix* répond aux tentatives de
certains Juifs de Montréal pour mettre un terme à la campagne
lancée contre eux. À cette époque, le *Montreal Herald* publie une
lettre d'un Juif qui signale que les Juifs ne sont pas pires que les
autres, qu'ils ont produit de grands poètes, de grands savants.
La Croix écarte ces propos en rappelant qu'il y a deux histoires du
peuple juif, celle du peuple élu, celle du peuple maudit de Dieu et
que c'est à la deuxième qu'il faut se rattacher [90]. Le député juif
S. W. Jacobs, le 16 avril 1924, pose au ministre des Postes des
questions au sujet de plaintes reçues à propos de l'utilisation de
la poste canadienne pour la diffusion du journal *la Croix*. Le
journal lui répond : « Le député voudrait empêcher la croix...
l'étouffer. Mais la Croix, « fille de l'Église », ne reculera pas
devant le fils de la Synagogue [91]. »

Enfin, à partir du mois de septembre 1924, on peut distinguer
une troisième étape dans le développement de l'idéologie antijuive
du journal. Le cercle de définition s'est complètement refermé.
L'élaboration de l'idéologie est terminée. *La Croix* entre dans une
phase de répétition systématique. Elle en profite pour étendre sa
campagne aux villes régionales de la province où s'étend l'action
néfaste des Juifs.

Dans une annonce en première page, du numéro du 6 septembre
1924, *la Croix* résume son argumentation antérieure : les Juifs
restent juifs, ils sont les ennemis séculaires du Christ et de
l'Église, ils constituent une nation secrètement et puissamment
organisée, ils ont suscité les premières persécutions contre les
chrétiens, ils sont les instigateurs d'hérésies, de schismes et des
fomenteurs de révolutions, ils sont les maîtres de Russie, ils veulent
dominer le monde et maintenant ils envahissent la province et
s'enrichissent à ses dépens.

---

[89] 5 avril 1924, p. 2, Abbé DARRAS, « Ce qu'il est bon de savoir au sujet des
JUIFS ».

[90] 12 avril 1924, p. 1, « Une lettre d'un 'Juif anglais' de Montréal ».

[91] 3 mai 1924, annonce en page 1.

Au cours de cette phase, le journal insiste sur le fait que « dans toutes les villes où les Juifs abondent, on constate une recrudescence de la corruption [92] ». Ainsi, « l'ordre social chrétien d'autrefois est complètement détruit [93] ». L'exemple de Montréal est le plus évident.

> Il faudrait une enquête sur tous les étrangers Juifs... venus s'installer depuis quinze ans à Montréal.
> Il faut nettoyer Montréal des immondices.
> Le chef de police Bélanger devra être arrêté, jugé et envoyé au bagne [94].

Mais il n'y a pas que Montréal. La ville de Québec commence aussi à être menacée d'invasion. On y trouve 20 maisons de commerce juives dissimulées sous des noms français. Il en va de même pour d'autres villes comme Sherbrooke, Sorel...

Et la Croix, après plus de 20 mois de campagne antijuive, termine l'année 1924 sur cette note :

> L'année 1925 sera l'année de la victoire
> Pour arme prenons « La Croix » et faisons-la lire [95].

IV. — REPRÉSENTATION D'ENSEMBLE DE LA SOCIÉTÉ

Nous sommes en mesure maintenant de revenir en arrière pour tenter de cerner dans une vue d'ensemble les divers éléments constitutifs du modèle de société auquel se réfère le journal pour juger de l'état de la société dans laquelle il se trouve.

À la lecture de ce qui précède, nous pouvons distinguer tout d'abord les étages hiérarchiques de ce modèle. Au sommet se trouve Dieu, principe du Bien, d'unité et de vérité. De cet ordre surnaturel et invisible « procède tout l'ordre visible ». L'Église vient au sommet de cet ordre visible, car elle seule par ses principes divins

---

[92] 11 octobre 1924, annonce en page 1.
[93] 25 octobre 1924, p. 2, « Politique infernale des Juifs ».
[94] 3 novembre 1924, annonce en page 2.
[95] 27 décembre 1924, annonce en page 4.

« peut donner la solution aux problèmes les plus complexes ». Vient ensuite la société civile, qui lui est subordonnée et dont l'unité de base est la famille, « lieu de respect, de l'autorité, de la discipline ». Dans cette société civile on distingue d'abord le niveau politique dont les principes d'action trouvent leur origine dans « l'Église du Christ » et la morale chrétienne, fondée sur la parole de Dieu. On note ensuite le niveau économique qui doit être orienté par l'action politique.

Suivant une telle conception d'un ordre social établi, soumis à des valeurs religieuses qui lui sont transcendantes, il est compréhensible que le journal insiste tant sur la notion de devoir, noyau autour duquel gravitent les idées de soumission, de respect de l'autorité, d'obéissance. L'homme dans une telle société n'est pas encore devenu un individu citoyen avec des droits, il n'est qu'un sujet qui a des devoirs. Et à quoi finalement se réduisent ces devoirs sinon à celui de rester à la place désignée par l'ordre préétabli. Au sommet de la pyramide se trouve l'élite. Ces « aristocrates » de la culture, « hommes de haute qualité morale », sont forcément en nombre limité. Devenus des chefs dans leurs domaines respectifs, que ce soit la politique, le journalisme, ou l'industrie, ils doivent rendre des services à la nation en orientant la masse. À la base de la pyramide, et sans qu'il y ait de groupe intermédiaire, se trouve la masse, c'est-à-dire les autres, cette multitude d'hommes aux destinées plus modestes, qui n'ont pas « un jugement sain, une culture suffisante, une provision suffisante d'idées générales pour pouvoir penser par eux-mêmes ». Cette masse, que le journal englobe dans sa notion de « peuple », nous semble composée surtout d'agriculteurs, et secondairement d'ouvriers, de fonctionnaires. Et ces gens doivent surtout aimer leur travail, respecter l'ordre et l'autorité établie et se laisser guider par l'élite.

On comprend dès lors la place importante qu'occupe la famille dans un tel modèle d'organisme social. Elle est « l'assise fondamentale de l'ordre social », l'unité de base. Elle est le lieu privilégié de la transmission de la morale chrétienne, du respect, de la discipline et de l'obéissance.

Ce modèle de société prélibérale, serions-nous tenté de dire, qui semble offrir plusieurs points de ressemblance avec celui de la société française d'avant la révolution, force le journal à se raidir devant l'état de la société canadienne-française dans les années vingt. Face à une telle société marquée par l'industrialisation et l'urbanisation dont elle perçoit les effets néfastes, entre autres la désertion des campagnes, l'univers menaçant de la ville avec ses spectacles, ses tavernes, ses cinémas, qui provoque la destruction du sens de la vie familiale, de la soumission, de l'amour du travail, *la Croix* n'a d'autre choix que de proposer le retour à l'idéal de société contenu dans son modèle. Et, à cet égard, il est significatif que, au niveau politique, elle parle de Bas-Canada autonome, terminologie qui date du début du xixᵉ siècle. Par-dessus tout, elle se trouve désemparée devant un ordre social qui échappe de plus en plus à la soumission à l'Église.

☆

Nous aimerions terminer par une interrogation. Comment, en effet, expliquer l'émergence d'une telle idéologie antijuive à cette époque ?

Jusqu'ici, nous avons suivi le cheminement qui va de la culture à la structure sociale. Cette voie nous a permis d'entrevoir la place qu'occupait l'idéologie antijuive dans l'univers culturel auquel se rattache le journal. Ainsi, nous semble-t-il, avons-nous pu saisir combien cette idéologie s'insérait dans un ensemble culturel manichéen.

Lorsqu'on considère, à l'exemple du journal, que l'ordre social est subordonné à un ensemble de valeurs religieuses transcendantes, lorsqu'on admet que la destinée du peuple canadien-français est guidée par l'action mystérieuse d'une Providence invisible, seule source d'unité et de vérité, il n'est que normal, devant la désintégration de l'ordre social chrétien, de concevoir à l'inverse, la tradition de l'Église aidant, le désordre social comme devant provenir d'une même source, le Juif, puissance occulte alliée de Satan, prince du mal.

Nous schématisons, sans doute, mais qu'importe ? Peut-être que cette idéologie axée sur le Juif correspond à une rationalisation d'un système de valeurs fondamentalement manichéen, propre à un groupe de chrétiens, attardés allions-nous dire, mais disons ultramontains. Il faudrait sans doute explorer cette avenue de recherche d'une vision du monde propre à un tel groupe.

Pour compléter cette étude, il faudrait suivre une voie d'approche inverse — celle qui va de la structure sociale à la culture — et concevoir l'idéologie antisémite comme un phénomène d'adaptation lié au fonctionnement de la société. Selon cette perspective, l'émergence du modèle explicite de comportement que propose la Croix pourrait s'expliquer par les données démographiques et économiques concernant le groupe de Juifs dans la province.

Nous n'avons fait que les premiers pas dans cette voie en consultant l'article de Gérard Malchelosse dans les Cahiers des Dix [96]. L'auteur nous livre un « tableau sur l'accroissement des Israëlites judaïsants dans la province de Québec » :

1re immigration juive —	1825 :	90
	1831 :	107
2e immigration juive —	1844 :	154
	1851 :	248
	1861 :	572
	1871 :	549
3e immigration juive —	1881 :	1,001
	1891 :	2,703
	1901 :	7,498 sur 16,131 au Canada
	1911 :	30,268
	1921 :	47,766 sur 126,196 au Canada
	1931 :	50,087 sur 156,726 au Canada

Et, d'observer l'auteur : « Les premiers israëlites semblent avoir été des hommes de réelle valeur... société sélecte, éduquée et de bonnes mœurs. La seconde immigration de 1840 à 1880, en partie composée de Juifs allemands, anti-chrétiens et polonais, quoique moins choisie et moins fortunée que celle qui l'a précédée, n'était cependant pas médiocre. Nous ne saurions en dire autant des recrues qui passèrent en masse en Amérique à partir de 1880 : Juifs, russes, lithuaniens, polonais... tous objectivement pauvres, sans instruction, ni éducation et n'ayant la plupart aucun métier. »

Ce tableau et ces remarques fournissent d'autres éléments de réponse à notre question initiale. Quarante-huit mille Juifs, la majorité concentrée dans certains quartiers montréalais, constituent

---

96 Gérard MALCHELOSSE, « Les Juifs dans l'histoire canadienne », les Cahiers des Dix, no 4, Montréal, 1939.

un groupe assez important. Leur présence ne peut passer inaperçue surtout s'ils sont pauvres, sans instruction, sans métier, et animés du désir de réussir dans le monde des affaires. Et de fait, leur présence peut être perçue comme gênante à certains égards. Ainsi l'idéologie antijuive que formule *la Croix* pourrait s'expliquer dans une certaine mesure par la présence des Juifs au niveau de la réalité sociale.

Une étude plus approfondie devrait sans doute intégrer ces deux voies d'approche complémentaires.

Philippe REID.

L'UNION, 1903-1904 *

I. — APERÇU HISTORIQUE

L'Union, journal de Saint-Hyacinthe, parut du 18 octobre 1878 au 28 décembre 1911. Depuis la disparition de *la Nation* en 1873, le parti libéral du district de Saint-Hyacinthe était privé d'organe. Lewis Francis Morisson fonda *l'Union* pour combler cette lacune.

L'allégeance de *l'Union*, on le voit, ne fait aucun doute. C'est un journal de parti, avec tout ce que cette appellation peut comporter de ferveur, d'enthousiasme, pour ne pas dire d'excès.

Morisson fut propriétaire de *l'Union* jusqu'en novembre 1903. Au nombre des rédacteurs, outre Morisson, nommons : Raphaël Fontaine, Théodore Richer, Aimé-M. Beauparlant, plus tard député fédéral, W. Chicoyne, Ernest Lafortune, qui devint un des collaborateurs du *Nationaliste*, Paul Beaudry, P. Brodeur, Eugène Lamarche, qui collaborera à *la Presse*, et enfin T.-D. Bouchard, rédacteur de décembre 1903 jusqu'à la disparition du journal en 1911.

Selon Beaulieu et Hamelin [1], seule source que nous ayons pu consulter sur le sujet, le tirage de *l'Union* était de 1 000 exemplaires en 1892 et de 750 en 1905. Nous savons, par ailleurs, que le journal connut d'énormes difficultés financières. T.-D. Bouchard, dans ses *Mémoires* [2], raconte comment il devint propriétaire de *l'Union*.

---

* De janvier 1903 au 15 mars 1904, nous avons utilisé l'édition quotidienne, et de cette date à décembre 1904, l'édition trihebdomadaire.

[1] André BEAULIEU et Jean HAMELIN, *les Journaux du Québec de 1764 à 1964*, Québec, Presses de l'université Laval, 1965.

[2] T.-D. BOUCHARD, *Mémoires*, Montréal, Beauchemin, 1960.

En octobre 1900, il était appelé à diriger *la Tribune*, autre journal libéral de Saint-Hyacinthe. Il y signe les éditoriaux ayant trait aux élections fédérales et provinciales de la fin de cette année. À la demande de Morisson, en guerre avec *la Tribune* et le député fédéral du comté, M.-E. Bernier, T.-D. Bouchard accepte de collaborer à *l'Union*. Morisson continue à s'occuper de la page éditoriale, tandis que T.-D. Bouchard est chargé des faits divers.

Morisson était en même temps propriétaire de l'imprimerie de *l'Union*, dont les recettes lui permettaient de maintenir le journal. Mais ses querelles lui font perdre des clients. En mars 1902, Bouchard devint gérant de l'imprimerie. « À chacune des pages, écrit-il, il fallait avoir recours à de nouveaux expédients pour acquitter le maigre salaire des typographes et, quant au mien, il demeurait en souffrance[3]. » La situation financière de Morisson allait se détériorant; aussi proposa-t-il à T.-D. Bouchard, à qui il devait neuf cents dollars de salaire, d'acheter le journal. En novembre 1903, T.-D. Bouchard emprunta trois cents dollars à la mère de son comptable et devint propriétaire du journal et de la compagnie d'imprimerie.

L'Union, d'abord journal hebdomadaire puis bihebdomadaire, devient quotidien le 20 mai 1891, tout en continuant de publier une édition hebdomadaire, qui reproduit les principaux articles de la semaine écoulée. « Le lendemain de la signature du contrat, écrit T.-D. Bouchard, il me fallut réfléchir aux moyens à prendre pour que l'entreprise du journal fût rémunératrice[4]. » Il décida donc de ne publier, à compter du 15 mars 1904, que trois fois la semaine, les mardi, jeudi et samedi. L'édition hebdomadaire continua de paraître, mais nous ignorons jusqu'à quelle date. Nous savons qu'en décembre 1911 *l'Union* ne publia qu'une édition par semaine, « les journaux à grand tirage lui portant une concurrence à laquelle elle ne pouvait faire face[5] ». C'est alors que T.-D. Bouchard cesse de publier *l'Union* : « Pour pallier ces difficultés d'ordre matériel, et dans le dessein de faire disparaître certaines préventions chez un groupe de libéraux, datant d'anciennes coteries qui avaient divisé nos partisans, je crus opportun de changer le

---

3 *Ibid.*, tome Ier, p. 164.

4 *Ibid.*, tome II, p. 45.

5 *Ibid.*, tome II, p. 267.

titre de *l'Union* qui devint *le Clairon* [6]. » Le premier numéro du *Clairon* parut le 2 janvier 1912.

L'Union compte quatre pages sur six colonnes. Dans l'édition quotidienne, la première colonne de la première page est généralement consacrée à un article de fond, de type éditorial, souvent emprunté à d'autres journaux. Le reste de cette page est composé de nouvelles ou d'opinions sur la politique canadienne et sur les affaires internationales. La deuxième page comporte presque exclusivement des annonces; la troisième, un roman feuilleton. En quatrième page, on trouve surtout des faits divers, des nouvelles d'intérêt local et régional, des petits potins mondains.

La mise en pages et le contenu se transforment avec l'édition semi-quotidienne, à compter du 15 mars 1904. C'est en deuxième page qu'on trouve maintenant l'éditorial, coiffé du nom de *l'Union*, « imprimée et publiée par T.-D. Bouchard », de l'adresse du bureau et de la date. Le nombre d'annonces et de nouvelles internationales diminue mais non celui des emprunts aux autres journaux. Étant donné ses difficultés financières, il n'est pas étonnant que *l'Union* ait eu du mal à recruter des collaborateurs. Quoi qu'il en soit, le journal publiera dorénavant plus d'opinions et moins de nouvelles.

Mentionnons tout de suite, car nous n'aurons pas l'occasion d'y revenir, les nombreuses chroniques agricoles, émanant du gouvernement fédéral, qui enseignent aux agriculteurs la façon d'améliorer leurs produits et qui les initient aux exigences des marchés étrangers. Elles ont surtout trait à l'industrie laitière dont la récente implantation au Québec représentait une planche de salut pour les agriculteurs.

Paraissent aussi des nouvelles, des contes, des poèmes, ceux de l'ineffable « Urbain Rustique » en particulier dont le pseudonyme, sinon la poésie, témoigne peut-être d'une société en voie d'industrialisation et encore partagée entre la ville et la campagne !

À l'exception de quelques éditoriaux de E. L. (Ernest Lafortune) et des déclarations de T.-D. Bouchard sur l'orientation du journal, les articles ne sont pas signés. « De nos jours, il est difficile de comprendre la mentalité des gens de cette époque révolue. La poli-

---

[6] *Ibid.*

tique pour eux, était un véritable culte... Mon grand-père accordait
à la politique l'importance d'une religion [7]. »

II. — ORIENTATIONS IDÉOLOGIQUES

L'Union est un organe de parti et, comme tel, vouée à la cause
libérale. Apparaissant en sous-titre, sa devise « SOYEZ JUSTE ET
DROIT » affirme une intention d'impartialité. Nous verrons si ces
deux objectifs se sont avérés conciliables.

Faute de temps, nous n'avons pu vérifier si *l'Union*, sous la
direction de Morisson, avait clairement défini son orientation. Tout
ce que nous pouvons affirmer, c'est que le volume de l'année 1903
ne comporte aucune déclaration explicite à ce sujet. Il est toutefois
manifeste que le journal « prêche » pour le parti libéral.

Annonçant, le 26 février 1904, que l'édition deviendra sous peu
« semi-quotidienne », T.-D. Bouchard écrit en éditorial que *l'Union*,
journal local, s'appliquera à préconiser des réformes municipales et
à défendre les intérêts du parti libéral. On dirait que T.-D. Bouchard
prépare tout doucement le terrain. Car dans les éditoriaux des 3
et 15 mars 1904, il explicite les prises de position de *l'Union*. Dans
« Un mot aux lecteurs », il parle tout d'abord du *motu proprio* de
Pie X qui définit « les règles de l'action populaire chrétienne ».
Il se demande ensuite comment il se fait que le texte de ce
document et l'ordre de le publier ne soient pas parvenus à *l'Union*
par l'entremise de l'évêché :

> *L'Union* serait-elle soupçonnée de n'être pas catholique ?...
> Notre journal n'est pas une revue pieuse, mais un organe politique et
> social. À ce titre, notre éloignement des questions purement religieuses
> ne devrait pas être confondu avec de l'hostilité. Il en est, nous le savons,
> qui exigent comme condition d'un journal catholique qu'il soit servi aux
> lecteurs au moins une page de sermon par semaine et surtout un petit
> article en faveur du drapeau du Sacré-Cœur. Hors de cette conduite, point
> de salut !
>
> Heureusement, la masse des catholiques éclairés laisse à la liberté indivi-
> duelle une plus grande latitude et trouve exagéré de vouloir que le
> journaliste ne diffère de son curé que par l'instrument de travail et non
> dans son caractère et sa mission. Peut-être même ne sont-ils pas loin de

---

[7] *Mémoires*, tome Ier, pp. 110-111.

penser que les feuilles d'un zèle excessif comme *la Croix* de Montréal, par exemple, font plus de tort à la religion qu'elles ne lui aident.

Ce n'est pas la première fois que *l'Union* affirme solennellement son orthodoxie catholique. Il est malheureux que le franc-parler, poli mais courageux, soit la plupart du temps confondu avec l'irréligion...

Nous ne désirons rien tant que de vivre en parfaite harmonie avec tous nos supérieurs, civils ou religieux... Mais de là à une soumission aveugle qui se désintéresse des mesures d'utilité publique et nous ferme prudemment la bouche quand notre devoir est de parler, il y a une distinction, on voudra bien la reconnaître [8].

La religion n'a pas sa place dans la politique, voilà qui est clair. T.-D. Bouchard n'aimait pas ce qu'il appelait « l'ingérence politico-religieuse ». Notons toutefois que, dans la semaine qui suit, en guise d'éditorial, on trouve deux comptes rendus de sermon, et des félicitations « pour sa carrière épiscopale à l'adresse de Mgr Decelles, à l'occasion de l'anniversaire de sa consécration » !

La prise de position s'affirme dans l'éditorial du 15 mars, date à laquelle *l'Union* commence à paraître comme trihebdomadaire :

> En religion, *l'Union* sera catholique, mais sans être ni *la Croix* de Montréal, ni *la Vérité* de Québec.
>
> En politique, *l'Union* sera l'organe du parti libéral à St-Hyacinthe comme elle l'a toujours été.
>
> Nous tenons cependant à nous expliquer le plus clairement possible. Qui se dit organe du parti libéral ne se dit pas esclave de tous les politiciens libéraux...
>
> . . . .
>
> Dans nos questions de politique municipale, nous nous réservons le droit de différer d'opinion avec qui que ce soit de nos chefs libéraux; nous les considérons comme de simples citoyens... La justice et l'intérêt public seront nos premiers guides...
>
> . . . .
>
> Un mot à notre excellente classe ouvrière. Les ouvriers trouveront dans *l'Union* une amie sincère et dévouée, un journal absolument démocrate, toujours prêt à défendre contre le fort les intérêts du faible quand ils seront lésés... Les ouvriers trouveront un ami mais non un courtisan [9]...

Comment définir l'orientation idéologique de *l'Union* à partir de ces déclarations explicites ? Elles reflètent avant tout une insistance sur la nécessité de la liberté d'action et de pensée. Catholique, *l'Union* veut bien l'être mais elle ne croit pas en une religion

---

[8] *L'Union*, 3 mars 1904.

[9] 15 mars 1904.

qui bâillonne. Le journal veut défendre la politique libérale mais sans être l'esclave de ses politiciens, en ce qui a trait aux problèmes d'intérêt public qui ne concernent pas le parti et aux questions de politique municipale. C'est là une restriction importante et qui ne met pas *l'Union* à l'abri de la partisanerie.

Il nous semble cependant que l'on peut parler d'une idéologie libérale à propos de *l'Union*, se traduisant dans son désir d'affranchissement de la politique de l'ingérence religieuse, dans sa conception du rôle de l'État, dans l'importance qu'elle attache à la notion de profit comme mobile de l'action humaine. Par ailleurs, la recherche d'une identité nationale canadienne est peut-être l'attitude la plus caractéristique de *l'Union*.

L'analyse des thèmes nous permettra de cerner ces aspects beaucoup mieux que ne le font les déclarations explicites citées et qui sont les seules que contienne le journal.

Nous voudrions souligner ici une difficulté rencontrée dans notre étude et qui tient à la nature particulière de *l'Union*. En tant que journal politique et partisan, *l'Union* aborde tous les problèmes sous un angle politique, à l'exception peut-être de certains aspects de la religion, de l'éducation et de la nation canadienne-française.

Il nous a semblé pourtant qu'à l'analyse nous pouvions dégager les différents thèmes de leur contexte trop exclusivement politique, sans trahir *l'Union*.

III. — LES THÈMES IDÉOLOGIQUES

1. *L'éducation*

Si *l'Union* n'aborde pas spécifiquement le thème de la famille, elle traite, par contre, assez fréquemment de l'éducation, qui lui paraît porter, avant tout, une valeur instrumentale. Elle n'est pas privilégiée en elle-même mais en tant que moyen qui permettra aux Canadiens français de mieux revendiquer leurs droits, d'accéder aux premières places, etc. Par là, elle se rattache au thème de la nation canadienne-française que nous aborderons plus loin.

> Si nous avons le droit sur cette terre du Canada fécondée tant de fois du sang des nôtres, d'être catholiques et canadiens-français, nous n'avons pas le droit de nous laisser faire, de dormir pendant que les autres peuples

travaillent et veillent au progrès et à l'avancement de leur nationalité.
... Il nous faut donc Canadiens-français, nous intruire, non pas parce que
nous sommes plus ignorants que d'autres, mais parce que là est la clef
du perfectionnement de notre race, parce qu'en agissant ainsi nous nous
outillons pour les luttes d'aujourd'hui et de demain... (Il nous faut) rester
dignes de nos pères en travaillant à devenir des patriotes éclairés toujours
prêts à combattre ou à revendiquer la somme de droits et de prérogatives
à laquelle nous avons droit [10].

L'urgence de la situation se fait sentir : il y va de l'intérêt
national. « Que l'on n'aille pas croire à cette monstrueuse hérésie
nationale que pour nous, Canadiens-français, il nous suffit de
croître et de nous multiplier,... borner là nos efforts serait former
une nation de malheureux peinant et suant les sept jours de la
semaine pour donner le confort et la richesse aux étrangers ! ... Il y
a péril dans la demeure [11]. »

Mais les détenteurs de pouvoir s'opposent à la promotion de
l'éducation : « Ainsi dans notre province de Québec, en certains
endroits, on ne veut pas de l'instruction qui dissipe les préjugés,
on aime mieux gouverner autocratiquement, en exploitant l'ignorance que d'être à la tête de citoyens éclairés ayant voix au chapître.
Patience, le jour viendra où le peuple... secouera le joug tyran-
nique... et ne s'en rapportera pas uniquement du soin de ses destinées
à une caste ou à une classe [12]. » C'est pourquoi, on devrait organiser
un vaste mouvement de « prédication scolaire » grâce aux efforts
conjugués de l'épiscopat, des directeurs de journaux, des députés
et des esprits progressistes [13].

La loi scolaire est critiquée. Une réforme s'impose, car « tous
les vrais amis de notre pays signalent de ce temps-ci à la vindicte
publique la violation de cette loi... Disons avec la Presse, la Patrie
et le Canada qu'il s'agit de créer une opinion publique, de convaincre les foules qu'à notre époque l'instruction est un outillage
indispensable au succès de la vie [14] ».

La nécessité de l'éducation apparaît d'autant plus impérieuse
que les effets des débuts de l'industrialisation commencent à se

---

[10] 29 janvier 1903.
[11] 5 mars 1903.
[12] 2 septembre 1903.
[13] 26 juin 1903.
[14] 14 juillet 1904.

manifester. Si les Canadiens français doivent occuper « les premières places auxquelles ils ont droit », ils doivent s'y préparer. Il s'agirait donc de transformer la mentalité; d'abord celle des parents : « L'Enfant n'est pas donné aux parents pour le servir... Les obligations des parents varient selon les siècles corrélativement aux besoins qui surgissent... Un père de famille croit-il avoir rempli son devoir quand il a procuré à son enfant juste la somme de connaissances que lui-même acquît autrefois ?... Les parents ne sont donc pas justifiés de retirer de l'école pour le jeter dans l'atelier ou la manufacture un enfant d'une douzaine d'années [15] ? »

Quant aux hommes publics, ils devraient sentir leur responsabilité à l'égard des classes moins favorisées. Bien sûr, il est facile aux parents dans l'aisance de faire instruire leurs enfants. Mais les autres ne peuvent se permettre d'envoyer leurs enfants poursuivre des études « à l'étranger », c'est-à-dire dans les villes dotées d'institutions secondaires. C'est pourquoi les villes de quelque importance devraient ériger des collèges, commerciaux ou autres.

Si le devoir, la charité et la justice ne fournissent pas une motivation suffisante pour les parents et les hommes publics, alors qu'on envisage l'éducation sous un autre angle, celui du profit. Ainsi si l'enfant travaille très jeune, « il rapportera immédiatement... mais jamais il ne fera un ouvrier compétent qui puisse fournir... une pension honorable à sa famille [16] ».

De même, les responsables municipaux devraient se rendre compte qu' « un collège serait une cause actuelle de prospérité... cause de consommation au bénéfice de nos marchands [17] ». Le profit, on le voit, est perçu comme un mobile puissant de l'action, ce qui est bien caractéristique de l'idéologie libérale véhiculée par l'*Union*.

Réformer l'éducation s'avérera impossible si on ne change pas d'attitudes quant aux commissaires d'école et aux maîtres. Les commissaires devraient être soucieux d'éducation; trop souvent, ils sont illettrés et leur rôle « se borne dans leurs tentatives de

---

[15] 25 août 1904.
[16] *Idem.*
[17] 6 août 1903.

rogner le plus souvent possible le salaire déjà maigre des instituteurs [18] ».

Pour ce qui est des maîtres, il importe de leur assurer un
salaire raisonnable si l'on veut attirer des candidats de valeur
à l'intérieur de la profession [19]. Il faudra, par ailleurs, relever le
niveau de compétence du corps enseignant en exigeant « un brevet
d'École normale à tout enseignant », de préciser le journal [20].

L'Union n'oublie pas les enfants à qui il faut inculquer le goût
de s'instruire. Plusieurs articles insistent sur l'importance des
« prix scolaires », c'est-à-dire reprise du thème de la concurrence et
de l'intérêt comme motivations.

Mais jusqu'où va la nécessité de s'instruire ? Sur ce point, l'Union,
si attachée aux principes libéraux, ne semble pas croire à l'égalité
des chances. « Malheureusement l'inégalité des conditions, qui
est un état inévitable, empêche de pouvoir espérer pour tout homme
une égale instruction de même qu'une égale fortune. Établirait-on
l'école gratuite et obligatoire, il faudrait toujours se limiter à un
degré de science pas trop élevé [21]. »

Partant de ce principe, le journal ne recommande pas aux familles pauvres le cours classique. Sauf exceptions, il vaut mieux
assurer à ces jeunes « une solide instruction commerciale [22] ». Quant
aux jeunes issus de la « classe riche », le cours classique pourra
toujours leur être utile plus tard, même si certains d'entre eux
n'envisagent pas d'embrasser une carrière libérale [23].

Les lacunes au niveau de l'enseignement technique préoccupent
également l'Union. « Nos forêts, nos pouvoirs hydrauliques, nos
mines, qui les exploiteront ? se demande le journal. Seront-ce des
étrangers ou des enfants du sol [24] ? » La formation d'ingénieurs et
d'industriels capables d'exploiter le patrimoine national apparaît
donc comme un élément important de l'éducation nationale.

---

[18] 21 avril 1904.
[19] 14 avril 1904.
[20] 12 avril 1904.
[21] 27 août 1904.
[22] *Idem.*
[23] *Idem.*
[24] 5 mars 1904.

2. La religion

C'est surtout par le biais de la politique que *l'Union* aborde le thème de la religion. Le journal est catholique sans être « une revue pieuse », comme l'écrivait T.-D. Bouchard dans sa prise de position déjà citée. En matière de questions politiques, le prêtre redevient un simple citoyen. S'il tente d'influencer l'opinion, cela équivaut à un abus de pouvoir.

Tout en étant d'accord avec « la belle devise de nos ancêtres : « Religion et Patrie [25] », *l'Union* estime que la religion et la politique doivent être dissociées; autrement, la liberté ne saurait être garantie :

> Nous avons longtemps soutenu et soutenons encore que pour nous, Canadiens-français, pour être bons patriotes, il fallait être bons catholiques... que l'abandon et la négligence de cette religion seraient la ruine de notre nationalité... mais cette conviction n'amène pas la conséquence que nous devons renoncer aux institutions parlementaires, au droit de juger les hommes qui doivent administrer la chose publique... Dans le domaine de l'administration de la chose civile, il (le curé) est apte à se tromper comme tout autre citoyen, n'ayant plus Rome pour boussole [26].

Sur cette question, *l'Union* s'en prend particulièrement à l'ingérence religieuse en temps d'élections. Forte de l'appui du pape, elle écrit : « Pie X aurait déclaré à Mgr Lacroix au cours d'une audience : « Nous ne saurions trop louer le prêtre qui, profitant de son privilège de citoyen, vote selon sa conscience, mais, si malheureusement il se jette lui-même dans la lutte, il perdra bientôt l'estime et la sympathie dont il a besoin pour l'exercice fructueux de sa mission spirituelle [27]. »

Le clergé n'est d'ailleurs pas le seul à vouloir confondre religion et politique. En période électorale, l'opposition aime bien laisser planer des soupçons sur les convictions religieuses du candidat libéral. Après son élection, J.-B. Blanchet déclare : « Comme une bonne élection tory ne doit point se faire sans faire appel aux préjugés religieux, nos adversaires ont tenu des petits conciliabules dans tous les rangs où avec force contorsions vraiment démonomanes, on invoquait la religion au secours de leur mauvaise politique.

---

[25] 22 juillet 1903.
[26] *Idem.*
[27] 10 mai 1904.

Un chef conservateur de cette ville me disait : « Hélas !... nous comptions sur l'exploitation religieuse, mais là encore nous avons été déçus [28]. »

L'envahissement de la religion dans l'option et l'action politiques, *l'Union* le perçoit comme une atteinte à la liberté et à l'autonomie des individus. Ce n'est pas la religion qu'elle attaque, c'est la liberté qu'elle défend. Les déclarations de principe du journal ne manqueront pas de soulever l'ire des milieux ultramontains de l'époque. T.-D. Bouchard devra répondre aux attaques de *la Croix* de Montréal et de *la Vérité* de Québec, deux journaux qui refusaient de séparer politique et religion [29].

T.-D. Bouchard eut souvent maille à partir avec les cléricaux. Henri Bernard avait publié une brochure sur la Ligue de l'enseignement. *L'Union* en fit une critique acerbe. Bernard, un Français, comprenait mal la situation canadienne, selon le journal [30].

Dans la deuxième édition de son livre, Bernard réplique et accuse T.-D. Bouchard de franc-maçonnerie. Celui-ci annonce qu'il poursuivra Bernard pour libelle [31]. L'accusation, d'abord trouvée fondée par un juge, ne le fut plus par les jurés et le procès tomba. *La Croix* entre alors dans la mêlée. Dans un article reproduit également par *le Courrier de Saint-Hyacinthe*, *la Croix* met en doute la respectabilité de T.-D. Bouchard et lui reproche de ne voir que de « la canaille chez les plus respectables citoyens [32] ». *L'Union* rétablit les faits.

Les attaques dont nous venons de faire mention ayant été faites au nom de la religion, nous avons jugé bon de les inscrire sous ce thème plutôt que sous celui des adversaires. Les catholiques, selon *l'Union*, devraient jouir de la liberté d'expression sans risque de représailles. Si l'ingérence de la religion en politique est condamnée, la religion est valorisée dans sa relation avec la nation. La référence déjà citée à la devise « Religion et Patrie » n'est pas unique. Le thème de la langue, gardienne de la foi, apparaît aussi : « On sait depuis longtemps qu'en perdant sa langue, en oubliant

---

[28] 20 février 1904.
[29] 23 avril 1904.
[30] 23 décembre 1903.
[31] 9 avril 1904.
[32] 20 octobre 1904.

ses vieilles traditions, l'homme se transforme d'une façon regrettable et se dépouille de ses belles qualités. La langue maternelle est autre chose qu'un simple véhicule de la pensée. Elle est l'écho du cœur et de l'âme d'une mère bien-aimée qui nous apprit à aimer Dieu... à chérir la patrie, à connaître et à remplir nos devoirs [33]. »

La loi Combes, en France, fait l'objet de plusieurs articles, tous reproduits de journaux étrangers. Puisque *l'Union* les publie, c'est qu'elle les endosse. Nous sommes donc justifiés de dire que son attitude en est une de condamnation. « La liberté se trouve en danger [34]. ... La jeunesse élevée en dehors de la foi chrétienne est tombée à un degré d'abaissement moral épouvantable et désespérant... Enfin seule la religion pourrait tempérer l'hostilité qui devient de plus en plus vive entre les classes élevées et le prolétariat en attendant que la question sociale soit résolue par des moyens plus sages et plus efficaces que l'anarchie et le communisme [35]. »

Si l'Église ne doit pas intervenir en politique, l'État ne doit pas plus intervenir en religion. L'idéal de liberté de *l'Union* ne se dément pas. Par contre la religion, on le voit, doit jouer un rôle dans le domaine social. À la mort de Léon XIII, *l'Union* écrit : « Léon XIII aimait son temps... Il s'employa à réconcilier la religion avec la science, le siècle avec la foi... Il fut le Pape libéral par excellence... (Il fit) des efforts magnanimes pour concilier le capital et le travail, élever la condition de l'ouvrier... Ses admirables encycliques demeurent... l'évangile du travail [36]. »

Le remède aux « diverses évolutions démocratiques du siècle [37] » réside dans « ... le développement progressif de la vraie démocratie chrétienne... (basée) sur les principes de l'Évangile et non sur la crainte des échafauds ou l'amour du péculat [38] ».

---

[33] 7 février 1903.
[34] 13 mars 1903.
[35] 8 novembre 1904.
[36] 22 juillet 1903.
[37] 26 janvier 1903.
[38] *Idem.*

3. La politique

Comme nous l'avons déjà indiqué, la presque totalité des articles publiés dans l'Union sont à caractère politique. Nous avons tenté de retenir sous ce thème la conception que se fait le journal des institutions politiques et du rôle de l'État; la conception de l'action politique nous amènera à traiter du rôle du parti.

La liberté politique a été conquise de haute lutte : « Elle ne se conserve et ne se consolide, on ne saurait trop le répéter, qu'au prix d'une éternelle vigilance [39]. »

Que peut faire le peuple pour protéger cette liberté ? « Quelles sont les attributions de sa souveraineté ? Une seule : le droit de suffrage [40]. »

L'Union déplore le manque de participation électorale et veut secouer l'apathie des gens. Si l'état de choses actuel se perpétue, « ce ne sera plus le peuple... qui gouvernera, mais la minorité... Nous aurons ainsi travaillé un siècle pour nous débarrasser de l'oligarchie anglaise... pour retomber dans une autre oligarchie aussi méprisable (la classe des faiseurs et des exploiteurs politiques) [41] ».

L'Union professe un grand respect pour les institutions parlementaires, garante de liberté. Comment conçoit-elle le rôle de l'État ? Élu par le peuple souverain, le gouvernement doit voir à sa prospérité, à quelque classe qu'il appartienne. « Il n'existe aucune classe de la société dont le parti libéral ait méconnu les intérêts depuis qu'il est au pouvoir [42]. »

L'idéologie libérale du progrès ressort de la conception que, préoccupée d'égalité, l'Union se fait du rôle de l'État :

> Nous croyons qu'il est indubitable que, dans un pays comme le Canada, la politique du Gouvernement est un facteur déterminant dans la vie commerciale et industrielle et que les progrès accomplis doivent en grande mesure être en relation avec la sagesse de cette politique parce que les lois fiscales ont une influence directe sur le prix de tous les articles de nécessité; que beaucoup d'intérêts producteurs ont besoin de l'assistance du gouvernement au moyen du tarif, quelques fois par dépense directe, que le gouvernement du Canada est d'essence paternelle dans

---

[39] 5 février 1903.
[40] Idem.
[41] Idem.
[42] Idem.

beaucoup de cas. Il s'ensuit que la politique générale du gouvernement au Canada ne doit pas être passive. Il doit pousser ou retarder le progrès [43].

Concrètement, l'État doit se servir de son pouvoir pour éviter la formation de monopole. *L'Union* critique la protection à outrance qui sévit aux États-Unis et qui est responsable de l'existence de ces « formidables monopoles qui sapent petit à petit l'ordre social [44] ». Ils entraînent, en effet, l'inflation, les grèves et le mécontentement des ouvriers.

Mais si *l'Union* s'oppose aux monopoles qui entravent la liberté de commerce, elle estime que l'intervention de l'État doit être limitée [45].

Sur la question du tarif si abondamment discutée, *l'Union* estime que, les producteurs n'arrivant pas à s'entendre entre eux, l'État a parfaitement raison de ne réviser que partiellement le tarif, quitte à le modifier suivant les besoins et à la demande des individus. Lorsque certains manufacturiers se sentiront lésés, ils n'auront qu'à exposer leur situation et le Gouvernement leur rendra justice. L'État s'adapte plutôt qu'il ne coordonne. Si les cultivateurs émigrés des États-Unis continuent de préférer les instruments agricoles américains, le remède n'est pas d'augmenter le tarif, « mais d'accoutumer les colons aux instruments canadiens, ce qui regarde les manufacturiers et non pas le gouvernement [46] ».

En somme l'État doit favoriser le progrès sans trop intervenir : « Let well enough alone » est une maxime sage au point de vue économique comme au point de vue politique. Aller au-delà serait de la témérité pure dont le pays aurait peut-être à se repentir [47]. » L'État peut parfois être plus actif. Nous verrons, sous le thème de la nation, comment le projet de construction du chemin de fer visait, outre l'intérêt commercial, l'unité politique de la nation canadienne. Par sa politique en matière de tarif, l'État poursuivait

---

[43] 13 février 1904.

[44] 5 février 1904.

[45] Ainsi, le journal proteste (20 août 1904) contre l'opposition qui est favorable à l'étatisation du chemin de fer en considérant que l'entreprise privée est plus apte à réaliser ces travaux coûteux.

[46] 27 octobre 1904.

[47] 1er mai 1903.

également cet objectif. Il s'agit de concilier les intérêts opposés de l'Est et de l'Ouest : « Ne vaut-il pas mieux effectuer un compromis avec cette population (de l'Ouest)... plutôt que de la provoquer à s'insurger contre les intérêts industriels de l'Est [48] ? »

L'immigration est un autre champ d'action politique de l'État qui doit encourager les colons à immigrer au Canada mais non les ouvriers car leur venue cause la baisse de salaires des ouvriers canadiens et prolonge leurs heures de travail [49]. Nonobstant ces restrictions, il faut favoriser l'accroissement de la population afin d'augmenter la prospérité du pays.

Assurer la prospérité, celle des producteurs comme celle des consommateurs, demeure l'objectif principal de l'État. Pour l'atteindre, le gouvernement libéral s'est fait « le collaborateur intelligent de la Providence... Il peut donc, à bon droit, et sans empiéter sur la part de la Providence, réclamer sa propre part (dans le progrès) [50] ». Car pour *l'Union*, journal de parti, l'action politique ne saurait être dissociée du parti libéral. La Providence même, on le voit, n'est pas étrangère à son succès.

Le programme d'un parti est essentiel puisque de sa réalisation dépend l'intérêt du pays [51]. Quant à se tenir en dehors des luttes de personnalité, *l'Union* n'y a pas réussi. Quoiqu'elle soutienne que l'appartenance à un parti ne devrait pas conduire à abdiquer toute conviction personnelle, *l'Union* manque d'objectivité dans ses jugements sur les hommes politiques [52].

La fidélité du parti, le combat pour le parti impliquent qu'en retour le parti manifestera sa reconnaissance. *L'Union* croit donc

---

[48] 4 juillet 1903.

[49] 14 mai 1903.

[50] 18 octobre 1904.

[51] 10 février 1904.

[52] Ainsi le ministre Blair qui démissionne parce qu'il n'est pas d'accord avec le projet du Grand-Tronc, est d'abord félicité de « préférer aux honneurs et au pouvoir, la satisfaction du devoir accompli ». Un mois plus tard, ayant expliqué sa démission en Chambre, il est accusé de n'être qu'un malcontent, d'être aveuglé par la passion ou le dépit. (21 juillet et 17 août 1903.)

Par contre, Bourassa qui avait combattu l'envoi de contingents canadiens en Afrique du Sud, et qui lutte de nouveau avec le parti libéral, mérite d'être applaudi. La discipline de parti est alors qualifiée de « doctrine monstrueuse ». (21 décembre 1903.)

au patronage : « C'est en récompensant ainsi des hommes qui se sont dépensés... pour monter un parti au timon des affaires que ce parti resserrera les liens qui lui attachent ses partisans. Ce n'est pas en politique que l'on doit pratiquer la doctrine qui nous enseigne de faire le bien pour le mal... Le conservateur est l'ennemi du libéral, traitons-le en ennemi. Qu'elle fonctionne la guillotine politique [53]. »

Mais les récompenses politiques ne doivent pas provoquer d'injustices entre les différentes régions de la province. Le gouvernement, selon *l'Union*, doit faire une juste répartition des deniers publics [54].

L'Union est très peu préoccupée de politique provinciale. Dans la quête de l'identité nationale canadienne, caractéristique de cette période, l'État, c'est Ottawa. À peine quelques articles sur l'autonomie des provinces par rapport au gouvernement fédéral, en ce qui a trait surtout aux besoins de subsides du Québec. Sur ce point, les Pères de la Confédération sont pris à partie : « Ils ont commis la grande erreur de supposer que les obligations des provinces resteraient toujours stationnaires, au lieu d'augmenter avec le progrès et le développement du pays [55]. »

La résistance d'Ottawa à augmenter les subsides de la province de Québec accule cette dernière à vendre ses forêts. *L'Union* estime néanmoins que le droit de propriété du gouvernement provincial reste entier. Elle ne semble pas considérer que le gouvernement provincial aurait pu adopter une autre politique par rapport au « patrimoine national ». Il lui paraît normal que « nos voisins » viennent fonder des usines et exploiter nos ressources naturelles [56]. Mais le journal estime que le gouvernement devrait s'occuper davantage de colonisation. Une politique plus dynamique sous ce rapport permettrait une augmentation plus rapide de la population [57].

---

[53] 11 septembre 1903.
[54] 21 juillet 1904.
[55] 26 mai 1903.
[56] 7 juillet 1903.
[57] 23 janvier 1903.

4. *La nation canadienne*

Cette section comprend deux parties : la nation canadienne et la nation canadienne-française. On verra, en cours d'analyse, que *l'Union* les perçoit comme deux totalités distinctes qui se recouvrent par certains points.

Tel que nous l'entendons, c'est-à-dire au sens de la recherche d'une identité nationale, le thème de la nation occupe par sa fréquence la première place parmi les articles de *l'Union*. Il nous faut insister une fois de plus sur le fait que pour *l'Union*, en tant que journal partisan, cette quête d'une identité nationale canadienne est indissociable de l'action politique libérale (luttes contre l'Angleterre et les États-Unis, luttes en faveur de l'unité nationale, etc.). Si nous avons dissocié ces aspects du rôle de l'État, c'est que l'identité nationale nous semblait être la préoccupation première de *l'Union*.

La recherche d'une identité nationale canadienne s'avère une entreprise difficile, menacée de toutes parts : par la Grande-Bretagne et son impérialisme, par les États-Unis et leur puissance envahissante et, de l'intérieur, par les frictions entre les « deux races ». L'idéal, pour *l'Union*, c'est que la nation soit unie, autonome et prospère. Malgré les obstacles qui se dressent, *l'Union* a une attitude de fierté et de confiance.

Grâce à la fermeté de Laurier face à l'Angleterre, le Canada n'est plus considéré à travers le monde comme une simple colonie, mais comme une nation [58].

La prospérité du Canada est un objet de fierté nationale. « À quelque parti qu'on appartienne, on doit être fier de vivre à cette époque, d'assister à un semblable espoir national [59]. »

Par le biais du projet du « Grand-Tronc Pacifique », un des thèmes majeurs de la campagne électorale fédérale de 1904, nous retrouvons l'idéologie de *l'Union* sur la nation, car il soulève un immense espoir d'unité nationale en même temps que d'autonomie et de prospérité.

Ce projet constitue « la réalisation (...) du rêve favori des patriotes disparus [60]... ». Sans compter que ce lien rapide entre les

[58] 13 octobre 1904.
[59] 21 avril 1903.
[60] 29 juillet 1903.

diverses régions du pays cessera de placer le pays « à la merci des Américains [61] ». Facteur d'unité nationale, le chemin de fer éloignera la menace d'annexion de l'Ouest aux États-Unis [62].

L'Union se fait le défenseur de la volonté d'autonomie du Canada face aux visées impérialistes de l'Angleterre. Cette autonomie doit être politique, commerciale et militaire.

Si, plus tard, le journal s'opposera à Bourassa, à l'époque qui nous occupe il lui manifeste son appui. Il voit avec plaisir la naissance de la Ligue nationaliste et la parution du *Nationaliste*. Il croit avec Bourassa que « la liberté est le meilleur gage de la loyauté [63] ».

Ainsi la décision de la Commission d'enquête sur les frontières de l'Alaska est-elle très impopulaire. « L'Angleterre, écrit le journal, a voulu se ménager l'amitié des Américains [64] » ; « ... elle a une fois de plus sacrifié les droits (du Canada) [65] ».

La question du tarif sera plutôt traitée sous le thème de l'économie. Qu'il nous suffise d'indiquer pour l'instant que *l'Union* soutient encore là la thèse de la liberté face à l'Angleterre.

Au sujet du droit pour le Canada de négocier ses traités, réclamé par Laurier, *l'Union* écrit : « Nous ne serons plus considérés en Angleterre... comme des vassaux... corvéables à merci, mais comme une nation alliée, associée jusqu'à un certain point, mais conservant avec un soin jaloux, l'autonomie qu'elle a conquise [66]. »

La résistance à l'impéralisme anglais se fait plus violente encore sur la question militaire. *L'Union* rappelle que par deux fois déjà, en 1775 et en 1812, le Canada a conservé le pays à la Grande-Bretagne [67] et « (qu'il) n'a rien à dépenser pour soutenir les querelles de l'Angleterre. Nous ne voulons pas suivre l'exemple des nations européennes que le militarisme oppresse... Ils (les électeurs) répondront... qu'ils ne sont pas disposés à faire de la chair à canon de leurs fils [68] ».

---

[61] 1er août 1904.
[62] 7 avril 1904.
[63] 16 novembre 1903.
[64] 18 décembre 1903.
[65] 20 octobre 1903.
[66] 13 octobre 1904.
[67] 20 juin 1903.
[68] 20 août 1904.

L'Union ne prêche pas l'indépendance mais l'idée l'effleure :
« Si on nous refusait un droit si légitime (celui de négocier nos
traités), notre patriotisme s'échaufferait et les idées d'indépendance
absolue feraient vite leur chemin [69]. »

Le journal n'oublie pas par contre que la rébellion de 1837 n'est
pas loin et que les droits acquis doivent être défendus. Condam-
nant l'opposition de favoriser l'impérialisme, *l'Union* écrit : « Ils
(Monk et Casgrain) devront expliquer à leurs électeurs comment
ils en sont arrivés à renoncer au droit de nous gouverner que nos
ancêtres ont conquis en 1837 et 1838 [70]... »

D'ailleurs, la mission du Canada n'est pas de défendre l'Empire,
mais de développer son immense territoire et de connaître la
prospérité. « Soyons patriotes avant d'être sujets britanniques.
L'agrandissement pacifique de notre domaine est une réalité à
poursuivre [71]... »

Plutôt qu'une brusque rupture du « lien colonial », *l'Union*
semble favoriser un desserrement progressif. Si le Canada n'est pas
assez fort pour rompre ce lien, serait-ce à cause de son puissant
voisin ? L'attitude de *l'Union* par rapport aux États-Unis est très
critique. Le journal s'attaque à leur militarisme, à leur racisme,
aux monopoles et aime faire ressortir les différences qui existent
entre les deux pays. C'est comme si, dans sa recherche d'une identité nationale, le Canada ne parvenait à se définir que par opposition. Le président Roosevelt ayant déclaré : « Là où les affaires
industrielles et politiques sont en bon état, la république américaine
n'intervient pas », *l'Union* riposte : « Le Canada n'a pas toujours
été traité par eux quand il s'est agi de questions de frontières,
de commerce ou autres, avec tous les égards qu'une telle déclaration
indique clairement [72]. »

Les intentions pacifiques des États-Unis ne sont certainement
pas évidentes pour *l'Union* qui, à quelques reprises, relève des
articles où il est question de la possibilité d'une invasion américaine.

L'Union est antiannexionniste : « ... Parfaire notre édifice national, voilà notre rêve... Nous sommes aujourd'hui, assez conscients

---

[69] 8 janvier 1904.
[70] 6 juillet 1904.
[71] 14 juillet 1903.
[72] 9 juin 1904.

de notre force pour ne plus avoir envie de nous réfugier sous la jupe d'une autre nation [73]. »

L'Union reproche souvent à l'opposition son admiration pour tout ce qui est « yankee ». Elle estime au contraire que, toute proportion gardée, le commerce du Canada a augmenté davantage qu'aux États-Unis et s'écrie : « Allons, un peu plus de patriotisme. Soyons Canadiens ! Cessons de nous laisser éblouir par les Yankees. Le Canada est notre pays et nous suffit. Nous sommes Canadiens [74]. » Les Canadiens sont bien différents des Américains : « Nos voisins, du premier jour de leur indépendance, ont résolument rompu avec le passé, nous y sommes, nous voulons y rester fidèles... Le Canadien... tient à la fois à conserver avec ces puissants voisins des rapports fraternels, à s'imprégner de leur esprit hardi et novateur et à garder bien visible et profonde l'empreinte européenne... Pour l'amour du progrès... il ne fera pas infidélité à la tradition [75]. »

5. *La nation canadienne-française*

S'il est difficile à la nation canadienne de trouver son identité, la difficulté n'est pas du même ordre au plan de la nation canadienne-française. Le problème ici est de préserver une identité dont la réalité ne fait aucun doute mais qui est menacée.

Nous avons déjà vu que *l'Union* considère l'éducation d'abord comme un moyen de survivance pour les Canadiens français, comme un moyen pour eux de jouer un rôle plus important dans la communauté. L'idée que les Canadiens français pour survivre doivent mener un combat est reprise sous divers angles. Il faut résister à l'anglicisation : « ... ce qui est une honte c'est de s'angliffier et de se croire à cause de cela supérieur aux autres [76] », et ne pas hésiter à manifester son patriotisme. La fête de la Saint-Jean-Baptiste est l'occasion de donner « ... la preuve que nous ne sommes pas déchus et que le sang de nos ancêtres coule dans nos veines aussi pur que jamais [77] ».

---

[73] 1er décembre 1904.
[74] 8 mai 1903.
[75] 13 mai 1903.
[76] 3 mai 1904.
[77] 15 mai 1903.

Si les manifestations auxquelles donne lieu cette fête laissent à désirer, il faut y voir un indice de la démission des élites : « Il fut un temps où notre classe dirigeante... se préoccupait de développer l'intelligence du peuple... Si nous voulons que notre fête nationale ait un cachet absolument élevé, intellectuel et artistique, travaillons d'abord à promouvoir chez le peuple le culte constant du décent, du vrai et du beau[78]. » Pourtant le même éditorialiste (E. L., sans doute Ernest Lafortune) écrivait quelques jours auparavant : « Le patriotisme s'accentue plutôt à mesure qu'il descend l'échelle sociale, pour devenir chez la classe des plus humbles cet amour intense et irraisonné qui se manifeste par des célébrations plus bruyantes et un dévouement plus complet[79]. » C'est que *l'Union* se fait de la société une représentation bien stratifiée, où les différentes classes ont à jouer un rôle bien différent. Mais la foi et la langue unissent tous ses éléments :

> Si nous affirmons notre nationalité publiquement c'est que nous avons droit d'en être fiers. Ne renions jamais ce qui la constitue. Conservons nos traditions. N'ayons point honte de parler la langue de nos pères, cultivons-la plutôt avec amour. Ne négligeons point non plus... les pratiques d'une religion que nous croyons bonne. Enfants du même sol, formés du même sang, nous devons nous aimer, nous entr'aider. Soyons persuadés que le succès d'un concitoyen ne porte point préjudice au nôtre mais que la prospérité générale du groupe dépend de la fortune individuelle des membres[80].

Le succès des compatriotes, *l'Union* ne manque jamais de le souligner. C'est avec « plaisir et légitime orgueil[81] » qu'elle salue la nomination de Canadiens français à divers postes. Se défendant d'appuyer Laurier uniquement parce qu'il est de « notre race », *l'Union* écrit : « Mais nous sommes assez intelligents et assez patriotes pour éprouver un juste orgueil de ce que cet homme indispensable au bien du pays nous est un frère par la race[82]. » Mais il n'y a pas toujours lieu de se réjouir. Souvent au contraire, *l'Union* s'afflige « de la désinvolture avec laquelle les travailleurs

---

[78] 25 juin 1904.
[79] 16 juin 1904.
[80] 18 juin 1904.
[81] 10 août 1903.
[82] 27 octobre 1904.

français sont systématiquement négligés [83] ». Peut-être les Canadiens français ne revendiquent-ils pas assez fermement leurs droits ? s'interroge le journal. Ou peut-être sommes-nous trop tolérants ? Une manufacture de Saint-Hyacinthe ayant refusé de fermer ses portes le jour de l'Ascension, *l'Union* écrit : « Jamais un Canadien français, propriétaire d'un établissement dans un centre anglais, ne se permettrait de travailler un jour de fête religieuse ou nationale de ses concitoyens [84]. »

Aussi *l'Union* se réjouit-elle des prises de position de Bourassa : « Nous sommes, nous Canadiens-français, noturellement portés non seulement à la tolérance mais aux concessions. S'il se lève un homme qui ose revendiquer la complète obtention de nos droits, on l'accuse d'être sévère et outré. Monsieur Bourassa est plutôt un libéral dans le meilleur sens du mot, un libéral de cette généreuse école anglaise dont Sir Wilfrid lui-même se glorifie d'être le disciple [85]. »

L'Union, à la suite de Bourassa, refuse cependant le piège du fanatisme; il importe de distinguer « le faux patriotisme agressif et haineux vis-à-vis de l'étranger et le patriotisme véritable, soucieux de justice et champion de la paix [86] ».

Il ne faut donc pas « faire appel aux préjugés religieux ou nationaux dans un pays hétérogène comme le Canada où deux races vivent côte à côte avec des droits égaux à l'existence [87] ». Aussi *l'Union* critique-t-elle vivement le parti conservateur qu'elle accuse de vouloir diviser la race en s'adressant aux passions. Le journal revient souvent à la charge sur la question des deux programmes du parti conservateur, l'un pour le Québec, l'autre pour le reste du pays : « ... dans les provinces anglaises, ils (les conservateurs) crient à la domination catholique et canadienne-française tandis que dans notre province ces loups se font moutons, prétendent qu'il n'y a qu'eux qui sont catholiques et demandent le support de l'électorat au nom des saintes choses de la religion [88]. »

Attachée à la nation canadienne-française, *l'Union* n'en demeure pas moins fidèle à l'idée d'une nation canadienne. Mais le journal

---

[83] 15 septembre 1904.
[84] 21 mai 1904.
[85] 2 novembre 1903.
[86] 11 août 1904.
[87] 21 mai 1904.
[88] 6 juillet 1903.

souhaiterait voir les Canadiens français plus forts. Parmi les moyens qu'il préconise, outre l'éducation, il range les associations volontaires qui, en regroupant les individus, peuvent offrir « une force de résistance victorieuse à tous les assauts [89] ». Il encourage les hommes politiques, les membres des professions libérales à faire partie des Chambres de Commerce : « Ces corporations prennent de jour en jour une influence plus considérable surtout chez nos frères d'origine étrangère, et si nous voulons lutter avec avantage sur ces terrains là, il faut que nos hommes instruits en fassent partie et se dévouent à leur développement [90]. »

L'accroissement de la population du Québec serait un autre moyen. Dans cette perspective, *l'Union* redoute l'émigration vers les États-Unis et, dans l'espoir de la décourager, publie de nombreuses statistiques montrant que le niveau de vie n'y est pas plus élevé qu'ici [91].

L'Union est très sensible à la solidarité créée par la langue et la religion. Notons à ce propos l'étroitesse des rapports entretenus avec les Canadiens français émigrés aux États-Unis. *L'Union* reproduit les discours prononcés par ces « compatriotes » lors d'occasions telles que la fête de la Saint-Jean-Baptiste, les réunions d'anciens du Collège, etc. Les visites entre parents des deux côtés de la frontière sont rapportées.

6. *Le travail et l'économie*

L'attitude de *l'Union* face aux débuts de l'industrialisation est ambivalente. Elle constate que l'implantation de manufactures dans de petites villes comme Saint-Hyacinthe, par exemple, est une source de progrès. Lorsqu'ils songent à s'établir dans une ville, les manufacturiers exigent de son Conseil qu'il leur accorde des boni, en échange desquels ils s'engagent à verser des salaires jusqu'à concurrence du montant fixé par les deux parties. Les conseils de ville devraient accepter: « On ne peut s'attendre à ce que de grandes manufactures viennent s'implanter dans des petites villes car elles ne peuvent fournir la main-d'œuvre. Il faut encourager

---

[89] 29 avril 1903.
[90] 3 septembre 1903.
[91] 30 avril 1904.

les petites industries qui grandiront avec le temps... et feront la prospérité des villes et des citoyens [92]. »

Mais *l'Union* doit noter que le rythme de la vie a bien changé : « Nous vivons à la vapeur, à l'électricité, à l'irrésistible, incoercible vitesse [93]. »

Les techniques nouvelles l'intéressent de même que les procédés de fabrication et elle s'interroge sur la possibilité de leur application ici. À quelques indices, cependant, il est permis de se demander si *l'Union* croit à une vocation industrielle pour les Canadiens français. « Les peuples ont comme les individus chacun leur caractère... Or les Canadiens c'est connu, ont la vocation de l'agriculture... [94] » « Il n'y a pas de comparaison entre le sort du cultivateur qui est maître sur son terrain... et le sort de ce pauvre ouvrier des villes... exposé chaque jour à voir l'établissement qui lui donne du travail se fermer pour cause de grève ou de faillite [95]. »

Les difficultés qu'apporte l'industrialisation, *l'Union* tente d'en rechercher les causes. Si les manufactures doivent ralentir leur production, la faute en est-elle au tarif préférentiel accordé à l'Angleterre ? Une enquête sur l'industrie lainière menée par *le Canada* répond par la négative. Les causes sont multiples : le peu de souci de la concurrence des manufacturiers canadiens, les goûts de la clientèle [96], etc. La question du tarif est reliée, comme nous l'avons déjà indiqué, à l'autonomie du Canada par rapport à l'Angleterre et aux États-Unis et à l'unité nationale : « On se demande si la préférence de 33⅓% donnée à l'Angleterre rapporte en bénéfice ce qu'elle nous coûte. Le jour où nous constaterons que nous donnons par là sans retour, nous modifierons tout simplement cette clause de notre tarif... Ce libre contrôle de notre politique fiscale est l'une des plus importantes prérogatives dont nous jouissons [97]. »

Les intérêts des provinces ne sont pas les mêmes; aussi faut-il en arriver à un compromis et, pour cela, éviter de se placer « à un

---

[92] 11 juin 1903.
[93] 8 novembre 1904.
[94] 22 octobre 1903.
[95] 18 juin 1904.
[96] 27 août 1904.
[97] 10 septembre 1904.

point de vue étroit et spécial sans tenir compte des intérêts géné-raux du pays », si l'on veut assurer l'unité nationale. Il importe d'innover, d'adopter un tarif vraiment canadien [98].

Le Canada, selon *l'Union*, est une jeune nation qui doit profiter de l'expérience des grandes nations industrielles en matière de politique tarifaire. Il doit en même temps éviter les erreurs de certains pays. L'exemple à ne pas imiter, c'est celui des États-Unis et de leur politique à outrance. Cette voie conduit en effet à la formation de monopoles, à la dépression, à la baisse de salaire, à la fermeture des usines et tout ce qui s'ensuit [99].

C'est pourquoi *l'Union* lutte contre le protectionnisme du parti conservateur : « La théorie du marché domestique est bonne en soi, mais n'est applicable que dans certaines conditions de densité de population [100]. » Tel n'est pas le cas du Canada qui, avec sa faible population, doit compter sur les autres nations. *L'Union* expose sa « théorie économique » : « La vérité, la vraie doctrine, c'est que l'on doit s'attacher à développer le commerce sous toutes ses formes. Plus les échanges sont considérables, plus l'activité intérieure est grande, plus le pays est prospère. ... Tant qu'il y a parité de mouvement, c'est que la situation est saine et que le moment n'est pas venu de mettre en application des utopies et des théories restrictives qui sont démontrées dangereuses et même fatales [101]. »

La liberté du commerce crée « la solidarité internationale » et donne à la paix « des gages et des garanties qu'elle n'avait pas connus jusqu'alors [102] ». *L'Union* partage l'idéologie libérale du début du xxᵉ siècle qui voyait, dans la prospérité des nations, la sauvegarde de la paix. Aussi *l'Union* souhaite-t-elle la signature d'un traité de réciprocité entre le Canada et les États-Unis. À l'opposition qui voudrait que le Canada oblige les Américains qui vendent sur notre marché à venir fabriquer ici leurs produits, *l'Union* répond : « Les conditions ne sont pas les mêmes. Le pays est peu peuplé, le marché, restreint. Ce n'est pas la faute des

---

[98] 23 juin 1904.
[99] 29 septembre 1904 et 24 février 1904.
[100] 17 mai 1904.
[101] 28 juillet 1903.
[102] 11 août 1904.

libéraux [103]. » Car l'État libéral ne doit pas être interventionniste. Son rôle est d'assurer la prospérité, dans la plus grande liberté.

L'*Union* estime que le gouvernement libéral de Laurier administre sagement le pays puisque, d'une part, la dette publique diminue [104] et que, d'autre part, le gouvernement profite de la prospérité du moment pour entreprendre des projets à long terme, tel celui du Grand-Tronc, qui garantit celle de l'avenir.

L'opposition, nous l'avons vu, préconise la protection. Elle y voit un remède aux différends entre le capital et le travail. Pour *l'Union*, au contraire, la protection engendre les monopoles, puis les grèves. En ces années du début du siècle, de nombreuses grèves sévissent au Canada. L'*Union* traite assez souvent du problème ouvrier. Elle définit le juste salaire comme étant « celui qui permet à l'ouvrier, de pourvoir à son entretien et à celui de sa femme et de deux ou trois enfants... Toutes les fois qu'il ne fait pas face à ces nécessités,... il est insuffisant, la justice commutative est lésée, et les patrons s'enrichissent du bien d'autrui [105] ». Comment en arriver à harmoniser les relations patrons-ouvriers ? L'*Union* s'oppose aux unions internationales, dont le sort est entre les mains du sénat canadien en mai 1903. Elle les accuse de fomenter les grèves et y voit une « immixtion constante des Américains dans nos affaires (qui) dissimule à peine sous une apparence de bienveillance une tendance dangereuse à s'emparer de leur direction, pour le plus grand bénéfice sans doute de la république voisine et de ses sujets [106] ».

Faut-il conclure que l'opposition de *l'Union* découlerait plutôt de son désir d'autonomie ? Oui, car c'est l'occasion d'arborer la devise « Aux Canadiens, le Canada. Au Canada, les Canadiens [107] ».

Par ailleurs, les unions doivent se tenir en dehors de la politique afin de conserver « l'indépendance, la liberté de critiquer les actes d'aucun candidat ou fonctionnaire public... la liberté pour chacun des membres de voter... selon la dictée de sa conscience, l'avantage de recevoir l'appui de tous les partis dans les conflits ouvriers [108] ».

---

[103] 27 novembre 1903.
[104] 9 juin 1904.
[105] 11 août 1903.
[106] 27 mai 1903.
[107] 25 juillet 1903.
[108] 2 mars 1904.

Dans ses déclarations sur l'orientation du journal, T.-D. Bouchard avait écrit que les ouvriers trouveraient dans *l'Union* « un ami mais non un courtisan [109] ». Lorsqu'une grève éclate parmi les typographes de son journal, il écrit : « Quant aux... instigateurs de la grève, nous n'avons qu'un regret, c'est de ne pas les avoir mis à la porte avant qu'ils n'aient soufflé le trouble dans notre atelier par leur mauvais exemple. Nous n'aurions pas dû tenir compte de leur titre de pères de famille; nous aurions dû être sans pitié et les traiter comme ils le méritaient [110]. »

Il est vrai qu'il soupçonnait l'opposition d'avoir été l'instigatrice de la grève [111], mais ne pourrait-on voir là un indice d'une attitude assez hautaine envers les ouvriers ? *L'Union* n'estime-t-elle pas d'ailleurs que « la classe ouvrière ferait preuve d'un faux esprit de corps si elle embrassait les difficultés personnelles de chacun de ces membres [112] », et qu'il ne faut pas habituer « le sentiment ouvrier à se monter sans raison et aveuglément par une sorte d'instinct que le seul « mot » ouvrier réveille aussitôt [113] ». Il ne faudrait pas généraliser car *l'Union* n'est pas toujours aussi dure envers les ouvriers. Elle rapporte les résultats d'une enquête sur les conditions de travail aux États-Unis et le conteste parce qu'il ignore « la grande masse des ouvriers-manœuvres,... (le) chômage, résultat inévitable du développement prodigieux de la machinerie [114] ». Elle parle aussi de cas où les ouvriers en sont réduits à faire « une grève de désespoir [115] ».

L'Union, nous le répétons, veut que le gouvernement soit celui du peuple et que la prospérité règne parmi toutes les classes de la société. Grâce à Laurier, « les cultivateurs sont plus prospères. La plaie nationale de l'émigration a cessé. Notre gouvernement en s'occupant de la classe productive de la richesse nationale par excellence, les cultivateurs, n'a pas oublié les seconds facteurs de la prospérité du pays; nous voulons parler de l'ouvrier [116] ».

---

[109] 15 mars 1904.
[110] 1er décembre 1904.
[111] 10 décembre 1904.
[112] 13 février 1904.
[113] *Idem.*
[114] 12 juillet 1904.
[115] 16 juillet 1904.
[116] 5 février 1904.

IV. — LA REPRÉSENTATION DES ADVERSAIRES

Analysant le thème de la religion dans *l'Union*, nous avons déjà parlé de ses adversaires « cléricaux » et de ses combats contre *la Croix* et *la Vérité*. Nous avions alors fait ressortir l'insistance de *l'Union* sur la nécessité de la liberté d'expression et sur celle de la dissociation qui devait exister entre la politique et la religion.

Ses autres adversaires sont politiques. En tant que journal du parti libéral, *l'Union* a, pour ainsi dire par définition, les conservateurs comme ennemis. Elle s'attaque principalement au *Courrier* et à M. Taché, à *la Patrie* et à M. Tarte. Elle qui voyait en Laurier, « le père de la nation canadienne », « ce vénérable chef d'état vieilli au labeur », « un triomphateur qui a su conquérir les cœurs avant les votes », ne pardonne pas aux conservateurs l'attachement à leur parti. Parlant d'une assemblée conservatrice tenue à Saint-Denis, *l'Union* écrit : « La politique est comme une religion pour ces gens-là. On ne le contemple qu'avec les yeux de la foi... Ce sont affaires d'hérédité pour eux que les convictions politiques. Ils naissent conservateurs comme d'autres naissent infirmes [117]. » Sous la charge caractéristique d'une période de campagne électorale, il faut voir le parti pris de *l'Union*. La devise « Soyez juste et droit » représentait un idéal peut-être trop élevé pour un journal partisan.

À plusieurs reprises, au cours de l'analyse des thèmes, nous avons fait état des différents points sur lesquels *l'Union* manifestait son désaccord avec le parti conservateur. Aussi cette section sera-t-elle brève, et sans comparaison avec la place qu'elle occupe dans *l'Union*.

Le « double jeu » des adversaires est souvent évoqué; n'est-ce pas eux « qui en Ontario accusent Laurier de nuire aux intérêts des Anglais et au Québec, l'accusent d'être trop anglais [118] » ? Dans la mesure où *l'Union* témoigne d'une recherche d'une identité nationale canadienne, ce qu'elle reproche surtout à l'opposition, c'est de vouloir diviser la nation en faisant appel à des « préjugés de race et de religion ». À ce sujet, *l'Union* s'en prend également aux journaux de langue anglaise, tels le *Mail* et le *Citizen* qui ont fait une « néfaste campagne d'excitation aux préjugés de race [119] ».

---

117 27 septembre 1904.
118 6 octobre 1904.
119 4 octobre 1904.

On peut dire que les querelles de *l'Union* contre l'opposition, tant
sur le projet de construction du chemin de fer que sur le tarif et
la protection, portent toutes sur des points qui, pour elle, mettent
en jeu l'autonomie de la nation et, partant, son identité.

La personnalité la plus souvent attaquée par *l'Union* est Israël
Tarte qu'elle appelle « le Grand Caméléon ». Il avait démissionné
du cabinet Laurier et était passé au rang des conservateurs. Comme
il était absent lors de la présentation, par son parti, d'une motion
en faveur de la protection, *l'Union* l'attaque : « Voilà le personnage
qui se vante d'être sans peur, de pouvoir affronter et défier Monsieur
Laurier, qui proclame sans cesse l'inviolabilité de sa conscience,
la liberté de sa plume, l'indépendance de ses opinions et qui se
cache, qui fuit un débat [120]... ». Et *l'Union* s'apitoie sur le sort du
parti conservateur : « En vérité, le grand parti de Cartier est bien
rapetissé : il en est réduit à remplir le rôle d'échelle sous les pieds
d'un ambitieux qui, en dix ans, a maculé sa carrière politique de
deux trahisons [121]. »

Entre *le Courrier* et *l'Union* se produisent constamment des
échanges d'aménités de ce genre qu'il nous apparaît inutile de
reproduire, les adversaires étant déjà suffisamment identifiés.

Au fond, ce que *l'Union* leur reproche surtout, c'est de manquer
d'envergure, de ne pas partager son enthousiasme, et celui du parti
libéral, quant aux possibilités illimitées d'une nation vraiment
canadienne, unie, autonome et prospère. « Il leur (les conservateurs)
faudra lancer de nombreux et puissants pétards s'ils veulent que
leur fumée obscurcisse le soleil de prospérité qui rayonne sur le pays
à en crever les yeux de l'électorat. »

☆

Faute de temps, nous n'avons pu poursuivre l'analyse de *l'Union*
au-delà de 1904. Nous avons toutefois vu, d'après les *Mémoires*
de T.-D. Bouchard, des indices d'une certaine évolution. Il semble
que c'est à compter de 1905 que le journal se radicalise et qu'il
passe plus énergiquement à l'attaque contre « le fanatisme de race

---

[120] 22 juin 1903.
[121] 8 mars 1904.

et de religion ». Mais, durant la période étudiée, *l'Union* fait-elle preuve d'ambivalence par rapport à la nation ? Le journal démontre son attachement à la nation canadienne-française mais se préoccupe davantage de la recherche d'une identité nationale canadienne. *L'Union* est bien là le reflet du début du siècle et, alors, on n'est plus justifié de parler d'ambivalence à son sujet : le journal témoigne d'une époque qui vit naître l'espoir d'une nation vraiment canadienne.

Il arrive que le journal prône l'égalité, mais une certaine conception de la stratification de la société, dégagée sous le thème de l'éducation et du travail, par exemple, l'empêche d'être convaincant, et même si certains éléments d'une idéologie égalitaire sont présents, on ne peut pas dire que *l'Union* la véhicule vraiment. Par là, elle demeure fidèle au fond à l'idéologie libérale, avec son accent sur la concurrence et le profit, sur le *struggle for life*. Sa conception du rôle de l'État et de l'économie se rattache également à cette idéologie.

L'Union est surtout attachée à la liberté; sa position sur la non-intervention de l'Église en matière de politique, sa foi dans la liberté du commerce, son désir de l'autonomie du Canada vis-à-vis de l'Angleterre et les États-Unis, en témoignent.

Pour *l'Union*, la société idéale serait unie, libre et prospère. Son optimisme dans l'avenir lui donne à espérer que cet idéal sera bientôt atteint.

Camille D. CLIFT.

LE NATIONALISTE, 1908-1909

Le Nationaliste, hebdomadaire du dimanche, paraît pour la première fois le 6 mars 1904. Il est dirigé, dès sa fondation, par Olivar Asselin. C'est une émanation de la Ligue nationaliste, fondée en 1903 par Olivar Asselin, Armand Lavergne et Omer Héroux, organisme voué d'abord à la défense des Canadiens français hors du Québec.

En 1908 et 1909, années qui nous occupent, *le Nationaliste*, loin de délaisser la défense des droits des Canadiens français partout au Canada, a orienté son action vers les problèmes de politique provinciale. Jugeant que « le gouvernement québécois est d'une complaisance coupable envers les financiers et les industriels américains qui établissent leurs entreprises au Québec [1] », le journal entreprend une campagne de dénonciation des collusions entre les hommes politiques du Québec et les riches industriels étrangers.

C'est d'ailleurs une accusation de « pot-de-vin » à l'endroit du ministre des Terres et Forêts, Adélard Turgeon, qui vaudra à Olivar Asselin, au début de 1908, une double condamnation, par le juge Cimon, qui le contraindra à abandonner la direction du *Nationaliste*. Le journal sera rédigé en collaboration pendant quelque temps, puis Jules Fournier, qui n'est alors âgé que de 23 ans, en deviendra le directeur.

Au moment où Jules Fournier prend la direction du journal, des élections provinciales sont décrétées au Québec pour le 8 juin 1908. Défait l'automne précédent dans Bellechasse par Turgeon, Henri Bourassa décide de se présenter dans Saint-Jacques contre

---

[1] Jean-C. Falardeau, *les Débuts du XXe siècle canadien-français*, texte ronéotypé, p. 5.

le premier ministre Lomer Gouin. *Le Nationaliste* l'appuie inconditionnellement et fait campagne pour lui.

Cet appui au « chef » donnera une nouvelle orientation au *Nationaliste* qui, de journal à scandales politiques, deviendra dorénavant un journal plus orienté vers la politique provinciale; un journal qui sera le porte-voix de Bourassa dans son rôle de redresseur des torts des législateurs québécois.

Le Nationaliste, qui se veut indépendant, sera en fait un journal qui s'oppose, avant tout, à l'esprit partisan en politique, cet esprit qui a « abaissé le caractère de nos hommes publics, abâtardi leur volonté, atrophié leur sens moral ».

Quant à son contenu, *le Nationaliste* serait, pour ainsi dire, un journal d'idées, par opposition à un journal d'information : selon la Rédaction, l'hebdomadaire de quatre pages s'adresse à l'élite de la société canadienne-française.

Voici ce que contiendrait un numéro type du *Nationaliste* en 1908-1909 :

— un article où l'on s'attaque à un homme politique du fédéral, du provincial ou du municipal;

— un article qui, ou bien dénonce un scandale politique, ou bien y revient, ou alors en poursuit le récit et en suppute les conséquences;

— un long commentaire sur les problèmes politiques qui intéressent le public : immigration, marine de guerre, impérialisme, colonisation, concessions minières, forestières ou hydrauliques;

— deux ou trois attaques ironiques contre les journaux adverses ou concurrents, surtout contre *la Presse, le Canada* et *la Vigie;*

— un compte rendu des débats parlementaires à Ottawa et à Québec;

— un critique littéraire, un compte rendu des spectacles et la publication de quelques poèmes d'auteurs français et québécois;

— un article sur la situation de la langue française au Canada et aux États-Unis;

— une chronique humoristique à la Alphonse Allais;

— une tribune libre réservée aux lettres des lecteurs;

— enfin, une colonne dans laquelle des citations d'hommes politiques et de juges sont habilement choisies pour faire saisir leurs propres bêtises à ces hommes politiques et à ces juges.

Le temps et l'espace nous manquent pour rapporter tout ce qu'ont pu dire ces articles. Cependant, ils ont en commun de subordonner tous les sujets à ce que leurs auteurs considèrent comme la patrie, c'est-à-dire le Canada. Nous avons divisé cet essai selon divers thèmes qui, malgré la distance apparente qui les sépare, parlent tous au fond du même sujet : le nationalisme.

Dans une première partie, nous traiterons donc de l'aspect politique des idées du journal, c'est-à-dire des diverses critiques que les journalistes du *Nationaliste* adressent aux différents niveaux de gouvernements (exception faite de l'administration municipale de Montréal, dont on ne relève encore que les scandales) en ce qui a trait à leur politique respective vis-à-vis la collectivité française du Canada, à sa vie et sa survie.

Dans le deuxième point, nous nous attarderons aux idées linguistiques du journal et aux théories que, dans une optique le plus souvent empruntée à Bourassa, on y expose sur l'éducation et sur la forme qu'elle devrait prendre au Québec et au Canada.

Nous nous attarderons ensuite, dans une troisième partie, au nationalisme qu'affiche le journal en tant que tel, pour en montrer la double caractéristique : sur le plan pancanadien, Ottawa doit défendre son autonomie vis-à-vis de Londres, tandis que, au plan provincial, le Québec affirmera la sienne vis-à-vis d'Ottawa.

Enfin, nous parlerons de la représentation d'ensemble de la société canadienne-française telle qu'elle apparaît à travers les pages de ce journal.

I. — LA POLITIQUE

La période du *Nationaliste* que nous étudions se situe au moment où le gouvernement du Canada est entre les mains des libéraux de Wilfrid Laurier tandis que le libéral Lomer Gouin dirige celui du Québec. Par rapport à ces deux gouvernements, le journal d'Olivar Asselin se situe nettement dans l'opposition et il ne manque pas de griefs pour appuyer son opposition virulente à l'un comme à l'autre. Aux ministres et députés de Québec il reproche leur corruption, leur mauvaise administration et la dilapidation du patrimoine de la province au détriment de la population qui les a élus. Pour ce qui est du gouvernement fédéral, il s'attaque aux politiques mêmes de l'administration de Laurier.

Le commentaire du journal à l'annonce, par lord Grey, de l'érection d'une statue de la paix sur les plaines d'Abraham donne un aperçu global des principaux griefs qu'on y entretient à l'égard des hommes politiques fédéraux.

> La statue symbolique de la réconciliation des races française et anglaise, dit lord Grey, saluerait les immigrants à leur entrée au pays et leur enseignerait que l'union est l'essence même de notre esprit national. La statue des plaines d'Abraham ne symbolisera-t-elle pas, en effet, un espoir plutôt qu'une réalité ? Il suffit de considérer un peu notre politique canadienne — le sacrifice des droits de notre race dans l'Ouest, l'ostracisme dont l'immigration de langue française est l'objet, le peu d'influence de la députation canadienne-française à Ottawa — pour comprendre que s'il y a réconciliation forcée entre le vainqueur et le vaincu, le premier s'inspirant des théories du Moyen-Âge et non de l'esprit libertaire moderne, n'a jamais manqué une occasion de rappeler brutalement sa conquête. Nous jouissons actuellement d'une paix religieuse et politique relative, et lord Grey peut s'en réjouir. Mais il n'en reste pas moins vrai que dans un pays *autonome*, régi par la propre volonté de ses habitants, qui sont tous libres et égaux devant la constitution, on voit cette monstruosité d'une race dite supérieure et d'une autre race dite inférieure, vivant toutes deux en paix à condition que la race inférieure supporte sans se plaindre la morgue insolente et les persécutions de l'autre [2].

Que l'ostracisme dont l'immigration française est l'objet de la part du gouvernement fédéral soit l'un des premiers reproches que *le Nationaliste* adresse à Ottawa n'est pas un hasard. L'immigration française, en effet, ou, si l'on préfère, la politique générale d'immigration du fédéral fait l'objet des préoccupations constantes du journal qui, pendant deux ans, y revient sans cesse. On reproche d'abord au gouvernement d'Ottawa d'avoir nommé cent quatre-vingt-dix-huit (198) agents d'immigration en Ontario et un seul au Québec, et dans les Cantons de l'Est encore. Puis, de négliger sa publicité dans les pays francophones : « On sait que virtuellement, les agents fédéraux promènent leur propagande presqu'exclusivement en dehors des pays de langue française, et encore

---

[2] 26 janvier 1908.

le peu d'immigrants recrutés dans ces pays sont-ils soigneusement dirigés vers l'Ouest[3]. »

Mais bientôt, cette politique d'immigration apparaîtra aux nationalistes comme une « grande conspiration » qui vise à noyer les Canadiens français dans un océan d'Anglo-Saxons. Le 8 mars 1908, dans un article présenté en première page du journal, par Jules Fournier, Omer Héroux sonne un premier coup d'alarme :

> 300,000 immigrants aujourd'hui, demain 500,000 nous sont jetés à la tête par le gouvernement d'Ottawa. Dans vingt-cinq ans, il y aura au Canada une population de 40 millions d'hommes. Là-dessus, 2½ millions de Canadiens français, peut-être moins. Au sud, 100 ou 120 millions d'Américains...
>
> Écrasés sous le nombre nous sommes encore les derniers dans tous les domaines d'activité. Si nous ne nous réveillons pas au plus vite, qu'allons-nous devenir[4] ?

Le Nationaliste, comme tous les milieux nationalistes de l'époque, considérait que la députation du Québec avait peu, sinon pas du tout, d'influence à Ottawa. On n'avait pas oublié que, malgré l'op-position de certains députés canadiens-français, les droits des Canadiens français avaient été abolis dans l'Ouest et qu'avant cela on avait voté, malgré l'opposition de la province de Québec, la participation du Canada à la guerre du Transvaal. Aussi, *le Nationaliste* ne ménage pas le sarcasme et la raillerie à l'endroit des représentants du Québec à Ottawa, les traitant de marionnettes à voter, d'ignorants, d'hommes veules et inactifs. Tous y passent à tour de rôle à quelques exceptions près. Quant au Premier ministre, si le jugement que *le Nationaliste* porte sur ses actes est sévère, on respecte néanmoins sa personne : « M. Laurier est sans conteste l'une des grandes intelligences de notre époque. Il possède avec cela un caractère élevé. Mais nul ne prétendra que ce soit une forte individualité. Par tempérament plus encore que par calcul, il aura toujours été porté non pas à combattre pour ses propres conceptions, mais à recueillir et à traduire en acte les aspirations des autres[5]. »

Ces railleries, ces sarcasmes du *Nationaliste* à l'égard des hommes politiques canadiens-français à Ottawa, de même que le jugement

---

[3] 1er mars 1908.

[4] 8 mars 1908.

[5] 15 mars 1908.

que le journal portait sur l'action de Laurier en juin 1908, allaient trouver une justification nouvelle lors de la crise engendrée par l'annonce faite par le premier ministre de la création d'une marine de guerre canadienne qui serait au service de l'Empire « chaque fois que le besoin s'en fera sentir [6] ».

Laurier ayant refusé à Londres, l'année précédente, la participation du Canada à la construction d'une marine de guerre, le *Nationaliste* est stupéfié par la nouvelle qu'il tient d'un journal ministériel bien informé, le *Canada*. Aussi, c'est en première page, en très gros caractères qu'il publie la manchette le 28 mars 1909 : « Nous y sommes. Le Canada pieds et poings liés au pouvoir de l'impérialisme. Nous dépenserons 40 millions d'ici deux ans, pour les guerres de l'Angleterre. Le Canal de la Baie Georgienne sacrifié au militarisme (...) Au moment où l'on s'y attendait le moins, (...) le peuple canadien s'est réveillé pieds et poings liés au pouvoir de l'impérialisme (...) C'est ainsi que du jour au lendemain, nous nous trouvons engagés à notre insu dans une guerre imminente contre l'Allemagne [7]. »

Une semaine plus tard, la nouvelle a été confirmée par le pouvoir central, et le projet de loi publié dans la presse. Cette loi prévoit la constitution d'une marine de guerre canadienne en complet accord avec l'idée que la suprématie navale de la Grande-Bretagne est essentielle à la protection du commerce et au « salut de l'empire ». Le *Nationaliste* du 4 avril publie en page frontispice le projet de loi, et consacre le reste de la page à un long commentaire de Jules Fournier.

> *Dans le tourbillon — M. Laurier décrète la participation du Canada à toutes les guerres de l'empire — Jubilation des impérialistes* [8].
>
> (Cette nouvelle) fut accueillie avec une égale incrédulité lorsqu'elle parut dans les journaux de lundi. En dépit des affirmations les plus nettes, on persistait à douter et l'on attendait impatiemment le discours de M. Laurier avec la certitude qu'il donnerait à ces rumeurs un éclatant démenti.
>
> Le texte de la résolution de Laurier annonce l'organisation d'une marine de guerre canadienne en complet accord avec l'idée que la suprématie

---

[6] 4 avril 1909.

[7] 28 mars 1909.

[8] 4 avril 1909, Titre du commentaire.

navale de la Grande-Bretagne est essentielle à la protection du commerce et du salut de l'Empire.

Ces seuls mots annoncent une orientation absolument nouvelle de notre politique nationale. Le principe de notre organisation militaire est par là, complètement renversé, car au lieu d'avoir pour objectif comme par le passé, la défense du pays, elle aura désormais pour objectif « le salut de l'empire » (et cela), « chaque fois que le besoin s'en fera sentir » [9].

Alors que le problème de l'immigration avait été de loin la question de politique fédérale la plus discutée par *le Nationaliste* en 1908, la création de cette marine de guerre au service de l'empire offrira au journal un champ de bataille privilégié sur le plan canadien en 1909. L'opinion que s'est faite de Laurier le journal, à savoir qu'il n'était que l'exécuteur des aspirations et des volontés des autres, celles des impérialistes, se confirme, et si l'on n'ose pas qualifier de traîtres les ministres et députés canadiens-français qui entérinent les actes de Laurier, on sent, à travers les écrits virulents d'un Jules Fournier, que le journal le pense.

Par rapport au gouvernement du Québec, *le Nationaliste* sera également, comme nous l'avons dit plus haut, un journal d'opposition. Avant l'entrée de Bourassa sur la scène provinciale, le journal consacrera ses énergies à relever les scandales administratifs, à fustiger les bêtises et l'ignorance des ministres et des députés en employant le plus souvent le ton de l'ironie et du sarcasme. Il accusera aussi les hommes politiques de tremper dans des affaires louches, et sera maintes fois condamné par les juges libéraux.

Lorsque Bourassa annoncera son intention de faire carrière politique à Québec, l'orientation du journal changera. À l'instar du « chef », le journal travaillera à corriger les politiques qu'il considère néfastes pour le patrimoine national et à construire un gouvernement fort et indépendant (autonome) à Québec. Dans un discours, endossé par *le Nationaliste*, prononcé au Monument National, Bourassa délimite ce nouveau champ électoral.

> (La seule manière pour le peuple québécois de) conserver son influence et (de) jouer son rôle dans la Confédération, (c'est) de commencer tout d'abord par s'armer chez soi, (...) s'armer non point pour les guerres de races, mais pour cette lutte économique fructueuse et nécessaire, (...), pour cette lutte de la prise de possession non seulement du sol, (...), mais encore de tous les trésors que le sol canadien offre à ses enfants.

---

[9] 4 avril 1909.

> Lorsque Cartier travaillait à faire accepter par le peuple de la province de Québec le projet de la Confédération, quel était son meilleur argument ?
>
> C'est que la législature de la province de Québec deviendrait l'expression la plus complète du génie de la pensée et de l'action des Canadiens français.
>
> J'ai constaté par une expérience de douze ans à Ottawa, que tant que nous n'aurions pas conquis notre indépendance provinciale, et que nous n'aurions pas affranchi les partis politiques et les gouvernements du Québec, quelle que soit leur couleur, du joug que peuvent faire peser sur eux les politiciens d'Ottawa, ce n'est pas quelques places dans le gouvernement national. (...) qui rendront à la Province de Québec le rang qu'elle devait occuper dans la pensée de Mercier.
>
> Le premier travail à faire est sur le plan de la politique provinciale. Et pour deux causes : d'abord parce que sur ce terrain on n'a pas à traiter directement ces questions religieuses et nationales qu'il est devenu impossible de discuter à Ottawa, (...) ensuite parce que je suis plus que jamais convaincu que la meilleure manière de prouver à la majorité anglaise et protestante de ce pays que nous sommes dignes de partager avec elle la souveraineté nationale, c'est encore de nous bien gouverner [10].

Cette longue citation définit assez bien l'optique dans laquelle doit s'engager la lutte politique au Québec. Celle-ci ne consiste pas à créer de nouvelles politiques et à envisager l'avenir d'une façon nouvelle, mais à corriger les politiques existantes, en restant fidèle à « l'esprit » du pacte confédératif et aux traditions. C'est du moins ce qui ressort clairement des discours politiques de Bourassa que *le Nationaliste* endosse inconditionnellement, et publie parfois à trois reprises, en tout ou en partie. Mais il serait injuste pour le journal de laisser croire qu'il ne fait qu'approuver les idées politiques de Bourassa. S'il n'a jamais osé critiquer, du moins en 1908 et 1909, les idées politiques du « chef », dans certains domaines, l'économie et l'éducation entre autres, la pensée du journal est plus progressiste. Nous y reviendrons lorsque nous traiterons de ces sujets.

Nous faisions allusion plus haut au fait que *le Nationaliste*, à l'instar de Bourassa, s'est attribué le rôle de « redresseur de torts ». Quels sont ces torts qu'il veut redresser ?

Le journal reproche d'abord aux politiciens provinciaux d'ignorer que le pacte confédératif repose sur un double principe, c'est-à-dire

---

[10] 4 octobre 1908.

« la centralisation de certains pouvoirs entre les mains de l'autorité fédérale, mais aussi l'attribution de certains autres pouvoirs aux gouvernements provinciaux [11] ». Il y a donc deux niveaux différents de gouvernement auxquels doivent correspondre des politiques différentes, dans des domaines qui reviennent de droit à chacun des gouvernements. Cette séparation des deux pouvoirs, fédéral et provincial, permettra au peuple du juger plus justement de l'une et de l'autre, de sorte qu'il ne sera pas possible d'être élu à Québec en se revêtant des gloires du gouvernement d'Ottawa.

Parmi les pouvoirs que la Confédération attribue aux provinces, il y a les richesses naturelles. *Le Nationaliste* reproche aux ministres québécois de dilapider nos ressources naturelles au profit de quelques amis du parti. On accuse le gouvernement de livrer arbitrairement nos ressources hydrauliques à des spéculateurs étrangers sans scrupule. Le journal qui voit dans les forces hydrauliques une de nos grandes ressources économiques pour l'avenir s'insurge contre cette politique à courte vue.

Il propose de substituer à cette distribution arbitraire la vente à l'enchère, pour un nombre d'années déterminé, des chutes d'eau de la Province de Québec. Cette réforme, permettrait, selon le journal et selon Bourassa, d'assurer au peuple la jouissance de ses propres ressources, car,

> lorsque l'épuisement des houillères aura fait augmenter le prix du charbon et que, au contraire, le perfectionnement des appareils électriques aura donné aux chutes d'eau leur pleine valeur, la Province de Québec deviendra nécessairement l'un des pays les plus riches et les plus producteurs du monde; (à condition que nos hommes politiques) mettent un peu de patriotisme et de clairvoyance dans leur politique, et qu'au lieu de sacrifier cette richesse à quelques spéculateurs (...) ils en assurent la jouissance aux générations futures [12].

On demande aussi que soient classifiés les pouvoirs d'eau, en pouvoirs d'eau nationaux, régionaux et d'intérêt local, afin d'empêcher que les quelques particuliers qui possèdent ces pouvoirs d'eau, « puissent prendre à la gorge les contribuables des grandes municipalités et leur vendre au gré de leur caprice l'énergie électrique [13] ».

---

[11] 4 juin 1908.
[12] 4 juin 1908.
[13] 29 mai 1908.

On propose dans le domaine de l'exploration et de l'exploitation minière une réforme semblable. On préconise comme politique : « que le permis de recherche soit libre; que quiconque veut explorer puisse en obtenir l'autorisation moyennant une faible redevance (...) (et), qu'une fois le découvreur récompensé par une concession ou autrement, le gouvernement vende les lots miniers à l'enchère, non pas au plus haut enchérisseur qui aura la faveur du ministre, (...) mais au plus haut enchérisseur qui se présentera [14]. »

Dans ce domaine relativement nouveau de l'économie québécoise, le *Nationaliste* adopte la ligne de conduite réformiste de Bourassa, qui tient compte des intérêts déjà établis. Bourassa dira lui-même dans son discours au Monument National :

> Je ne suis pas un révolutionnaire; je ne viens pas demander que l'on exproprie même ceux qui ont bénéficié induement des faveurs qu'on leur a données. Mais je demande que l'on mette un terme à cette politique extravagante et égoïste, et que l'on pose dès aujourd'hui les jalons de la route que nous devrons nécessairement prendre si nous voulons conserver à la Province le bénéfice de nos ressources naturelles. (...)
>
> Ce que je demande, tant pour l'exploitation forestière hydraulique que pour l'exploitation minière, c'est un juste milieu entre le socialisme d'État, qui voudrait décourager le capital et l'énergie individuelle, et la politique routinière et égoïste d'aujourd'hui, qui néglige les intérêts du peuple pour satisfaire les appétits qui savent trouver le chemin le plus direct à l'oreille, au cœur et peut-être même à la bourse des ministres [15].

Il est toujours risqué d'analyser l'idéologie d'un journal à partir de l'appui qu'il donne à un politicien ou à un parti politique. Dans le cas du *Nationaliste*, l'extrême jeunesse de son directeur (Jules Fournier n'a à cette époque que 24 ans) et le prestige de Bourassa, qui approche du sommet de la gloire, sont deux facteurs qui accroissent encore plus ce risque. Pour Bourassa, par exemple, l'activité centrale de l'économie québécoise demeure l'agriculture et la colonisation, qui nous a faits « ce que nous sommes et qu'il veut que nous restions ». En est-il ainsi du *Nationaliste* ? Nous ne pouvons pas répondre à cette question de façon absolue, bien que le nombre d'articles sur la colonisation et les vertus de l'activité

---

[14] *Idem.*
[15] 4 juin 1908.

agricole dépasse de beaucoup le nombre de ceux qui traitent de l'activité industrielle. Ainsi, le Passant signe dans le journal un article intitulé « Retournez à la terre », dans lequel on peut lire :

> Retournez à la terre, reprenez cette antique et honorable besogne du laboureur, et oubliez les fascinations de la ville. (...)
> Trois fois coupables sont les jeunes gens de la campagne qui délaissent la terre paternelle pour venir exténuer leur santé dans les villes à des salaires dérisoires. (...)
> Nous sommes trop de fils à la maison et le champ paternel ne peut suffire à tous, peuvent-ils rétorquer bien souvent.
> Alors, gagnez le Nord, gagnez le Lac Saint-Jean, gagnez l'Ouest, mais trouvez-vous une terre à cultiver [16].

Le 21 juin, on peut lire : « Tant que les Canadiens s'attacheront à posséder la terre et à la féconder de leur labeur ils ne cesseront d'accroître la puissance de leur race. Ils posséderont la vraie richesse qui leur convient avec l'influence du nombre, et s'ils veulent être unis — ils commanderont toujours le respect [17]. » Et Jules Fournier lui-même ajoutera à ce concert : « Tout le monde admet qu'il n'y a que la colonisation à outrance qui puisse assurer la survivance de notre race en ce pays [18]. »

S'il n'y avait pas eu, le 6 septembre 1908, la publication d'un long article de Jules Fournier sur l'avenir industriel du Québec, nous pourrions affirmer que le Nationaliste est un partisan absolu de la colonisation et de l'idéologie ruraliste. Mais il y a cet article où Fournier, constatant que les Franco-Américains « n'ont pu faire mieux, pendant un demi-siècle d'efforts, qu'enrichir les autres en restant eux-mêmes les plus pauvres entre les pauvres », se demande s'il n'en sera pas ainsi des Québécois. « Ce n'est pas pour froisser nos amis franco-américains, si admirables en tant de points de vue, que nous faisons ces constatations, mais seulement pour indiquer le point exact où en seront les Canadiens français eux-mêmes dans vingt-cinq ans, si une révolution radicale ne s'opère au plus vite dans leur méthode d'éducation et de gouvernement [19]. »

---

[16] 26 janvier 1908.
[17] 21 juin 1908.
[18] 16 août 1908.
[19] 6 septembre 1908.

Pour éviter cet avenir désastreux à la Province de Québec, Fournier propose, après E. Bouchette, la création d'écoles industrielles et techniques pour former la main-d'œuvre, les chefs d'usines et les contremaîtres, et la création d'une caisse industrielle nationale, chargée de prêter des capitaux aux futurs industriels qui offrent des garanties de compétence et d'honnêteté [20].

Si, pour Bourassa la seule voie du salut de la race canadienne-française est la colonisation et l'activité agricole, pour *le Nationaliste* ce crédo politico-national est affirmé avec moins de certitude. Mais on ne peut affirmer non plus avec certitude que *le Nationaliste* voit dans l'industrialisation du Québec par des Québécois la forme véritable du salut. Ce que Fournier constate avec beaucoup d'autres, c'est l'émigration vers les villes des « fils de la terre » et, contrairement aux autres qui prêchent le retour à la terre et la colonisation comme solution, il entrevoit l'irréversibilité de ce phénomène et voit, dans l'industrie dont nous serions les maîtres, la solution possible. Je dis possible et je devrais peut-être dire incertaine car il ajoute à la fin de son article que « si l'on ne trouve point là la solution voulue, que l'on se donne au moins la peine d'en chercher une autre [21] ».

On ne peut pas affirmer à la lecture du journal qu'il a une position économique précise. L'appui qu'il donne à Bourassa, appui inconditionnel et souventefois répété, la grande quantité d'articles sur la colonisation, nous permettent de dire que *le Nationaliste* participe aussi à l'idéologie ruraliste; par contre, l'article de Jules Fournier, directeur du journal, dans lequel il affirme que l'opinion d'Errol Bouchette, — sans la prise en charge par les Canadiens français du développement de leurs ressources naturelles la nation est vouée à l'échec — est l'opinion du *Nationaliste*, nous autorise à affirmer que le journal entrevoit pour « la conservation de la race » d'autres solutions que le salut par l'agriculture et la colonisation.

Lorsque nous jetons un rapide coup d'œil sur les principaux sujets politiques, tant fédéraux que provinciaux, qui ont passionné *le Nationaliste*, nous nous apercevons qu'ils sont tous perçus à

---

[20] *Idem.*
[21] *Idem.*

travers le prisme particulier du nationalisme. C'est précisément ce nationalisme qui fera l'objet de notre troisième point.

II. — L'ÉDUCATION ET LA LANGUE

Auparavant, attardons-nous quelque peu sur les idées et opinions du *Nationaliste* en matière de langue et d'éducation.

On ne peut pas parler de position originale du journal en ce qui a trait à l'éducation, car celui-ci, tout compte fait, emprunte ses conceptions à Bourassa, dont il soutient l'action politique. Pour être juste, cependant, nous dirons que *le Nationaliste*, comme Bourassa, préconise le maintien de l'enseignement traditionnel, en y ajoutant toutefois des correctifs comme l'introduction de l'enseignement scientifique dans des écoles techniques. Voici en quoi consiste, aux dires du journal, l'enseignement traditionnel :

> (Premièrement) l'instruction publique doit reposer sur des bases éternelles et immuables parce que le premier principe de l'éducation est de former l'âme de l'enfant avant que de lui donner la science.
>
> (Deuxièmement il faut qu'elle soit) adaptée aux différents besoins de notre population, de sorte que dans nos campagnes le plus pauvre cultivateur puisse être assuré qu'après deux ou trois ans d'école son enfant aura appris à bien lire, à bien écrire et à bien compter; — que s'il a les moyens de le pousser un peu plus loin, il ait à sa portée, dans les limites de sa paroisse, une institution secondaire où son enfant pourra monter de quelques degrés encore, mais toujours en profitant de ce qu'il aura appris, et sans être obligé d'apprendre à moitié une foule de matières qui ne lui serviront de rien; que si l'enfant a le temps d'aller plus loin encore, et si le père a les moyens de le pousser davantage, il se trouve, dans les limites du comté une école supérieure (...) où l'enfant pourra acquérir un troisième degré d'instruction et se préparer au commerce et à l'industrie [22].

Le seul autre article qui traite d'enseignement est antérieur au discours de Bourassa au Monument National et n'est pas écrit par un journaliste du *Nationaliste*, mais par un professeur à Polytechnique, M. E. Dulieux, qui constate :

> On fait trop de lettres, trop de grec, trop de latin dans nos collèges, et pas assez de sciences. Les programmes de nos maisons d'éducation secondaire sont trop uniformes et les jeunes gens qui en sortent sont trop

---

[22] 4 juin 1908. Discours de H. Bourassa au Monument National.

pétris de la même pâte. Un enseignement purement littéraire qui ne
puisait sa force que dans l'étude des textes et la fréquentation des penseurs
suffisait il y a vingt ans quand l'unique ambition de nos pères était
de faire de nous des prêtres, des avocats, des médecins. Aujourd'hui la
jeunesse se tourne vers d'autres carrières, vers celle de l'homme d'affaires,
vers celle de l'ingénieur, de l'architecte. Ces carrières exigent une préparation de l'esprit qu'il faut demander à un enseignement scientifique.
Nos jeunes gens en sont entièrement privés pendant leurs années de
collège [23].

Le journal n'ayant pas, en 1908 et 1909, pris explicitement
position pour l'une ou l'autre forme d'éducation, il serait donc
difficile, comme nous l'avons dit, de lui attribuer une opinion précise
en ce domaine. Bien sûr, Jules Fournier dans sa définition d'une
« politique nationaliste [24] », considère comme essentielle la création
d'un système d'éducation industrielle et technique. Mais on doit
voir là davantage un désir de corriger le système d'instruction
publique existant que de le transformer dans ses fondements mêmes.

Si les articles sur l'éducation sont rares dans le *Nationaliste*,
ceux qui traitent de la langue, en revanche, sont très nombreux.
Toutes les semaines, en effet, on retrouve dans le journal un article
au moins qui parle de la langue française. Cet attachement à la
langue de la part du *Nationaliste* est normal si l'on considère que
ses deux directeurs pour 1908 et 1909, Olivar Asselin et Jules
Fournier, sont, pour leur part, férus de littérature et stylistes assez
attentifs.

Aussi, ils seront sans pitié pour les fautes commises contre la
langue par leurs adversaires journalistes, et particulièrement pour
ceux de *la Presse*. Ne citons qu'un exemple de cette chasse impi-
toyable; utilisant l'ironie, ou plutôt le sarcasme, on y écrit, à
l'occasion de la venue de la marine française à Québec : « Nous
voulons aujourd'hui demander aux officiers et marins des navires
français de ne pas juger les Canadiens par certains de nos journaux
imprimés en soi-disant français. Nous savons quelle a dû être
l'impression des officiers de la flotte en lisant *la Presse* par exemple.
(...) C'est pourquoi nous aimons à leur dire qu'il existe au Canada
des gens qui parlent le français « comme du monde [25] ».

---

[23] 26 avril 1908.
[24] 6 septembre 1908.
[25] 26 juillet 1908.

Pour les étudiants qui écrivent au directeur, le journal n'a guère plus de pitié et emploie à leur égard le même genre de traitement. « Il n'y a pas de loi qui oblige personne à parler ou écrire le français : si on le trouve trop difficile ou trop capricieux, on a le choix entre l'anglais, l'hébreux, l'espéranto, le bulgare et vingt autres langues, sans compter l'idiome ordinaire de *la Presse*, lequel ne relève encore, on le sait, d'aucun lexique connu [26]. »

Si le journal, toutefois, n'avait fait que corriger le mauvais français des journaux et des étudiants, il aurait peu fait pour la langue. Heureusement, il ne s'arrête pas uniquement à cela. Il appuiera, par exemple, la campagne de l'Association catholique de la Jeunesse pour l'obtention de l'usage des deux langues dans les trains et véhicules publics au Québec; il enregistrera les protestations de ses lecteurs qui se sont vu refuser un service quelconque dans leur langue; il mettra en doute la tradition qui veut que les parlementaires canadiens-français à Ottawa parlent anglais en Chambre, même si Bourassa et Lavergne ont accepté l'état de choses; il s'insurgera, enfin, contre les traductions incompréhensibles qui parviennent d'Ottawa.

Et, en plus de se plaindre des mauvais traitements que subit la langue française à l'intérieur du Québec, le journal se montre peiné de l'abandon de la langue maternelle par les Franco-Américains et les Canadiens français de l'Ouest. Mettant en pratique la devise de la comédie, « castigat ridendo mores », il montre, au moyen d'exemples du français parlé aux États-Unis [27], ce qu'il adviendra du français au Québec si on ne cherche pas, en plus de l'épurer, à en « affirmer les droits, en imposer le respect ».

III. — LE NATIONALISME

C'est donc à travers un prisme « nationaliste », avons-nous dit dans la première partie de cet essai, que *le Nationaliste* examine les questions auxquelles il s'intéresse.

---

[26] 23 février 1908.

[27] « SHOURE ! Tu connais pas Tom ? C'est l'gas le pu SOUELLE que y a pas dans l'BLOCK GOODNOSE. *Yé toute là, any taime !* Y peut se fende en quate pour un d'té SMAILES. Après l'BALL, on y dira de nous emmener manger in CHOP SUEY chu l'CHAINISE Ting Fond. »

Délimiter les dimensions ou l'épaisseur précises de ce prisme n'est pas un travail facile car *le Nationaliste* n'est pas toujours conséquent dans ses opinions. On a dit du nationalisme de cette époque qu'il était pancanadien. Cela ressort avec assez d'évidence des articles du journal, mais il faudrait peut-être se demander si ce pancanadianisme serait possible sans la présence d'îlots canadiens-français dans les autres provinces. Car, somme toute, le nationalisme du journal est un nationalisme de survivance, voué à la défense des droits des Canadiens français partout où il s'en trouve, c'est-à-dire même aux États-Unis. Mais indépendamment des interprétations qu'on peut donner de ce nationalisme, il reste cependant qu'il se définit lui-même comme canadien. Et cela signifie que, en politique, ce que le journal réclame tout d'abord c'est l'autonomie, l'indépendance du Canada à l'égard de l'Empire.

À l'instar de Bourassa et du jeune Lavergne, qui vient d'être élu député à Ottawa, *le Nationaliste* demande instamment pour le Canada tout entier le droit de se gouverner lui-même pour son plus grand bien. Lorsque Laurier, au printemps de 1909, annoncera la création d'une marine de guerre pour le service de l'Empire, le journal criera à la trahison, car depuis la participation du Canada à la guerre du Transvaal, les nationalistes canadiens-français n'ont cessé de prétendre à une plus grande autonomie pour l'Amérique du Nord britannique. Et les discours des libéraux de Laurier, au Québec, depuis la guerre des Boers, de même que les prises de position du Premier ministre aux Conférences de l'Empire de 1904 et 1907 semblaient, en effet, aller dans ce sens. En qualifiant ainsi de trahison cet acte du gouvernement fédéral, *le Nationaliste* reproche donc en premier lieu à Laurier d'avoir manqué à sa parole et d'avoir déçu le nationalisme du journal, qui est bien, comme on peut le voir, pancanadien.

Ce nationalisme, en second lieu, repose sur une interprétation de l'Acte de l'Amérique du Nord britannique que plusieurs historiens considèrent comme erronée, et qui veut que le pacte confédératif ait été une entente entre les deux races fondatrices du Canada, associant ainsi le Canada français, « à titre de partenaire égal et de participant, au gouvernement de l'ensemble de la nation [28] »,

---

[28] J.-C. FALARDEAU, « Les Canadiens et leur idéologie », dans *la Dualité canadienne*, Québec, Presses de l'université Laval, 1960, p. 25.

et pour ce faire, lui accordant son propre gouvernement, celui de Québec. Nous laissons aux spécialistes le soin d'établir si cette interprétation est conforme ou non à la réalité. Il ne nous importe que de constater que tous les débats nationalistes du journal, ce que le *Nationaliste* nomme ses « politiques nationalistes », découlent de ce postulat.

Si l'on songe à la polémique que le *Nationaliste* a entreprise contre la politique d'immigration d'Ottawa, polémique qu'il a entretenue tout au long des deux années qui nous occupent, on s'aperçoit en effet que le fondement même de cette lutte repose sur ce postulat : si, par la Confédération, le Canada français et le Canada anglais sont devenus des partenaires égaux, il est inadmissible, alors, comme le répète le *Nationaliste*, que le gouvernement d'Ottawa essaie de noyer la race française en l'inondant d'immigrants anglo-saxons, et en dirigeant soigneusement les immigrants francophones vers les territoires du Nord-Ouest. Lavergne, d'ailleurs, citera en Chambre à ce propos les paroles de sir John A. Macdonald voulant qu'il n'y ait pas dans ce pays ni conquérants, ni conquis, mais des associés à droits égaux; à quoi le ministre Graham répondra que ce serait vraiment « vouloir remonter au moyen-âge que de s'occuper de savoir si une nationalité ou une religion a la prédominance en ce pays [29] ». Jules Fournier rétorquera dans le *Nationaliste* : « Cette proposition (celle de Graham) s'attaque à l'esprit de la constitution qui veut le maintien de l'équilibre entre les races, et elle est évidemment de nature à favoriser la majorité [30]. »

Les positions du journal relatives à la politique provinciale s'inspirent également de cette interprétation de la loi de 1867. Considérant que, par cette loi, l'Angleterre a accordé à la Province de Québec son propre gouvernement, le *Nationaliste* préconise une politique de stricte autonomie à l'endroit du gouvernement de la Fédération. Or cette autonomie, selon Bourassa et selon le journal, n'est pas respectée. Et cela est attribuable au fait que la Province de Québec, déchirée par les ambitions personnelles et l'esprit partisan de ses hommes politiques, n'a jamais joui d'une administration saine. Le rôle de redresseur de torts qu'emprunte à Bourassa le

---

[29] *Le Nationaliste*, 29 mars 1908.
[30] *Idem.*

journal n'a d'autres buts que d'entraîner les Québécois à se donner cette administration saine qui est « la meilleure manière de prouver à la majorité anglaise et protestante de ce pays que nous sommes dignes de partager avec elle la souveraineté nationale [31] ».

IV. — REPRÉSENTATION D'ENSEMBLE DE LA SOCIÉTÉ

Dans un article du *Nationaliste,* Henri Bourassa établit les fondements du nationalisme canadien-français. Pour ce faire, il en démontre l'origine première, française et rurale, nous dépeignant en même temps la société canadienne-française idéale :

> L' « habitant » n'est pas un Canadien de la même façon que le citoyen de Montréal, de Toronto ou de Winnipeg, L' « habitant » a une histoire plus vieille que le Canada lui-même.
>
> (...) Le mouvement nationaliste dans Québec plonge ses racines dans la France qui précéda Napoléon, l'unification de la France moderne et la découverte elle-même du Canada. Le Canadien français d'aujourd'hui est plus français que le Français de France, parce qu'il remonte dans la tranquillité introublée de son tempérament aux jours anciens où ses ancêtres étaient de simples paysans ou montagnards des provinces françaises [32].

Après avoir démontré les origines paysannes et françaises de la race canadienne-française, il ajoute, en définissant l'originalité et le rôle de la Province de Québec dans le Nouveau-Monde, que son origine catholique est indissociablement liée à ces deux caractéristiques : « C'est le seul État autonome des deux Amériques qui soit à la fois catholique et français; — et chez nous les deux qualités sont inséparables. Il n'y aurait plus de Canada français si le Franco-Canadien n'avait conservé intacts sa foi, ses pratiques religieuses et son enseignement catholique [33]. »

Mais pour préserver cet héritage catholique français et rural, que nous a légué la France, de l'univers menaçant anglo-protestant qui entoure la Patrie de toute part, il n'y a qu'une solution, la colonisation, qui est synonyme, dans la pensée de Bourassa et des journalistes du *Nationaliste,* de retranchement. Retranchement qui

---

[31] 4 octobre 1908.
[32] 19 juillet 1908.
[33] *Idem.*

constitue le moyen le plus sûr, croit-on, de conserver la tradition, en évitant le contact, inévitable dans les villes industrielles et commerciales, avec les industriels et les commerçants nécessairement anglo-protestants. La colonisation a, selon les nationalistes de l'époque, l'immense avantage de créer de petites cellules nationales, fermées sur elles-mêmes, auxquelles Bourassa attribue le salut et l'avenir de la nation et dont il nous offre la description dans son discours du 25 mai 1908 au Monument National.

(Le vrai principe de la colonisation est de comprendre qu'une fois côte à côte, les chemins sont faciles à entretenir, les municipalités se forment, et le gouvernement est bientôt déchargé de l'obligation d'entretenir les routes et les ponts. Avec le groupement, une chapelle s'élève, une école se bâtit, et vous avez au bout de quelques années une de ces petites cellules nationales, une de ces petites ruches, ou, si vous le préférez, un de ces petits brins d'herbe que le conquérant méprisait il y a 150 ans, lorsque, voyant partir les chefs d'une aristocratie ruinée ou les derniers officiers d'une armée décimée, il se disait : « J'aurai bientôt fait de détruire cette herbe naissante, qui n'est composée que de colons et d'ignares paysans ». (...)
Et alors ce peuple de colons, ce peuple d'ignares paysans, qui n'avait pas même d'écoles à cette époque, mais qui avait un Dieu, qui avait une foi, qui avait du sang dans les veines, et qui avait un prêtre pour le consoler pendant sa vie et pour adoucir ses derniers moments, ce peuple de paysans nous a faits ce que nous sommes, ce que je veux que nous restions [34].

Cette idée que le Canada français, s'il veut demeurer français, doit être agricole est profondément ancrée dans l'esprit de tous les nationalistes du début du vingtième siècle. Tous les journalistes du *Nationaliste* ont, à un moment donné, rappelé à leurs lecteurs, parfois de façon indirecte, parfois directement, que le salut de la race était dans l'agriculture, activité économique privilégiée qui, seule, disait-on, convient à notre race [35].

Et si quelques-uns, tels Olivar Asselin ou Jules Fournier, ont entrevu parfois que la véritable menace pour l'avenir du Canada français était l'accaparement de notre économie en tant que telle par les industriels anglo-américains, la plupart ont jugé, quant à eux, que cette mainmise sur nos ressources était une menace dans la mesure où elle paralysait la colonisation. « Une ploutocratie

[34] 21 juin 1908.
[35] *Idem.*

anglo-américaine a la mainmise sur notre patrimoine national, et, malgré tout son courage, le défricheur canadien ne peut plus pénétrer dans la forêt. La colonisation dans Québec est paralysée [36]. »

La colonisation étant arrêtée, *le Nationaliste* voit peser sur la Province de Québec une autre menace, l'immigration française dont on ne saurait plus que faire, car « si les immigrants se mettaient à affluer dans notre province, il faudrait leur faire place sur les terrains colonisables (...) (mais) il n'y a plus de terrains arpentés ou immédiatement colonisables qui ne fassent partie de concessions forestières; dans leur rage de concession nos gouvernements ont tout aliéné [37]. »

À lire *le Nationaliste*, on a tôt l'impression que l'imagination est une faculté tout à fait absente chez les nationalistes de l'époque à moins que la crainte de la disparition de la race soit tellement forte qu'elle stérilise toute initiative, de peur que déplaçant un des volets du triptyque nationaliste, catholique, français et rural, tout ne s'écroule.

Cette interprétation nous apparaît fondée; car si, comme le fait *le Nationaliste*, on s'en prend à la politique d'immigration d'Ottawa qui « vomit », dit-on, sur notre sol « Doukhobors, Mennonites, Salutistes; écume putride des pavés de Londres et d'autres grandes villes d'Europe; socialistes, paresseux et débauchés que nos prisons ne suffisent plus à contenir; et enfin, ces Juifs rapaces qui arrivent en bandes serrées comme des vautours après une bataille, pour sucer le sang de notre peuple [38] ». On s'en prend en même temps, à l'immigration française, laïque, et on se demande « si elle n'est pas la plus dangereuse qui puisse nous arriver [39] ». Car, affirme-t-on, cette immigration menace du plus grand péril notre civilisation chrétienne.

Seul Olivar Asselin, dont le but est d'organiser « la légitime défense de la langue et de la pensée française [40] » au Canada, s'écartera un peu, en cette matière, de l'orthodoxie idéologique du

---

[36] 26 juillet 1908.

[37] 1er mars 1908.

[38] *Idem*.

[39] 12 janvier 1908.

[40] Jean HAMELIN et André BEAULIEU, « Aperçu du journalisme québécois d'expression française », *Recherches sociographiques*, 7, 3, (septembre 1966): 325.

nationalisme canadien-français. À ceux qui s'en prennent, à l'intérieur même de son journal, à l'immigration française laïque, il
demandera : « Le peuple canadien doit-il perdurer avec l'aide
indispensable de l'immigration laïque française, ou faut-il qu'il
disparaisse sous l'écrasement des Anglo-Saxons, des Juifs, des
Russes et bientôt des Allemands [41] ? » Et quant au clergé, dont il
juge que le rôle fut admirable depuis les débuts de la colonisation,
il ne fait, dit-il, nulle difficulté à admettre « qu'en face des conditions nouvelles où notre peuple s'est trouvé placé depuis quarante
ans, le clergé s'est peut-être trop cantonné dans des méthodes qui
avaient admirablement réussi jusque-là, mais qui sont peu faites
pour faire face aux exigences d'une ère nouvelle. Nous sommes
même prêts à avouer qu'il n'a peut-être pas eu toute la clairvoyance,
ou du moins toute la souplesse pour suivre l'évolution universelle
et nous mettre en état de la suivre nous-mêmes [42]. »

Exception faite de ces rares divergences de vue, le Nationaliste
des années 1908 et 1909 nous trace le portrait d'une société rurale
et retranchée dans les forêts, qui veille par cet isolement à protéger
sa foi par sa langue et sa langue par sa foi.

☆

Cette réaction d'auto-défense, qui n'est pas toujours conséquente
avec elle-même, se répercute, comme nous l'avons vu, dans le
domaine politique. On distingue dans le Nationaliste une volonté
pancanadienne, c'est-à-dire un désir que le Canada tout entier
devienne indépendant de la Grande-Bretagne, afin qu'ainsi il
devienne plus ouvert aux critiques des nationalistes canadiens-
français (particulièrement ceux du Nationaliste). Ainsi, le pays
deviendrait plus français, c'est-à-dire davantage bilingue et bi-
culturel, et encouragerait également l'immigration francophone et
anglophone. Pour ce qui est du Québec, le journal réclame plus
d'honnêteté et plus de compétence de la part des hommes politiques.
Un tel changement d'attitude chez les politiciens prouverait aux
anglophones et aux immigrants que la race française, représentée

---

[41] Le Nationaliste, 12 janvier 1908.
[42] 2 août 1908.

par le gouvernement de Québec, est digne de partager, avec la race anglaise, la responsabilité de bâtir un pays. Cette nouvelle patrie serait comme un idéal de vie commune entre des races depuis toujours antagonistes et, peut-être, pour l'avenir, un idéal de vie commune entre tous les peuples de la terre, par-dessus toutes leurs haines millénaires.

Quant à l'idée que cette réaction donne à ces journalistes du *Nationaliste* d'une société canadienne-française idéale, c'est celle d'une société fermée sur elle-même, fragmentée en petites communautés rurales et groupées autour du représentant de la religion catholique comme étant le seul qui puisse protéger et développer leur nationalité et leur caractère national, c'est-à-dire d'être catholique et français, comme si ces deux choses étaient indivisiblement liées.

On peut se demander cependant ce qui serait arrivé si Olivar Asselin n'avait pas été obligé d'abandonner la rédaction du journal dans les premiers mois de 1908 et si la nomination à ce poste de Jules Fournier, si jeune et inexpérimenté, n'avait pas amené le journal à suivre Henri Bourassa, un peu comme le peuple juif ses prophètes, on peut se demander, disions-nous, si *le Nationaliste* n'aurait pas adopté pour sa part des politiques et des opinions plus progressistes, plus conséquentes avec elles-mêmes et, pour ainsi dire, plus franchement modernes.

Jacques TREMBLAY.

LE FRANC-PARLEUR, 1915-1917

I. — LE JOURNAL

1. *Son auteur*

Le directeur-propriétaire du journal *le Franc-Parleur* fut un dénommé Raoul Renault dont nous savons malheureusement très peu de chose. Il fut rédacteur d'au moins un autre journal, *le Gaspésien*, de 1918 à 1924. *Le Franc-Parleur* dura plus longtemps, soit du 10 juillet 1915 au 21 juin 1940 avec une interruption du 5 août 1921 au 3 novembre 1934.

Raoul Renault fut vingt-trois ans au service de la Commission du Havre de Québec comme secrétaire-trésorier. Le 14 avril 1914 il était destitué de son poste par le président de la Commission, sir William Price. C'est d'ailleurs ce renvoi injuste, selon Raoul Renault, qui sera la motivation première de la parution du *Franc-Parleur*. « Né à cause d'une injustice criante, fruit d'une manifestation brutale de fanatisme outré, l'accueil que *le Franc-Parleur* a reçu du public québécois a dépassé les espérances les plus optimistes de son auteur... Il serait oiseux de chercher à cacher le but principal pour lequel nous avons fondé cette feuille. Nous avions des revendications personnelles à faire que la presse cauteleuse et servile nous refusait l'avantage de formuler [1]... »

Si nous avons peu de détails sur la vie personnelle de Raoul Renault, l'analyse de son journal suffira amplement à dépeindre le type d'homme qu'il était. Nous sommes justifié de dire cela

---

[1] *Le Franc-Parleur*, samedi 6 novembre 1915. Comme ce journal est le seul lieu de référence de toute notre étude, nous indiquerons désormais la seule date des numéros utilisés.

parce qu'en fait *le Franc-Parleur* fut le journal d'un homme malgré l'appui de plusieurs collaborateurs [2].

2. *Situation socio-politique*

Le *Franc-Parleur* vécut des événements politiques d'importance qu'il est bon de rappeler très brièvement pour situer un peu l'époque où il dut livrer ses combats.

En plus de la rancœur personnelle de Raoul Renault envers sir William Price, « fanatique, lâche, calomniateur [3] », deux événements importants serviront pour ainsi dire de canevas aux principales revendications du *Franc-Parleur*. Il s'agit de la question du fameux Règlement XVII en Ontario qui visait à empêcher l'enseignement du français dans les écoles publiques, et aussi de la guerre 1914-1918.

Le Règlement XVII soulèvera la question nationale, le problème de la langue gardienne de la foi. La guerre fera naître un type nouveau, le « boche », en plus de susciter la crise de la conscription de 1917. Ces deux événements combinés créeront une tension politique telle que l'on remettra en cause la valeur de la Confédération. L'avis de motion de M. Francœur à l'assemblée législative en décembre 1917 est le symbole du climat qui prévalait alors. « Que cette Chambre est d'avis que la province de Québec serait disposée à accepter la rupture du pacte fédératif de 1867, si, dans les autres provinces, on croit qu'elle est un obstacle au progrès et au développement du Canada [4]. »

D'autres événements eurent lieu soit sur le plan municipal, provincial ou fédéral : élections, scandales, etc., mais la plupart sont soit rattachés à ces deux événements, soit secondaires par rapport à eux. Il y eut bien la campagne prohibitionniste à travers le Canada et les États-Unis, mais nous en ferons état à l'occasion de l'analyse thématique.

En un certain sens, donc, *le Franc-Parleur* donne une idée assez juste de la situation socio-politique puisque une sommaire quantification des articles par thèmes généraux pour les années 1915 et

---

[2] 7 juillet 1917.

[3] 24 décembre 1915.

[4] 28 décembre 1917.

1916 place le thème de la nation au premier rang avec au-delà de 200 articles touchant à ce thème sous un aspect ou l'autre et, en second lieu, le thème de la guerre et de la conscription. L'analyse permettra plus tard de voir l'attitude du journal face à cette situation.

3. Documentation sur le journal

À la fondation du journal, le samedi 10 juillet 1915, le *Franc-Parleur* se décrit comme un « journal hebdomadaire indépendant ». Il en sera ainsi jusqu'au 26 février 1916 où l'hebdomadaire se définira alors comme « journal de combat et critique ». La seconde description correspond mieux à ce qu'il fut dès le début. Le premier numéro indique très clairement quelles étaient les allégeances du journal, ou plutôt de quel type d'indépendance il se réclamait : « Nous déclarons formellement que nous ne sommes inféodés à aucun parti, à aucune faction, à aucune clique [5]. »

Raoul Renault s'explique plus longuement dans l'article « Pourquoi un nouveau journal ? » qui donne en même temps le ton de critique et de combat de l'hebdomadaire.

> Oui; pourquoi un nouvel organe, dans les temps difficiles que nous traversons ?...
>
> D'abord, les journaux politiques, rouges ou bleus, sont trop partisans pour permettre la publication d'opinions honnêtes, de justes et raisonnables revendications, d'opportunes protestations, lorsque incidemment, elles peuvent jeter le moindre discrédit sur le parti qu'ils représentent, ou même sur le plus insignifiant polichinelle de leurs amis...
>
> ....
>
> C'est donc à dire que nous n'avons à Québec, même en payant aux taux de l'annonce à tant la ligne agate, aucune tribune où un citoyen honnête et responsable puisse exprimer librement son opinion...
>
> Il existe même certains fantoches, qui contrôlent et exercent une influence restrictive sur les journaux des deux partis. Ces vessies-là, il ne faut pas leur toucher, parce qu'elles sont sacrées.
>
> À ceux-là comme aux autres, notre journal n'aura pas peur de leur frotter les oreilles, et de mettre à nu leurs actes publics, les procédés qu'ils emploient et l'ostracisme dont ils font preuve...
>
> Toutes les opinions honnêtes, toutes les revendications justes, toutes les protestations fondées, toutes les critiques opportunes, pourvu qu'elles

---

[5] 10 juillet 1915.

soient couchées dans un langage convenable seront reçues à bras ouverts [6]...

Le Franc-Parleur portera très bien sa devise tout le long de la période où nous l'avons analysé : « Qui bene amat, bene castigat ! Qui aime bien, châtie bien !»

Voici comment il annonce son programme dans son premier numéro :

> Le titre que nous avons choisi, et la devise que nous avons adoptée en disent suffisamment long pour faire connaître la ligne de conduite que nous allons suivre.
>
> *Le Franc-Parleur* parlera haut et ferme sur toutes les questions qui intéressent particulièrement les citoyens de la ville de Québec ; il revendiquera énergiquement par-dessus tout, et envers et contre tous, les droits, les privilèges et les prérogatives des Canadiens-Français dans tous les domaines complexes de leur activité...
>
> Nous donnerons aussi l'hospitalité de notre feuille à toutes les revendications, même véhémentes, que nous considérerons justes, bien-fondées et opportunes.
>
> Dans les polémiques que nous engagerons, dans les critiques que nous ferons, il nous arrivera peut-être quelques fois d'être énergiques, mais c'est que nous avons appris que la conciliation, la modération et la temporisation sont souvent synonymes d'indifférence, de ramollissement, et même quelques fois de lâcheté.
>
> Nous livrerons sans miséricorde à la vindicte publique les lâches et les traîtres, les cafards et les renégats.
>
> ....
>
> En résumé, nous voulons faire une œuvre d'assainissement public, de ragaillardissement national, nous voulons démasquer les farceurs qui exploitent cyniquement le peuple, et qui se servent des badauds et des gobeurs comme de paillassons pour arriver à leurs fins et gravir les marches gluantes du Capitole.
>
> Nous dirons donc tout haut, et sans faiblesse, ce qu'une foule de gens pensent tout bas.
>
> Nous terminons en affirmant notre foi, la foi de nos pères, notre patriotisme, le patriotisme de ceux qui ont contribué à sauver le pays en 1775 et en 1812 [7].

Le 4 septembre suivant, il précise l'éthique qu'il suit dans ses revendications :

> Pour atteindre le but que nous visons, nous accepterons le concours de tous ceux qui ont des plaintes raisonnables à formuler, des revendications

---

[6] *Idem.*
[7] *Idem.*

justes à faire entendre, des abus de toutes sortes à dénoncer, des prévarications à dévoiler.

Mais toujours il faudra comme condition essentielle que ces dénonciations soient faites dans l'intérêt public, et que les personnages critiqués, attaqués, ou livrés à l'opprobre soient des hommes publics et que les critiques ne soient faites que dans leurs agissements comme tels...

Pour nous, n'imitant pas en cela la conduite de certains ganaches, la vie privée d'un homme est sacrée jusqu'au jour où sa vie même ne devient pas un scandale public [8]...

Le ton du premier numéro ne se démentira pas, bien au contraire.

Il est bien difficile de savoir qui furent les collaborateurs réguliers du *Franc-Parleur* puisque la plupart des articles sont signés de pseudonymes : Laurent, Justice, Paul Rex, Bayard, Jean Bart, etc. Souvent on pourrait croire qu'il ne s'agit pas de pseudonyme lorsque l'article est signé Claude Dulac ou J. De Neuville, mais ce n'est qu'à l'occasion du décès d'un collaborateur que le voile se lève parfois. « Feu le major Plante a été l'un des premiers collaborateurs de notre journal, et sous son nom de plume d'Alexandre Villandraye il nous a donné des études de mœurs très piquantes [9]. »

Par contre certains articles signés par des personnes plus connues ne laissent pas de doute. Par exemple un article d'Olivar Asselin apparaît en première page le 27 novembre 1915 et un autre d'Armand Lavergne sur la tempérance et la prohibition, le 12 mai 1917. Mais nous ne pouvons vérifier quelle fut l'ampleur de cette collaboration.

Nous sommes enclin à favoriser l'hypothèse de collaborateurs temporaires ou irréguliers qui donnaient un article ou une série d'articles de temps en temps.

Malgré les obstacles et les réticences du milieu, dus au type de journal, *le Franc-Parleur* allait connaître une assez grande diffusion pour un hebdomadaire québécois de cette époque.

Le 31 juillet 1915, le directeur affirme que 2 000 exemplaires du *Franc-Parleur* sont vendus à Québec. Ce chiffre était peut-être un peu gonflé pour mousser la publicité. En effet, le 6 novembre suivant, Raoul Renault fait état des difficultés du journal.

Pour des raisons occultes que nous mettrons au grand jour en temps et lieu, nous nous sommes vus dans l'obligation, sans avis préalable, de

---

[8] 4 septembre 1915.
[9] 1er juillet 1916.

> changer d'imprimeurs, et par conséquent de toilette, car chaque boutique
> a son cachet particulier...
> On a peut-être cru, en certains quartiers, nous porter un coup mortel,
> mais on n'a fait que nous galvaniser. Quel que soit le boycottage que
> l'on mette en œuvre dans la petite ville de Québec, pour essayer de nous
> détruire, — et dussions-nous faire imprimer notre journal à Montréal,
> où la mentalité est moins étroite, — le *Franc-Parleur* paraîtra réguliè-
> rement comme d'habitude [10].

Le directeur continue son article en déclarant que son journal,
qui tirait à 1 900 exemplaires à cette époque, atteindrait rapidement
le cap des 2 500 exemplaires d'ici peu. Cette prévision ne se réalisera
pas aussi rapidement qu'il l'espérait. Le 25 novembre 1915, il
annonce que le tirage atteint 2 100 par semaine [11].

Le tirage progresse cependant régulièrement jusqu'en février
1916. Renault affirme alors que le journal est imprimé à 2 300 exemplaires [12]. Un an plus tard cependant, il ramène ce chiffre de 2 300
à 1 500. En fait *le Franc-Parleur* avait subi une baisse dans son
tirage à l'été de 1916. Pourtant, l'année suivante, le tirage grimpe
de nouveau pour atteindre 2 800 exemplaires. « C'est un record
pour un journal hebdomadaire », de commenter Renault [13].

Quoi qu'il en soit, c'était sûrement une forte distribution pour un
journal hebdomadaire de combat. Le *Franc-Parleur* répondait sûrement aux aspirations d'une certaine couche de la population.

Le *Franc-Parleur* se considère en général comme l'adversaire des
autres journaux de Québec. Le *Chronicle* et le *Telegraph* sont classés
comme fanatiques, sauf à certaines occasions [14].

Le *Soleil* et l'*Événement* sont opposés entre eux et opposés au
Franc-Parleur de par leur soumission aux partis politiques et aux
anglophones.

> L'*Événement*, sortant de sa circonscription habituelle, — lançait il y a
> une couple de mois, un défi au *Soleil*. Il accusait son confrère de voir
> des scandales un peu partout et le mettait en demeure d'en signaler un
> seul...
> Le *Soleil* n'a pas été lent à prendre la mouche...

---

[10] 6 novembre 1915.
[11] 11 décembre 1915.
[12] 5 février 1915.
[13] 7 juillet 1917.
[14] 6 novembre 1915.

Pourquoi *l'Événement* a-t-il lancé ce défi au *Soleil*, et pourquoi *le Soleil* n'a-t-il relevé qu'une partie du défi ? Les lecteurs de ces deux journaux diamétralement opposés se sont posé en vain cette question [15].

Plusieurs journaux ont une attitude différente du *Franc-Parleur* à l'occasion de la lettre du pape Benoît XV aux évêques canadiens sur le Règlement XVII. « Plus on la relit cette lettre du Souverain Pontife... plus on est étonné... On ne pouvait pas s'attendre à une sortie de *l'Action catholique*, mais les mêmes raisons n'existaient pas pour *le Soleil*, *l'Événement*, *la Presse*, *la Patrie*, et encore moins pour *le Droit*, qui ont tous accepté les rebuffades en « fils soumis de l'Église » [16]. »

L'attitude sur la question nationale est souvent un facteur de divergences de vues, entre autres avec *l'Action catholique* qui prône la soumission et la modération. « Le modérantisme recommandé par *l'Action catholique* c'est de l'ataraxie des plus dangereuses, c'est pour nous servir d'une expression dont s'est servi ce journal « une banalité monumentale » sans restrictions [17]. »

Même si *le Devoir* et *le Nationaliste* sont jugés trop peu radicaux sur cette question. « *Le Devoir* et *le Nationaliste* tiennent mordicus à avoir des timbres de guerre en français. Ne serait-il pas plus à propos de commencer par le commencement, de réclamer des timbres-postes imprimés dans les deux langues ? Dans le fond, quel serait le résultat pratique que nous donnerait cette réforme ? N'y a-t-il pas d'autres revendications plus urgentes, plus utiles, plus à propos, même, que nous devrions faire [18] ? »

II. — LES PRINCIPAUX THÈMES

Nous analyserons les différents thèmes par ordre d'importance croissante. Peu à peu on percevra que les thèmes secondaires sont souvent développés à travers le prisme des deux thèmes principaux, la nation et la guerre.

D'autre part, au niveau des valeurs véhiculées par chacun des thèmes, nous avons discerné deux courants principaux, parfois en

---

[15] 14 août 1915.
[16] 11 novembre 1916.
[17] 17 juillet 1915.
[18] 10 juillet 1915.

contradiction, parfois parallèles, parfois hiérarchisés l'un par rapport à l'autre. Il y aurait d'un côté les valeurs nationales traditionnelles : la race canadienne-française, la langue, la religion, la famille. Mais aussi, parallèlement à cela, *le Franc-Parleur* fonde sa politique sur des valeurs démocratiques d'égalité et de liberté. C'est l'interaction de ces deux systèmes de valeurs qui donnent au *Franc-Parleur* son caractère particulier, c'est la dialectique de ces deux idéologies que nous tenterons de faire ressortir tout au long de l'analyse thématique.

1. *La famille*

Ce thème est véritablement mineur. Sur une période d'un an et demi, seulement trois articles traitent de la famille et plus précisément de la prolificité canadienne-française. On y fait une analyse des causes et des remèdes pour pallier à la baisse de la natalité.

> Que la natalité ait une forte tendance à diminuer chez les Canadiens-français, il n'y a aucun doute là-dessus... Que cette tendance pernicieuse soit un danger, on ne doit pas l'ignorer...
>
> Bien qu'ils soient trop nombreux les ménages, dans les villes plus particulièrement, qui cherchent à se dérober, par toutes sortes de moyens les uns plus criminels que les autres, aux préceptes de l'Évangile, ce n'est pas la seule explication que l'on puisse donner à cet état de choses alarmant...
>
> Parmi les raisons les plus plausibles nous devons attribuer cette diminution de la natalité aux conditions qui ne sont plus les mêmes... c'est qu'en 1770, que l'on choisit comme exemple, la population du pays était essentiellement agricole; que les Canadiens-français formaient à eux seuls la presque totalité de la population...
>
> Une autre cause de la diminution de la natalité, c'est que nos jeunes gens se marient de nos jours, de cinq à six ans moins jeunes qu'autrefois...
>
> La diminution dans le chiffre de la natalité doit être attribué, en grande partie à la perte de vitalité chez bon nombre de compatriotes. En effet nombreuses sont les femmes, dans les villes, dont les organes génitaux sont atteints d'affection...
>
> À la mode nous devons attribuer une partie de ces maux. À ce corset qui étreint, qui déforme, qui déplace, qui torture, devons-nous assigner, en grande partie, cette perte de vitalité.
>
> Mais il y a d'autres causes à ce dessèchement de la race. Le mauvais exemple qui nous est donné à nos portes même, la disparition chez les uns de l'esprit religieux, les exigences de la vie moderne chez les autres, et la mollesse qui tend à amoindrir chez un bon nombre, l'esprit de

sacrifice et d'abnégation conjugales qui caractérisaient à un si haut degré nos ancêtres [19].

Les causes de « ce dessèchement de la race » sont donc nettement rattachées à des valeurs traditionnelles, valeur de la race elle-même, valeur religieuse de sacrifice chez les ancêtres. Les remèdes à la situation sont de même type : rappeler les devoirs conjugaux, favoriser la colonisation qui devient le symbole d'un retour aux valeurs traditionnelles et à leurs effets bénéfiques sur la santé de la race.

> Le rappel, par les prédicateurs et les directeurs de consciences aux devoirs conjugaux, surtout dans les villes et villages. Voilà pour le premier (remède à la baisse de la natalité).
>
> Quant au second, il est entièrement entre les mains du gouvernement et l'épiscopat, et il consiste à encourager, de la façon la plus large et la plus complète, la colonisation. Et pour cela, il faudrait que l'épiscopat développerait parmi son clergé, de vrais missionnaires agricoles, fondateurs de paroisses. Il faudrait aussi, que certains prêtres qui spéculent sur les lots de terre et qui nuisent à la colonisation, fussent mis à l'ordre...
>
> En donnant un élan sérieux à la colonisation,... on diminuera sensiblement les partisans du malthusisme, on contribuera à ragaillardir la race et à ramener le chiffre de la natalité à une proportion normale [20].

L'importance mineure de ce thème traditionnel au départ ne pouvait permettre une confrontation des deux systèmes de valeurs, démocratique et national. D'autre part, on voit bien que la famille est perçue comme un élément important de la nation.

2. *La religion*

Déjà le thème religieux, bien que d'importance secondaire, laisse paraître certains conflits de valeurs. La religion n'est pas remise en question par *le Franc-Parleur*; elle est un facteur stable, profondément ancré dans le système des valeurs nationales.

> Dans nos assemblées patriotiques, nos hommes publics prêchent l'union, la fraternité et la charité; cependant ils semblent prêcher dans le désert. La raison en est que le peuple canadien-français sans s'en apercevoir est déjà endoctriné de socialisme et de libéralisme doctrinaire ou autres erreurs modernes qui s'infiltrent insidieusement mais sûrement dans l'âme nationale...

---

[19] 23 septembre 1916.
[20] *Idem.*

> Oui donnons l'exemple, c'est la meilleure solution du problème qui nous occupe... Soyons charitables envers nos frères...
>
> La cause du mal est dans nos foyers où les principes catholiques sont foulés au pied...
>
> Si vous voulez que les Canadiens-français soient un peuple fort, uni, commencez par en faire un peuple profondément chrétien et catholique. Parents, élevez vos enfants chrétiennement...
>
> Quand notre peuple sera profondément catholique, alors la charité du Christ règnera, avec elle, la Fraternité sera reine des cœurs et l'Unité Nationale canadienne-française, si longtemps rêvée, deviendra une réalité. Et alors seulement nous serons une force et une Autorité respectée de tous. Même nos ennemis auront pour nous de l'admiration [21].

En général, on fait rarement allusion à la religion, sauf à l'occasion du Règlement XVII où l'on sent que la foi est menacée tout autant que la langue et où l'on réaffirme sa croyance dans la langue gardienne de la foi. « La langue a toujours été la suprême gardienne de la foi, et la foi la suprême gardienne de la langue, quoiqu'en pense un Fallon et tous ceux qui, derrière lui, emboîtent le pas [22]. » La religion dans ce cas-ci semble un élément essentiel au Canadien français véritable, mais élément en quelque sorte inclus dans le concept plus général de nation. Un autre indice de cette perspective, c'est la distance que semble prendre Raoul Renault vis-à-vis les représentants de l'Église officielle.

Benoît XV envoie aux évêques canadiens une lettre justifiant l'application du Règlement XVII et le *Franc-Parleur* prend position fermement contre l'opinion papale.

> Au risque de passer pour des payens et des publicains nous nous permettrons certains commentaires sur la lettre de Sa Sainteté Benoît XV aux archevêques et évêques du Canada au sujet de la lutte sur la question bilingue...
>
> Relisez attentivement la lettre, pesez-en toute la portée, constatez les ordres impérieux qu'elle renferme et vous conviendrez que nous, les Canadiens-français, nous venons de subir une nouvelle défaite...
>
> L'épiscopat et le clergé doit se soumettre à cet ordre qui lui est transmis par le chef de l'Église. La discipline ecclésiastique le veut. Mais que nous, les laïques, nous devions donner « l'adhésion de nos esprits et de nos volontés » à cet ordre pour le moins singulier, nous ne le croyons pas. Il n'y a pas là une question de dogme et le Pape ne peut se réclamer

---

[21] 7 août 1915.

[22] 7 octobre 1916. Mgr Fallon, évêque d'origine irlandaise, s'opposait à l'enseignement du français dans les écoles d'Ontario.

de l'infaillibilité sur cette question qu'il traite, d'ailleurs d'une façon un peu prématurée.

Il est nécessaire que des voix s'élèvent et disent respectueusement, mais fermement, ce qu'il faut penser de ce nouvel appel à la conciliation, à la modération, à la résignation chrétienne [23].

Sur un problème totalement différent et aussi délicat, la prostitution, Raoul Renault adopte la même attitude.

La morale, dans tout état bien organisé, ne relève pas seulement des pouvoirs religieux, elle est aussi un des devoirs qui s'imposent aux pouvoirs civils, à l'État. Et si l'État, lorsqu'il légifère sur des sujets qui touchent à la morale doit s'inspirer largement des conseils qui lui sont donnés par ceux qui ont charge d'âme, il ne s'en suit pas qu'il lui faille accepter toutes les théories, tous les préceptes, s'il est convaincu qu'en édictant des lois draconiennes, et en les faisant observer rigoureusement, il contribue plutôt à aggraver notoirement les abus qu'il veut supprimer...

C'est pour cela qu'aujourd'hui, dans les principales villes de l'Europe et des États-Unis, sans toutefois légaliser le vice on l'a circonscrit dans une certaine mesure, on l'a assujetti à des règlements sévères de police et d'hygiène qui offrent au moins un peu de sécurité aux pauvres brebis égarées qui sont piquées, le plus souvent lorsqu'elles sont en état d'ébriété, et dès lors plus ou moins inconscientes par le démon de la luxure...

Il importe donc que des mesures rigoureuses soient prises sans plus de retard [24]...

Cette citation indique d'ailleurs clairement la distinction nette que Raoul Renault faisait entre l'Église et l'État ainsi qu'entre leurs fonctions respectives. Le directeur du *Franc-Parleur* savait distinguer entre les valeurs religieuses, qu'il ne remettait pas en question et l'institution religieuse véhicule officiel de ces valeurs. Déjà nous percevons ici le libéralisme d'esprit du *Franc-Parleur*. Les valeurs nationales priment les institutions religieuses et leurs représentants. L'idéologie unitaire traditionnelle est déjà compromise.

3. *La politique*

À toutes les occasions, Raoul Renault s'empresse de fustiger tous ceux qui ne correspondent pas à son idéal de l'intégrité politique,

---

[23] 4 novembre 1916.
[24] 2 septembre 1916.

et cela aussi bien au niveau municipal, provincial, fédéral qu'international.

Les valeurs qui fondent sa conception de l'intérêt public sont nettement démocratiques. Tous les citoyens doivent être sur le même pied. *Le Franc-Parleur* s'efforcera de défendre ceux qui sont exploités par les gens au pouvoir.

> Et laissez-nous vous dire que nous aimons de tout cœur les petits, les humbles que l'on pressure de toutes parts, ces malheureux qui servent de marche-pied et de tête-de-turc à un tas d'apaches et de bandits du grand monde de la politique et du commerce. Nous les aimons ces petits, parce qu'ils sont nos frères, et nous ferons valoir leurs droits bien haut, chaque fois que l'occasion se présentera; leurs griefs seront les nôtres et nous apporterons à la défense hebdomadaire de leur juste cause un cœur ferme et une main nette de toutes les souillures des vendus, des traîtres, des lâches et des satrapes [25]...

Ce journal est très sensible à toute injustice qui puisse se commettre contre qui que ce soit. La réaction aux injustices se fait encore plus ferme si les Canadiens français subissent la discrimination. Nous pourrions parler de l'injustice que Raoul Renault a lui-même subie en se faisant renvoyer par sir William Price, sans raison précise sauf celle d'être canadien-français.

Plus tard, de juillet à octobre 1916, *le Franc-Parleur* dénoncera un dénommé Stafford, agent d'immigration, qui avait jeté sur le pavé seize employés dont quatorze Canadiens français. Ce Stafford étant toujours ivre sur les heures d'ouvrage, Raoul Renault ne cessera pas ses dénonciations publiques qu'il ne soit dégommé.

Dans la même veine, il dénoncera vigoureusement tous ceux qui dilapident les biens publics inconsidérément ou par patronage, ou encore qui font des profits éhontés sur le dos du peuple. Les scandales des contrats de munition sont un exemple parmi plusieurs autres qui soulèvent la colère et l'indignation du *Franc-Parleur*.

> Le *Wall Street Journal* vient de mettre la main sur un rapport confidentiel adressé à Sir Henry Pellatt, président de Steel and Radiation Limited de Toronto, par lequel il fait connaître que sa compagnie a réalisé sur des contrats de munitions s'élevant à $2,060,000. des profits de $1,050,000. soit au-delà de 100 pour cent...
> N'est-ce pas que ces patriotards, que ces requins de la finance, millionnaires pour la plupart, ne sont que des misérables de la plus exécrable

---

[25] 6 novembre 1915.

espèce. Ce sont ces pieuvres insatiables, ce sont ces exploiteurs sans vergogne qui demandent aux ouvriers de se sacrifier et de travailler à des gages réduits, sous le prétexte que nous sommes en temps de guerre et que la réduction des salaires est devenu une nécessité.

....

On emprisonne un pauvre diable qui vole un pain pour donner à manger à sa famille. Que ne devrait-on pas faire à ceux qui volent le pays pendant l'époque douloureuse que nous traversons. Ils mériteraient d'être placés au mur et d'être fusillés pour haute trahison [26].

Tous ses commentaires sur la politique municipale, provinciale ou fédérale, sur les élections, les différents candidats, sur la façon dont la ville ou la province est administrée, suivent les mêmes principes nationalistes et démocratiques.

Au *Franc-Parleur*, on n'héberge ni politiqueux, ni cafards, et le *Franc-Parleur* se croit aussi patriote, aussi catholique et aussi progressif dans l'ordre que ces marchands du domaine public ou de la religion. Nous avons le respect de l'autorité régulièrement constituée, mais nous ne sommes pas prêts à souffrir les dénis de justice, les abus de pouvoir, les empiètements, les insolences et les injures des vachers d'outre-outaouais, sans nous défendre et sans porter des coups nous-mêmes. Nous nous ne provoquons personne et nous ne voulons priver aucun parti ou aucune race des privilèges qui lui sont garantis, mais quand on nous donnera un soufflet, nous n'irons pas tendre l'autre joue, mais nous ferons tout notre possible pour diriger notre botte dans la cible charnelle de notre provocateur [27].

Pour ces mêmes raisons, le *Franc-Parleur* favorisera l'indépendance d'esprit face aux partis politiques traditionnels. Il se réjouit du fait que la jeunesse semble s'attacher davantage aux valeurs en cause qu'au parti.

La génération actuelle, la jeunesse d'aujourd'hui a rompu les liens qui attachaient ses ancêtres irrémédiablement à l'un ou l'autre parti.

Il y a une quarantaine d'années on naissait rouges ou bleus, selon que notre père fut libéral ou conservateur. Mais depuis une dizaine d'années, grâce à la propagande nationaliste, à la diffusion de la presse, au besoin que nos jeunes gens ressentent de lire et de se renseigner les démarcations des partis deviennent de moins en moins distinctes...

Cette indépendance de caractère qui se manifeste plus librement de nos jours est certainement de bon augure. Elle devra nécessairement contri-

---

[26] 11 décembre 1915.
[27] 18 novembre 1916.

buer à l'assainissement de nos mœurs politiques qui sont dégoûtantes et dépravées [28].

C'est ainsi que l'on peut comprendre son attitude face à la Confédération. Espérant obtenir l'égalité entre les deux nations à l'intérieur de la Confédération, il y sera d'abord favorable. Mais peu à peu, la crise de la conscription aidant, il commencera à percevoir, comme le disait le sénateur Landry à l'époque, que « la Confédération est un piège à infamie ». Si donc le régime constitutionnel ne peut favoriser l'épanouissement de la collectivité canadienne-française, Raoul Renault en viendra en décembre 1917 à prôner le retrait de la Confédération, l'union du Québec et des Maritimes sous le protectorat de la Couronne britannique. Encore ici les valeurs en cause seront préférées aux institutions.

> La Confédération, grâce à la petitesse des successeurs de MacDonald et de Cartier, ne nous a pas donné la somme de libertés, de justice et d'avantages que ses auteurs en attendaient. Nous avons rétrogradé même au-delà de l'union de 1841.
> Dans un plaidoyer qui fut fait en 1867 en faveur de la Confédération, on résumait comme suit quelques-uns de ses avantages :
> 1. La race canadienne-française avait à jouer sous la Confédération, un grand rôle, et que la Confédération était pour nous, un moyen sûr de remplir notre mission providentielle.
> 2. La Confédération nous est très avantageuse, en ce qu'elle offre et nous assure une protection, une garantie certaine pour nos intérêts religieux, nationaux et matériels.
> La Confédération a fait faillite...
> Comment parer à cette faillite qui devient de plus en plus désastreuse ?
> Il n'y a que la rupture et l'association avec les provinces maritimes pour former une petite république, sous le protectorat de l'Angleterre, qui puisse nous débarrasser de nos matamores d'associés de l'Ontario et de l'Ouest [29].

Nous n'avons pas relevé tous les potins, scandales, cas de patronages ou de vols des biens publics soulignés avec force par le Franc-Parleur. Nous avons simplement essayé, à l'aide de quelques exemples significatifs, de dégager l'idéal politique de notre hebdomadaire. Le soutien du peuple, des petits, la justice pour tous comme le prône son programme, demeurent des valeurs fondamentales pour sa critique de la politique en plus du critère de la nation

---

[28] 20 novembre 1915.
[29] 28 décembre 1917.

canadienne-française. Les deux systèmes de valeurs, nationalisme et démocratie, se complètent par la revendication du respect de la collectivité francophone à l'intérieur du système fédéraliste.

4. *L'économie*

Plus explicites, les valeurs qui structurent la pensée économique du *Franc-Parleur* sont du même type que pour la politique. Les articles économiques ne sont pas tellement fréquents dans le *Franc-Parleur* (environ vingt-cinq dans un an et demi) mais la façon d'aborder les problèmes est assez significative.

La suggestion d'instaurer l'impôt sur le revenu est nettement inspirée par une valeur de justice et de démocratie.

> Il aurait été si simple d'imposer une taxe équitable, qui aurait frappé tous les citoyens de ce pays qui sont en position de la supporter...
> Mais la solution équitable qui s'offrait n'aurait pas fait l'affaire du parti au pouvoir, car elle aurait atteint un trop grand nombre de citoyens... tous ceux qui sont en état de le faire...
> Nous voulons parler de l'impôt sur le revenu, tel qu'il est mis en vigueur dans les principaux pays de l'Europe, de même qu'aux États-Unis, croyons-nous... Le gouvernement aurait pu imposer une taxe minime sur tous les revenus, d'au-delà, disons, $2,500. par année...
> L'industriel et le marchand, le bourgeois qui vit sans effort de ses rentes et qui ne produit rien, le professionnel qui fait fortune, le spéculateur qui exploite les gogos, enfin tous ceux dont le revenu annuel aurait été au-delà de $2,500. auraient participé [30]...

Les mêmes raisons motivent cette curieuse suggestion d'intérêt décroissant pour les dépôts aux banques.

> Nous verrions d'un bon œil l'augmentation du taux de l'intérêt pour le petit épargniste (*sic*), mais nous ne voudrions pas que ce taux s'appliquât aux gros dépositaires... Nous serions favorables à l'augmentation du taux de l'intérêt pour les petits déposants, 6 pour cent, par exemple sur tous les dépôts en bas de $100.; 5½ pour cent sur les dépôts de $100. à $200.; ...2 pour cent sur tous les dépôts au-dessus de $10,000.
> Ainsi le petit épargniste recevrait de l'encouragement et les gros déposants se verraient forcés de placer leurs capitaux ailleurs que dans les banques pour les faire fructifier [31].

Poussant même plus loin cette logique de la démocratie, il préconise une plus grande intervention de l'État pour enrayer la

---

[30] 11 mars 1916.
[31] 22 avril 1916.

hausse du coût de la vie qui affecte surtout les classes défavorisées de la population. Les exploiteurs doivent être emprisonnés. Les prix devraient être contrôlés par l'État.

> L'augmentation du coût de la vie est le grand problème de l'heure présente au Canada... les trois principales (causes) sont : l'enrôlement, l'exportation et la spéculation...
>
> Plus une marchandise est rare plus elle coûte cher. Et l'un des moyens pour l'empêcher de devenir rare, c'est de la garder au pays, c'est d'arrêter l'exportation... Ou bien qu'on ouvre toutes grandes les portes du pays en enlevant les droits de douane sur ces articles de première nécessité...
>
> Tous ces moyens : interdiction d'exporter, enlèvement des droits de douane, importation, n'auront cependant aucun effet si le gouvernement continue de fermer les yeux sur la spéculation. Ces vampires qu'on appelle du nom poli de spéculateurs, à force de spéculer sur la faim, sont en train de nous mettre à la ration, en attendant de nous arracher le pain de la bouche. Et le premier devoir des ministres, c'est de mettre ces gens-là à la raison en les envoyant passer quelques mois au pénitencier...
>
> Puisque nous sommes en guerre, que nos gouvernants fassent ce que font ceux des autres pays en guerre. Est-il donc si difficile d'établir un prix maximum pour les principaux articles de consommation [32] ?

Pour cette époque c'était accorder beaucoup de pouvoir à l'État, compte tenu de la situation de guerre, dans un milieu où l'idéologie de la libre entreprise avait la préséance.

D'autre part l'économique mettra en cause des valeurs nationales lorsque la collectivité exploitée sera la collectivité canadienne-française. Face à l'exploitation, et pour sauver les valeurs nationales, la collectivité canadienne-française devra se battre sur le même terrain que ses adversaires anglophones. À l'exploitation économique le Canadien français devra répondre par le boycottage des produits de l'Ontario.

> Faire sentir à toutes les maisons d'affaires anglaises, à tous les voyageurs de commerce anglais de l'Ontario ou d'ailleurs qui ne parlent pas et ne comprennent pas le français, qu'ils sont dans un état d'infériorité, puisqu'ils viennent solliciter des commandes, c'est-à-dire des faveurs et qu'ils ne peuvent pas parler la langue du client qu'ils recherchent...
>
> Car il ne faut pas perdre de vue qu'en agissant ainsi vous atteindrez dans ses parties vives le commerce anglais qui brise votre clientèle, et il ne se passerait pas bien des mois avant que l'influence du commerce

---

[32] 11 novembre 1916.

se fasse sentir auprès des législateurs pour leur forcer la main et exiger que justice soit rendue à nos compatriotes [33].

Cet aspect sera repris sous le thème de la nation. Force nous est de constater cependant que l'idéologie démocratique devient alors au service des valeurs nationales.

La situation d'exploité correspond alors à la collectivité ethnique que sont les Canadiens français. Les deux systèmes de valeurs s'appuient mutuellement.

5. *La prohibition*

Voilà le premier thème régulièrement exploité dans *le Franc-Parleur*. De février 1916 à janvier 1917, période où nous avons fait le relevé, il y eut en moyenne un article par semaine contre la prohibition.

Tous les arguments sont amenés semaine après semaine pour recommander la modération dans la recherche de la tempérance. Les moyens coercitifs ne donneront rien. Cherchons à éduquer la conscience populaire. Frappons le mal à sa racine. Le gouvernement ne doit pas se laisser influencer par les prohibitionnistes. « La question à résoudre est trop simple pour qu'on la complique de théories ridicules. Tout le monde déplore les ravages exercés par l'alcoolisme, mais le mauvais usage que l'on fait d'une chose ne condamne pas la chose elle-même, et l'alcool n'est pernicieux que si l'on en abuse. Ici comme en toutes choses, il faut donc de la modération, et la sobriété du peuple qui est le but ultime des partisans de la tempérance, ne s'obtiendra pas par la force mais par l'éducation [34]. »

De plus Raoul Renault soulève une autre question : à qui profite la prohibition ? Les débits de boisson officiels fermés, il s'en ouvrira des clandestins qui profiteront peut-être indirectement aux prohibitionnistes, à une classe de gens privilégiés [35].

Le Franc-Parleur encore ici se porte à la défense des travailleurs qui forment la majorité des citoyens. Au nom de la liberté, la minorité doit respecter la majorité. « Mais c'est une utopie que de

---

[33] 26 février 1916.
[34] *Ibid.*
[35] 18 mars 1916.

vouloir que toute une population embrasse l'abstinence totale, et d'apporter comme argument que c'est surtout dans l'intérêt de l'ouvrier que l'on voudrait voir adopter la prohibition... Ce ne sont pas les ouvriers qui pintochent dans ces maisons (château Frontenac et club de la Garnison) et cet argument que l'on invoque, n'en est pas un, mais plutôt une insulte à la classe ouvrière qui, exception faite de quelques brebis galeuses, est sobre à Québec [36]. »

Pour cette campagne, le *Franc-Parleur* s'appuiera sur l'expérience des États-Unis, des pays d'Europe, sur des rapports médicaux, sur des statistiques, etc. Plutôt qu'une prohibition stricte, il favorisera l'usage du vin et de la bière, beaucoup moins nocifs que les boissons distillées :

> Si l'on pouvait faire l'éducation du peuple et l'habituer à prendre du vin, ou de la bière, mais plutôt du lager, on ferait plus pour le rendre tempérant plus que toutes les mesures prohibitives que l'on pourra inventer, car, la prohibition, pour nous est un leurre [37].
>
> À quoi sert la prohibition... Ne serait-il pas plus sage de supprimer la demande en enseignant à l'homme l'habitude et le goût de la sobriété ?
>
> Un moyen efficace serait de répandre et d'encourager l'usage des boissons peu alcooliques, tel que le vin et la bière...
>
> Devant l'hypocrisie de la réforme prohibitionniste, il faut dresser la liberté et la sobriété [38].

C'est sa croyance dans l'inefficacité de la prohibition, bien qu'il favorise la tempérance, qui lui dictera son attitude à la suite du vote favorable à la prohibition dans la ville de Québec le 4 octobre 1917 :

> La lutte est finie. Les prohibitionnistes ont remporté une brillante victoire, au-delà de leurs espérances...
>
> Le peuple s'est prononcé d'une façon non équivoque. Nous croyons qu'il s'est trompé, mais en présence du fait accompli il ne reste pas d'autre alternative que de faire l'essai honnête de la prohibition et donner une sanction pratique au désir exprimé par les électeurs...
>
> Il importe donc de tarir toutes les sources. Ceux qui ont prêché la prohibition devraient être forcés de la pratiquer. Il faut prêcher par l'exemple [39].

---

[36] 12 février 1916.
[37] 29 avril 1916.
[38] 13 mai 1916.
[39] 12 octobre 1917.

Tout au long de ce thème transparaissent les valeurs de démocratie, de liberté, de respect de la population et surtout des ouvriers, valeurs indépendantes dans ce cas-ci des valeurs nationales traditionnelles. Les arguments de type religieux par exemple interviennent très peu sauf pour confirmer la liberté d'opinion sur le problème de la prohibition. Le système de valeurs démocratiques se suffit en quelque sorte à lui-même pour ce thème.

6. La guerre : un type nouveau, le « Boche »

La guerre 1914-1918 est un événement majeur qui influence l'ensemble des perceptions de la situation dans notre journal. Le Franc-Parleur nous donne l'exemple de la naissance d'un individu particulier à cette époque, le « Boche », ou l'Allemand typique, imbu de tous les maux, adversaire de la civilisation. L'Allemand devient l'Ennemi. Son système de valeurs est en fait un anti-système ou encore l'inverse du système de valeurs des alliés, Français, Anglais, et Canadiens français, gardiens de la civilisation et des valeurs de liberté, d'égalité, de fraternité.

Les Allemands érigent la haine des autres peuples en théorie. Haïr les Allemands en retour devient une vertu nécessaire.

> ... la douce France ne sait pas haïr. Bien plus, ignorant de la haine, elle ne la soupçonne pas chez les autres.
> Pour l'Allemagne au contraire, la haine est une théorie, un art, une longue suite d'exercices nationaux; elle est enseignée dans les écoles, professée dans les universités, systématisée par les philosophes...
> Une telle conclusion (« Haïssons donc qui nous hait si bien » de Paul de Saint-Victor) prend, à l'heure actuelle, un sens définitif. Méfiance avertie, sagesse vigoureuse que nous n'avons point écoutées, tant la haine répugne à l'âme française. Cependant nos ennemis se préparaient... ils rêvaient d'écrasement total... 1870 nous avait révélé une Allemagne singulièrement hypocrite, barbare et vorace, mais l'Allemagne de 1914 s'est surpassée. Elle étonne le monde par son cynisme et sa cruauté, elle l'étonne encore par ses étonnements...
> Il faut pourtant qu'elle (l'Allemagne) en prenne son parti; devant ses exactions et ses crimes, la haine sainte est entrée dans les cœurs; elle n'en sortira pas avant longtemps, il faut l'espérer, ou plutôt, il faut le jurer [40].

---

[40] 21 août 1915.

Les nations sont divisées en deux camps opposés. Une langue proche de l'allemand devient un critère de classification comme « boche [41] ».

L'opposition avec les Allemands est nettement située au niveau des valeurs. L'affrontement des idéologies justifie la bataille militaire. Et pour cette raison on réduit la culture allemande à l'antithèse des valeurs françaises ou américaines.

> La vérité, c'est que les Allemands d'aujourd'hui ont l'idée que les hommes naissant inégaux, en force physique et intellectuelle ont des droits inégaux... l'idée de liberté et d'égalité semble absente de l'actuelle conscience germanique, ou plutôt cette idée lui semble fausse, dangereuse, anticivilisatrice. Les individus sont hiérarchisés en Allemagne selon cette théorie de la force. Commandement et obéissance, voilà le mot d'ordre de l'actuelle société allemande. L'inégalité des droits est, pour l'allemand, la condition même du progrès.
>
> Au contraire, nous autres Français, d'accord avec vous, Américains et empruntant les formules mêmes de vos déclarations des droits, nous avons proclamé en 1789, que les hommes inégaux par nature sont et doivent rester égaux en droits, que le faible a le même droit de vivre et d'être heureux que le fort...
>
> Au fond, et pour tout dire d'un mot, la culture allemande diffère de la culture française, en ce que l'une a pour fondement la théorie barbare de la force, l'autre, une tradition, à la fois gréco-romaine et chrétienne, formulée par les Déclarations des droits américaines et françaises, et dans la devise qui résume ces déclarations : « Liberté, égalité, fraternité [42] ».

Nous avons retrouvé singulièrement ici les valeurs qui sont véhiculées dans le *Franc-Parleur* sous d'autres thèmes.

Le Boche peut maintenant avoir une existence propre. Son caractère bien défini, on le retrouve incarné au Canada dans tout ce qui est autoritaire et non démocratique. Les exploiteurs, les anglophones fanatiques sont maintenant décrits comme des Boches. Leur attitude « boche » justifie le boycottage des produits ontariens :

> Nous ne saurions trop le répéter, le moyen le plus efficace d'amener les Prussiens d'Ontario à reconnaître nos droits, c'est de les frapper au ventre...
>
> Lorsque vous attaquez un Anglais, plus encore un *colonial* dans son

---

[41] Ainsi, les Danois sont assimilés aux Boches, à cause des origines germaniques de leur langue (6 novembre 1915).

[42] 13 mai 1916.

commerce, vous touchez le point le plus sensible de son être matérialisé...

Nous constatons avec plaisir que les nôtres... deviennent combattifs, agressifs même, que les démarcations de partis disparaissent devant les considérations d'unité nationale et en présence des bocheries des irlando-méthodistes d'Ontario et des anciens vachers du Manitoba...

... ils (Canadiens français) prendront les moyens nécessaires pour frapper au ventre les Boches d'Ontario et quelques-uns des archi-Boches de Québec [43].

On développe même un parallèle entre la politique allemande et la justification du Règlement XVII en Ontario :

Chez les élèves de Bismarck, qu'ils résident dans l'Allemagne ou dans la province d'Ontario, les mêmes principes ont leur application, ce n'est que la manière de les exprimer qui diffère.

Bismarck et Guillaume disent : « La force prime le devoir » ; « il n'y a pas d'autre droit que celui de la majorité ». Nos Ferguson disent : « La loi naturelle existe, mais elle ne trouve plus son application de nos jours » ; « les minorités n'ont d'autre droit que celui que leur confère la majorité de l'assemblée législative ». Comme on le voit, dans l'un comme dans l'autre cas, ce sont bien les mêmes façons d'apprécier les choses. Il y a encore un autre point de ressemblance. C'est l'impudente hypocrisie dont se parent les Boches d'Allemagne et d'Ontario [44].

Cependant pour mieux contrôler l'ennemi dangereux, le *Franc-Parleur* essaie de le ridiculiser. Une chronique intitulée « Échos de la bocherie » par exemple, raconte d'une façon humoristique que l'Allemagne approche de la famine [45].

Que ce soit par l'humour, la « haine sainte » ou le boycottage des produits de l'Ontario, il s'agit toujours de la défense d'un système de valeurs démocratiques. Cette idéologie, on le voit de mieux en mieux, est en quelque sorte incarnée dans la nation, française, américaine ou canadienne-française. Le conflit entre les Allemands et les Alliés peut facilement se transposer dans le conflit entre anglophones et francophones au Canada. La guerre et plus précisément la perception du conflit de valeurs sous-jacent vient soutenir, donner une assise à la perception de la situation canadienne.

---

[43] 11 mars 1916.

[44] 27 mai 1916.

[45] 23 septembre 1916.

7. La conscription ou le volontariat

Si l'on pense à la guerre 1914-1918 et à sa répercussion au Québec, on pense immédiatement à la crise de la conscription de 1917. La population s'est violemment opposée à cette mesure. Quelle attitude *le Franc-Parleur* eut-il dans les circonstances ? Ce problème de la conscription est celui où nous voyons le plus explicitement les relations et les conflits qui peuvent exister entre l'idéologie nationale et l'idéologie démocratique.

La question du recrutement fait souvent appel au sentiment national. Une campagne de dénigrement en Ontario laissait entendre que les Canadiens français ne s'enrôleraient pas. En fait, parmi les anglophones qui s'enrôlaient dans l'armée canadienne, il y avait environ 85 pour cent d'étrangers.

> Les bouviers enrichis d'Ontario, imitant en cela les satrapes sirés de Québec, et les fanatiques de Montréal, continuent à jeter l'injure aux Canadiens français parce que, disent-ils ils ne s'empressent pas de s'enrôler pour aller combattre en Belgique ou aux Dardanelles pour la civilisation, mais surtout pour la défense de John Bull et de son île.
>
> Le *Standard* de Kingston, le *Jack Canuck* de Toronto, le *Beck's Weekly* de Montréal, ne cessent de lancer des allusions blessantes, de faire même des menaces déguisées, en commentant ce qu'ils appellent l'apathie des Canadiens français...
>
> Sachez-le, messieurs les journalistes Anglais qui nous insultez : il y a plus de vrai patriotisme chez les Canadiens français que chez les trois-quarts et demi de vos gens : sachez que les Canadiens français ont déjà conservé le Canada à l'Angleterre dans des circonstances mémorables : 1775 et Châteauguay ; sachez... que le Canadien français fera n'importe quel sacrifice pour défendre et sauver son pays, et que sans lui il y a longtemps que le Canada formerait partie de la république américaine [46].

Si l'on impute des émeutes anti-recrutement aux Canadiens français, Raoul Renault s'empresse de les démentir : « Les émeutes qui ont eu lieu à Montréal à l'occasion des assemblées de recrutement sont imputées aux Canadiens-français. Ça fait l'affaire des jingos de l'affirmer. Mais cette affirmation est fausse. Les émeutiers étaient des sans-travail, qui étaient harangués par des soi-disant chefs-ouvriers, et étaient composés d'un plus grand nombre de propres à rien d'autres nationalités que de Canadiens-français. Et nos journaux laissent dire cela sans protester [47]. »

---

[46] 4 septembre 1915.

[47] 14 août 1915.

L'honneur de la race canadienne-française est en jeu. La défense de la civilisation est en cause.

Mais la situation est telle aujourd'hui que nous devons fournir si nous avons à cœur de rester ce que nous sommes, nous du Canada, un aussi fort contingent que possible de vaillants défenseurs de la civilisation chrétienne. Malgré les insultes à notre race que nous jettent à la figure les descendants de ceux que Carleton appelaient des repris de justice, devenus éleveurs de bestiaux de l'Ouest ou de l'Ontario ou satrapes dégénérés de l'Est, nous devons leur démontrer que nous avons encore du sang de nos pères dans les veines...

Nous soumettons donc que nous avons un devoir sacré à remplir, envers nous-mêmes d'abord car notre existence comme groupe homogène et autonome dans ce pays est en jeu. Nous devons aussi à nos mères patries, l'Angleterre et la France, toute l'aide qu'il est en notre devoir de leur donner... mettant de côté nos rancœurs, que ceux des nôtres qui sont en position de le faire offrent généreusement leurs bras et leur vaillance pour la défense, sur la terre ensanglantée de l'Europe, du droit et de la civilisation, et pour la protection inéluctable de nos propres foyers qui seront menacés du moment que le rempart qui les défend aura été renversé [48].

Loin de s'opposer au recrutement, *le Franc-Parleur* favorise même la conscription plutôt que le volontariat.

C'est au gouvernement à qui il incombe de prendre les mesures nécessaires pour activer l'enrôlement. Si la guerre se prolonge comme nous le fait prévoir la situation, on pourra, lorsqu'elle aura d'abord été établie en Angleterre, avoir recours à la conscription, en enrégimentant d'abord tous ces militaires de professions et salariés, sergents, lieutenants, capitaines, majors, lieutenants-colonels, colonels, qui ont vécu aux dépens du pays en temps de paix et de bamboches, et qui cherchent aujourd'hui à se dispenser en se couvrant de leurs femmes, de se rendre au front [49].

Ici nous voyons que les valeurs mêmes de la démocratie entrent en cause pour appuyer l'opinion de Raoul Renault sur la conscription.

Le service obligatoire va probablement être décrété. Et nous devrions l'avoir ici, au pays, afin de pouvoir atteindre tous les riches, tous les embusqués, tous les jouisseurs, qui seraient placés sur le même pied que les pauvres manœuvres qui crèvent de faim, et que l'on cherche à affamer pour les forcer à s'enrôler.

---

[48] 4 décembre 1915.
[49] 24 juillet 1915.

Que l'on décrète le service obligatoire et que l'on appelle sous les armes tous les célibataires de 18 à 40 ans... Et tout le monde sera sur un pied d'égalité. C'est le seul système équitable [50].

Au mois d'août 1916, son opinion est formulée précisément :

Nous sommes en faveur du service obligatoire. 1° Parce que le service volontaire n'a jamais produit de bons résultats. 2° Parce qu'il est en contradiction avec les principes fondamentaux qui doivent régler les relations de tout citoyen avec l'État. 3° Parce qu'il est violation flagrante des principes démocratiques. 4° Parce qu'il nuit nécessairement à l'équilibre industriel. 5° Parce qu'il occasionne une dépense considérable que tous les citoyens du pays sont appelés à solder au prorata. 6° Parce que les résultats qu'il a donnés ne sont pas satisfaisants. 7° Parce qu'il fera disparaître le favoritisme et forcera les embusqués à faire du service [51].

L'opinion de Raoul Renault demeure la même jusqu'en février 1917. Alors les rumeurs d'une loi conscriptionniste se font plus persistantes. Mais parallèlement à ces rumeurs, l'opinion publique québécoise fait sentir son opposition plus ouvertement. Un certain glissement se produit dans l'opinion du rédacteur du *Franc-Parleur*.

Il n'y a pas de doute que nous nous acheminons lentement mais sûrement vers la conscription...
Mais il est trop tard pour l'imposer... Le parti au pouvoir aurait dû avoir le courage de l'imposer dès le début de la guerre...
Nous aurions été favorable à la conscription, au début de la guerre, comme la seule solution équitable du problème...
Mais après tout près de trois ans du système du volontariat, au moment où l'on entrevoit la fin prochaine des hostilités, nous ne croyons pas qu'il serait sage de l'imposer et de produire dans tout le pays le bouleversement que cette mesure pourrait causer [52].

Il demeure favorable à la conscription, mais à cause des mêmes valeurs démocratiques Raoul Renault est forcé de ne pas favoriser son imposition de force : « La conscription partielle sera décrétée sous peu... Nous n'avons pas changé d'avis, mais les conditions économiques du pays ainsi que les conditions générales ne sont plus les mêmes aujourd'hui... Cette mesure tardive semble soulever des récriminations de toutes parts, et son application à l'heure actuelle,

---

[50] 31 décembre 1915.
[51] 5 août 1916.
[52] 24 février 1917.

lorsque nous manquons de bras pour produire suffisamment, non seulement pour nos propres besoins, mais aussi pour les besoins urgents des alliés, n'aura-t-elle pas un effet désastreux [53] ? »

La nation canadienne-française semble unanimement s'opposer à la conscription. *Le Franc-Parleur* semble être pris entre deux forces, deux systèmes de valeurs qu'il essaie de concilier en se justifiant sur les circonstances, économiques ou autres, ou encore sur des valeurs proprement nationales.

> Le Canadien français n'a qu'une seule patrie : le Canada. Il l'a défendu héroïquement : en 1759 et 1760, en 1775, en 1812, en 1860. Il est prêt à se sacrifier pour lui demain. Il n'a pas la mentalité des Européens, habitués au régime militaire, il n'a pas la conception des Anglais...
>
> Le Canadien français est surtout agriculteur... profondément attaché au sol qu'il a arrosé de ses sueurs... Le Canadien français élève de nombreuses familles...
>
> Toutes ces raisons et bien d'autres encore... font que le Canadien français ne peut pas envisager les devoirs du moment au même point de vue que les Anglais ou les coloniaux.
>
> L'y forcer par la coercition serait commettre une grande erreur... qui menacerait de saper dans ses bases mêmes l'attachement inébranlable aux institutions britanniques qu'il professe, malgré les vexations et les denis de justice dont il est la victime depuis une dizaine d'années [54].

Et au mois de juillet 1917, c'est au nom de la démocratie qui le poussait à favoriser la conscription, qu'il demandera un référendum pour que l'opinion de la nation soit respectée.

> La conscription, si elle eût été imposée dès le début... aurait frappé également le riche comme le pauvre, le professionnel comme l'ouvrier, elle aurait d'abord réuni sous les armes les célibataires et les veufs sans enfants...
>
> Mais on n'a pas fait cela. C'eût été trop démocratique, les fils à papa auraient été forcés de s'enrôler...
>
> Il y aurait un moyen bien simple de trancher cette question. Que l'on proclame un référendum en éliminant la province de Québec... Et si le vote des autres provinces est favorable à la conscription, je suis positif que la province de Québec, comme toujours s'inclinera respectueusement... Mais je suis sûr aussi que même les provinces anglaises, donneraient une forte majorité contre la conscription [55].

---

[53] 26 mai 1917.
[54] 9 juin 1917.
[55] 14 juillet 1917.

Au cours de cette crise cependant, *le Franc-Parleur* recommandera la modération dans les manifestations.

> Nous vivons sur un volcan dont la sourde ébullition va toujours augmentant...
>
> Nous vivons dans un pays de liberté, où le droit d'exprimer ses opinions doit être prisé de tous les citoyens, mais il ne s'en suit pas de là qu'il faille abuser de cette précieuse liberté, se porter à des excès de langage, susciter la révolte, allumer chez le peuple des idées de carnage ou de destruction.
>
> Parler insidieusement de révolution, de rébellion, c'est aller trop loin, car le peuple, la classe ignorante et la jeunesse qui ne réfléchit pas, chauffées à blanc par ces appels incendiaires peuvent se porter à des voies de fait qui nuiraient à la cause que ces énergumènes semblent vouloir défendre... réclamez, pétitionnez, manifestez, tout cela vous est permis, mais faites-le toujours de façon à ne pas provoquer d'émeutes [56]...

Le glissement de son opinion ne s'était pas porté à l'autre extrême jusqu'à favoriser la rébellion. Et en plus de son respect de l'autorité, c'est peut-être la soumission à la loi.

> Nos lecteurs connaissent notre opinion sur la loi du service militaire, la conscription. Nous l'avons dénoncée violemment... L'histoire dira que cette loi pour ne parler que de celle-là aura été une loi néfaste, arbitraire, antipatriotique.
>
> Mais cette loi, qu'elle soit inconstitutionnelle ou non, qu'elle soit malheureuse à plusieurs points de vue, tant qu'elle ne sera pas disparue de nos statuts, on devra s'y soumettre, bon gré mal gré.
>
> C'est la loi !...
>
> On l'a compris et les esprits s'apaisent. Ceux qui avant sa proclamation protestaient publiquement d'une façon virulente sont tous rentrés sous terre. Il ne s'agit donc plus de récriminer, les récriminations seraient inutiles [57]...

Si l'on se rappelle bien, son attitude fut différente face au Règlement XVII et à la lettre papale. La question de la conscription sert à percevoir une fois encore sous un angle différent les relations qui existaient pour *le Franc-Parleur* entre deux idéologies. Plus profondément, au-delà de l'explicite des opinions qui ont évolué à cette occasion, nous avons probablement touché à une attitude de base du *Franc-Parleur,* si l'on prend ce journal comme une unité cohérente. Nous serions alors tenté de parler d'un respect

---

[56] 2 juin 1917.
[57] 12 octobre 1917.

intégral de la personne ou d'un groupe, d'un idéal d'ordre, de liberté et d'égalité, attitude qui pourrait englober les idéologies partielles de groupe national ou de démocratie théorique au-dessus de la volonté du peuple. C'est peut-être ce que Raoul Renault essayait d'exprimer en disant : « Ce ne sont plus des bleus ou des rouges, ou des nationalistes, que nous devons suivre aujourd'hui, ce sont les vrais patriotes qui mettent avant tout et par-dessus tout l'intérêt de la patrie d'abord, l'intérêt de leur groupe national ensuite [58]. »

Cette attitude semble s'exprimer davantage dans l'idéologie démocratique que nationale. Cette dernière idéologie serait sous cet aspect subordonnée aux valeurs de démocratie et de liberté en cas de conflit. L'égalité servirait de fondement à la nation.

8. *La nation*

Ce thème a été abordé de façon indirecte précédemment en parlant de l'économie, de la religion, de la politique et de la conscription. Nous l'analysons ici spécifiquement. Le seul fait qu'il se retrouve sous les autres thèmes est déjà un indice de son importance. Nous essayerons d'indiquer ici comment sont perçues les relations entre francophones et anglophones au Canada. À la suite de l'expérience de cette situation, quelle attitude nationaliste se développe au *Franc-Parleur*. Cette attitude s'appuiera aussi sur une histoire nationale. Les relations entre ces éléments, histoire et situation, créent un projet collectif, explicité dans une idéologie nationale.

D'autre part, les valeurs de l'idéologie égalitaire ou démocratique serviront ici aussi de base à l'idéologie nationale, en plus de l'histoire propre de la nation.

Ce qui frappe en premier lieu Raoul Renault dans la situation faite aux Canadiens français au Canada, c'est la discrimination qu'ils subissent de la part de plusieurs Anglais fanatiques. Son renvoi de la Commission du Havre le pique au vif. Et il ne cessa dans son journal de démasquer, souvent d'une façon humoristique et mordante, les injustices et la discrimination qu'on faisait subir aux Canadiens français : « Un seul Canadien-français l'an dernier, a obtenu un contrat au camp de Valcartier. Et la raison c'est qu'il

---

[58] 31 mars 1917.

a été le seul à soumissionner. Ce Canadien-français chanceux a
obtenu le contrat pour l'enlèvement des vidanges du camp, besogne
trop pénible pour que les rejetons de la *race supérieure* y mettent la
main dedans. En ont-ils du « flair » *ces excréments* d'Anglais [59] ? »
ractères ethniques [66]... »

Il ne tolère pas les injures de qui que ce soit envers les Canadiens
français.

> Une douzaine de galonnés en goguette au nombre desquels se trouvait
> un médecin canadien-français, ont voulu faire sentir qu'ils appartenaient
> à la race supérieure, et se sont permis des paroles injurieuses à l'adresse
> des Canadiens-français.
> Ces marchands de bestiaux et ces cow-boys qui nous viennent d'Ontario
> ou de l'Ouest devraient apprendre qu'ils ne viennent pas en conquérants
> et que les Canadiens-français de Québec les valent sous tous les
> rapports [60].

Toute partialité dont il a connaissance est condamnée.

> La semaine dernière les Juifs ont célébré leur Nouvel An. À cette
> occasion, les quelque cinquante Juifs qui sont mobilisés à Valcartier,
> ont obtenu un congé pour le temps des fêtes...
> Il n'y a pas de mal à cela... toutes les croyances, toutes les nationalités
> doivent être respectées dans ce pays...
> Cependant, nous ne pouvons pas nous empêcher de remarquer amèrement
> que les Canadiens-français n'ont pas été traités de la même façon, et
> que l'an dernier, pendant les fêtes du jour de l'an, on a refusé un congé
> aux membres du 22ième régiment canadien-français, alors cantonné à
> Saint-Jean...
> Il n'y a rien qui nous étonne dans ces partialités à l'égard des nôtres.
> Dans tous les domaines, nous sommes traités avec mépris, nous sommes
> victimes de criants denis de justice, quand nous ne sommes pas traités
> au bout de la fourche, arbitrairement, autocratiquement, odieusement par
> les butors ou les brutes que l'on connaît [61].

Qu'il s'agisse du nombre restreint d'employés canadiens-français
au service du chemin de fer Intercolonial, dans les régions à majorité française, de l'injustice du Règlement XVII, du renvoi
d'Armand Lavergne du club de la Garnison pour ses idées nationalistes, ou de toute autre situation semblable, *le Franc-Parleur*
réagit avec la même vigueur : « L'ostracisme et la persécution

---

[59] 7 août 1915.
[60] 28 août 1915.
[61] 18 septembre 1915.

furent toujours une erreur, en tout et partout, et les politiciens de l'Ontario, à l'âme de tyrans, incapables aujourd'hui de comprendre les enseignements de l'histoire, apprendront un jour à leurs dépens qu'on ne s'attaque pas impunément aux droits les plus sacrés d'une race, surtout quand cette race est la race canadienne-française, qui a déjà survécu à tant d'épreuves et est sortie victorieuse de tant de luttes [62]. »

Selon Raoul Renault la nation canadienne-française est traitée injustement par des individus et des gouvernements. À la suite du jugement du Conseil Privé sur le Règlement XVII, il ne trouve qu'un avantage à cette situation, celui de réveiller le nationalisme canadien-français.

> Nous avons gagné et perdu.
>
> L'unique Règlement XVII est maintenu dans toute son intégrité, mais la Commission spoliatrice d'Ottawa a été déclarée inconstitutionnelle.
>
> Les fanatiques, aidés des Irlandais, nous ont rendu un fier service en voulant nous angliciser et nous protestantiser. S'ils avaient attendu encore quinze ou vingt ans, nous aurions été suffisamment assimilés pour leur laisser pratiquer leurs manœuvres dénationnalisatrices sans élever de protestations [63]...

Face à cette situation d'injustice, quelle attitude les Canadiens français doivent-ils prendre, quels sont les moyens d'action proposés ? Certains autres journaux, comme le *Devoir* et le *Nationaliste* cités plus haut, proposent des actions secondaires et inefficaces comme des timbres de guerre en français. Pour Raoul Renault, il s'agit d'abord d'avoir une attitude ferme et de rendre œil pour œil, dent pour dent.

> Grâce à notre atavisme, à notre magnanimité, nous avons négligé de prendre les moyens que nous avions à notre disposition pour enrayer les empiètements dont nous étions les bénévoles victimes. Grâce à notre ataraxie proverbiale, nous sommes restés spectateurs inconscients des éructations du fanatisme irréductible et nous avons laissé perpétrer sans protester, en maugréant tout bas, mais si bas que personne ne pouvait nous entendre, toutes les spoliations dont nous sommes les victimes. L'audace des spoliateurs n'a plus de bornes...
>
> Le remède à apporter à ces exubérances de rage est aussi simple que sûr. Il ne s'agit seulement que d'appliquer le fouet de façon énergique et de rendre dent pour dent, œil pour œil [64].

---

[62] 26 février 1916.

[63] 11 novembre 1916.

[64] 17 juillet 1915.

Plus précisément, un des secteurs où les Canadiens français sont ignorés, c'est le secteur économique qui est en même temps la partie sensible des adversaires anglophones. Pour être respectés, les Canadiens français doivent donc être chauvins, employer les armes de l'adversaire, boycotter les produits de l'Ontario :

> Le Chauvinisme, c'est le patriotisme poussé à l'extrême. Soyons chauvins. Soyons chauvins si nous voulons nous faire respecter par l'élément anglais de ce pays. Soyons chauvins si nous tenons à nos droits et à nos prérogatives que les traités, que la Constitution nous a garantis.
>
> Soyons chauvins si nous voulons conserver le droit de vivre dans ce pays arrosé par le sang de nos martyrs et la sueur de nos pères.
>
> Soyons chauvins si nous désirons sincèrement le règlement de la question des écoles bilingues dans l'Ontario et le Manitoba où nos frères sont persécutés.
>
> Il y a plusieurs manières de prouver notre chauvinisme, de le mettre fructueusement en œuvre, et la plus sûre, la plus pratique, la plus pacifique, c'est de boycotter tous les produits de l'Ontario, jusqu'au jour où les Prussiens de là-bas auront rendu justice à nos compatriotes [65].

À partir de ce moment, *le Franc-Parleur* publiera chaque semaine une annonce invitant tous les Canadiens français à participer à la campagne de boycottage des produits de l'Ontario, moyen le plus facile, le plus économique et le plus sûr d'obtenir justice. Au cours des mois qui suivent, *le Franc-Parleur* annonce ses victoires. Des commerçants ontariens envoient des commis-voyageurs français, des catalogues français, etc.

Cette attitude dynamique de combat se double parfois d'un rappel nostalgique des valeurs passées. Même si le ton du journal est nettement celui de l'attaque, on sent parfois une tendance passagère à un certain repli. Par exemple, le thème de l'Exposition provinciale de 1916 était le retour à la terre. Voici le commentaire fait à cette occasion : « Et s'il fallait attribuer une partie de ce succès à l'Idée qu'ils ont eue de désigner l'exposition de cette appellation — le retour à la terre, — qui signifie tout un programme, nous en serions doublement heureux, car c'est le retour à la terre, le retour aux habitudes de nos pères où réside le meilleur gage de notre salut national et la conservation intacte de nos caractères ethniques [66]... »

---

[65] 18 mars 1916.
[66] 9 septembre 1916.

Mais ce n'est pas là que le signe d'une conscience nationale fortement rattachée à son histoire. La lecture du passé pour Raoul Renault sert principalement à trouver les forces dynamiques nécessaires pour affronter l'avenir.

> À chaque phase critique de notre histoire, le sentiment national des Canadiens-français s'est réveillé. Des patriotes ardents ont surgi... (Il nomme Bédard, Viger, Taché, Papineau, etc.)
>
> Alors plus qu'aujourd'hui, le vrai patriotisme était sensible aux appels qu'on lui faisait et dans tous les centres, des auxiliaires précieux et dévoués se chargeaient d'éclairer le peuple et de le diriger dans les sentiers tracés par les chefs. Les traîtres et renégats étant moins nombreux en 1820, en 1837, en 1865, qu'ils ne le sont aujourd'hui. La vénalité, la soif de l'or et des honneurs n'avaient pas encore souillé la plupart de nos hommes politiques, et le peuple, moins instruit pourtant, savait mieux mépriser, mieux châtier les vils adorateurs du pouvoir qui sacrifiaient ses libertés les plus chères.
>
> Depuis 1867, nous avons vécu dans la plus parfaite quiétude, confiants que nous pourrions jouir en paix des prérogatives que nous garantissait le pacte fédéral. Mais nous avions compté sans les fanatiques et les ignares coloniaux qui ont été à la tête des affaires des provinces anglaises, nous avions compté sans la lâcheté des nôtres qui ont en maintes circonstances, sacrifié les droits les plus chers que nous avions, ceux de l'enseignement de la langue maternelle à nos petits enfants... cette langue qui est reconnue comme la plus belle, la plus souple, la plus riche qui existe dans leurs écoles sur cette terre que les nôtres ont conquise, défrichée et colonisée par l'épée, par la charrue et par la croix [67]...

L'analyse du thème de nation laisse l'impression que ce que nous avons appelé depuis le début l'idéologie démocratique est ici au service de l'idéologie nationale. Mais encore là, tout dépend de l'aspect sous lequel nous l'envisageons. Nous pourrions dire que les Canadiens français comme collectivité sont un cas privilégié où l'idéal démocratique et égalitaire est en cause. L'histoire pour sa part servirait à la fois à fonder la collectivité, les valeurs rattachées à la nation canadienne-française et à rendre compte de la situation d'injustice et de discrimination de cette même collectivité.

Nous voyons donc l'interrelation profonde qui existe entre les deux idéologies qui nous ont servi de cadre de référence tout au long de notre analyse.

---

[67] 26 août 1916.

III. — LES IDÉOLOGIES DU « FRANC-PARLEUR »

Pour orienter nos recherches nous avons dès le début laisser entendre que nous percevions deux idéologies qui se côtoyaient dans *le Franc-Parleur*. Nous avons cru pouvoir distinguer une idéologie démocratique ou égalitaire et une idéologie nationaliste.

Tout au long du dépouillement des thèmes nous avons pu constater les interrelations qui existaient entre ces deux idéologies. Parfois l'idéologie égalitaire dominait, comme dans le cas de l'économie ou de la conscription en 1916, parfois ce semblait être l'inverse comme pour la famille, la conscription en 1917 ou la nation. Souvent les valeurs de l'une servaient à l'appui de l'autre. La guerre par exemple, où le thème national peut sembler dominer, est au fond motivée aussi par des valeurs démocratiques :

> Cette guerre, espérons-le, sera le triomphe de la démocratie chrétienne. Déjà les anciennes formules qui sentent encore la féodalité tendent à disparaître. On parle maintenant au peuple anglais, dans un langage qui révèle l'évolution qui se fait. Ce n'est plus aux loyaux et fidèles sujets à qui l'on s'adresse, mais aux citoyens, ce n'est plus la couronne qui parle, mais l'état.
>
> Demain la plupart des gommeux qui conduisent les affaires du pays seront supplantés. Ce sera la démocratie et la liberté, ce sera le peuple par ses enfants qui gouvernera [68].

Nous nous croyons justifiés cependant au terme de cette analyse de parler de deux idéologies puisque nous avons souligné des cas où les deux systèmes de valeurs se sont presque contredits. L'évolution de l'opinion du *Franc-Parleur* sur la conscription en est l'exemple typique. Dans ce cas les valeurs qui nous avaient paru prendre le dessus étaient celles de la justice et de la démocratie. À cette occasion, nous avons cru entrevoir une percée sur la vision du monde, ou plutôt sur l'attitude de base de notre journal face à la situation socio-politique de l'époque.

Nous pourrions ici parler des éléments utopiques des idéologies du journal : respect intégral des droits des individus et des peuples, égalité de tous devant l'autorité établie, respect aussi de tous les droits acquis au cours de l'histoire par les pères, l'espérance d'une

---

[68] 27 novembre 1915.

société égalitaire. Les valeurs retrouvées dans l'histoire passée sont espérées dans une société idéale future. « Nous avons des droits acquis sur ce sol, des droits qui sont les égaux des « colonials » parvenus, dont la richesse d'aujourd'hui est due, en grande partie, aux labeurs ardus, aux sueurs pénibles des Canadiens français et à la complaisance des gouvernements qui leur ont permis de s'accaparer les plus belles, les plus riches parties du domaine national [69]. »

Rappelons ici l'orientation du journal qui en indiquant ce qu'il combat indique l'idéal qu'il veut atteindre, la société libre où les hommes ne seront pas au service d'un parti ou de l'argent, mais des valeurs démocratiques et nationales :

> Le *Franc-Parleur*... revendiquera énergiquement par-dessus tout, et envers et contre tous, les droits, les privilèges et les prérogatives des Canadiens français dans tous les domaines complexes de leur activité...
>
> Nous déclarons formellement que nous ne sommes inféodés à aucun parti, à aucune faction, à aucune clique...
>
> Nous livrerons sans miséricorde à la vindicte publique les lâches et les traîtres, les cafards et les renégats.
>
> Les fantoches, titrés ou non, et quelle que soit la position qu'ils occupent, les fanatiques de toutes catégories, Anglais, Français ou Juifs, les transfuges de toutes les causes, et tous ces êtres vils et rampants qui gravitent autour du trône ou du veau d'or, seront traités par nous jusqu'à la dernière sévérité...
>
> En résumé, nous voulons faire une œuvre d'assainissement public, de regaillardissement national, nous voulons démasquer les farceurs qui exploitent cyniquement le peuple, et qui se servent des badauds et des gobeurs comme de paillassons pour arriver à leurs fins et gravir les marches gluantes du Capitole...
>
> Nous terminons en affirmant notre foi, la foi de nos pères, notre patriotisme, le patriotisme de ceux qui ont contribué à sauver le pays en 1775 et en 1812 [70]...

☆

Le découpage que nous avons fait à l'intérieur de notre matériel pourra sembler beaucoup trop simplifié. Réduire les valeurs véhi-

---

[69] 24 juillet 1915.

[70] 10 juillet 1915.

culées par un journal à deux systèmes interreliés nous donne sûrement une vue schématique partielle. Cette hypothèse cependant nous a permis de mieux saisir la cohérence et les conflits de valeurs impliqués dans *le Franc-Parleur.*

Au terme de cette analyse, nous nous croyons plus à même de percevoir, fort indirectement il est vrai, les divers courants idéologiques de l'époque de la première guerre mondiale.

Fort curieusement, tout en étant un journal de combat et de critique, *le Franc-Parleur* paraît être fortement tributaire d'idéologie nationaliste traditionnelle en même temps que d'idéologie égalitaire et démocratique. C'est ce qui fait d'ailleurs l'ambiguïté de la politique du journal. Parfois on ne sait plus trop où le situer. Respect de l'autorité et des lois et, d'autre part, attitude ferme contre la position du pape sur le Règlement XVII, rappel du patriotisme des pères de 1837-1838 et attachement à la couronne britannique, contre la prohibition et pour un contrôle légal de la prostitution et d'autre part favorable à la colonisation pour regaillardir la race et retrouver les valeurs familiales traditionnelles.

Nous ne pouvons certes pas, face à ces opinions de diverses tendances, parler ici d'idéologie unitaire où la religion, la famille, la nation se trouveraient assemblées dans une unité cohérente et stable. *Le Franc-Parleur* semble rechercher une unité perdue. C'est d'ailleurs cette recherche dynamique qui nous a rendu *le Franc-Parleur* sympathique, mais aussi, pour ce qui est de notre analyse, sceptique face à une trop grande simplification.

D'autre part ce ballottement ou cette ambiguïté idéologique serait l'indice que Raoul Renault n'est pas créateur d'une idéologie nouvelle. Pour ainsi dire à l'écoute de la praxis sociale, *le Franc-Parleur* réagirait à la situation selon divers modèles culturels. Fondamentalement cependant, Raoul Renault essayerait de retrouver l'unité dans les valeurs égalitaires et démocratiques. L'histoire de « la race canadienne-française », « le patriotisme des pères » seraient ainsi réinterprétés comme une revendication à des droits égaux aux anglophones; la guerre 1914-1918 est un conflit de civilisation pour sauvegarder « la liberté, l'égalité, la fraternité ».

Ceci dit, même si nous pouvons percevoir divers courants idéologiques de l'époque, une question majeure demeure posée. De quelle couche de la population *le Franc-Parleur* est-il le reflet ?

Les idéologies qu'il véhicule sont-elles partagées seulement par l'élite ou quelques marginaux ? Par exemple, lors de la crise de la conscription, *le Franc-Parleur*, « journal de combat », prônait la manifestation dans le calme, alors que des émeutes éclataient à Montréal et à Québec. La revendication de l'égalité se limite-t-elle à une bataille verbale, qui ne saurait déboucher sur un projet politique, sauf celui d'une république sous le protectorat britannique ? Et en ce sens, si *le Franc-Parleur* se limite à la défense des droits acquis, il serait plutôt le véhicule d'une simple idéologie et moins d'une utopie, au sens de Karl Manheim. Ou encore si l'on prend idéologie et utopie comme les deux pôles d'une même réalité, peut-être devrions-nous dire que ce sont les éléments utopiques de cette réalité qui ont manqué dans *le Franc-Parleur* pour formuler un projet collectif qui réponde aux aspirations de toute la population. Mais pour répondre à cette question, une connaissance beaucoup plus approfondie de la population au moyen de l'histoire et de l'analyse d'autres documents de l'époque serait nécessaire. Le débat reste ouvert.

Édouard CHAMPOUX.

LA FONDATION DE L'A.C.J.C.

L'Association catholique de la jeunesse canadienne-française, mieux connue sous le nom d'A.C.J.C., fut fondée à Montréal au cours des années 1903 et 1904. À titre de première expérience collective appliquée à la jeunesse de notre société, le mouvement ne manque pas de constituer une force impressionnante dans l'orientation de nos destinées religieuses et nationales. Mais les recherches effectuées dans ce domaine ne nous permettent pas encore d'évaluer à leur juste mesure les répercussions de tous ordres apportées au niveau de la collectivité canadienne-française par la naissante association. Dans le but cependant d'apporter un premier éclairage sur la question, nous nous proposons dans les pages qui vont suivre de retracer les origines de l'A.C.J.C., d'assister à sa fondation et de la définir dans ses idéologies.

I. — LE CONTEXTE EUROPÉEN

L'effervescence politico-religieuse qui gagne la jeunesse intellectuelle, au tournant du siècle, ne peut s'expliquer sans faire appel à des références qui dépassent le cadre local et qui s'alimentent en milieu européen, pour trouver des moyens d'expression. Les origines nébuleuses de l'A.C.J.C. pourraient donc remonter à la révolution industrielle dont les corollaires, tout au long du xixe siècle, bouleversent les structures sociales traditionnelles de l'Europe. Dans ce contexte, en réponse à l'angoissante question ouvrière, le Catholicisme social se forme et met sur pied des initiatives qui ne resteront pas sans lendemains.

L'Œuvre des cercles catholiques d'ouvriers, fondée par Albert
de Mun en 1873, constitue un instrument de régénération sociale
qui fera long feu [1]. Mais après dix ans de fonctionnement régulier,
l'organisation accuse un caractère trop aristocratique. Dès lors,
le fondateur de l'Œuvre des cercles pense à une nouvelle forme
d'apostolat qui viserait précisément à faire évoluer les mœurs, sans
négliger l'élément politico-législatif pour autant.

Sur les entrefaites, à partir de 1880, le gouvernement français
procède à une série de décrets antireligieux qui ne sont pas de
nature à laisser inactifs les apôtres du catholicisme social. Aussi,
un jésuite, le Père du Lac, qui dirige un « collège de l'exil » à
Cantorbéry (où l'on retrouve des élèves de la plupart des collèges
des Jésuites, expatriés comme leurs maîtres pour leur rester fidèles)
mûrit avec Albert de Mun le projet de fonder une association des
jeunes catholiques français. Et le premier Comité central de
l'A.C.J.F. (Association catholique de la jeunesse française) est
formé le 29 mars 1886, amenant les jeunes à participer à l'apostolat
de l'Église et les orientant délibérément vers la question sociale.

Les structures du mouvement consistent en « une fédération au
plan national de groupes de jeunes soucieux de formation, de
défense religieuse et d'action sociale [2] », fédération à laquelle on
joindra, en 1893, un autre pallier, l'organisation régionale, pour
jouer le rôle de trait d'union entre les divers groupes et le Comité
central. Ces groupes, qui rassemblent des jeunes de tous les milieux,
sont assistés d'un aumônier et soumis à une fédération qui en
assure l'impulsion. Aussi, à la veille de la première guerre mondiale,
l'A.C.J.F. compte 140 000 adhérents qui forment 3 000 groupes [3].
Elle apporte comme élément nouveau, grâce à ses structures :
l'association, la fédération, l'organisation. Ce n'est pas négligeable
à une époque où les mouvements de jeunesse sont sur le point de
devenir un phénomène mondial. Ce genre d'association est d'ailleurs

---

[1] En une dizaine d'années, on en est arrivé à 400 cercles et à 50 000 membres
de toutes conditions, répartis à travers la France. D'après André LATREILLE,
Histoire du catholicisme en France, t. III : *la Période contemporaine*, Paris,
Spes, 1962, p. 443.

[2] *Idem*, p. 527.

[3] Charles MOLETTE, *l'Association Catholique de la Jeunesse Française 1886-
1907*, Paris, Colin, 1968, p. 531.

désiré par le pape Léon XIII dans les encycliques *Humanum Genus* (avril 1884) et *Immortale Dei* (novembre 1885).

À la même époque, apparaît, dans le monde catholique français, un autre mouvement, plus éphémère, qui se lance résolument sur la voie de l'avant-gardisme, et auquel l'A.C.J.C. devra également certaines lettres de créances. Il s'agit du Sillon, fondé en 1891, par Marc Sangnier dans le but « d'éveiller ses camarades au désir d'une vie spirituelle fervente et à l'apostolat social[4] ». Le mouvement se propage rapidement, mettant de l'avant une assiduité constante à la prière, aux veillées religieuses, aux méditations, une authentique charité, la création de cercles d'étude, de réunions populaires pour contredire les anticléricaux, et l'organisation d'un corps de volontaires, la Jeune Garde. Il s'agit en somme d'une « méthodique besogne populaire[5] » de la part de troupes sérieusement organisées. Et notre A.C.J.C. n'ignorera pas, dans l'élaboration de ses structures, l'heureux résultat des cercles d'études du Sillon, et sa Jeune Garde pour préparer des recrues au mouvement. De même, il y a des rapports faciles à effectuer entre les organes de liaison des deux mouvements : *le Sillon* et *le Semeur*.

En somme, la jeunesse européenne passe à l'action alors que l'Église et la société politique « n'arrivent pas à définir leurs rapports respectifs[6] ». Elle a révélé aux observateurs intéressés des structures administratives et un moyen d'action, le cercle d'étude, dont l'efficacité s'avère indiscutable. Aussi, à partir du moment où quelques initiatives hardies auront abouti à des résultats précis, la voie est tracée ; les modèles ne manquent pas. Les circonstances de tous ordres ont beau être différentes, la jeunesse catholique du Canada français est prête à passer à l'action.

II. — LE CONTEXTE QUÉBÉCOIS

L'éclosion de l'A.C.J.C. est quand même favorisée, sur le plan local, par un climat politico-religieux surchauffé dans les milieux intellectuels. La société québécoise de 1900 fait face à une indus-

---

[4] LATREILLE, *op. cit.*, p. 522.

[5] *Ibid.*

[6] MOLETTE, *op. cit.*, p. 33.

trialisation lourdement teintée d'américanisme, et à une forte immigration massivement anglo-saxonne. Elle subit politiquement l'emprise du nouvel impérialisme britannique, tout en constatant sur le plan religieux que la France n'offre plus la sécurité d'antan, en butte qu'elle est aux révolutions de toutes sortes et à l'irréligion concertée. Bref, la survie de la collectivité canadienne-française et de son rôle messianique serait en péril.

Les autorités politiques, de leur côté, restent sourdes aux vexations nationalistes des éléments francophones. Le tollé de protestations que l'injuste condamnation à mort de Louis Riel a soulevé dans les milieux francophones du Canada ne les émeut pas outre-mesure. Dans ces milieux, l'opinion publique n'a pas encore pardonné au gouvernement fédéral son refus d'intervenir pour empêcher la disparition des écoles françaises du Manitoba. Toutes les compagnies d'utilité publique ignorent le fait français. En fait, le principe fondamental de l'égalité des deux races, juridiquement reconnu par la constitution de 1867, est en pratique continuellement violé. Et le Canada prend part à sa première guerre impérialiste... Pour comble, toute réaction saine est à peu près paralysée au départ par la partisannerie politique; toute pensée, obnubilée par la passion du discours, par la « speechomanie ». Et la majorité des jeunes n'entrevoit, comme type d'action laïque au niveau de la masse, que la lutte politique traditionnelle.

Le débat religieux est tout aussi acerbe, le catholicisme constituant une des données essentielles du nationalisme de l'époque. Le leitmotiv de « la langue gardienne de la foi » traverse assurément une de ses périodes les plus marquantes. En somme, liée au sort de la langue, la survie du catholicisme serait également menacée, d'autant plus que les courants d'air infects de l'irréligion, de la franc-maçonnerie, du libéralisme, du socialisme, de la mauvaise littérature, seraient sans cesse à l'affût.

Le clergé est pourtant en pleine croissance numérique, et reçoit, en nombre considérable, l'appui d'effectifs français chassés de leur pays par les lois de Ferry et de Combes. Face à tous ces périls, l'ultramontanisme le plus rigoureux s'installe au sein de nos forces religieuses. Des journaux comme *la Vérité*, de Jules-Paul Tardivel, et *la Croix*, de Joseph Bégin, en témoignent.

Ce clergé qu'on retrouve à peu près dans tous les secteurs d'activité sociale maintient son emprise traditionnelle sur la formation de la jeunesse au niveau secondaire, et tamise les courants de pensée que véhiculent les jeunes des différents collèges classiques. Les moins jeunes qui ont quitté le milieu scolaire peuvent se permettre des initiatives plus hardies. Ainsi la Ligue nationaliste, fondée par Olivar Asselin, Omer Héroux et Armand Lavergne, milite strictement sur le plan politique. On conçoit cependant que le champ d'action choisi par les membres fait corps avec la mentalité ambiante, en dépit du radicalisme dont fait preuve le programme. Et la fondation de cette Ligue, qui œuvre surtout par le journalisme et les assemblées publiques, ne constitue pas moins une des principales manifestations du ferment nationaliste qui gagne la jeunesse intellectuelle du début du siècle.

Il est cependant un autre mouvement qui fait sûrement moins de bruit à l'époque, mais dont il ne faut surtout pas minimiser l'importance. C'est l' « Action catholique » dont l'existence est littéralement réduite à une continuelle clandestinité dans quelques collèges classiques du Québec. Et c'est véritablement au sein de cette œuvre que l'idée d'A.C.J.C. acquiert progressivement une consistance valable.

En effet, deux jeunes prêtres, dont le zèle ne manque assurément pas d'ardeur, les abbés Lionel Groulx au collège de Valleyfield et Émile Chartier au séminaire de Saint-Hyacinthe, dirigent de part et d'autre quelques étudiants qui veulent vivre authentiquement leur catholicisme. Leur enthousiasme débordant est fortement inspiré par la lecture de la récente biographie de Montalembert que vient de publier un éminent historien, le Père Lecanuet. Aussi, dans une atmosphère d'intense piété, de travail appliqué et d'édifiante fraternité, nos jeunes croisés rêvent d'une régénération chrétienne de la race canadienne-française, en misant au départ sur la jeunesse de leur collège, pour finalement embrigader toute celle du pays.

Cette aventure mystique, qui se donne le nom d' « Action catholique », prend forme au cours des deux années qui précèdent immédiatement la fondation de l'A.C.J.C. [7]. C'est un incident, banal en

---

[7] L'histoire de cette Action catholique est racontée en détail par l'abbé GROULX lui-même dans son premier ouvrage, *Une Croisade d'adolescents*, 2e éd., Montréal, Granger, [1938], 257 pp.

soi, qui met en relations les « actionnaires » de Valleyfield avec ceux de Saint-Hyacinthe. En effet, l'abbé Groulx, fidèle lecteur de *la Vérité*, apprend par ce journal la tenue d'un « congrès de la jeunesse catholique et canadienne-française de la province de Québec [8] » dans un collège dont le nom est tu. Par l'entremise de Jules-Paul Tardivel (rédacteur du journal), le groupe de Valleyfield entre en contact avec les prétendus « congressistes » qui sont de Saint-Hyacinthe. Or, ces derniers s'en sont tenus tout au plus à une séance de classe qui donnait les comptes rendus et proposait les résolutions d'un congrès fictif.

Qu'importe, les deux groupes poursuivent une fin identique et établissent en commun des statuts pour planifier leur « montalembertisation de la jeunesse ». Ce programme comporte entre autres étapes : l'Action catholique, groupant des cercles de collèges; les Ouvriers de la Nouvelle-France, pour les anciens des collèges; et l'Association de la jeunesse canadienne qui grouperait finalement toutes ces unités et embrasserait toutes les activités juvéniles [9].

Toutefois, les deux maîtres se méfient d'une œuvre hâtive, et se livrent à un long travail de préparation au moyen de cercles d'études, visant pour l'immédiat à mettre la main sur les sociétés académiques. Ils y parviendront, alors que la question nationale préoccupera nos militants au même point que les valeurs spirituelles. On se donne comme devise : « Religion et Patrie ». Et on voue, dès lors, un culte à l'histoire du Canada, pendant que l'exemple est suivi au séminaire de Sainte-Thérèse et au collège de Rigaud.

Dans l'ensemble, cette Action catholique aura compté quatre cercles régulièrement constitués, aura groupé une quarantaine de collégiens, et cédera progressivement le pas à l'A.C.J.C. Elle a préparé, dans un mélange du religieux et du national, quelques étudiants à jouer le rôle d'éveilleurs d'idées et à envisager une éventuelle A.C.J.C. Mais le vaste projet est devancé avant qu'il ne puisse franchir toutes les étapes prévues. De même, les O.N.F. (Ouvriers de la Nouvelle-France) ont eu une existence bien éphémère, leur sort étant lié à celui de l'Action catholique.

---

[8] *La Vérité*, 28 mars 1902.

[9] GROULX, *Une Croisade d'adolescents*, 2e éd., Montréal, Granger, [1938], p. 212.

Il serait injuste, cependant, de laisser entendre que le collège de Valleyfield et le séminaire de Saint-Hyacinthe soient les seuls, à l'époque, à connaître l'agitation fébrile de quelques jeunes intellectuels. Le collège Sainte-Marie, rue Bleury, dirigé par les Jésuites, est loin de faire exception à la règle. Le Père Samuel Bellavance communique régulièrement à un certain nombre d'élèves ses convictions religieuses et ses idées politiques. Ces étudiants, qui se donnent le nom de Cercle des combatifs, se réunissent une fois la semaine pour entendre le compte rendu d'un ouvrage qu'un des membres vient de lire. Ils se livrent aussi à des discussions sur des problèmes d'actualité.

À cette époque également, la ferveur nationaliste gagnant de l'ampleur, une question en vient à passionner plus que toute autre la jeunesse canadienne-française; c'est celle du drapeau national. Au début de 1903, des comités s'organisent dans le Québec en vue de doter le Canada français d'un emblème distinctif. Le projet qui connaît le plus de vogue est celui du drapeau Carillon-Sacré-Cœur [10].

La plupart des collèges classiques mordent à la propagande en faveur du drapeau. Et la campagne s'étend à la grandeur du Canada, gagnant même quelques villes américaines. Au comité de Montréal, les principaux membres sont des fervents du Cercle des combatifs et amis du Père Bellavance. En même temps, naît le journal *la Croix* qui, dès son apparition, se fait le propagateur du projet de drapeau Carillon-Sacré-Cœur.

Et au plus fort de la campagne, le numéro de *la Croix* du 10 mai 1903 publie un article signé par Joseph Versailles [11] qui propose aux jeunes membres de la Ligue du drapeau d'assister aux fêtes du dévoilement de la statue de Mgr Bourget, le 24 juin suivant. L'article lance également « l'idée d'un petit congrès qui réunirait pour la même occasion, les membres des comités collégiaux et les élèves finissants de cette année [12] ».

---

[10] Il s'agit d'une bannière bleue azur, ornée de fleurs de lys, coupée d'une croix blanche, qui reproduit en son milieu l'image du Sacré-Cœur garnie de deux guirlandes de feuilles d'érable.

[11] Joseph Versailles est étudiant en Philosophie II, au collège Sainte-Marie. Il est « l'élu » du Père Bellavance, et fondera plus tard la firme bancaire « Versailles, Vidricaire et Boulais ».

[12] *La Croix*, 10 mai 1903.

III. — LE CONGRÈS DE FONDATION

Les dés sont jetés. Le congrès aura lieu. Et, tout au long de ses assises, la question du drapeau sera reléguée au dernier plan, alors que tout sera mis en œuvre pour lancer une association catholique de la jeunesse canadienne-française. Les abbés Groulx et Chartier ont apprêté le terrain; c'est le Père Bellavance qui réalise le projet.

Le congrès des 25 et 26 juin 1903, préparé à la hâte dans l'entourage du Père Bellavance, réunit une centaine d'adeptes au collège Sainte-Marie. Au départ, on élit un bureau de direction où les figures dominantes sont Joseph Versailles comme président et Albert Benoît [13] à titre de secrétaire. Ce dernier se révèle très tôt le pilier de la naissante association. Le congrès procède à des études en comité et à des comptes rendus aux séances plénières. Les thèmes abordés sont : la conduite personnelle, l'idée nationale et les moyens d'action. Aussi, des travaux sont lus, portant les titres suivants : Nos devoirs religieux, La dignité personnelle, Le sentiment national, La langue française, Le règne social de Jésus-Christ, Notre drapeau, Nos armes, L'éducation, L'agriculture et la colonisation, La question ouvrière. Le congrès ne se termine pas sans que le bureau de direction ne soit constitué en bureau permanent chargé de préparer la prochaine rencontre, et sans une reconnaissance solennelle de la royauté du Sacré-Cœur sur la race canadienne-française. Bref, les préoccupations religieuses et nationalistes ont dominé continuellement les assises du congrès.

Pourquoi, dès lors, le congrès ne s'en est-il pas tenu uniquement au thème du drapeau ? Robert Rumilly affirme que le premier ministre, Wilfrid Laurier, serait intervenu auprès de l'archevêque de Montréal, Mgr Bruchési, pour enrayer la propagande en faveur du drapeau Carillon-Sacré-Cœur, le nationalisme ayant toujours sa contrepartie dans les milieux anglophones, et ses répercussions électorales [14]. Or, Mgr Bruchési n'a pas été prévenu de la tenue

---

13 Albert Benoît fera carrière dans le fonctionnarisme à titre de traducteur au Sénat (*law translator*), de secrétaire privé du Premier ministre québécois L.-A. Taschereau, et de greffier du Conseil législatif.

14 Robert RUMILLY, *Histoire de la province de Québec*, t. XI : *S.-N. Parent*, Montréal, Valiquette, [s.d.], p. 125.

du congrès de juin 1903, et s'en plaindra au bureau de direction. Mais il fera toujours des mains et des pieds pour détourner l'A.C.J.C. du projet du drapeau.

Au sortir du congrès, le bureau d'administration procède à la mise sur pied officielle de l'A.C.J.C. Le travail incombe à peu près exclusivement au secrétaire, Albert Benoît, et au Père Bellavance. Ils ont recours à un sondage d'opinion chez les participants au récent congrès et chez les « amis des jeunes », comme l'abbé Groulx et l'abbé Chartier. Ces deux derniers vont fournir les plus heureuses suggestions, même si elles prennent leur source dans les associations similaires européennes.

Les structures de l'A.C.J.C. sont donc en grande partie calquées sur les exemples européens. Et les grandes orientations idéologiques du mouvement sont dues aux abbés Chartier et Groulx. Mais le tout est colligé, planifié et mis en application par le Père Bellavance. De même, avant la reconnaissance officielle de l'existence de l'A.C.J.C., le 13 mars 1904, tous les évêques du Canada, y compris le délégué apostolique, sont invités à approuver et à bénir le mouvement. On décèle dès lors les courants de pensée où s'abreuvera l'Association.

D'ailleurs, le congrès de juin 1904 révèle au public les objectifs et les assises du mouvement, alors qu'il réunit 350 adhérents et de nombreux invités de marque. Ces derniers doivent doter l'œuvre naissante de leur prestige personnel. En effet, les sympathies du clergé, des leaders nationalistes (Henri Bourassa est présent) et des éducateurs influents sont les plus précieuses qui soient dans les circonstances. Les cadres politiques officiels ne sont pas représentés aux congrès.

IV. — L'ORGANISATION DU MOUVEMENT

Les objectifs de l'œuvre sont maintenant fixés. Le but est d' « opérer le groupement des jeunes Canadiens-Français et de les préparer à une vie efficacement militante pour le bien de la religion et de la patrie [15] ». Les motifs apportés pour une parcille mobili-

---

15 *L'Association catholique de la jeunesse canadienne-française. Statuts généraux*, 4e éd., Montréal, Secrétariat général de l'A.C.J.C., 1920, p. 24.

sation font appel à la nécessité de maintenir la pureté et la simplicité de nos mœurs, et d'assurer l'attachement à nos traditions de foi et de patriotisme. Aussi, on dénonce des périls qu'il est urgent d'enrayer : « l'importation dans notre pays et l'infusion dans les esprits d'idées fausses et de doctrines malsaines, par une presse oublieuse de ses devoirs, par des livres et des théâtres immoraux[16] »; l'influence de la franc-maçonnerie et « d'autres sociétés non moins suspectes au service d'intérêts étrangers et de pouvoirs occultes anti-chrétiens »; la faiblesse d'un grand nombre de nos hommes publics devant leurs obligations religieuses et leurs devoirs civiques; la détérioration des mœurs politiques et le manque de cohésion des forces catholiques.

L'œuvre s'adresse donc à ceux qui croient « au catholicisme et à son efficacité universelle pour le bien des individus et des sociétés, à la race canadienne-française et à sa mission providentielle; à ceux qui ont conscience des dangers que courent et notre foi catholique et notre race canadienne-française[17] ». En conséquence, les militants professent la soumission la plus absolue à l'autorité de l'Église, la fidélité à la foi catholique constituant, à leurs yeux, une des composantes essentielles de la race canadienne-française et une de ses principales sources de progrès. Aussi la devise et le programme de l'A.C.J.C., tout en constituant un emprunt intégral de l'A.C.J.F., concrétisent les visées religieuses et nationalistes de l'œuvre; Piété, Étude, Action.

Les structures administratives de l'A.C.J.C. comportent trois paliers essentiels. À l'échelon inférieur nous avons affaire aux militants qui se groupent en cercles d'étude dans les collèges et dans les paroisses. Ces groupes ont leurs statuts respectifs et possèdent une complète autonomie en ce qui concerne leur vie interne; mais ils sont tenus de ne rien entreprendre qui soit en opposition avec l'esprit de l'association mère et d'entretenir des relations suivies avec le Comité central.

Ce Comité central, dont les réunions sont mensuelles, représente et dirige l'A.C.J.C. Il est composé de l'aumônier-directeur, du président, de deux vice-présidents, d'un secrétaire, d'un trésorier et de deux secrétaires-correspondants. Excepté l'aumônier-directeur,

---

[16] *Ibid.*
[17] *Idem*, p. 25.

les membres du Comité central sont élus pour une période de deux ans par le Conseil fédéral.

Échelon supérieur des structures administratives de l'A.C.J.C., le Conseil fédéral se compose des délégués de tous les cercles et des membres du Comité central. Il se réunit une fois l'an, délibère sur les intérêts généraux de l'association, vote les statuts ou leurs modifications... Bref, ses fonctions sont d'ordre législatif, alors que le Comité central s'en tient à un rôle exécutif.

Ces divers rouages vont mettre un certain temps à fonctionner régulièrement. Ainsi, le recrutement des membres et la mise sur pied des cercles se font avec une lenteur déconcertante. La principale raison en serait l'incroyable suspicion que l'A.C.J.C. rencontre dans les milieux où elle veut s'implanter, même après avoir reçu force bénédictions à tous les niveaux de la hiérarchie ecclésiastique. D'aucuns craignent de voir chambarder les programmes d'études des collèges et réduire le recrutement sacerdotal. D'autres entrevoient « la marmite jésuitique » à l'orée de l'activité acéjiste. Il est vrai aussi que, dans les circonstances, il faut composer avec des autorités politiques opposées à toute action nationaliste, avec le manque d'aumôniers disponibles et compétents, avec la méconnaissance, délibérée ou non, des curés de paroisse à l'endroit de l'association débutante.

Aussi, le Conseil fédéral de 1905 représente 14 cercles qui englobent 580 membres puisés en grande partie à même les sociétés académiques littéraires des collèges classiques. Un an plus tard, les effectifs sont de 25 groupes et de 825 membres. En 1912, 2 000 adhérents sont répartis en 60 cercles. Par la suite, jusqu'en 1933, le nombre des cercles va augmenter jusqu'à 200 environ, alors que les membres ne seront guère plus de 3 000. Le nombre réduit de ces effectifs peut s'expliquer également par le fait que l'A.C.J.C. prétend être un mouvement d'élite et qu'elle préfère, à ce compte, multiplier les cercles avec un nombre restreint de militants plutôt que d'embrigader la masse.

Cependant, la vitalité du mouvement est continuellement maintenue grâce à son organe d'information, le Semeur, qui met sans cesse les groupes en relations les uns avec les autres, qui ponctue les progrès et les réalisations du mouvement, et qui en fixe continuellement les idéologies. Il naît, pour ainsi dire, avec l'Association elle-même. Les trois âmes fondatrices du mouvement (les abbés Groulx et Chartier ainsi que le Père Bellavance) veulent lancer une revue d'idées, rédigée, sinon dirigée, par des jeunes. En pratique, toutefois, *le Semeur* est continuellement soumis à une rigoureuse censure de la part de l'aumônier-directeur; et l'archevêque de Montréal, Mgr Bruchési, se réserve un droit de regard sur le bulletin de l'A.C.J.C. à partir de 1907.

Présenté en un format in-octavo de 19 centimètres, *le Semeur* compte vingt pages au début, puis 32 à partir de 1906. Les premiers articles sont habituellement consacrés à une sorte d'exhortation en vue de promouvoir l'association, grâce à des méthodes de travail, à des moyens de propagande, à des exemples à suivre. Puis, suivent des articles de fond sur des sujets d'une orthodoxie indiscutable et, autant que possible, reliés à la tradition du catholicisme et du nationalisme. Les problèmes sociaux seront quelques fois abordés, mais avec moult prudence. Enfin, les dernières pages sont toujours réservées à « la vie de l'A.C.J.C. »; elles apportent des nouvelles des différents cercles, et des données sur certains événements qui ont quelque rapport avec l'association.

Comme tel, *le Semeur* va connaître une vie régulière de 1904 à 1935. À partir de cette date, il va céder la place au journal *Jeunesse* qui deviendra, après quelques années, propriété de la J.I.C. (Jeunesse industrielle catholique). À compter de janvier 1944, *Chantiers* va continuer tant bien que mal la tradition du *Semeur*. Mais, c'est peine perdue : en changeant d'idéologie, à partir de 1935, l'A.C.J.C. s'est littéralement sabordée. Et les tentatives de renflouement seront vouées à un piètre résultat.

La plupart des rédacteurs, exception faite de quelques éducateurs religieux, sont des jeunes des collèges classiques et des universités de la province; quelques-uns aussi débutent dans leur carrière d'avocat, de médecin, d'industriel, de libraire, etc. Les lecteurs se répartissent, au départ, dans les mêmes milieux. Mais avec l'extension du mouvement, la clientèle du *Semeur* connaît une dispersion sociale et géographique à peine concevable; la revue s'adresse aux membres et aux souscripteurs, aux étudiants de différents secteurs, au clergé, aux professionnels, aux cercles ruraux, aux gens de l'ouest du pays, à ceux de l'est, à l'Acadie... En 1933, la diffusion du *Semeur* revient à ceci : sur un total de 3 408 exemplaires, 439 vont aux abonnés, 99 aux échanges avec d'autres journaux, 101 à titre de service gratuit, 9 aux annonceurs et 2 760 sont destinés aux cercles d'étude.

V. — LES THÈMES IDÉOLOGIQUES

Le rôle le plus intéressant du *Semeur*, à nos yeux, est vraisemblablement de reproduire les idéologies fondamentales que véhicule un mouvement comme l'A.C.J.C. Les révélations, à ce sujet, nous paraissent particulièrement concluantes dans les secteurs les plus fréquemment abordés : l'éducation, la religion et la nation. En ouvrant les premiers numéros du *Semeur*, nous constatons immédiatement le style exalté qui caractérise la plupart des articles et l'intransigeance des opinions émises. Ainsi, nous sommes surpris de l'énorme responsabilité qui serait confiée à la jeunesse du Canada français.

Cette jeunesse n'a-t-elle pas pour mission d'élaborer une réforme d'envergure nationale et d'une profondeur qui doit affirmer les convictions spirituelles et assainir les institutions sociales ? Dès lors, *le Semeur* prend à cœur son rôle de semeur et propose sans cesse, comme idéal, une jeunesse laborieuse, appliquée, cultivée, mystique et engagée. À cette fin, beaucoup de modèles sont suggérés parmi les grandes figures de l'histoire qui se sont consacrées à Dieu, à la vérité, à la justice, à la liberté, à la patrie. Les noms qui reviennent le plus fréquemment sont : Montalembert, O'Connell, Ozanam, Brunetière, Garcia Moreno, lord Chatam, Augustin Thiérry. Sur ce chemin de l'idéal éthéré qu'il propose à la jeunesse, *le Semeur* ne se démentira jamais. D'autant moins que cette idée d'engagement est liée à un lieu commun longtemps véhiculé chez nous, et que *le Semeur* a exploité d'une façon habile : la notion d' « élite », de conducteur de peuple, qui incomberait à la clientèle des collèges classiques. Cette notion de l'engagement, liée à celle de l'élite, est d'autant plus important que si elle est négligée, la « mission providentielle » de la race est elle-même en péril.

Mais si on envisage le thème de la jeunesse par rapport au contexte de l'éducation institutionnalisée, *le Semeur* ne procède pas avec le même déploiement de perspectives. La définition qu'il donne

de l'éducation est celle de Mgr Dupanloup et de Mgr Péchenard.
Sur le plan des principes, nous constatons l'importance minime
accordée à l'éducation physique [18]. Dans le secteur de l'éducation
intellectuelle, la grande autorité est « la parole des évêques du
Canada ». Et si le *Semeur* ne manque pas de réalisme sur les possibilités socio-économiques si limitées du peuple canadien-français [19],
il fulmine sans cesse contre la gratuité scolaire et contre toute
intervention de l'État dans le secteur de l'éducation [20] !

En somme, la politique du *Semeur* en matière d'éducation est de
s'en tenir strictement aux structures traditionnelles, quitte à insister
fortement sur la formation personnelle. De tels impératifs sont
commandés par la nécessité de maintenir l'éducation confessionnelle.
Aussi, l'opposition du *Semeur* à la formation d'un ministère de
l'éducation reste-t-elle farouche ! Et si on lui laisse entendre que
l'enseignement primaire pourrait s'en porter mieux, il répond crâ-
nement : « Eh ! quoi ! voudrait-on faire de l'école primaire une
école supérieure [21] ? » De même, dans le but d'améliorer le système
scolaire, quand on lui fait remarquer la piètre compétence de nos
instituteurs et institutrices, il rétorque : « Admettons que ce soit
vrai. Nos évêques n'ont-ils pas plus d'une fois réclamé l'établissement des nouvelles écoles normales [22] ? »

Au fond de la dialectique, ce sont manifestement les privilèges
de l'Église qui sont en cause : « Nous ne voulons pas de l'instruction
gratuite et obligatoire parce qu'elle conduit naturellement à l'absence de toute éducation religieuse [23]. » Voilà, les rédacteurs du
Semeur sont cantonnés dans une prudence excessive et vont véhiculer
à qui mieux mieux le spectre de l'école neutre.

En vérité, cependant, il faut mentionner un aspect particulier
de l'éducation que le *Semeur* porte à notre attention : la formation
sociale. C'est le jeune abbé Lionel Groulx qui se fait l'apôtre de
cet apport pédagogique. Et voici le *Semeur* lancé temporairement
sur la voie de l'avant-gardisme, quand il dénonce en ces termes la

---

[18] Joseph-A. BRUNET, « Éducation », le *Semeur*, janvier 1905, p. 109.
[19] Charles BURON, « Quelques suggestions », le *Semeur*, mars 1905, p. 147.
[20] *Ibid.*, pp. 147 et 148.
[21] Eugène JALBERT, « À propos d'instruction », le *Semeur*, avril 1906, p. 152.
[22] *Ibid.*
[23] Charles BURON, « Quelques statistiques », le *Semeur*, mars 1905, p. 152.

mentalité de certaines de nos maisons de haut savoir : « L'idéal d'un bourgeois ou d'un « struggleforlifer » ne peut suffire à un patriote, encore moins à un prêtre éducateur [24]. » Il ne se gêne pas non plus pour contredire vertement ses adversaires qui prétendent que la préparation de la jeunesse au rôle social compromet le présent au profit de l'avenir, et que l'attrait des vies militantes nuit aux vocations sacerdotales.

En somme, dans le domaine de l'éducation comme dans ceux qui vont suivre, le *Semeur*, sans cesse sur ses gardes, est prompt à découvrir des embûches... Même lorsqu'il s'agit d'assainir les institutions scolaires, on sent presque toujours que le thème de l'éducation est subjugué par l'omniprésence d'éléments religieux.

Le catholicisme constitue, en fait, un des éléments idéologiques les plus chers à la nouvelle association. Cet aspect fait bien corps avec l'ultramontanisme ambiant. La soumission à l'autorité pontificale est absolue. D'ailleurs *le Semeur* en profite pour exposer le double aspect de l'idéal incarné par la papauté : idéal « personnel, parce qu'il rencontre nos aspirations », et idéal « national, parce qu'il sert d'égide à notre patrie [25] ». Les papes, d'ailleurs, sont de continuels objets de louanges exhaustives dans les pages du *Semeur*; ils sont tour à tour les promoteurs de la civilisation, des arts et des sciences, les véritables génies de l'Europe et les meilleurs soutiens du nationalisme, comme le christianisme lui-même. Dès lors, « le jour où la nation canadienne-française deviendrait athée, protestante ou franc-maçonne, elle perdrait sa langue. [...] Demeurons donc attachés à l'essence même de notre nationalité : le catholicisme [26] ». La foi est donc gardienne de la langue ! En d'autres circonstances, c'est la langue qui est gardienne de la foi !

Le *Semeur* envisage également diverses facettes du catholicisme. L'aspect social est loin d'être négligé, même si c'est là un terrain fort mouvant, en ce début de siècle, alors qu'on ne se gêne pas, en bien des hauts lieux, pour affirmer qu'il n'y a pas, chez nous, de question sociale. Le premier à donner le coup de barre, en ce

[24] Lionel GROULX, « Préparation au rôle social », *le Semeur*, juin 1905, p. 214.

[25] Émile LAMBERT, « La jeunesse catholique et la Papauté », *le Semeur*, décembre 1904, p. 94.

[26] *Ibid.*, pp. 107 et 108.

domaine, c'est toujours l'abbé Groulx. Pour lui, l'apostolat laïque est un élément du catholicisme intégral [27].

Un peu plus tard, c'est l'abbé Chartier qui prend la relève en abordant divers aspects du prosélytisme. Les jeunes gens, les ouvriers et les paysans seraient les trois classes sociales qui ont le plus besoin de notre sollicitude. Pour les atteindre, les diverses coopératives d'achat, de vente, de consommation, les caisses d'épargne, les syndicats agricoles [28] sont proposés comme terrain d'approche. Le journalisme également constituerait un puissant moyen d'apostolat [29].

Mais, si on délaisse cette orientation première, on se rend compte que la visée progressiste du *Semeur* n'est pas maintenue sur le plan religieux. La revue adopte même un rôle d'ange exterminateur avec des vues apocalyptiques. Les périls qui menacent notre société n'ont plus de proportions : immigration gigantesque, révolution économique imminente, « recrudescence active et sournoise de l'esprit révolutionnaire et maçonnique [30] », indifférence religieuse, « corruption recrudescente des mœurs et des plaies sociales [31] », modernisme irréligieux, influence profondément délétère de la littérature, du libéralisme, du socialisme... Voilà brandi le spectre de la religion en péril. Les exhortations pleuvent alors en faveur d'un catholicisme intransigeant et combatif. Si un esprit modéré fait remarquer que le conflit entre le gouvernement français et les catholiques est le résultat passager d'un simple malentendu, il est qualifié par le *Semeur* « d'esprit soi-disant modéré », qui n'a comme sagesse « que celle des poltrons et des traîtres », qui serait « profondément ignorant, inconsciemment gangréné par le libéralisme qui suinte tant d'autres hérésies [32] ». Cette intransigeance risque d'amener la perte du mouvement, en 1907. Le Comité central de l'A.C.J.C.

---

27 L.-ADOLPHE, « La vie catholique », *le Semeur*, février 1905, p. 122.

28 Émile CHARTIER, « Apologétique vivante et apostolat social », *le Semeur*, janvier 1907, p. 131.

29 IDEM, « Une jeune école de journalistes », *le Semeur*, octobre 1907, pp. 44 à 54, et novembre 1907, pp. 73 à 78.

30 L.-A. GROULX, « Catholiques d'abord et par-dessus tout », *le Semeur*, avril 1907, p. 228.

31 E.-G. BARTLETT, « L'apostolat laïque », *le Semeur*, juin-juillet 1907, p. 197.

32 Hermas LALANDE, S.J., « Choses de France au Canada », *le Semeur*, mars 1907, p. 192.

est l'objet d'une pénible divergence d'opinion entre le clan des « intégralistes » dirigé par l'aumônier-directeur, le Père Hermas Lalande, et les esprits « conciliatoristes » qui gravitent autour du président Antonio Perrault et de l'archevêque de Montréal lui-même. Les deux camps en viennent à s'interpeller dans le Semeur, utilisant les qualificatifs de « sectaires dans le bien » et de « sectaires contre le bien [33] ».

Donc, à travers le thème de la religion, on constate aisément que celui de la nation exerce une hantise quasi continuelle. On sait, par exemple, dès le premier numéro du Semeur, que les trois composantes essentielles, qui doivent orienter l'esprit de l'association, sont : le national, le spirituel et le social. Mais il y a lieu de se demander si toutes trois ne pourraient se réduire à un dénominateur commun bien cher aux fondateurs : la mission providentielle du peuple canadien-français, mission qui ferait de notre race « la dépositaire de la foi catholique et du génie français sur le continent américain [34] ». À tout événement, ce leitmotiv de la race dotée d'une mission spéciale (et son corollaire : la nécessité de maintenir l'originalité de cette race) constitue ni plus ni moins un refrain qui baigne tous les travaux d'ordre nationaliste. Et de toute évidence, la grande dimension du nationalisme de l'A.C.J.C. est celle de Bourassa, celle d'un nationalisme indissoluble d'un catholicisme authentique, et qui se doit comme tel d'être fort charitable à l'égard des anglophones. Au premier congrès n'a-t-on pas affirmé ceci : « Prouvez que plus vous serez catholiques et meilleurs citoyens vous serez, et les Anglais vous admireront [35]. »

La grandeur morale sur laquelle repose ce nationalisme, on la retrouve à travers une histoire valorisée, au sein d'institutions politiques (la Confédération) hautement louangées, dans la conservation d'une langue qu'on voit comme gardienne de la foi et qui doit être défendue pour autant. Ainsi, l'histoire est exploitée, non pour elle-même, mais pour jouer un rôle nationaliste. Elle doit, à ce titre, constituer une série d'exemples à imiter. Aussi, elle est

---

[33] « Note de l'aumônier-directeur », à la suite de « Sectaires dans le bien », le Semeur, mai 1907, p. 265.

[34] Antonio PERRAULT, « Discours du Président », le Semeur, septembre-octobre 1904, p. 10.

[35] « Discours de M. Bourassa », le Semeur, septembre-octobre 1904, p. 48.

nécessairement grandiloquente. Et pour bien la mettre en lumière on la compare à l'époque contemporaine diminuée pour autant [36]. La cause du marasme actuel sur le plan nationaliste serait même due à la méconnaissance de notre histoire [37].

À l'endroit de la Confédération, le *Semeur* fait sûrement preuve d'angélisme quand il affirme qu' « elle a clos l'ère de nos luttes pour la conquête de nos droits nationaux [38] » et quand il prétend que la progression démographique des Canadiens français est en plein essor, que Toronto est la dernière forteresse de l'Ontario « à subir notre influence assimilatrice [39] ». Mais sur cette question le *Semeur* se contredit à plus d'une reprise. C'est le cas quand il déplore à certains moments la violation des droits scolaires au Manitoba. À d'autres moments, c'est au Québec qu'il faut défendre des droits piétinés; si bien que le *Semeur* et l'A.C.J.C. se lancent sur une voie où ils vont particulièrement exceller : la revendication du fait français dans les services d'utilité publique. *Le Semeur* attribue cependant plus à nos lâchetés qu'à la malice anglaise la situation déplorable qu'il s'efforce de redresser.

Le Semeur s'intéresse aussi au problème de l'immigration canadienne, en forte majorité anglo-saxonne. Il songe à un contrepoids; mais une forte immigration francophone est impensable, puisque les habitants de France, de Belgique et de Suisse sont atteints par le mal du siècle, « la libre-pensée et le socialisme [40] ». Il propose donc un plan de colonisation, avec des échelons au niveau des paroisses et des comtés, et un Conseil fédéral pour unifier l'organisation [41]. En vérité, le contexte institutionnel est loin d'être garant de la pérennité du groupe ethnique catholique et francophone. Et, somme toute, si l'A.C.J.C., dans son bulletin, connaît des moments d'euphorie patriotique, elle ne dissimule pas les inquiétudes qu'elle nourrit face à la question nationale.

---

[36] Arthur PATRY, « Notre Histoire », le *Semeur*, novembre 1905, p. 59.

[37] L.-A. GROULX, « Bon courage ! En Avant ! » le *Semeur*, juin-juillet 1908, p. 321.

[38] J.-Alex PRUD'HOMME, « La Constitution canadienne », le *Semeur*, février 1906, p. 118.

[39] Casimir HÉBERT, « Pour la patrie », le *Semeur*, novembre 1907, p. 95.

[40] E. BEAUPRÉ, « Plan de colonisation », le *Semeur*, mars 1908, p. 213.

[41] *Ibid.*, p. 214.

Dans l'ensemble, toutefois, il est des initiatives heureuses auxquelles *le Semeur* et l'A.C.J.C. se réfèrent parfois sur le plan idéologique, telles la formation sociale dans les secteurs de la religion
et de l'éducation, et la reconnaissance des éléments socio-économiques comme parties intégrantes de la question nationale. Force
nous est, cependant, de constater que l'armature idéologique de
l'A.C.J.C. se constitue, dans l'ensemble, en fonction de l'ordre établi,
suivant l'inspiration de serres chaudes tardivelistes et bourassistes
qui ont donné naissance au mouvement.

Enfin, si on considère que la presque totalité de nos séminaires,
de nos collèges, de nos grandes écoles et de nos grandes paroisses
ont eu leur cercle d'étude, on ne peut négliger l'importance que
constitue à longue échéance une génération de jeunes qui se met
à réfléchir sur les normes suprêmes de sa vie collective, au lieu
de rester confinée aux vétilles littéraires et à la « speechomanie ».

De même, à mesure que les années passent, l'action de l'A.C.J.C.,
en principe diversifiée, portera ses fruits davantage sur le plan
nationaliste. Et ses plus grandes réussites demeurent sans doute
la campagne d'aide aux écoles françaises et catholiques d'Ontario,
la mise sur pied du mouvement Dollard et de la fête du 24 mai,
ainsi que l'achat de la Palestre nationale, en 1931, avec l'aide du
gouvernement provincial.

Elle évolue dans la ligne de ses idéologies; sa tâche, alors, est
de restaurer des valeurs traditionnelles.

Laurier RENAUD.

HENRI BOURASSA : THE CATHOLIC SOCIAL ORDER AND CANADA'S MISSION

Although Henri Bourassa was influenced by nineteenth century liberalism and nationalism, his most dominant ideological commitment, by far, was to Catholicism, to a Catholic social order. [1] But the social changes induced by the coming of large scale industrialism made it much more difficult to organize society according to this ideal. These social changes, as a devoted Catholic, he was bound to oppose. Indeed much of his struggle for a Catholic order boiled down to resistance to the social and economic consequences of the new industrial system. Thus his ardent Catholicism led him naturally to being a social conservative. But Bourassa has been described as an economic radical as well as a social conservative; [2] for as a conservative he responded to the pressures of big industry not only by passive acceptance but also by positive action to curb the economic and political power of big business. Yet it would be going too far to claim that Bourassa's reaction to capitalism was always that of a radical or even that of a reformer. What is true

---

[1] Because of space, the scope of this paper has been limited in two ways. First, its purpose is merely to outline the main principles underpinning Bourassa's reaction to the world about him. It makes no attempt to analyse the ideological influences or those of contemporary events on his thought. It seeks to explain *what* he thought and not *why* he thought it. Secondly, no effort has been to place his ideas in the historical context of his own life nor to show any change and development in them. This method is possible in Bourassa's case because the differences in ideas which did show themselves were only those of nuance and mood but never of principle.

[2] M. P. O'CONNELL, "Ideas of Henri Bourassa," *Canadian Journal of Economics and Political Science*, vol. XIX, no. 3, August 1953, p. 370, 366.

is that such reform as he advocated was always consistent with his conservatism. The first part of the paper, besides describing his social outlook will argue this point. The second deals with the matter of Bourassa's consistency from another angle... It has been suggested that there was a tension between his being a devoted Catholic and a strong nationalist. [3] But his nationalism was primarily a vehicle for religious and moral values and not that of language and thus integrated very easily into his Catholic outlook. To show this as well as to outline Bourassa's nationalist program is the purpose of the second part of this essay.

I. — CATHOLIC SOCIAL ORDER

Bourassa saw society as a social organization by which God could lead man to accomplish His tasks on earth and the hereafter. To be so used, however, so it must be ordered according to His will. Each person bore the responsibility of adding to its moral, intellectual and economic heritage and conducting himself honourably towards his fellow man.

Catholic principles taught the supreme value of the family. Its function was to mold the physical, intellectual and moral traits of children who would make up society to-morrow. It was to be the first school of social justice; there, the child would first learned to love God and man, hate lies and theft, acquire the spirit of sacrifice and respect for authority. Parents were directly responsible to God for the care of their family, maintained Bourassa : "le rôle des parents est un sacerdoce," he wrote, "tout se subordonne à ce devoir essentiel sans lequel la société ne peut durer." [4]

Private property, in the ideal Catholic society, was to be an additional instrument of God by being the reward for honest work

---

[3] A. LAURENDEAU, "Le nationalisme de Bourassa," l'Action nationale, vol. XLIII, no. 1, January, 1954, p. 15 : "La pensée religieuse chez lui a pris de plus en plus de place et ce que gagnait le sentiment religieux à un certain moment, le sentiment national l'a perdu."

[4] Le Devoir, April 23, 1923, p. 2, col. 4. All quotations and references are those of Bourassa, except when otherwise explicitly mentioned.

and the material basis for individual liberty and the propagation of the family. But it must be distributed to the largest number of individuals; its concentration in a few hands could only be at the expense of the majority of the people and the community as a whole.

1. *Economic liberalism*

Industrialism was accompanied, Bourassa believed, by two ideas which fundamentally threatened the Catholic outlook. One, materialism, was replacing religion in dominating the social and political life of the entire continent. This view point implied not only that money making was to be the main end of man's activities but also that God could be excluded from any consideration of human problems; reason and science were all that were necessary. The other widespread concept, economic liberalism of the Manchester school, maintained that man should have endless freedom to institute such economic changes as benefitted him without regard to how they affected the social order. A society dominated by economic liberalism was bound to be dynamic, constantly transformed by new technology and impossible to organize consciously by any principles, much less Catholic ones. Then too such a notion would encourage selfish individualism and contradict the Catholic principle that a person should subordinate his desires for the benefit of God and society. Thus materialism and economic liberalism were radical ideas to Bourassa and he spent a great deal of energy defending Catholicism against them.

2. *Colonization and Urbanization*

Bourassa's life long commitment to rural life reflected in part the general North American sentiment of the early twentieth century that farming was something of a sacred vocation. But this occupation also had a double advantage from a Catholic point of view : it was safe from the corrupting influence of the city and it was based on small scale private property, the only kind that was acceptable to the Church. Moreover, Bourassa always considered farmers the most important social class in French Canada. The exploitation of land imposed on the farmer a way of life which guaranteed his moral, physical and economic well being. Farmers naturally developed admirable traits of character : "la prévoyance, l'économie, la frugalité et l'amour du travail." [5] The stability of farm life formed an ideal setting for healthy Catholic families. Bourassa wished to conserve rural life. Throughout his whole career he not only tried to keep people on the farm but also urged city dwellers to settle in the countryside. He constantly criticized the provincial government for not doing enough for the settler. It ought to construct roads, eliminate the privileges of the lumber companies in the colonization areas, and permit the colonist to sell wood from his lot.

Yet Bourassa was realistic enough to know that farmers could not altogether escape what he took to be the deleterious effects of materialist capitalism. In 1921 he remarked that the turn away from religion education, itself a result of the pressures of the new economic order, was resulting in a moral and social degradation in the rural areas. [6] He complained that as a result of prosperity in the late twenties, farmers were becoming accustomed to credit and luxury. During the depression he observed that they were "fast losing their sense of honor and duty;" many were thinking of following the example of industrialists and merchants, by declaring bankruptcy, cheating their creditors and then turning to the government for money to make good. [7]

Nor did he overestimate the practicability of colonization. During the economic crisis, he hoped that the unemployed could be persuaded to become farmers, but admitted that colonization could satisfy only a limited number of families. [8] Only certain areas were suitable and the settlers themselves would have to be carefully selected. Here was no panacea for those out of work.

Still, Bourassa hated the factory system and its "dark satanic mills". The plants themselves were physically unhealthy with noxious fumes that often poisoned the worker. Factory life degraded

---

5 "Le rôle des Canadiens français," *l'Action nationale*, vol. XLIII, no. 1, January, 1954, p. 120.

6 *La presse catholique et nationale*, Montreal, 1921, p. 59.

7 *Canada House of Commons Debates*, February 14, 1935, p. 851 (Hereafter called *Hansard*).

8 *Le Devoir*, September 5, 1931, p. 1.

the human personality : "hundreds of thousands of our economic slaves," he complained, "toil away in large industries in which they are nothing more and nothing less than annexes to the piece of machinery in conjunction with which they work." [9] In medieval times the artisan had produced the whole commodity on his own but in the modern factory system he contributed only a tiny part to the final product; thus he was denied the joy of fruitful creative labor.

The worst evil about the factory system was that it drew people into the cities. Here, they were confronted by the ever rising cost of living and the constant threat of unemployment. City life was physically unhealthy; crowded slums resulted in high rates of infant mortality; mothers fed their children drugs and detestable foods. Bourassa complained of boys and girls "aux lèvres épaisses, à la bouche ouverte et pendante, au cerveau déprimé, aux épaules courbées, à l'air sournois." [10] Added too were new moral vices : a love of luxury, a disdain for hard work, a turn towards a sensual, wasteful and easy life. An unprincipled press and cinema encouraged lewdness, theft, drunkenness and dishonesty and soiled the intelligence and soul of the population. To maintain a healthy family life was difficult enough in such an atmosphere but what made it worse was that the mother often abandoned the home for lucrative work; the soul and internal life of the family were being shattered.

Bourassa may have feared the adverse effects of urban industry but he did believe that factory system was here to stay :

> On doit regretter qu'un si grand nombre d'agriculteurs aient quitté la saine vie des champs pour s'agglomérer dans les villes et se laisser prendre dans l'engrenage de la grande industrie mais le mal est fait et il n'y a guère de chance de le supprimer aujourd'hui. [11]

Despite his personal antipathy to factory life he could see the positive benefits of the products of big industry. He admitted that manufacturing did enormous good for the country [12] and that elec-

---

[9] *Hansard*, March 7, 1928, p. 1097.
[10] *Le Devoir*, November 28, 1928, p. 2, col. 3.
[11] *Ibid.*, May 8, 1923, p. 1.
[12] *Hansard*, February 17, 1902, p. 74.

tricity might be used to ease the life of the poor. [13] "Il serait ridicule de vouloir supprimer tout le confort moderne," he remarked. [14] It was not necessary to rest "figé dans l'existence un peu amorphe des aïeux et fermer la porte à toute industrie." [15] But this attitude was not inconsistent with that of referring often to the "plaie de l'industrialisme." [16] Whether he approved of an industry depended on whether it attracted people to the cities or not. What he rejected was urbanism rather than industrialism. He favored any industry which did not disturb the proper balance between town and country; thus he called on the government to protect Canadian natural resource industries such as lumber, nickle, wool, leather and asbestos and induce capitalists to invest in plants that would process these raw materials into finished commodities. [17]

Bourassa's attitude to industry has been criticized by some commentators. It has been claimed that "his diagnosis began not with the acceptance of an industrial order but with an idealized agrarian society rapidly dying away.[18]" But he was surely more realistic than this writer will allow; he did admit that industrialism could not be reversed and he had few illusions about maintaining an unsullied rural enclave in a materialistic society. Nor was he altogether hostile to the establishment of industry. But he differed from a contemporary like Lomer Gouin in that he did not welcome industrialization and certainly would have wished to slow down the speed at which it came into being. Moreover he was suspicious of large enterprises; only small ones in justifying themselves had no need "de torturer les prescriptions du droit naturel, de l'Évangile et de la théologie morale." [19] But if he had these opinions it was not because he did not "understand" industrial capitalism as has been suggested; [20] he simply did not accept the basic premise

---

[13] *Le Devoir*, May 20, 1944, p. 3, col. 4.

[14] *Ibid.*, February 12, 1914, p. 8, col. 2.

[15] *Ibid.*, June 14, 1921, p. 1.

[16] *Ibid.*, June 26, 1920, p. 1, vol. 6.

[17] *Hansard*, May 18, 1926, p. 3525, vol. 1.

[18] M. P. O'CONNELL, *Henri Bourassa and Canadian Nationalism*, unpublished doctoral thesis, University of Toronto, 1954, p. 280.

[19] *La presse catholique*, p. 35.

[20] P. RUTHERFORD, "Henri Bourassa and the Golden Calf," *Canadian Forum*, vol. L, no. 596, September, 1970, p. 227.

of economic liberalism that "human excellence is promoted by the homogenising and universalising power of technology." [21] In this sense Bourassa was a true social conservative.

3. *Feminism*

Nowhere does Bourassa's Catholic social conservatism show itself as much as his reaction to the changed status of women brought about by the Great War. Many women had been attracted out of the home for the first time, by war industry; some remained part of the permanent work force. Women acquired the vote at the federal level. Whether in style of dress, in mode of behavior, in relations with men, they obviously felt freer to act according to standards which suited them.

One consequence was that the rate of divorce increased. Between 1922 and 1926 there were 608 divorces, a figure that was greater than all those granted between 1867 and 1921. It was a serious matter for Bourassa that the constitution permitted divorce. He acknowledged that some individuals suffered from a bad marriage but he was adamantly opposed to any concessions to what he regarded as a pernicious act. Divorce, he insisted, was "the cancerworm of all decaying societies and once that evil is introduced into a nation it is the beginning of the end." [22]

The procreation and education of healthy children who would carry out the will of God on earth and in heaven was, to Bourassa, the prime aim of marriage. But he was also convinced that it was necessary to protect woman herself. In times past she had been the object of the most brutal passions of man leaving her no other alternative but to defend herself by seduction, ruses and dissimilation. The Church had rescued her from such humiliation by establishing the role of motherhood with all its rights within marriage and by dampening the brutal lusts of men and inculcating them with a respect and admiration for women.

The family was now threatened by the feminist movement for equal rights. But in a healthy Christian family, husband and wife had different functions :

---

[21] G. Grant, *Technology and Empire*, Toronto, 1969, p. 69.

[22] *Hansard*, February 22, 1929, p. 381.

L'homme, père fidèle à sa mission de chef, de protecteur et de pourvoyeur de la famille est en même temps fidèle à sa fonction de délégué de la famille auprès de la plus grande organisation sociale qui s'appele patrie, État ou société civile : où la mère dans sa fonction subalterne mais non moins auguste de gouvernante du foyer veille au bien-être de l'âme et du corps de son mari et de ses enfants et s'occupe activement de tous les détails de l'administration domestique; (où) enfin les enfants c'est-à-dire le peuple sont soumis à la double autorité du père et de la mère, reflet de l'autorité de Dieu. [23]

Bourassa's model family was patriarchical. He did not regard the mother as a servant and considered her moral leadership indispensable. Nevertheless in function and authority she was subordinate to the father. By claiming equality, by demanding the right to vote and work, women were challenging the authoritarian role of the father while abandoning their own. In these circumstances how could the family carry out its mission of bringing up children prepared to accept the authority of parents and through them that of God ? As a good Catholic he believed that the most important element of society was, not the individual, but the family. Such a patriarchical unit, however, could be maintained only if women continued to accept a subordinate role both within the family and in public life. Thus Bourassa was bound to resist any attempts to improve the status of women.

4. *Critique of Corporate Capitalism*

Bourassa's model of a Catholic social order rested on small scale private property. Yet it was exactly such small businesses that were more and more being undermined by big capitalist enterprises. His response was the classical one of the petty-bourgeois reformer, whether Catholic or not. Wishing to preserve private property but finding the consequences of those property relations distasteful, he blamed what he did not like not on the nature of the capitalist system but on the wickedness of man.

He implied that the only reason businesses grew large was because of their immoral practises; the vast proportion of wealth was the product of theft and crime. [24] Two practises against which

---

[23] *Le Devoir*, June 26, 1920, p. 1, vol. 5.
[24] *Hansard*, February 24, 1927, p. 616.

he fulminated were the watering of stock and playing the stock market. Of the latter he maintained "Stock gambling is to legitimate financial operations what prostitution is to marriage." [25]

The new capitalist order not only disintegrated the economic base of the family but also produced mass pauperism as well. Even during the boom of the twenties Bourassa predicted that capitalism could but lead to poverty; the onset of the depression in the thirties bore out his words only too well. Characteristically he saw the crisis as the product not of the internal workings of the system but the moral weaknesses of men. During the war the country had borrowed far beyond its means. After 1918 it persisted in living in extravagance and luxury by the use of credit. Finally stock gambling brought about the crash in 1929. Bourassa placed the responsibility for the depression on those who dominated finance, industry and commerce; they had been responsible for the chaotic production unrelated to real demand, the incoherent credit policy and the stimulation of all appetites for artificial needs. [26] Now there was a superabundance of goods which the producers could not sell and, millions of hungry wretches who could not buy what they needed.

He believed that a highly centralized corporate capitalism would lead to communism. [27] But unlike Marx he regarded this process as stemming not from the nature of the system itself but from the selfishness of the ruling class. [28] He rejected what might be called the conspiracy theory of revolution. Not on account of the actions of distant governments but because of local conditions did one occur. An oppressed mass on one side and a privileged class that neglected its duties and the other brought a revolutionary situation into being. "Revolution," he maintained, "(was) a punishment permitted by God to reestablish the proper order of things. It is the necessary purgation of the sinning society." [29] If unemployed were waiting for a crust of bread while millionaires were feasting at the Chateau Frontenac then Canada was edging toward the brink.

---

25 *Ibid.*, March 20, 1934, p. 1654.

26 *Le Devoir*, September 23, 1931, p. 1.

27 *La propriété, ses bornes, ses abus*, Montréal, 1925, p. 28.

28 *Hansard*, February 7, 1928, p. 237.

29 *Ibid.*, April 13, 1931, p. 624.

If a revolution took place it would be not "on account of what is being done in Russia but on account of what is lacking in Canada." [30]

In 1931 Bourassa asserted that the capitalistic system of North America was just as antagonistic to the principles of Christianity and social justice as that of Russia. This was not a new idea for him. As early as 1906 he had warned against the "great calamities of communism and corporate domination" [31] and all his life he saw clearly that big industry would tend to lead to one or the other and that either would crush small private property, the base on which he believed a Christian family must rest. He was conservative in wishing that the scale of industrial enterprise would not be constantly increasing but realistic enough, as we have seen, to accept the inevitability of this development. Since he knew this trend could not be reversed he was left only with his faith that somehow by following the word of God would man be able to avoid choosing either one of these unacceptable alternatives. Only a Christian social order, he maintained, based on the primacy of God and man could indicate the proper balance between the rights of private property and the common heritage of mankind. [32]

5. *Class struggle*

As early as 1899, [33] long before it became respectable, Bourassa considered the trade union as an important instrument by which workers could combine with others to protect themselves against the selfishness of big business. Moreover, unions by enabling workers to gain concessions would undermine any revolutionary tendencies among their class. And so he consistently advocated that they be given the legal right to belong to unions of their own choice.

Unfortunately from Bourassa's point of view, French Canadian workers in their majority joined unions organized by the American Federation of Labor. Not that he desired company unions. He

---

[30] *Ibid.*, May 27, 1931, p. 2034.

[31] "The Nationalist Movement in Quebec," *Addresses before the Canadian Club of Toronto*, Season 1906-07, Toronto, 1907, p. 57.

[32] *Capitalisme, bolchévisme, christianisme*, Montreal, 1931, p. 1.

[33] *"De l'association,"* Ottawa, 1898, unpublished speech.

wished them to be militant organizations that would protect workers against "la tyrannie du capital." [34] But the leaders of the Quebec A.F.L. professed neutrality in religion and ignored Catholic principles. Consequently these unions were selfish and often demanded concessions that could only be made at the expense of non-organized workers. Sometimes they refused to make the necessary sacrifice for the national interests; what Bourassa had in mind here was illustrated by his suggestion, made in 1931, that unions agree to wage cuts and so make it possible for employers to avoid either cutting staff or the wages of the non-organized. Moreover, A.F.L. unions often tried to gain their ends by strikes and they harbored socialists and revolutionaries. Far from dampening social turmoil they themselves were threatening the social order.

To Bourassa the only solution was to bring the workers under Catholic leadership. He attempted to not only persuade workers to abandon the A.F.L. but also induce big capitalists to accept Catholic unions because they would provide a contented work force. [35] Thus in the twenties his main interest was the taming of the militancy of unions rather than the extraction of concessions to workers from big business.

Bourassa longed to turn the clock back to medieval times to "les vieilles corporations qui sous l'empire de la pensée chrétienne on fait si grand et si glorieux le moyen âge;" instead what was going on at the present was "le retour des anciennes autocraties mais à base de classes, destructrices de tout ordre social chrétien." [36] In the thirties Bourassa became even more apprehensive about the dangers of class conflict. If unchecked, a clash between big labor and big capital would not only ruin the self employed artisan and small businessman but also might destroy the social fabric altogether. Yet Bourassa knew that classes could not be eradicated. All that he could suggest was moral restraint on both groups; capitalists and workers should understand that they were parts of society and that in searching for their own advantage they should be prepared to make their share of sacrifices for the good of all.

---

[34] *Religion, Langue, Nationalité*, Montreal, 1910, p. 11.

[35] *Le Devoir*, May 8, 1923, p. 1.

[36] *Ibid.*, May 19, 1919, p. 1.

6. The State

Bourassa's attitude to state intervention was pragmatic. One kind of government action which he opposed was that which he believed would weaken the family. The law permitting divorce was an obvious example. Another was government care of the sick, the aged and the orphans. Such aid would make it easy for families to evade their responsibilities to their own suffering members. He also objected to indigents being placed in state institutions where they would be methodically classified according to their sicknesses without regard to their habits, moral needs, or social affinities. Keeping them in the family was crucial for the moral development of all. Bourassa's point was that charity should be the means of building family solidarity, not disorganizing it; only if private welfare was unable to help the needy was the state to intervene.

Yet he did not mind government action if it helped the family. He argued vigorously that the state should grant a family allowance. He consistently proposed that exemption in taxation should be allowed for children under 21 who were still under the care of their parents; this would help fathers keep them home and give them a good education. He praised Franco's Spain, Petain's France and De Valera's Ireland because these governments, he thought, protected the family.

Bourassa's notions on state intervention was also determined by whether it hurt or helped the small property owner. His reaction to social services was that of an outraged small businessman or farmer who would have to pay to support someone unwilling to help himself : "I denounce the effect of our whole so-called social legislation to debase the social spirit of our people to create a fast growing class of beggars, loafers and crooked men who are endeavoring to avoid any individual or corporate effort to save their own situation." [37]

He did see a role for government in organizing social insurance. The ratepayer would contribute a premium that would be returned to him in the form of insurance and the government would administer the funds; thus there would be a "fruitful co-operation of state and ratepayer." [38] But here there was no suggestion on

---

[37] *Hansard*, February 14, 1935, p. 850.

[38] *Ibid.*, March 26, 1926, p. 1952.

Bourassa's part that the government use its power to transfer wealth from the rich to the poor.

Under the impact of the depression and the encyclical, *Quadragesimo Anno*, Bourassa seemed ready for more radical measures. The primary duty of the state, he argued, was to prevent the concentration of wealth in a few hands while millions starved. The government must bring about a fairer distribution of wealth; it was time for fundamental economic reform. [39] But what he had in mind was not the sharing of the profits of large enterprises more equitably among greater numbers of people but the imposing of more stringent controls over big business, the looking into the possibility of trust-busting and the favoring of small and local industry preferably in the countryside. [40]

One form of government action, however, which Bourassa was always ready to support was that of limiting the power of big business. He objected to the credo that they had a right to act as they pleased. [41] They should not be allowed to water their stock or raise their prices above the level required by a fair return on real capital. Dangerous speculation on the stock market should be outlawed and credit should be brought under public control. The proper attitude of the government to high finance was "diriger, surveiller, stimuler, contenir." [42]

He desired the natural resource industry and utilities to be brought under government supervision. He was opposed to giving the title of ownership of water sites to private interests; they should be only leased for development. To control transportation he was ready to accept public ownership of railways. The Montreal Tramway company must be made responsible to the city for its actions. In 1919 he wished the state to exercise control over many more utilities. Railways, transport, telephone and telegraph, light and power "devraient relever directement de l'État — ce qui ne veut pas dire nécessairement l'administration gouvernementale — et

[39] *Le Devoir*, January 18, 1932, p. 1, vol. 7.
[40] *Ibid.*, October 22, 1931, p. 1.
[41] *Hansard*, July 2, 1931, p. 3329.
[42] *Le Devoir*, October 16, 1931, p. 1.

échapper à l'emprise du capital privé et de l'exploitation individuelle." [43]

State intervention was necessary to prevent private control of
utilities, which he believed, could only lead to exorbitant prices,
poor services and a general disregard for the public interest. Because
he advocated the curbing of the economic activities of big business,
it is right to call him an economic reformer. It is true he did not
accept economic equality as a good in itself; for example he advocated relieving the tax burden on a poor family because he wished
it to survive as a social unit and not because he thought that it
was the duty of the state to bring about more equity in wealth
between individuals. The logical aim of such economic egalita-
rianism would have been not the dismantling of big industry but
its nationalization. Bourassa, however, belonged to a different tradition of reform — that of the petty-bourgeois whose ideal could
have been achieved only if the whole trend to big industry could
have been reversed. Bourassa understood this was impossible but
he proposed public control over utilities to protect what was left
of the social order based on small property from being further
undermined by privately controlled giant enterprises in the crucial
areas of transport, communication and energy. He wished economic
reform not to render more just the social changes then under way
but to conserve society from social change itself.

7. Government and Politics

It has been intimated that Bourassa's cynicism about the rhetoric
of democracy in general and his hostility to the party system in
particular sprang from his Catholicism. [44] Yet these attitudes were
a logical extension of his nineteenth century liberalism. Indeed
driven on, in part, by his social Catholicism he committed himself
to reforming the parliamentary system by modifying the effect
of partyism within it.

The British constitution conferred two advantages : liberty
and Parliament. Of these, Bourassa accepted the first wholeheart-

---

[43] *Syndicats nationaux ou internationaux ?* Montreal, 1919, p. 25.
[44] M. P. O'CONNELL, "Ideas of Henri Bourassa," p. 365 : "His politics were
an extension of his Catholicism which when joined to his ardent nationalist
sentiment tended to displace his liberalism."

edly. At the turn of the century he wrote : "Grâce à Dieu la liberté civile et religieuse est complète. Si nous voulons nous unir pour la défense et la propagation de nos principes religieux et sociaux nous trouvons sous l'autorité d'une couronne protestante plus de liberté que nos cousins d'outre-mer n'en ont eu pendant cent ans sur une terre catholique." [45]

Such liberty was vital for a cultural minority, like the French Canadians, if they were to get an opportunity to convince Anglo-Canadians of their point of view on such contentious issues as Imperial relations. But liberty was necessary for all Canadians. Even those who advocated communism had as much right to do so as those who propagated capitalism. [46] Freedom was necessary if an appeal was to be made to public opinion against unsatisfactory government policies. Only by a frank exchange of views, would a strong and united people emerge in Canada.

Yet it would be going too far to claim him as a complete libertarian. He wished for liberty not so much because he believed that the truth would emerge from the clash of opinions but because it would enable him to lay his case in front of the public. Then too he thought that there were limits to what a government should tolerate in the way of free speech. "Liberty of speech," he asserted, "ceased to be legitimate if it endangered the social order and interfered with the liberty of others." [47] Still even with these limitations, as far as political freedom is concerned, he is clearly within the tradition of liberalism.

But Bourassa was not in principle a democrat. He held that the moral justification for government came not from the people but from God. Nor was he an egalitarian in politics; he regretted that in Canada there was no social hierarchy, crowned by an aristocracy conscious of its role and responsibilities. [48] It was not that he was against representative government. Indeed he constantly praised British institutions because they gave the people the right to approve or condemn policies by their power to choose those who sat in Parliament. But he simply had no faith that the people, if

---

[45] *De l'association*, p. 15.
[46] *Hansard*, May 8, 1929, p. 2368.
[47] *Ibid.*, March 20, 1943, p. 1658.
[48] *La presse catholique*, p. 68.

left to their own devices, would make the right choice. In his mind there was a clear distinction between a "sound democracy" and an "unprincipled" one. [49] The former was one in which an enlightened elite instructed the people; the latter, one where they lacked such guidance and were easy prey to any demagogue. Hitler, he considered the direct product of democracy. [50]

The other major flaw of the democratic system was that it was based on the institution of the party. In theory the people ruled; in practise their will was constantly being frustrated through the party system. Parties were divided not by principle but the desire for power. Party discipline prevented any real discussion of problems; members voted blindly for whatever two or three leaders decided no matter what issues were at stake. The result was the intellectual and moral debasement of public men and the demoralization of popular thought and action. Not that every member of Parliament was ready to sell out, but loyalty and the need for election funds and patronage turned many honest politicians into party apologists. Although the people elected members to Parliament, in reality they themselves were governed by a few party bosses.

It is important to see that Bourassa was objecting to the idea of party and not representative government. His ideal of a governing body would have been parliament without parties. He advised voters to ignore party labels and elect men of good will of all shades of opinion : "rouges, bleus et nationalistes — Anglais et Français, Catholiques et Protestants. Envoyer à la Législature des hommes habiles, honnêtes et indépendants, plus attachés au pays qu'au parti." [51]

But he saw little that was good in a representative system dominated by parties. Politicians hungering for immediate power never considered problems in any long term perspective and parties never ceased their rivalry long enough to co-operate. Because of party loyalty French Canadian aspirations were betrayed by their own members of Parliament. The small property owner, the "main-

---

[49] *Hansard*, March 13, 1900, p. 1807.

[50] *Le Devoir*, October 29, 1941, p. 6, vol. 4.

[51] A. BERGEVIN, C. NISH, and A. BOURASSA, *Henri Bourassa*, Montreal, 1966, p. XXXVII.

stay of the social order" was disregarded because he had no representation in Parliament. [52] That a few politicians could control parties meant that outside groups exerted influence with comparative ease. During the Bœr war crisis Bourassa became convinced that the leaders of both parties had become the agents of the British government. [53] But he considered the great corporations to be even more dangerous; the concentration of wealth enabled a small group of unscrupulous men, subscribing to the election funds of both parties, to seize political power. [54] This plutocracy was on the way to becoming the sole ruling class.

Such was Bourassa's critique of the democratic system. But these were extensions not of Catholicism but of English 19th century liberal thought. Goldwyn Smith, a fierce anti-Catholic, held many of the same views as the following description of them shows :

> Universal suffrage increased the dangers of demagogic despotism through pandering to the uninformed... the people were generally intelligent but the masses a constant source of danger. Political parties had assumed an "abnormal development in the parliamentary system... in Canada where no organic question" separated the parties, they quickly degenerated into factions controlled by corrupt machines to the detriment of the superior interests of the nation. [55]

Smith also suggested fixed terms of office for members to protect them against the power of dissolution in the hands of party and government leaders and also a more extensive use of the plebiscite. As we shall see these points were also those of Bourassa. Surely it is logical to assume that, like that of Smith, Bourassa's criticism of democratic parliamentarianism derived from Whiggism and, again like Smith, his solutions owed much to American political reformers and that in neither instance did he draw much inspiration from the Catholicism which was his alone.

Although Bourassa believed that Fascism might be suitable to Italy where the establishment of a strong government was the

---

[52] *Hansard,* January 30, 1934, p. 107.
[53] *Bourassa to G. A. Nantel,* November 1901.
[54] *Le Devoir,* December 5, 1932, p. 2, vol. 2.
[55] M. P. O'CONNELL, *Henri Bourassa,* p. 250.

only solution for the problems of that country,[56] he consistently rejected it for Canada. "I am a believer in the British system of government as applied to Canada,"[57] he wrote in 1935, a year when many French Canadian writers were looking on authoritarian government with some favor. It was significant that Bourassa rejected anti-communism, the ideological weapon of the right, which was fashionable in Catholic circles in the early thirties. He warned "true Conservatives not to raise the bogy of bolshevism all the time."[58] Although never enthusiastic about the democratic regime, he accepted it as the only basis for government in Canada : "Tant que notre constitution restera ce qu'elle est et qu'on n'aura trouvé rien de mieux à substituer au régime démocratique et représentatif, force nous est de le subir et d'en tirer le meilleur parti possible."[59]

But Bourassa did more than just make the best of the parliamentary system. He spent a good deal of time trying to reform it so that it would be a more suitable vehicle for his Catholic social and nationalist policies. Far from braking his attempts at political reform, his Catholicism, in part, spurred them on.

Bourassa rejected the suggestion of forming a third party as an alternative to the two major ones. Such a party would need the kind of intelligence, devotion, energy and competence that was rarely found. Instead he called upon the educated elite to create an enlightened public opinion which would force on politicians, anxious to win votes, policies that were good for the country. [60] The primary role that he envisaged for *le Devoir* was that of an educator.

Yet there was no need to abandon the Parliamentary arena entirely. After all it was possible to elect individuals who would be independent of both parties. Their job would be to keep a watch on Parliament, alert the public if there were any weakness in policy and support either major party in anything that was good for the country. They would be able to speak for "racial

[56] *Hansard*, July 29, 1931, p. 4316.

[57] *Bourassa to N. T. Carey*, February 12, 1935.

[58] *Hansard*, February 2, 1933, p. 1727.

[59] *Que devons-nous à l'Angleterre ?*, Montreal, 1915, p. 132.

[60] *Le Devoir*, May 25, 1927, p. 1.

groups, provincial groups or class groups"[61] truly represented by either of the major parties. The Western Progressives constituted this kind of an independent group and that is why their election pleased him so much.[62] He was aware that Parliament would function only with difficulty if the members represented too many groups but he was confident that a happy mean could be found between giving voice in Parliament to all currents of opinion and the stability of government.[63]

To weaken the party hierarchy, Bourassa proposed to deprive the government of its power of dissolution, the chief threat by which independent members were forced back into line. An election there would have to be, if the government lost the confidence of the House. But other elections would take place at the end of a fixed term of office as in the American Congress and not at the whim of the Prime Minister. Such a system would have allowed individual members to consider a certain piece of legislation on its merits without worrying whether its passage might put their seats in peril.

Finally Bourassa supported the idea of plebiscites. He proposed one on the Imperial question in 1900 and again in 1913. He argued vigorously that they were compatible with British institutions.[64] It was its use of the plebiscite which made Switzerland a real democracy; not only was the government obliged to hold one on contentious issues but also a sufficient number of citizens could initiate one themselves.[65] Yet it was a non-partisan way of deciding an issue on its merits and not on party loyalty, itself the single greatest flaw in the party system.[66]

II. — CANADA'S MISSION

Bourassa believed in Canadian nationhood but his nationalism became a force for developing not racist or even linguistic values

---

[61] *Hansard*, March 14, 1928, vol. 1, p. 1333.

[62] *Le Devoir*, March 11, 1926, p. 1.

[63] *Hansard*, March 14, 1928, vol. 1, p. 1333.

[64] *Que devons-nous à l'Angleterre ?*, p. 132.

[65] *Le Devoir*, October 29, 1941, p. 6.

[66] *Ibid.*, May 25, 1927, p. 1.

but primarily those of Catholicism. Canada's mission was to provide the political framework for a Catholic social order. God had assigned an important role in accomplishing this task to each of the founding peoples. The French Canadians were to contribute their Catholic outlook and their French culture. The Anglo-Canadians were to bring to it British parliamentary institutions and their traditions of liberty. Such an Anglo-French nation would be unique and an effective challenge to a materialistic free thinking United States.

It is difficult to escape the impression that Bourassa had nothing but contempt for American society. He believed that the United States was ruled by a plutocracy who were both "unconscious of political responsibility and contemptuous of public morality." [67] Even more serious it was a country in which there was the separation of church and state and in which materialism permeated the whole of society. Politicians were venal and businessmen operated without any code of ethics. The family was marred by divorce and by feminism; children were brought up in ugly atmosphere of the film and yellow press. [68]

God had decreed that French Canada should be separated from old France and brought under British rule. [69] His purpose in bringing the two peoples together was to found a unique Anglo-French nation that was to be a "friendly rival and counter-poise to the expanding civilization of the United States" : Canada was to act as a barrier to the spread of Americanism. So important did Bourassa think was the task of building an Anglo-French nation to counter the influence of the Americans, that he called it "one of the greatest contributions to humanity." [70]

It is true that in the pamphlet, *The Spectre of Annexation*, he asserted that many French Canadians believed that they would be just as well off under American rule. But he made it clear that these were not his sentiments. [71] Moreover, despite the fact that

---

[67] *Great Britain and Canada*, Montreal, 1901, p. 46.

[68] *Le Devoir*, April 19, 1923, p. 2, vol. 2.

[69] *La langue française et l'avenir de notre race*, Quebec, 1913, p. 22.

[70] "Imperialism and Nationalism," *Canadian Club Addresses 1912-1915*, Ottawa, p. 94. This speech was given in 1912.

[71] *The Spectre of Annexation*, Montreal, 1912, p. 18.

it was written at a time when Bourassa was obviously depressed by the apparent influence of British imperialism on the government and by the refusal of Anglo-Canadians to accept cultural duality, the pamphlet was essentially a lament for the Americanization of Canadian life which, he believed, was taking place. The main thrust of Bourassa's nationalism was against the United States and not Great Britain. Given the acknowledgement of Canada's right to stay out of Imperial wars, Bourassa was ready to accept the continuance of the British tie albeit without much enthusiasm. But he never ceased to reject annexation to the United States. If he had been only concerned with his people's freedom to remain Catholic and speak French, it would have made sense for him not to resist Canada's absorption by the United States but to press for Quebec becoming a state of the American union in which case they could have preserved their cultural rights. [72] Yet he remained committed to a "Canadian nationality not antagonistic to, but essentially different from the American type of civilization;" [73] the main point of a separate Canada was that its social order might be different and by implication morally superior to that of the United States.

1. *French Canada and Canada*

Bourassa had no difficulty in feeling loyal to both French Canada and Canada at the same time. There is no doubt that on the emotional level his love for his people and its culture was the main driving force of his life. If he believed in anything, it was that French Canadians had a right and duty to continue to be Catholic and French. Although he wished French Canadians to live with English-speaking Canadians in warm friendship, he was unalterably opposed to assimilation. Yet he was not a separatist but a cultural nationalist; French Canada was to have a culture separate from that of English Canada but not a sovereign state of its own. Thus he could be genuinely committed at the same time to both the development of French Canadian culture and Canadian nationhood.

---

[72] *Ibid.*, pp. 7-18.
[73] *Bourassa to Dafoe*, April 26, 1928.

Indeed as time went on he came to believe that French Canada was the main driving force behind Canadian nationhood. English-speaking Canadians were already quasi-American in their habits, language and materialist outlook, the latter a factor of no little importance since annexation would offer them enormous economic benefits. In this situation the French Canada was the sheet-anchor of Canada. Its language furnished an indispensable element to resistance to American influence. More important its Catholicism brought to the Canadian nation a set of values which by rejecting materialism furnished Canada with the crucial element by which alone it was enabled to remain different from the United States, "le seul obstacle à la conquête morale par le Yankeeisme."[74]

Bourassa was convinced that French Canadians were more committed to the defence of British institutions than were English-speaking Canadians; they were the initiators of all reform movements aimed towards greater liberty;[75] they were the most British of all the peoples living in Canada.[76] In sum they had a special responsibility for building Canadian nationhood :

> Au moment où va peut-être se mouler la forme définitive de la nation canadienne, allons-nous manquer d'apporter à ce grand œuvre les éléments précieux que nous tenons de notre mentalité catholique et française... C'est cela notre devoir envers la France et la civilisation française... Et ce devoir, nous seuls pouvons l'accomplir, parce que seuls nous possédons à la fois les éléments essentiels de la civilisation française, les droits politiques que nous confère notre titre de sujets britanniques, et l'enracinement trois fois séculaire en terre américaine qui nous inspire les hardiesses et les prudences nécessaires pour mener à bonne fin cette coopération des forces vives de la nation canadienne.[77]

2. Bourassa's Nationalist Program 1900-1918

Bourassa's concept of Canadian nationhood was menaced by three developments getting under way at the turn of the century : the drive of English Canada against cultural duality, the pressure of British imperialists for a centralized military establishment and the coming of a transcontinental and industrial economy. The personal drama of Bourassa consists in the unbelievable stubborn-

---

[74] Le Devoir, February 4, 1930, p. 12, vol. 5.

[75] Hier, aujourd'hui, demain, Montreal, 1916, p. 122.

[76] Pour la Justice, Montreal, 1912, p. 33.

[77] Hier, aujourd'hui, demain, p. 122.

ness with which he fought for his program to preserve his vision of Canada from these threats.

Bourassa believed that French Canadians had a natural right to develop their culture freely and that it was a crucial element in the preserving Canada from American influence. But Anglo-Canadians were not willing to see French-Canadian culture possess the same rights as their own. Bourassa became deeply involved in the issue of whether separate schools were to be established in the new provinces of Saskatchewan and Alberta in 1905 and whether French was to be a language of instruction in the French-English schools in Ontario in 1912. Many militant Protestants rejected Catholic schools in the West. Some also opposed special educational rights for the French on grounds that it would further divide a population already fragmented by ethnic origin. In Ontario many feared that a true Canadian consciousness could not be developed unless English was made the dominant language outside Quebec.

Bourassa argued that Confederation represented a moral pact between French and English to found a bi-cultural country. In the first years after 1867 the federal government by establishing French as an official language and a system of separate schools in both Manitoba and the Northwest territories had remained true to this principle. But beginning in 1890 with the attack on French cultural rights in Manitoba, Anglo-Canadians in English provinces had stopped honoring their pledge : Western Catholics could no longer go to their own schools and French Canadian children were unable in Ontario to acquire an education in their own language.

Cultural duality, insisted Bourassa, was vital to national unity. French Canadians would never feel that Canada was truly their homeland unless they were free to enjoy their culture throughout the Dominion. Without this condition, mutual hatred and distrust would lead to the break up of Confederation.

The pressure for the centralizing of Imperial defence, which began with the Boer war, threatened Bourassa's design because it would deflect Canada from her mission in North America and draw her into bloody Imperial hostilities all over the world. Bourassa opposed Canadians taking part in the South African conflict because he feared the establishment of a precedent for automatic Canadian engagement in all subsequent British wars. He believed that

Laurier's decision in 1910 to build a Canadian navy raised the same issue. Although the new law provided that the navy could be turned over to the British in an emergency only if the Cabinet agreed, Bourassa maintained that this was only camouflage under which Laurier was committing Canada to a centralized Imperial defence and constant participation in Imperial military activities.

During the Great War, new Imperial questions arose. Should Canada make an unlimited sacrifice for Great Britain ? No, maintained Bourassa, Imperial interests should never be put ahead of Canadian and for this reason he opposed conscription. Did not the massive Canadian was effort make it impossible for the Dominion to continue to accept a colonial status ? Bourassa thought so; now that Canada was doing her share in the Imperial war, at the very least it should have a say in Imperial foreign policy. But he considered even such Imperial partnership to be a poor alternative to independence. Independence would mean that Canada had at last achieved the only kind of status fitting a free nation; it would demonstrate that the allegiance of Anglo-Canadians did not lie with Great Britain and so eradicate the major quarrel between the two peoples; it would permit Canada to pursue her mission in North America.

The big business economy also posed serious difficulties for Bourassa's nationalist aspirations. French Canada could not hope to become an important cultural nationality nor aspire to equal partnership with English Canada if it did not possess economic strength. But the new industrial order was working to make French Canadians the hewers of wood and the drawers of water. Bourassa, however, did not encourage French Canadian entrepreneurship of big industry; only small industry was morally acceptable to him. Yet in following such a stricture, French Canadians would still be left at the mercy of English-speaking big business. Bourassa did urge his people to patronize their own banks and credit unions and pool their own savings. He might have been expected to encourage the Quebec government to buttress French Canadian economic activity. Yet perhaps because he feared that Quebec favoritism in economic matters for French Canadians would undermine his program of cultural duality outside the province, his program for state intervention in this regard was very skimpy : all he demanded was that pulp companies be compelled to manufacture paper and that technical education be fostered.

That a transcontinental economy would require a West filled with immigrants created another problem. Bourassa feared that if the rate at which immigrants were settling in Canada in the first decade of the century was maintained the would consist the majority. But "unfortunately : (they have) nothing in common with us in history, nothing in common with us in blood, nothing in common with us in education or economics, nothing in common with us in national sentiment." He was convinced that they had only come here "with the purpose of making money." [78] Still as long as they did well economically, these people would be content to accept Canada as it was. But in a depression they would naturally turn to the United States and see in commercial union or perhaps in political annexation the solution to all their difficulties. To guard against this danger Bourassa constantly urged that the West be made culturally acceptable to the French who of all Canadians were the most faithful to British political institutions and the most resistant to the materialist spirit.

By 1918 Bourassa might well have been discouraged. Anglo-Canadians refused to accept cultural duality; regulation 17, which constrained the teaching of French in French-English schools remained in force. The Union victory in the election of December 1917 had shown how much Anglo-Canadians were still influenced by their pride in the Imperial connection. The dream that a Catholic social order would be established within Canada seemed further removed than ever. In these years Bourassa's mood was black; yet he never gave up the idea of Canadian nationhood. The French Canadians, he maintained in 1917 at the height of the storm over conscription, "n'ont pas d'autre patrie que le Canada." [79]

3. Bourassa and post-war nationalist ideology

It has been suggested that after the war Bourassa turned against nationalism because he became more religious. [80] His audiences

---

[78] *Hansard*, April 9, 1907, p. 6182.

[79] *La conscription*, Montreal, 1917, p. 20.

[80] M. P. O'CONNELL, *Henri Bourassa*, p. 241 : "Particularly after his audiences with the Pope in 1922 and 1926 did the restraints of religion on Bourassa's nationalism become apparent."

with the Pope are cited. And undoubtedly they made him much more aware of the Papal disapproval of extreme nationalism. But it is difficult to believe that Bourassa could have been more devout after the war than he was at Notre Dame in 1910 and at Lourdes in 1914. What changed under the inspiration of Rome was his attitude towards nationalism for its evident failure to bring about a Christian social order in Europe.

Before the war he had believed that if each nation were left to its own devices, international peace would reign. But post-war Europe, supposedly based on the self determination of nations, had fallen into a state of anarchy in which the most evil and primeval passions had been let loose. The prime cause was extreme nationalism :

> Chaque peuple professe et pratique à l'égard des autres peuples avec plus ou moins d'intensité ou d'hypocrisie un nationalisme outrancier et exclusif : chaque nation ne cherche que son intérêt propre, ne songe qu'à son salut particulier et cela même elle le cherche avant tout dans la force matérielle... L'inévitable aboutissement de cette situation, c'est d'abord la banqueroute financière, le chômage, la misère, la faim, puis à brève échéance, la révolution sociale ou la guerre. [81]

International conflicts were bound to result from such brutal and selfish nationalism. The only solution was respect for the moral authority of the Pope; Catholicism was the only doctrine that could teach people "à aimer les autres peuples eux-mêmes pour l'amour de Dieu." [82]

After the war there were two kinds of nationalism for Bourassa. One was good in that it expressed love for the nation while not transgressing Catholic morality. The other, "nationalisme outrancier," [83] he condemned because it achieved its goals by illegitimate means, riots and hatred.

One form of prejudice in political life that he had always rejected was that of race. This was so even in his early years when he had believed that there was such a thing as racial instinct :

> L'instinct de race est, comme tous les instincts naturels, un puissant moyen d'action individuelle et sociale : mais, comme les autres instincts, il doit

---

[81] *Le Devoir*, August 10, 1922, p. 1.
[82] *La presse catholique*, p. 75.
[83] *Le Devoir*, February 4, 1930, p. 11, vol. 2.

être contrôlé et tempéré par la raison. Si non il peut conduire à des erreurs funestes et devenir l'agent le plus efficace de notre désagrégation nationale. C'est à l'instinct de race que les politiciens font appel pour nous aveugler lorsqu'ils sont forcés de choisir entre le devoir et le pouvoir. C'est au même instinct qu'on s'adresse lorsqu'on veut forcer le peuple à donner sa confiance aux hommes de son sang, même lorsqu'ils déshonorent la position qu'ils occupent en se livrant à la corruption, à la débauche et aux malversations de toutes sortes. [84]

As he grew older he came to detest racism as the worst vice of mankind : "Le racisme est le plus bestial des instincts sociaux. Il existe chez toutes les espèces animales. Toutes cherchent leur vie aux dépens d'autres vies." [85]

In 1935 he strongly condemned the anti-semitism which had made its appearance in French Canada. It is significant that he did so in one of his lectures on nationalism; racism was one form of that extreme nationalism which offended his Catholic morality.

4. Bourassa's post-war nationalist program

Yet Bourassa's turn against extreme nationalism did not dilute his program of Canadian nationalism which was, after all, neither "racist," radical or a challenge to church principles. [86] In his celebrated self-examination of his nationalist career in 1935 he came to the conclusion that he had sinned very little; all that he reproached himself for were some of his formulations. What is important is that he did not renounce his nation building program : the struggle for cultural equality and Canadian autonomy. In the very years, in the thirties, when he was most insistent in warning of the danger which extreme nationalism represented for the Church [87] he was equally firm in maintaining that the task of Canadians was to create a spirit different from that of the American. [88] There was no contradiction in castigating extreme nationalism and fostering Canadian nationhood.

---

[84] "Le patriotisme canadien-français," *Revue Canadienne,* vol. XLI, no. 1, June 1902, p. 435.

[85] *Le Devoir,* July 30, 1938, p. 11, vol. 6.

[86] *Ibid.,* May 1, 1935, p. 6, vol. 3.

[87] *Ibid.,* May 10, 1935, p. 6, vol. 3.

[88] *Ibid.,* October 20, 1937, p. 2, vol. 1.

Certainly Bourassa's nationalist program made much less of a political impact on the country before the war than after it. But this was a result of a change in circumstances and not of a weakening of his commitment. Before 1914 French cultural rights became an issue because of non-French settlement of the West and the spectacular growth of French communities in Ontario. But during the 1920's a modus vivendi was established : French rights were not made equal to those of the English but neither were they obliterated. As a matter of fact in Ontario, although regulation 17 was not formally abolished, the situation of French in schools improved steadily. There was a slight flurry over the whole bi-cultural issue in 1927 when the federal government decided to return the natural resources to the Western provinces. Bourassa feared that part of the funds from the sale of public lands would not be turned over to the separate schools. But by 1930 the problem had been settled in a fashion that satisfied him. In the post-war decades, cultural equality in the schools never became a truly explosive issue, although Bourassa stood firmly by his principles.

The same is true of his treatment of Imperial relations. Bourassa spent a great deal of his energy in the twenties pressing for Canadian autonomy. But instead of, as before the war, being the leader of an important current of French Canadian opinion, his own role was considerably diminished because important Liberals from both peoples, like Ernest Lapointe and Mackenzie King now agreed with him.

It is true that social problems became more prominent in his writings and speeches after the war. But this was not because he had become more religious. Before the war the main danger to building a country that would embrace Catholic principles and resist materialism came from the resistance of English-speaking people to cultural duality and complete Canadian autonomy. After 1918, as we have seen, these issues did not have the same burning intensity. On the other hand the pace of industrialism and social change had been accelerated. It was only natural that the proportion of time which Bourassa devoted to social changes should increase. But his main goal in both periods was the building of the Catholic social order.

Bourassa's consistent subordination of French Canadian patriotism to that of Canada is further proof that his nationalism was always constrained by his Catholicism. Before the war he had rejected Tardivel's claim that the first loyalty of a French Canadian was to French Canada. After 1918, except for one celebrated lapse in 1921,[89] he consistently rejected separatism. He had many practical objections to this proposal : such a movement would be confronted by a hostile coalition of English-speaking Canadians aided by the United States and Great Britain; it would be certainly opposed by formidable economic interests like the Bank of Montreal and the C.P.R. as well as by many French Canadians themselves; the rupture of Confederation would mean abandoning French Canadians outside Quebec to their fate. But practical considerations had never stopped him before. The fundamental reason was religious : *"Le Devoir a été fondé pour défendre et soutenir les droits de l'Église, de la famille, de la société, de la patrie, du peuple canadien-français. Tel est à nos yeux l'ordre des devoirs sociaux. Jamais au Devoir tant que je vivrai cet ordre ne sera renversé."*[90] Such a deliberate and conscious subordination of French Canada to Canada could only spring from the deepest of religious convictions; spontaneously and naturally he loved French Canada but he believed that it to be his duty to God to be a good Canadian.[91] And a good Canadian he became by dint of reason and will-power :

> Toujours j'ai voulu être Canadien dans le sens large du mot. J'aime profondément ma patrie, toute ma patrie et tous les éléments qui la composent; à des degrés divers peut-être car comme tout le monde, j'ai senti moi aussi les appels du sang et je suis resté profondément attaché à ma race. Mais je veux aussi par devoir et par raison aimer les autres races qui avec la nôtre forment la nation canadienne. Cet amour est peut-être plus un effort de raison commandé par les circonstances qui nous ont réunis sous une même constitution qu'un sentiment inné, mais je veux qu'on puisse inscrire sur ma tombe : "Il a donné le meilleur de lui-même à son Dieu, à sa foi, à sa patrie."[92]

---

[89] *Ibid.*, December 23, 1921, p. 2, vol. 2.
[90] *Ibid.*, February 4, 1930, p. 12, vol. 4.
[91] *Hansard*, January 12, 1926, p. 74.
[92] *Le Devoir*, January 11, 1926, p. 2, vol. 6.

Bourassa's nationalism was consistent with and could be integrated into his Catholic outlook because the values his program for Canadian nationhood was designed to defend were primarily religious and moral and not cultural; his basic premise was that God had founded Canada to allow a Catholic social order to flourish and not to advance the influence of the French language or the glory of the French Canadian people. Writers who find Bourassa inconsistent assume that the only true nationalism is one based on a community of culture. But this is not what Bourassa thought. He specifically defined a nation as follows : "C'est une communauté d'êtres humains ou plutôt de familles qui ne sont pas nécessairement d'une même race, d'une même langue et d'une même foi mais qui ont réalisé une certaine unité de gouvernement, de lois de vie sociale et économique sur un territoire dont la configuration géographique répond aux exigences d'un pays unique." [93]

On the basis of this definition Bourassa is perfectly consistent in claiming to be both a good Canadian nationalist and a good Catholic. If one rejects this definition then one is left with the irony that the man who more than any other individual was responsible for inculcating generations of French Canadians with pride, self-respect and a sense of their own worth, was primarily not a nationalist at all.

Joseph LEVITT.

---

[93] *Le Devoir*, March 30, 1925, p. 2, vol. 1.

HENRI BOURASSA : UNE ANALYSE
DE SA PENSÉE

Henri Bourassa (1868-1952) était le petit-fils de Louis-Joseph Papineau. Il devint maire de sa paroisse à 21 ans et fut élu pour la première fois député fédéral en 1896, sous la bannière libérale. Par la suite, il se fit élire député provincial, puis de nouveau député fédéral. Laissons-le lui-même nous tracer son portrait : « Dans ma prime jeunesse, — que c'est loin — j'étais tout ensemble, catholique ultramontain, sans compromission, et *rouge* forcené — ce qui faisait dire à M. Laurier : « Bourassa est un *castor rouge*, un monstre... » À 20 ans, j'avais lu et relu tout Veuillot — je m'en délecte encore ; — j'étais abonné à *l'Univers*. Dans la presse canadienne, mes journaux de prédilection étaient *la Vérité*, de Tardivel et *l'Étendard*, du « grand vicaire » Trudel[1]. »

Déjà on peut deviner quelle était son échelle des valeurs : « Il faut parfois rappeler — tant est bouleversée, de nos jours la hiérarchie des devoirs — que la religion précède le patriotisme, que la préservation de la foi et des mœurs importe plus que la conservation de la langue, que le maintien des traditions nationales, des vertus familiales surtout, prime les exigences du haut enseignement ou la production des œuvres littéraires[2]. »

Voilà donc, en raccourci, une esquisse de l'homme. L'examen des différents thèmes nous le fera mieux connaître. Rappelons que son influence fut immense. Une œuvre lui subsiste, *le Devoir*, dont il fut le fondateur.

---

[1] *Le Devoir, ses origines, sa naissance, son esprit*, 1930, p. 3. Les italiques se trouvent dans le texte cité.

[2] *La Presse catholique et nationale*, 1921, p. 29.

I. — LE POLITIQUE

Bourassa a consacré plusieurs années de sa vie à la politique active. Ce chef charismatique maniait avec art le verbe magique qui lui valut des succès extraordinaires auprès des foules délirantes. Mais quelle est sa conception d'ensemble du politique ? Nous verrons tour à tour sa conception de l'autorité, de l'État, de la démocratie, des partis politiques, de la monarchie et de l'opinion publique.

Bourassa transporte dans le domaine civil le respect immense qu'il a de l'autorité ecclésiastique. À l'instar de Bossuet, il affirme : « Toute autorité légitime, quelle que soit la forme de gouvernement, vient de Dieu [3]. » Chacun, donc, doit en principe s'y soumettre. En fait aussi, tous doivent s'y plier, même de force. Commentant de Maistre qui aurait dit que toutes les souverainetés (quelle qu'en soit la forme) agissent nécessairement comme infaillibles, étant donné que tout gouvernement est absolu et que, du moment où on peut lui résister *sous prétexte d'erreur et d'injustice*, il n'existe plus, Bourassa déclare :

Cette règle d'ordre social, cette infaillibilité *de fait* de toute autorité, tout le monde l'accepte et s'y soumet de gré ou de force, dans la famille, à l'école, dans toutes les administrations, au prétoire, dans la cité, partout. Que l'autorité s'exerce par un pouvoir unique et inamovible, ou qu'elle dépende des caprices de la foule ou du hasard des majorités électives — souvent plus despotiques que les autocrates — il faut bien que les sujets, ou la minorité, s'y soumettent en fin de compte. À cette règle, il n'y a d'autre échappatoire que la révolte dont l'objet et le résultat ne sont d'ailleurs que de déplacer le siège de l'autorité [4].

Chez Bourassa, donc, soumission à l'autorité légitime; et c'est Dieu qui accorde la légitimité, non pas nécessairement, remarquons-le, « les majorités électives ». À ce sujet, il est on ne peut plus explicite : « Fils de famille parlementaire et libérale, j'ai cru un temps à la démocratie et au parlementarisme. Pas à la souveraineté du peuple, comme *source de l'autorité*. Cela, c'est une absurdité, aussi impraticable en fait que fausse en principe [5]. »

---

[3] *Le Pape arbitre de la paix*, 1918, p. 99.
[4] *L'Affaire de Providence*, 1929, p. 16.
[5] *Le Problème de l'Empire*, 1916, p. 36.

On voit encore mieux qu'il croit que la légitimité vient en dernier ressort de Dieu quand il dit que le droit à la résistance devient un devoir « lorsque l'autorité donne un commandement contraire à la loi divine; car alors « il vaut mieux obéir à Dieu qu'aux hommes ». En ce cas l'autorité cesse d'être légitime [6] ».

Cette non-légitimité justifie aussi, dans de « très rares cas », le droit à la révolte. La rébellion de 1837 est au nombre de ces cas très rares. Du moins le voit-il ainsi en 1913 : « ... Je prétends que non seulement nos compatriotes ne firent pas acte de rébellion, mais qu'ils continuèrent ici la lutte admirable que le peuple britannique avait soutenue pendant trois siècles contre le pouvoir absolu. En montant sur les échafauds dressés par Colborne, les « rebelles » de 1837 ont acquis les mêmes titres à la reconnaissance de la démocratie anglaise que les héros des grandes luttes pour la liberté, en Angleterre, en Écosse et en Irlande [7]. »

Cette concession faite, cependant, il réaffirme immédiatement son opposition à la révolution, à la révolution avec une majuscule : « Mais je ne crois pas aux révolutions — pas plus aux révolutions « démocratiques » qu'aux révolutions impérialistes. Et surtout, je ne crois pas à la Révolution [8]. »

L'État, chez Bourassa, a presque pour unique rôle de faire respecter la justice, sous toutes ses formes : « Constitué en autorité législative, administrative ou judiciaire, le pouvoir a comme premier devoir de rendre justice, d'établir des rapports de justice entre les individus et les collectivités et d'imposer des sanctions efficaces [9]. »

Dans cette optique, il réclame de la part de l'État le contrôle des trusts et des monopoles. Mais, dans presque tous les autres domaines, il s'oppose à l'expansion des pouvoirs étatiques qu'il considère comme le chemin qui conduit à la neutralité religieuse. Par exemple, l'État doit être exclu du domaine de l'éducation : « L'État est, à nos yeux, un maître d'école incompétent à tous égards [10]. »

---

[6] *L'Affaire de Providence*, 1929, p. 16.

[7] *La Langue française et l'avenir de notre race*, 1913, p. 8. Nous tenons à citer ce texte car nous verrons qu'en 1937 Bourassa aura changé d'avis.

[8] *Le Pape arbitre de la paix*, 1918, p. 99.

[9] *La crise... trois remèdes*, 1932, p. 8.

[10] *Le Devoir, son origine, son passé, son avenir*, 1915, p. 25.

Même chose pour la charité : « Ce n'est pas aux pouvoirs publics à faire la charité. L'État est aussi mauvais aumônier que mauvais sacertode. La charité doit être exercée par l'individu [11]. »

Ajoutons aussi que, s'il prêche la soumission à toutes les autorités, il n'en favorise pas moins la conservation jalouse de l'indépendance de l'Église vis-à-vis de la société civile. Lors de l'Affaire de Providence, Bourassa dit que nombre de catholiques « paraissent ignorer ou oublier que l'Église est une société parfaite, que cette société doit être ordonnée et gouvernée selon ses lois propres, que les « puissances établies » dans l'Église selon « l'ordre de Dieu », ... exercent l'autorité directive dans toutes les matières qui relèvent de leur gouvernement ou affectent la discipline générale ou locale [12] ».

S'il y a suprématie d'un pouvoir sur l'autre, ce serait celui de l'Église sur celui de la société civile car, selon Rumilly, « l'ultramontanisme est la doctrine de la « suprématie » de l'Église dans la société et du pape dans l'Église [13] ». Cette conclusion se dégage à coup sûr de l'ensemble des écrits de Bourassa. « L'histoire nous montre que les Canadiens français n'ont pas vraiment cru à la démocratie pour eux-mêmes », écrit Trudeau dans *le Fédéralisme et la société canadienne-française* [14]. Bourassa en est une illustration patente. Voici comment il définit la démocratie parlementaire : « ... la sélection des incompétences par les incapacités, ou vice-versa [15] ». Il ajoute que la démocratie est un mensonge :

> Il n'y a pas de plus grande farce que de parler de démocratie, d'abord c'est un mensonge; ça n'a jamais existé dans un grand pays. Le plus près qu'on puisse atteindre à la démocratie, c'est dans un des petits pays comme c'était le cas dans les anciennes républiques grecques, la Suisse et dans les républiques italiennes. Rousseau lui-même, au trois quart fou, mais qui avait plus de bon sens que la plupart de ses disciples qui gouvernent le monde aujourd'hui, admettait que la démocratie n'était pas possible dans un grand pays. Chose certaine, c'est que chez-nous ça n'existe pas [16]...

11 *La crise... trois remèdes*, 1932, p. 10.
12 *L'Affaire de Providence*, 1929, p. 15.
13 R. RUMILLY, *Bourassa*, Éd. Chanteclerc, 1953, p. 30.
14 Montréal, Éditions H.M.H., 1967, p. 107.
15 *Syndicats nationaux ou internationaux ?* 1919, p. 57.
16 *Que seront nos enfants ?* 1943, p. 19.

Non seulement Bourassa croit la démocratie impossible dans un grand pays comme le Canada, mais encore trouve-t-il que c'est un régime inefficace à cause de son instabilité. « L'histoire d'un siècle suffit à démontrer que la stabilité dans les décisions et le respect de la foi jugée ne sont guère les vertus propres à la démocratie. La raison, comme l'expérience, enseigne même que le régime démocratique, quelque avantageux qu'il puisse être par ailleurs, exclut forcément la stabilité et la constance [17]. »

Outre l'instabilité, Bourassa croit que la masse, lorsque sa participation est requise, est insuffisamment éclairée pour résister à la « duperie » des classes dirigeantes. « L'histoire démontre, dit-il, que, dans tous les états de sociétés, quelle que soit la forme de gouvernement, la masse populaire est impuissante à réagir contre la perversion générale des classes dirigeantes [18]. » La démocratie serait une sorte d'*ethical embellishment*, selon l'expression de Robert Michels, que manieraient les classes dirigeantes pour satisfaire leurs intérêts inavoués.

Mais la raison principale pour laquelle Bourassa ne croit pas aux vertus de la démocratie parlementaire, c'est qu'elle implique le régime des partis qu'il considère à son époque comme des agents de corruption et de servilité déshonorante. Il a servi d'innombrables mercuriales aux partis à ce sujet. En voici un spécimen :

> Nos partis ne sont que des troupeaux d'esclaves ignorants ou vénaux que les chefs mènent à leur guise. La discipline abrutissante des partis et, plus encore, les subsides électoraux font de la plupart des candidats et des députés les instruments dociles, les bêtes de somme des maîtres qui les achètent, les mènent à l'abreuvoir, entretiennent leur litière et leur laissent entrevoir pour leurs vieux jours d'opulents pâturages. Le prix de ces faveurs, c'est l'abdication de toute indépendance, de toute volonté propre, de tout souci d'honneur, de toute dignité [19].

Pour ces raisons, Bourassa n'acceptera jamais qu'un parti politique acquitte les frais de ses campagnes électorales. Mais le refus de se soumettre à la discipline de parti est plus profond. En fait, Bourassa adopte la conception de Burke du rôle du député envers

---

[17] *Le Pape arbitre de la paix*, 1918, p. 117.
[18] *Hier, aujourd'hui, demain*, 1916, p. 52.
[19] *Le Pape arbitre de la paix*, 1918, p. 47.

ses électeurs [20] et partage la peur d'Ostrogorski de voir les groupes
que sont les partis pervertir le système parlementaire britannique
traditionnel en faisant interférence dans le dégagement des majorités parlementaires [21].

On demandait souvent à Bourassa pourquoi il ne fondait pas
un parti nationaliste. Dans un discours prononcé à l'occasion du
cinquième anniversaire du *Devoir*, il donne quatre raisons précises
dont la deuxième est la suivante : « C'est une erreur de croire que
l'existence des partis est nécessaire au fonctionnement du régime
parlementaire. En admettant que les partis soient devenus à la
faveur des circonstances un mal nécessaire ou temporairement nécessaire, ce n'est pas en l'accroissant qu'on en atténuera les conséquences [22]. »

Le rejet de la démocratie, le refus des partis et l'accent mis sur
le respect de l'autorité pourraient nous amener à croire que
Bourassa est monarchiste. Il n'en est rien. « Je ne me pose pas
en défenseur des monarchies, dit-il. Je ne crois pas plus au « droit
divin » des rois qu'au « droit divin » des peuples. En fait de « droit
divin », je ne crois qu'au droit de Dieu [23]. »

Alors quoi ? Il commence d'abord par poser comme principe que
« l'homme se gouverne plutôt par l'instinct que par le raisonnement. La meilleure forme de gouvernement est celle qui grandit et
se modifie avec le tempérament du peuple à qui elle s'applique [24] ».

---

[20] « Your representative owes you not his industry only, but his judgment;
and he betrays instead of serving you if he sacrifices it to your opinion...
authoritative instructions, which the member is bound blindly and im-
plicitly to obey, though contrary to the dearest convictions of his judgment
and conscience, are utterly unknown to the laws of the land, and against
the tenor of our constitution. » Dans R. McKenzie, éd., *British Political
Parties*, Mercury Books, 1964, p. 253. Dans une motion contre l'envoi de
volontaires au Transvaal, Bourassa dit : « J'éprouve une antipathie innée
pour les tories de cœur et d'instinct. Je suis un libéral de l'école anglaise.
Je suis un disciple de Burke, de Fox, de Gladstone. » Cité par Rumilly,
Bourassa, p. 82.

[21] M. Ostrogorski, *Democracy and the organization of political parties*, New
York, Anchor Books, 1965. Publié pour la première fois en 1912, en
français.

[22] *Le Devoir, son origine, son passé, son avenir*, 1915, p. 46.

[23] *Le Pape arbitre de la paix*, 1918, p. 99.

[24] *Grande-Bretagne et Canada*, 1901, p. 11.

Ailleurs, il ajoute : « Toute forme de gouvernement qui répond aux traditions, au tempérament, aux conditions générales d'un peuple, et dont l'autorité s'appuie sur les principes essentiels des sociétés, est bonne [25]. »

En pratique, cette forme de gouvernement serait peut-être l'autocratie. « Quant à la forme de gouvernement, je veux bien admettre que le régime démocratique vaut mieux que l'autocratie. Encore faudrait-il démontrer son excellence par ses fruits. On aurait peut-être quelque peine à établir que le régime démocratique a donné à l'Angleterre et à la France les qualités qui leur sont propres et que le régime autocratique a infligé au peuple allemand les défauts qui lui sont particuliers [26]. »

Ce penchant vers l'autocratie est renforcé par la faveur que reçoit chez Bourassa le régime aristocratique, qui s'incarna, au Canada, dans le régime seigneurial. Lui-même héritier d'une seigneurie, « La petite nation », il déplore que le régime féodal n'ait pu se développer davantage au pays.

> Certes je n'ignore pas ce qui manquait à nos vieilles familles canadiennes. On n'en saurait méconnaître les faiblesses et les lacunes, et notamment celles qui provenaient de l'absence d'une véritable hiérarchie sociale, d'une aristocratie consciente de son rôle et de ses responsabilités, d'une bourgeoisie éclairée, entreprenante et solidement progressive. Les éléments existaient mais le régime colonial français les étouffait. Plus tard, les agents de l'Angleterre, en dominant les seigneurs et les têtes dirigeantes du clergé, puis en corrompant les chefs politiques, accentuèrent le mal [27].

Toutefois, ses préférences exprimées, il se rend bien compte qu'il doit s'accommoder de la démocratie parlementaire que nous a « infligée » la Grande-Bretagne : « ... je ne puis supprimer le *fait* que le régime parlementaire est la base du droit public au Canada comme en Angleterre et dans tous les pays autonomes de l'Empire [28]. » Il en tire alors les conséquences qui s'imposent : « Tant qu'il en sera ainsi, il me paraît clair que tout ce que nous avons à faire c'est d'utiliser le régime pour ce qu'il vaut, c'est de réclamer ses avantages afin d'atténuer ses inconvénients, c'est de

---

[25] *Le Pape arbitre de la paix*, 1918, p. 99.

[26] *Hier, aujourd'hui, demain*, 1916, p. 77.

[27] *La presse catholique et nationale*, 1921, p. 66.

[28] *Le problème de l'Empire*, 1916, p. 39.

faire fonctionner ses soupapes de sûreté afin d'empêcher qu'il ne produise ses pires effets [29]. »

Une de ces soupapes de sûreté, c'est le référendum. Il en propose un sur la conscription : « Il serait facile de démontrer, dit-il, qu'il n'est nullement contraire, comme on l'a parfois prétendu, aux principes et à la pratique des institutions britanniques. À loisir, je soutiendrais même volontiers la thèse que, contenu dans de justes bornes, le plébiscite est plus conforme aux vrais principes de l'ordre social que le régime électoral et parlementaire [30]. »

Ce moyen de consultation doit être utilisé « dans de justes bornes ». On ne peut l'utiliser à tout bout de champ. Il faut donc y suppléer par la formation d'une opinion publique éclairée et prompte à exercer des pressions lorsque la situation le commande. « Les hommes de cœur, de conscience, de devoir et d'action — et même les seuls hommes d'esprit, ayant quelque respect de leur intelligence et quelque sentiment des convenances — comprennent chaque jour davantage qu'il faut reconstituer une opinion publique en dehors et au-dessus des partis [31]. » Pour ce faire, il faut « faire une agitation générale et croissante, une agitation intelligente, ferme et modérée, et surtout une agitation constante. Il faut multiplier les plaidoyers, les tracts de propagande et les arguments [32] ».

À cette fin, Bourassa fondera un journal. Mais il voulait aussi fonder des clubs. Ces clubs se seraient apparentés à ce que sont aujourd'hui les *amateur democrats* aux États-Unis [33] ou le Club Jean-Moulin, en France. Bourassa s'explique dans un discours au Monument National en 1908. Voici ce qu'en dit Rumilly, qui rapporte la conférence :

> Les clubs de Bourassa seront des organisations de jeunes, vivantes et puissantes, qui travailleront à purifier l'opinion, à recréer la mentalité politique. Des jeunes gens formés dans ces clubs prêcheront ensuite, à leur tour, la saine doctrine. Les cotisations des membres serviront à payer les cachets des conférenciers, les dépenses électorales et les frais d'un grand

---

[29] *Idem*, p. 36.

[30] *La Conscription*, 1917, p. 39.

[31] *Pour la justice*, 1912, p. 41.

[32] *La Langue française au Canada, ses droits, sa nécessité, ses avantages*, 1915, p. 51.

[33] J. Q. WILSON, *The Amateur democrat, club politics in three cities*, University of Chicago Press, 1966.

journal indépendant. J'ai vu des organisations de ce genre en Belgique, dit Bourassa ; chacun y participe : producteur, ouvrier ou capitaliste. Nous forgerons un instrument infaillible pour récompenser les hommes publics ayant bien mérité de leurs concitoyens et punir les autres [34].

L'Association catholique de la jeunesse canadienne répondra partiellement à ces vœux et Bourassa ne lui ménagera pas son appui dans ses discours et les colonnes de son journal.

II. — LA NATION

La lutte « la plus constante et la plus vive » que Bourassa ait menée fut dirigée contre l'impérialisme britannique. C'est d'ailleurs sur ce sujet que ses écrits sont les plus rigoureux, les mieux documentés, les plus développés. En corollaire, il se fit le promoteur d'un nationalisme pancanadien, basé sur le respect mutuel des deux races. D'abord favorable au maintien du lien colonial pour éviter l'annexion aux États-Unis, il se prononça finalement pour l'indépendance du Canada devant les perspectives de réussite des tenants d'une fédération impériale.

La première attaque de Bourassa est dirigée contre l'impérialisme britannique lors de la guerre des Boers. C'est l'objet de sa première brochure, en 1901. On lui a demandé de « définir rigoureusement par a plus b, l'impérialisme et le contre-impérialisme ».

L'impérialisme anglais est un régime d'accaparement et de domination militaire, né de l'expansion exagérée de la puissance anglaise et nourri de cet orgueil stupide, brutal et vantard qu'on nomme égoïsme. Il s'exprime volontiers par des formules ronflantes : « Britannia rules the waves », ... « Britons shall never be slaves », ... « Trade follows the flag », ... « What we have we hold », ...
... En un mot, le véritable impérialisme anglais, c'est la CONTRIBUTION DES COLONIES AUX GUERRES DE L'ANGLETERRE — en hommes et en deniers, en hommes surtout [35].

En effet, Bourassa s'oppose avec une très grande vigueur à la participation du Canada à cette guerre. Cela va contre les deux principes qui ont régi jusque-là les relations entre la Grande-Bretagne et le Canada, à savoir : « La Grande-Bretagne, seule

---

[34] *Bourassa*, p. 303.
[35] *Grande-Bretagne et Canada*, 1901, p. 3.

responsable de sa politique étrangère, est seule tenue d'en porter le fardeau. Le Canada, dépourvu de toute autorité, n'est obligé de participer à la défense de l'Empire que pour assurer son territoire [36]. »

Il reprend les mêmes arguments à l'occasion de la loi navale de 1910 et de la contribution de Laurier de $35 millions, de même que lors du projet de fédération impériale et de la guerre de 1914. À ces arguments politiques contre l'impérialisme anglais, il ajoute des raisons morales :

> Le triomphe de l'impérialisme anglais serait, pour la foi et la civilisation chrétiennes et pour le repos du monde, un péril aussi redoutable que l'auraient été la victoire de l'impérialisme germanique, la réalisation des rêves du panslavisme moscovite ou la permanence des conquêtes de l'Islam, aussi désastreux que pourrait l'être le triomphe du bolchévisme international ou l'invasion des jaunes... Ce serait l'abrutissement des peuples par le mercantilisme, le culte de l'or et le matérialisme vécu; il n'en est pas de plus dégradant [37].

Il s'oppose donc, on le voit, à toute forme d'impérialisme. À toute forme de militarisme aussi. On pourrait croire que son opposition à l'impérialisme britannique l'amène à réclamer l'indépendance du Canada. Mais non. D'une part, Bourassa s'accommode fort bien du lien colonial et professe à l'endroit de la « belle-mère patrie » une admiration et une loyauté dont il ne se départira jamais. Parlant des Canadiens français, il dit : « Nous aimons l'Angleterre d'un amour de raison et si on me permet d'ajouter ma pensée personnelle, j'ajouterai que j'aime l'Angleterre d'un amour d'admiration [38]. » D'autre part, il redoute l'annexion aux États-Unis parce qu'il considère que l'identité canadienne n'est pas assez développée : « Tant qu'une entente plus franche et plus nette n'existera pas entre les deux races — et ce but désirable ne sera atteint que le jour où le peuple canadien aura forcé ses hommes d'État à adopter une politique vraiment canadienne — je dis que nous ne sommes pas mûrs pour l'indépendance [39]. »

Nous abordons ici le deuxième volet du diptyque de l'action de Bourassa : sa lutte pour le développement d'un nationalisme spéci-

[36] Le Devoir, son origine, son passé, son avenir, 1915, p. 16.
[37] La Mission Jellicoe, 1920, p. 34.
[38] La Langue française et l'avenir de notre race, 1912, p. 18.
[39] Grande-Bretagne et Canada, 1901, p. 40.

fiquement canadien. Elle découle de son combat contre l'impérialisme et c'est la raison pour laquelle nous avons insisté sur ce point. Lors du cinquième anniversaire de fondation du *Devoir*, il déclare : «... c'est la résistance aux emprises de l'impérialisme qui a donné naissance au mouvement nationaliste [40] ».

Bourassa se veut Canadien avant tout. Les témoignages en ce sens seraient innombrables. En voici un qui ne laisse subsister aucune équivoque : « Le premier problème qui se pose à notre esprit, c'est celui-ci : devons-nous être plus Français que Canadiens ou plus Canadiens que Français ? En d'autres termes, devons-nous être des Français au Canada ou des Canadiens d'origine française ? Je ne conçois pas qu'on puisse hésiter un instant à répondre que nous devons rester essentiellement Canadiens [41]. »

Une fois posé ce principe, Bourassa explique les fondements de son nationalisme : un élément externe et un élément interne : « Les deux éléments du nationalisme canadien sont le développement graduel, normal de la nationalité canadienne jusqu'au point où le Canada prendra place au rang des nations libres; le maintien d'un juste équilibre entre les deux groupes ethniques, ou plutôt linguistiques, qui lui ont donné naissance; ce qui comporte l'épanouissement simultané des deux cultures, anglaise et française, modelées largement mais non servilement sur les civilisations dont elles dérivent [42]. »

Bourassa utilise ici les termes « groupes ethniques », groupes « linguistiques », « deux cultures », mais la plupart du temps il parle des « deux races ». Il voudrait que les deux races se respectent mutuellement :

J'appartiens à l'école, moins nombreuse qu'on ne le pense, qui voit plus d'avantages que d'inconvénients dans la coexistence des deux races au Canada. Avec un nombre plus restreint encore, j'estime que le Canada tout entier bénéficiera de cette situation et recevra des deux races le maximum de leur apport au patrimoine politique, intellectuel et moral de la nation, dans l'exacte mesure où chacune d'elles restera le plus complètement elle-même, avec ses facultés propres, son tempérament, ses attributs, son héritage intellectuel. La nation canadienne n'atteindra ses suprêmes destinées, elle n'existera même qu'à la condition d'être bi-

---

[40] *Le Devoir, son origine, son passé, son avenir*, 1915, p. 20.
[41] *Le Patriotisme canadien-français*, 1902, p. 10.
[42] *Patriotisme, nationalisme, impérialisme*, 1923, p. 47.

ethnique et bilingue, de rester fidèle au concept des Pères de la Confédération : la libre et volontaire association de deux peuples, jouissant de droits égaux en toutes matières [43].

Malgré cette volonté de respect mutuel, Bourassa ne se fait pas d'illusion sur la situation de fait. Certains parlent aujourd'hui de « deux solitudes » ; lui parle de « ligne de démarcation ».

Il existe réellement, entre les deux races, non pas un abîme, mais ce que les Anglais appellent « a deep line of cleavage [44] ». Bourassa déplore l'incompréhension de l'autre race, les tentatives délibérées d'assimilation, le viol des droits des minorités. Il estime que le régime confédératif a mal servi les Canadiens français [45]. Cependant, malgré ces déboires, il espère toujours que les Canadiens anglais « comprendront ». En 1915, il essaie de s'en persuader : « Oui, un jour viendra sûrement où les Anglo-Canadiens, sortis de l'ornière où les retiennent les préoccupations bornées du mercantilisme, nous remercierons à genoux d'avoir conservé au Canada cet élément inappréciable de civilisation et de culture supérieure [46]. »

Mais en 1943, dans une conférence au Plateau, à Montréal, il prononce un constat qui semble négatif : « ... le moment où peut-être il y aurait eu une chance de créer un patriotisme véritable, c'est en 1864, avant la Confédération, à la conférence de Québec comme point de départ, où l'on avait invité le Haut et le Bas-Canada, le Nouveau-Brunswick, la Nouvelle-Écosse et l'Île du Prince Édouard [47] ».

La lutte de Bourassa pour le développement d'un nationalisme canadien s'est accompagnée d'une lutte contre ce qu'il a appelé le « nationalisme outrancier et immodéré ». Il considérait que l'impérialisme, le colonialisme, le racisme, le séparatisme étaient des excès du vrai nationalisme. En 1923, à la suite de la condamnation par le pape du « nationalisme immodéré » dans l'encyclique *Ubi Arcano Dei*, Bourassa dénonce le principe des nationalités :

---

43 *La Conscription*, 1917, p. 20.

44 *Idem*, p. 19.

45 *Le Devoir et la guerre*, 1916, p. 4.

46 *La Langue française au Canada, ses droits, sa nécessité, ses avantages*, 1915, p. 49.

47 *Que seront nos enfants ?* 1943, p. 22.

Il est un autre aspect de l'impérialisme contemporain qu'il faut signaler et qui se rattache plus intimement au « nationalisme outrancier » : c'est la mise en pratique de la doctrine tant prônée par les Bonapartes, le second surtout sous le nom assez vague de *principe des nationalités* et rebaptisée (laïquement) par un homme d'État anglais sous l'appellation plus nébuleuse encore de « Droit des peuples de disposer d'eux-mêmes ». Presque vraie — réserve faite des principes d'ordre social — pour les nations qui possèdent à la fois l'unité de territoire, de race et de gouvernement, cette maxime est devenue un ferment de désordre le jour où des peuples de même race prétendirent en faire leur profit, sans le moindre souci de tout autre droit et de tout principe d'ordre public [48].

C'est presque une condamnation du droit à l'autodétermination. Ce qui est certain, c'est qu'il s'oppose à l'indépendance du Québec. Il estime que c'est une « chimère » : « Depuis peu, un groupe de jeunes Canadiens français, brillants, éloquents, s'évertue, en prévision de la rupture, à préconiser la formation d'un État français dont les limites correspondraient à peu près à celles du Québec actuel. C'est, dit-on, l'idéal vers lequel nous devons tendre. Ce rêve est-il réalisable ? Je ne le pense pas. Est-il désirable ? Je ne crois pas davantage, ni au point de vue français, ni, encore moins, au point de vue catholique, qui prime à mes yeux l'intérêt français [49]. » La raison ? « Un Québec indépendant ne pourrait naître et vivre que par la tolérance des cent millions et plus d'anglophones qui l'entourent [50]. »

Pour Bourassa, le colonialisme est aussi un excès du nationalisme. « ... Nous sommes aussi opposés, dit-il, au colonialisme français dans l'ordre moral ou intellectuel qu'au colonialisme anglais dans l'ordre politique ou économique [51]. » Il envisage ainsi nos relations avec la France : « Soyons français comme les Américains sont Anglais [52]. »

Nous ne voudrions pas clore ce chapitre sur le nationalisme de Bourassa sans dire un mot de ses luttes en faveur de la langue française. Sa lutte s'appuie sur quatre motifs principaux. Premièrement, parler sa langue est un droit naturel. « Les Canadiens-

---

48 *Patriotisme, nationalisme, impérialisme*, 1923, p. 28.
49 *Idem*, p. 37.
50 *Idem*, p. 39.
51 *Le Devoir, son origine, son passé, son avenir*, 1915, p. 33.
52 *Le Patriotisme canadien-français*, 1902, p. 3.

français ont de par le droit naturel, l'histoire et la constitution, dans toute l'étendue de la Confédération canadienne, droit à leur existence comme race, à l'enseignement et à la diffusion de leur langue et à la conservation de leurs traditions religieuses et nationales [53].» Deuxièmement, le maintien du français est dans l'intérêt du Canada. Il va prévenir l'annexion aux États-Unis : « La nation canadienne tout entière a un intérêt primordial à la conservation et à la diffusion de la langue et des traditions françaises [54].» Si les projets des anglicisateurs devaient réussir, nous pourrions dès aujourd'hui leur faire une prédiction qui se réalisera assurément : c'est que s'ils réussissent à angliciser les Canadiens-français, ils n'en feront pas des Anglais mais des Américains [55].» Troisièmement, il y va de la survivance du Québec : « On ne saurait trop le répéter : la conservation des groupes français disséminés dans le Canada anglais est la garantie la plus certaine de notre propre conservation, à nous, du *Canada français*. Si nous laissons s'affirmer le principe faux que la langue et la civilisation française n'ont pas de place dans les provinces anglaises, de quel droit nous opposerons-nous à l'application rigoureuse du même principe dans toute la Confédération canadienne [56] ?» Il y a en dernier lieu, une raison morale. La langue est la gardienne de la foi : « L'explication est très simple. D'abord, nous croyons que la langue, sa conservation et son développement sont pour nous l'élément humain le plus nécessaire à la conservation de notre foi [57].»

En fait, on va le voir sous le thème de la religion, Bourassa accorde préséance à la foi.

III. — LA RELIGION

Bourassa, on le sait, était ultramontain. On ne saurait trop insister sur l'importance de la religion dans la vie de cet homme. On aurait dit qu'il voulait compenser l'agnosticisme de son grand-père. Laurendeau a dit de lui qu'il était janséniste. Nous ajoute-

[53] *Le Devoir, son origine, son passé, son avenir*, 1915, p. 32.
[54] *Idem*, p. 32.
[55] *La Langue française et l'avenir de notre race*, 1912, p. 18.
[56] *Le Devoir et la guerre*, 1916, p. 11.
[57] *La Langue française et l'avenir de notre race*, 1913, p. 14.

rions qu'il était puritain. Chez Bourassa, les convictions religieuses priment tout. Sa foi guide la moindre de ses paroles et de ses actes. Absolument tout lui est subordonné : « À l'Église Catholique, Apostolique et Romaine, nous avons voué un amour sans bornes, une fidélité inviolable, une obéissance entière [58]. »

Il se qualifie volonticrs d'ultramontain. Cette tendance prend racine chez lui en 1896, durant l'affaire des écoles du Manitoba où il défend les directives que Léon XIII a exprimées dans l'encyclique *Affari Vos*.

> Dès lors, j'étais persuadé que la lumière vient de Rome — non seulement dans l'ordre des vérités de foi et de morale,... mais même pour la solution des problèmes politiques et sociaux. Dès lors, il me paraissait évident que le Pape voit mieux, voit de plus haut, avec plus d'ampleur et de sérénité, avec un sens plus juste du relatif et de l'absolu, que les hommes d'État les plus éminents, voire que les chefs des Églises particulières. Et conséquence logique, je pris la résolution d'obéir au Pape et de suivre ses conseils, même quand ses ordres ou ses avis pourraient contrarier mes idées ou celles de mes amis, de mes associés politiques ou de mes compatriotes [59].

Il favorise dans l'Église l'autorité dite « cléricale ».

> ... Ne perdons jamais de vue, d'abord que nous devons aux évêques et aux prêtres, respect et obéissance dans toutes les matières qui touchent à la foi et à la morale, tant qu'une autorité supérieure n'a pas décidé que tel évêque ou tel prêtre a erré. ... Ensuite, que dans les matières d'opinion libre comme l'attitude des évêques sur la guerre, de l'autre et de celle-ci, ils ont non seulement le droit à notre respect mais dans notre propre intérêt, dans l'intérêt de nos enfants, de notre race et de notre province, nous devons éviter avec soin, toute parole et toute attitude qui seraient de nature à faire baisser dans la masse de la population, la confiance et le respect envers les autorités [60].

Dans *Hier, aujourd'hui, demain*, Bourassa excuse pendant 18 pages l'attitude du clergé face au conquérant, même s'il trouve « au début surtout, maintes expressions qui témoignent d'un loyalisme extraordinaire, exagéré même — nous serions tentés de dire : d'un servilisme déconcertant à l'endroit des autorités britanniques [61] ».

[58] *Le Canada à Londres*, 1914, p. 20.
[59] *Le Devoir, ses origines, sa naissance, son esprit*, 1930, p. 4.
[60] *Que seront nos enfants ?* 1943, p. 7.
[61] *Idem*, p. 22.

La soumission de Bourassa à l'Église est presque aveugle. Il dit, parlant des lectures philosophiques au cours desquelles il a lu que l'évolution de l'humanité obéit à des lois propres : « Je l'avoue à ma courte honte, je ne compris pas grand-chose à ce jargon philosophique et je trouvai plus consolant pour mon cœur simple, plus satisfaisant pour ma raison, de m'en tenir à l'idée de la Providence et de me croire soumis, comme individu et comme membre du corps social, aux lois éternelles du créateur, plutôt qu'à une force brutale, inconsciente de son origine et de sa fin [62]. »

La science, on le constate, est subordonnée à la religion. Il en est ainsi de la langue et de la culture : « On ne saurait trop répéter que la lutte pour la langue et la culture françaises, légitime en soi, n'est qu'accessoire et subordonnée à la lutte pour la foi et le droit paternel. On ne saurait trop redire que la langue française et les traditions canadiennes-françaises doivent être conservées surtout parce qu'elles constituent de précieux éléments de l'ordre social catholique [63]. »

On retrouve le même degré de subordination en ce qui regarde l'éducation, le travail, l'économie et la famille. C'est pourquoi nous n'insistons pas tellement ici car nous retrouvons ses conceptions religieuses en filigrane partout. D'ailleurs dans les derniers domaines que nous venons de citer, il se contente la plupart du temps de reprendre à pleines pages les encycliques pontificales.

IV. — L'ÉDUCATION

En éducation, Bourassa pose deux principes de base : « Il y a pour nous, deux principes fondamentaux : — la première et la principale autorité en matière d'éducation appartient aux pères de familles; — l'Église a seule autorité pour définir les principes de foi et de morale qui doivent former la base de tout enseignement et en pénétrer l'esprit comme la lettre [64]. »

---

[62] « Le rôle des Canadiens-Français », dans *l'Action nationale* (janvier 1954), p. 115.

[63] *La Presse catholique et nationale*, 1921, p. 29.

[64] *Le Devoir, son origine, son passé, son avenir*, 1915, p. 25.

Selon son premier principe, l'éducation est du ressort de la famille, non de l'État.

> L'école, quelque bonne qu'elle soit, quelque dévoués que soient les professeurs des deux sexes, ne peut pas remplacer la famille ; elle peut prolonger son action, corriger en une certaine mesure, mais ne peut pas faire des citoyens. J'irai plus loin, elle ne peut pas faire des chrétiens. L'État encore moins ; une des pires folies de notre époque, c'est la théorie de l'État, maître de l'école, et n'oubliez pas que c'est une théorie qui commence à prendre corps chez nous, et il est déjà question de l'école obligatoire décrétée par l'État. À chaque jour suffira sa peine [65].

Bourassa semble opposé à la scolarisation obligatoire. En réalité, ses principes religieux en font, peut-être inconsciemment, le promoteur de « l'honnête médiocrité ».

Sur le plan littéraire : « Nous avons moins écrit, beaucoup moins, et de moins beaux livres, que nos cousins de France ; mais en revanche, nous n'avons pas blasphémé Dieu, nous n'avons pas renié l'Église, notre mère, ni la France chrétienne, patrie de nos aïeux [66]... » Sur le plan linguistique : « Non, Dieu merci, nous ne parlons ni le « français de Paris », ni le Parisian French de Toronto. Nous parlons la bonne, vieille et sainte langue de France, la langue de la France d'autrefois, de la France qui priait, de la France qui soutenait l'Église, de la France qui faisait moins de livres mais de meilleurs, de la France qui faisait plus d'enfants pour Dieu, pour l'Église et pour la Patrie [67]. »

La priorité qu'il accorde aux parents dans le domaine de l'éducation va l'amener à défendre les droits de la famille.

V. — LA FAMILLE

La famille est un des thèmes chéris de Bourassa. Il y revient à satiété dans les dernières années de sa carrière. Tout est centré sur la famille. Ce n'est pas l'individu, comme Anglo-Saxon et protestant issu de la Réforme, qui est à la base de l'ordre social, c'est la famille. « La famille à la base, l'Église et la société civile en

---

[65] *Que seront nos enfants ?* 1943, p. 5.

[66] *La Langue gardienne de la foi*, 1918, p. 46.

[67] *Idem*, p. 48. On trouve des textes de ce genre à profusion chez Bourassa. On en reste ébahi à chaque fois.

haut, telles sont donc les bornes sociales de la patrie et du patriotisme [68]. »

L'importance qu'il accorde à la famille l'amène à combattre la moindre cause qui pourrait en diminuer le rôle. D'abord il s'oppose au divorce. Il voudrait qu'il soit aboli partout au Canada plutôt que d'être légalisé partout comme le fait le gouvernement fédéral : « De remède véritable, il n'y a que celui indiqué dès 1912 par le R. P. Duvic : « N'accorder aucun divorce et supprimer tous les tribunaux qui ont été constitués pour l'accorder », en commençant par le plus nocif, le tribunal fédéral du Sénat [69]. »

Il s'oppose au mariage civil : « Qu'on ne s'y méprenne pas : permettre l'établissement du mariage civil, c'est ouvrir la porte toute grande au divorce. En droit et en fait, le divorce est la conséquence logique du mariage civil [70]. »

Il s'oppose au mouvement féministe. « Poussé à ses fins logiques, il aboutira à la destruction de la famille, à la désorganisation de l'ordre social, à la dégradation de la femme elle-même, qu'il prétend affranchir mais qu'en réalité il ramène, par des voies différentes, au rang où le paganisme l'avait réduite et d'où le christianisme l'avait relevée [71]. » Son argumentation est la suivante : « La différence des sexes entraîne non pas l'inégalité des conditions mais le partage des fonctions et des charges sociales, et aussi le *partage des droits* qui répondent à ces charges et à ces fonctions [72]. » Il s'oppose au vote des femmes. Cela constitue selon lui, « l'introduction du féminisme sous sa forme la plus nocive : la femme-électeur, qui engendrera bientôt la femme-*cabaleur*, la femme-*télégraphe*, la femme-sénateur, la femme avocat, enfin, pour tout dire en un mot : la femme-homme, le monstre hybride et répugnant qui tuera la femme-mère, et la femme-*femme* [73]. »

Il s'oppose au travail de la femme qui entraîne le « libertinage dans les usines » : « ... À l'heure actuelle la propagande de débau-

---

[68] *Patriotisme, nationalisme, impérialisme*, 1923, p. 10.
[69] *Le Divorce*, 1930, p. 18.
[70] *Femmes-hommes ou hommes et femmes ?* 1925, p. 71.
[71] *Idem*, p. 4.
[72] *Idem*, p. 36.
[73] *Idem*, p. 41.

che, la propagande anarchiste est formidable dans tous les milieux ouvriers. C'est vrai. Alors que seront les enfants de familles ainsi désaxés, élevés dans les logements malsains, ne recevant pas d'instruction religieuse ou morale ou très peu, recevant toutes sortes d'exemples propres à détruire en eux la santé morale, la foi religieuse, et qui ont de plus des santés avariées[74]. »

Il s'oppose aux tarifs et à la taxe de vente qui font monter les prix des produits : « De toutes les provinces du Canada, le Québec est celle qui renferme le plus grand nombre de familles nombreuses. Or, les taxes de consommation atteignent principalement les familles nombreuses. C'est donc la province de Québec qui a les meilleures raisons de s'opposer à un tarif douanier qui rehausse le prix des objets de consommation essentielle[75]. »

Il s'oppose à l'impôt sur le revenu, « institué par un premier ministre et un chef d'opposition sans enfant » : « Le même souci au sujet des pères de familles nombreuses détermine mon attitude sur tous les autres impôts, notamment l'impôt sur le revenu. Depuis nombre d'années notre législation fiscale, s'inspirant de celle de France, se fonde pour ainsi dire sur le malthusianisme. Le législateur avait établi l'impôt sur le revenu en oubliant qu'il y a des pères de famille au Canada[76]. »

Il s'oppose aussi aux grandes corporations anonymes : « Ce régime menace directement la famille et l'ordre social. Il supprime le petit commerce et la petite industrie, le métier et le travail familial. Il attire à la grande usine, au grand commerce, dans les grandes administrations et dans les grands centres, des masses d'hommes, de femmes et d'enfants qu'il rend esclaves de la machine et du rond de cuir[77]. »

On pourrait continuer dans cette veine, mais cela suffit à montrer jusqu'à quel point la famille occupe une place centrale dans la pensée de Bourassa. Cette conception est tellement myope qu'elle le conduit presque à refuser le progrès.

---

[74] *Que seront nos enfants ?* 1943, p. 16.
[75] *La Politique et les partis*, 1926, p. 7.
[76] *Idem*, p. 8.
[77] *La Propriété, ses bornes, ses abus*, 1924, p. 20.

VI. — LE TRAVAIL ET L'ÉCONOMIE

Bourassa ne possède pratiquement aucune notion scientifique de l'économie et ses prises de position procèdent presque toujours d'un point de vue moral. Il ambitionne comme la plupart de ses contemporains, « l'honneur de la doctrine et les palmes de l'apostolat ».

D'une part il pose comme principe que les biens spirituels priment les biens matériels : « Il faut rétablir dans les intelligences et dans la pratique courante de la vie individuelle et sociale, la conviction que les biens matériels importent moins que les biens spirituels, que les fonctions de l'intelligence et les besoins de l'âme priment les appétits du corps et les exigences de la vanité [78]. »

Ensuite, comme les Anglo-Saxons dominent sans conteste l'économie, il voit dans le monde des affaires un instrument d'assimilation : « Au Canada français, la passion désordonnée des affaires est le plus actif agent de la conquête anglo-saxonne et protestante; c'est la marque la plus certaine de l'emprise du matérialisme sans foi, sans idéal et sans patrie, qui domine toute la vie sociale et politique du continent [79]. »

Cela l'amène à dénoncer la doctrine qui en est le principal ferment, le libéralisme économique : « Le plus clair résultat du triomphe de la Révolution française et de l'école d'Adam Smith en Angleterre, a été d'avilir le travailleur et le produit de son travail et de mettre le monde sous la domination d'une monstrueuse ploutocratie, sans hérédité, sans culture, sans responsabilité [80]. »

Il rêve d'un retour au régime de propriété féodale : « Éminemment social, il liait la famille à la propriété, la propriété à la famille. La propriété était essentiellement terrienne et patrimoniale : elle présentait les plus solides garanties de réalité, de continuité, et de fructification. Elle comportait à tous les titres, un juste équilibre de charges et de privilèges [81]. »

Dans le monde contemporain, ce qui se rapproche le plus de cet état « éminemment social », c'est la colonisation. Il s'en fait le promoteur tellement ardent que cela devient chez lui une ma-

---

[78] *Idem*, p. 10.
[79] *La Presse catholique et nationale*, 1921, p. 52.
[80] *Syndicats nationaux ou internationaux ?* 1919, p. 19.
[81] *La Propriété, ses bornes, ses abus*, 1924, p. 8.

rotte : « Si l'on me demandait quel est le premier devoir du gouvernement de Québec, je répondrais : c'est de coloniser. Si l'on me demandait quel est le deuxième devoir du gouvernement de Québec, je répondrais encore : c'est de coloniser. Si l'on me demandait quel est le troisième devoir du gouvernement de Québec, je répondrais toujours : c'est de coloniser [82]. »

Durant la crise, il propose un retour à la terre et aux principes évangéliques tout en dénonçant le capitalisme exploiteur et le socialisme abrutissant : « Nous n'avons rien à attendre du capitalisme sans entrailles, d'un capitalisme brutal, ni du socialisme dégradant et abrutissant. Tous les mots en isme ne feront pas disparaître la crise. Ce qui nous sauvera, ce qui sauvera le monde, c'est le retour aux vieilles vertus de tempérance, de justice et de charité [83]. »

Mais il faut tout de même vivre en son siècle, celui des affaires. Il propose ce qui suit : « Dans le domaine de la finance, faisons des affaires, mais cherchons plutôt à nous faire estimer par la prudence, la probité et l'intelligence de nos opérations plutôt que par le fracas de nos agiotages et de nos spéculations : allons moins vite et plus sûrement. Travaillons et manufacturons, mais faisons-nous rechercher surtout par la solidité, l'élégance et le bon goût de nos produits plutôt que par leur quantité et par le tapage de nos réclames [84]. »

Dans le domaine des relations de travail, Bourassa admet le principe du syndicalisme : « Il est légitime, il est juste, il est désirable que les diverses catégories d'hommes voués par vocation ou par nécessité à un ordre particulier d'activités industrielles, morales ou matérielles se rapprochent, se groupent, s'organisent méthodiquement, se protègent à l'occasion et s'entraînent mutuellement à leur perfectionnement moral et matériel, en raison de leurs activités propres, de leur profession, de leur métier [85]. »

Il admet ce principe non seulement pour les ouvriers mais aussi pour les patrons qu'il presse de s'y conformer : « La preuve la

---

[82] Discours prononcé à Québec en 1903, à une assemblée de la Ligue nationaliste. Cité par RUMILLY, *Bourassa*, p. 168.

[83] *La Crise... trois remèdes*, 1932, p. 12.

[84] « Le rôle des Canadiens-Français », dans *l'Action nationale* (janvier 1954), p. 135.

[85] *Syndicats nationaux ou internationaux ?* 1919, p. 5.

plus tangible et la plus efficace qu'ils pourraient donner de leur adhésion au principe du syndicalisme, ce serait d'organiser eux-mêmes des syndicats patronaux [86]...» Ceci dit, on se rend vite compte, cependant, que Bourassa n'admet le syndicalisme que pour mieux défendre le syndicalisme catholique, le qualificatif prenant plus d'importance que le substantif qu'il détermine. Dans son discours à Notre-Dame, en 1910, il s'inquiète de la montée des syndicats neutres : « Nos ouvriers sont encore catholiques individuellement, mais nos unions ouvrières ne le sont pas [87]. »

Par conséquent, il propose l'établissement de syndicats officiellement catholiques : « Il faut prouver à l'ouvrier que la foi, greffée sur les organisations ouvrières, ne les affaiblit pas mais leur donne une âme qui les fera vivre plus longtemps et produire des fruits plus nombreux et plus substantiels que les groupements qui n'ont d'autre but que d'unir les ouvriers dans la revendication de leurs appétits et la recherche d'un salaire plus élevé [88]. »

VII. — LA REPRÉSENTATION DES ADVERSAIRES

Bourassa aimait la lutte. Il fut gâté. Il a combattu à peu près tout le monde. Même Laurier. Après s'en être séparé, voici ce qu'il dit de lui en 1910, dans un discours prononcé au Monument National : « Personne ici n'a plus aimé Laurier que je l'ai aimé, personne ici ne lui a plus donné, sans compter, sa jeunesse, son enthousiasme, son admiration, son culte [89]. » Il donne la raison de son revirement deux ans plus tard : « Je croyais en Laurier; la désillusion est venue lentement — mais le jour ou j'ai cru qu'il n'avait plus d'autre culte que le succès, je l'ai quitté, au prix de sacrifices que je n'ai racontés à personne [90]. »

Mais Bourassa respectait Laurier, malgré des divergences de vues profondes. En fait, il a toujours combattu les idées plutôt que les hommes. Et dans le domaine des idées, il ne s'est pas gêné.

---

[86] *Idem*, p. 24.
[87] *Religion, langue, nationalité*, 1910, p. 10.
[88] *Idem*, p. 11.
[89] *Le Projet de loi navale*, 1910, p. 62.
[90] *Pour la justice*, 1912, p. 28.

La virulence de certaines dénonciations nous laisse pantois. Qu'on en juge par soi-même :

> La langue anglaise est la langue de l'erreur, de l'hérésie, de la révolte, de la division, de l'anarchie dogmatique et morale. À mesure que s'apaise la fureur des sectes, qu'une tolérance de surface, pire que la persécution violente, masque sans l'éteindre la haine anti-papiste, qu'une respectabilité de façade dérobe à l'observation superficielle le dévergondage des mœurs et des idées, la littérature anglo-américaine devient l'expression la plus complète de l'égoïsme, du matérialisme, du culte de l'or et du confort matériel, du paganisme vécu [91].

Cette citation donne une petite idée de la vigueur avec laquelle il pourfendait ses adversaires sur les tribunes électorales. Tous le craignaient même s'ils disaient de lui qu'il manquait « d'esprit pratique ».

VIII. — CONCEPTION D'ENSEMBLE DE LA SOCIÉTÉ

Nous avons déjà vu la conception que Bourassa se fait de l'État et le rôle supplétif qu'il lui réserve.

Nous voudrions simplement souligner ici combien il était conservateur. À plusieurs reprises il parle de l'esprit de tranquillité et de conservatisme des Canadiens français et demande que ce trait ne soit pas altéré : « Les administrateurs de grandes entreprises, les chefs d'industrie, se plaisent à reconnaître que les ouvriers canadiens-français sont les plus paisibles, les plus respectueux des lois et de l'ordre public, les moins aptes à se laisser prendre aux déclamations et aux appels démagogiques des agitateurs [92]. » La cause de cet état de choses ? « Ce n'est pas parce que nous sommes français de race ou de langue, britanniques politiquement ou de nationalité canadienne, que nous sommes un peuple paisible, respectueux des lois, de l'ordre public et du bien d'autrui : c'est parce que nous sommes catholiques individuellement et socialement [93]. »

La bonté de cet état de choses nécessite le maintien de l'ordre établi : « Les Canadiens-français sont les défenseurs nés de l'ordre

---

[91] *La Langue gardienne de la foi*, 1918, p. 33.

[92] *La Conscription*, 1917, p. 26.

[93] *Femmes-hommes ou hommes et femmes ?* 1925, p. 69.

social et national, parce qu'ils sont ce qu'ils sont : catholiques et traditionalistes. Du jour où l'on aurait réussi à les assimiler, à leur arracher leurs traditions religieuses et *raciales*, ils seraient mûrs, plus vite que beaucoup d'autres peut-être, pour la révolution politique et sociale [94]. »

À propos de son idéal social, notons que malgré ses tendances conservatrices sur bien des sujets, il professe certaines idées généreuses qui le placent d'emblée, dans ces domaines particuliers, parmi les intellectuels de gauche à la mode d'aujourd'hui.

D'abord, Bourassa est pacifiste : « Nous estimons que la guerre, en tant que moyen de régler des différends internationaux doit être mise hors la loi et que tous les différends, de quelque nature qu'ils soient, doivent être réglés par des moyens pacifiques [95]. »

Ensuite, il prône l'égalité raciale. Il proteste, par exemple, contre la discrimination raciale dont sont victimes les Hindous dans l'Empire au sujet de l'immigration. Il appuie, au Québec, les réclamations des juifs québécois qui réclament des écoles juives. Après un voyage en Europe, en 1938, il déclare : « Le racisme — encore un affreux mot nouveau — est le plus bestial des instincts sociaux. Il existe chez toutes les espèces animales. Toutes cherchent leur vie aux dépens d'autres vies [96]. »

IX. — ÉVOLUTION

Bourassa, à la fin de sa carrière, est accusé par ses amis de passer la dernière partie de sa vie à détruire ce qu'il a construit durant sa jeunesse et sa maturité.

Qu'en est-il au juste ? En 1930, après un examen de conscience, il conclut : « Franchement, j'ai été étonné de la constance des idées directives qui ont guidé ma conduite et l'expression de ma pensée au parlement, dans le journal, partout, sur les problèmes fondamentaux de la race et de la nation [97]. »

---

[94] *Syndicats nationaux ou internationaux ?* 1919, p. 46.
[95] *Le Canada et la paix*, 1935, p. 5.
[96] *Impressions d'Europe*, 1938, p. 27.
[97] *Le Devoir, son origine, sa naissance, son esprit*, 1930, p. 17.

En réalité, il y a eu une évolution marquée chez Bourassa. Nous situerions le point tournant vers 1919, à peu près en même temps que la mort de sa femme. Laurendeau résume très bien la situation lorsqu'il dit que « la pensée religieuse, chez lui, a pris de plus en plus de place, et ce que gagnait le sentiment religieux à un certain moment, le sentiment national l'a perdu ».

Pour se persuader de la justesse de ce point de vue, on n'a qu'à considérer les sujets dont traite Bourassa à partir de cette date. Les sujets religieux et sociaux le préoccupent beaucoup plus qu'auparavant. Il multiplie les « sermons de laïques ». En 1926, il rencontre le pape et il dit que ce fut « la plus forte leçon reçue dans sa vie ».

Le pape lui sert un exposé sur le nationalisme outrancier qu'il condamne sans ambages. À partir de ce moment, il rate « rarement l'occasion de dénoncer les excès du nationalisme canadien-français, en particulier celui de l'Action française, au nom d'un sentiment religieux aussi sincère et estimable que mal orienté ». Rumilly parle des « leçons à tournure d'abattage assénées de préférence aux Canadiens-français, aux catholiques, aux nationalistes, bref à ceux qui sont ou se croient le plus près de lui ».

Nous avons déjà cité un texte de 1913 dans lequel il justifie la Rébellion de 1837. Vingt-quatre ans plus tard, il la condamne : « Les patriotes, lieutenants ou simples soldats de Papineau, n'étaient « ni des héros, ni des criminels, mais de pauvres égarés ». Le peuple n'était pas soumis à une tyrannie insupportable; la rébellion à main armée n'était pas justifiée [98]. »

Bourassa fera une autocritique publique au cours de trois conférences à la Palestre Nationale en 1935 [99]. Il se sent coupable d'être tombé dans le nationalisme outrancier et, à un moment donné, d'avoir peut-être fait passer la langue avant la foi. Nous considérons qu'il s'agit de bagatelles, fruit d'un esprit timoré [100].

---

[98] Conférence au Plateau en 1937, cité par RUMILLY, *Bourassa*, p. 759.

[99] 30 avril : *Le Nationalisme est-il un péché ?* 9 mai : *Le Nationalisme religieux est l'antithèse du catholicisme.* 15 mai : *Catholiques et non-catholiques.*

[100] Laurendeau les énumère dans *l'Action nationale* de janvier 1954, pp. 51-52. Ces conférences n'ont pas été reproduites en brochures mais elles sont capitales pour traiter de l'évolution chez Bourassa. Nous en avons retrouvé des extraits ici et là.

☆

En guise de conclusion, nous voudrions signaler quelques inconsistances que nous avons cru déceler dans la pensée de Bourassa. La première, c'est qu'il ne voit pas que le développement économique commande une modification de la structure sociale. Si l'on considère l'évolution démographique du Québec, on constate que, de 1871 à 1931, le taux de la population urbaine est passé de 22 à 59 pour cent. Bourassa s'affole devant ce spectacle et nie les impératifs de la vie économique en proposant la colonisation comme base de l'activité économique du pays.

La deuxième inconsistance concerne les relations entre l'économique et le politique. Bourassa lutte pour la consolidation de la Confédération dans sa peur de l'annexion aux États-Unis. Mais en même temps, il lutte contre les grandes entreprises industrielles qui ont été les principales instigatrices de cet arrangement politique. Comme le signalait en 1969 monsieur Joseph Levitt au colloque de l'Institut d'histoire de l'université Laval, Bourassa, rejetant le marxisme pour adopter la doctrine sociale de l'Église, ne voit pas les liens qui existent entre l'infra-structure économique et la super-structure politique [101].

La troisième inconsistance a trait à l'individualisme et aux partis politiques. On ne compte plus les dénonciations de Bourassa de l'individualisme libéral anglo-saxon. Les premiers démocrates anglais, eux, y voyaient l'armature de la démocratie. Mis devant le fait de l'intervention des groupes que sont les partis, ils finirent par légitimer cette interférence en régularisant leur action et en établissant comme norme qu'il en fallait un minimum de deux pour que la démocratie y trouve son compte. Bourassa, lui, combattait à la fois l'individualisme et les partis. Nous ne voyons aucun lien logique entre ces deux termes. Il faut dire toutefois qu'il n'était pas un fanatique de la démocratie.

Une quatrième inconsistance apparaît dans son nationalisme. D'une part, il fait tout en son pouvoir pour assurer l'autonomie du Canada vis-à-vis de la Grande-Bretagne en s'efforçant de

---

[101] Voir, à ce sujet, Joseph Levitt, « La perspective nationaliste d'Henri Bourassa, 1896-1914 », *Revue d'Histoire de l'Amérique française*, 22, 4 (mars 1969), p. 569-582.

développer un nationalisme pancanadien. Mais d'autre part, il n'admet pas que le principe par lequel il justifie sa position serve aussi aux nationalistes canadiens-français pour justifier la leur dans la recherche de l'indépendance de Québec. Il se réjouit de l'indépendance de l'Irlande mais oppose un non catégorique à celle du Québec. Parlant de l'indépendance du Canada vis-à-vis l'Angleterre, il dit : « C'est aussi la solution la plus conforme à l'ordre des sociétés humaines, la seule que doive rechercher un peuple digne des bénédictions de Dieu et du respect des hommes [102]. »

Enfin, une dernière inconsistance semble résider dans la relation qu'il établit entre la langue et la foi. Dans son fameux discours à Notre-Dame, en réponse à Mgr Bourne qui vient de réclamer l'unité de langue anglaise pour que les catholiques puissent mieux s'opposer aux protestants en Amérique, Bourassa s'évertue à démontrer que l'Église est universelle et ne saurait s'approprier aucune langue nationale, que le catholicisme en Amérique du Nord ne saurait être lié nécessairement à la langue anglaise. D'autre part, il déclare aussi péremptoirement : « Lier la cause de l'Église à celle de la race et de la langue française serait une erreur [103]. » Mais le reste de sa vie, il fera des discours de ce genre : « Que partout on soit forcé de dire de nous : « Parce que Français, les Canadiens sont les meilleurs catholiques d'Amérique » ; et aussi : « Parce que catholiques, ils sont les meilleurs fils de la race et de la civilisation française [104]. » »

LISTE DES BROCHURES D'HENRI BOURASSA

Grande-Bretagne et Canada (1901) ; *le Patriotisme canadien-français* (1902) ; *les Canadiens français et l'Empire britannique* (1903) ; *Devant le tribunal de l'histoire* (1903) ; *les Écoles du Nord-Ouest* (1905) ; *le Bill du dimanche* (1906) ; *la Publicité* (1909) ; *le Projet de loi navale* (1910) ; *Religion, langue, nationalité* (1910) ; *la Convention douanière* (1911) ; *la Conférence impériale* (1911) ; *Pour la justice* (1912) ; *la Langue française* (1912) ; *Henri Bazire* (1923) ; *Patriotisme, nationalisme, impérialisme* (1923) ; *le Devoir a l'honneur de recevoir* (1924) ; *l'Église et les survivances nationales* (1924) ;

---

[102] *Hier, aujourd'hui, demain*, 1916, p. 124.
[103] Cité dans *Le Devoir, ses origines, sa naissance, son esprit*, 1930, p. 25.
[104] *La Langue gardienne de la foi*, 1918, p. 25.

À quand la vraie Paix ? (1924); *la Propriété* (1924); *Divorce et mariage* (1925); *Femmes-hommes ou hommes et femmes ?* (1925); *le Problème des races au Canada* (1925); *Esquisse d'un programme de politique nationale* (1926); *le Canada, nation libre* (1926); *la Politique et les partis* (1926); *la Conférence impériale* (1927); *Angleterre et Russie* (1927); *Examen de conscience nationale* (1927); *la Situation politique* (1927); *l'Affaire de Providence* (1929); *Deo Gratias* (1929); *la Paix romaine* (1929); *Pie XI et Mussolini* (1929); *le Devoir, ses origines, son esprit, sa naissance* (1930); *le Divorce* (1930); *le Spectre de l'annexion* (1912); *le Canada et l'arbitrage international* (1913); *le Canada à Lourdes* (1914); *la Politique de l'Angleterre* (1914); *le Devoir, son origine, son passé, son avenir* (1915); *Hier, aujourd'hui, demain* (1916); *le Problème de l'Empire* (1916); *l'Intervention américaine* (1917); *la Conscription* (1917); *l'Emprunt de la victoire* (1917); *le Pape, arbitre de la paix* (1918); *la Langue gardienne de la foi* (1918); *le Canada apostolique* (1919); *Syndicats nationaux ou internationaux ?* (1919); *la Mission Jellicoe* (1920); *le Devoir, ses promesses d'avenir...* (1920); *la Prochaine guerre impériale* (1920); *la Presse catholique et nationale* (1921); *Une mauvaise loi* (1921); *le Pape* (1921); *Pour l'exemple* (1921); *l'Occupation de la Ruhr* (1923); *Loi des accidents du travail* (1931); *Capitalisme, bolchévisme, christianisme* (1931); *Honnêtes ou canailles* (1932); *la Crise, trois remèdes* (1932); *le Canada et la paix* (1935); *Impressions d'Europe* (1938); *Que seront nos enfants ?* (1943).

The French Canadian in the British Empire (1902); *Imperial relations* (1913); *French and English* (1914); *Ireland and Canada* (1914); *The national duty of Canada* (1915); *Canadian nationalism and the war* (1916); *"Win the war" and lose Canada* (1917); *The United Church bill* (1924); *Bonne entente* (1925).

Jean Drolet.

UN ALMANACH IDÉOLOGIQUE DES ANNÉES 1900-1929 : L'ŒUVRE DE MONSEIGNEUR L.-A. PAQUET, THÉOLOGIEN NATIONALISTE

I. — UN HOMME EN DEÇÀ DE LA CRISE

Né en 1859 et mort en 1942, Mgr Louis-Adolphe Paquet connut son apogée durant le premier quart du xxe siècle. C'est un homme en deçà de la crise de 1929 et de ses effets, un homme qui ne nous parle plus comme ce peut être le cas des hommes, des mouvements et des événements qui firent la renaissance des années 1930. Les hommes : Marie-Victorin, André Laurendeau, Lionel Groulx, Jacques Rousseau (ceux de la génération de l'ACFAS et de *la Relève*) ; les mouvements : les Jeunes Canada (1932), l'Action nationale et le programme de restauration sociale (1933) que fit sien l'Action libérale nationale, la Ligue du Crédit social (1936) ; quelques événements : la commission d'enquête sur les assurances sociales (1930), l'arrivée de Duplessis au pouvoir (1936), la commission Rowell-Sirois (1937-1940). La distance de Paquet à nous est ainsi déjà celle des vivants et des morts qui l'ont relégué, dans un passé lointain, sans médiation avec nous.

Paquet fut de ces premiers contingents de clercs québécois qui passèrent à Rome pour y acquérir la formation savante requise de ses futurs professeurs par l'université Laval (1852). Il y obtient un doctorat en théologie et un autre en philosophie avec des « maîtres romains » qui personnifièrent le thomisme naissant qu'il découvre alors. Jusqu'en 1896, l'enseignement universitaire le tient en retrait. En 1896 sa carrière publique s'ouvre par une lettre autorisée par les évêques, parue dans *l'Électeur* du 18 février, à propos du droit d'intervention épiscopale dans la question scolaire du Manitoba.

II. — LA CONSTITUTION D'UNE DOCTRINE ET SA DIFFUSION

La recherche d'une « doctrine » constitue le lieu de convergence d'une interrogation diffuse des années 1920; qu'elle ait été catholique, nationale ou sociale, cette quête d'une « doctrine » fut la réaction spontanée des élites traditionnelles aux bouleversements contemporains. Paquet ne manquera pas dans certains avant-propos de ses ouvrages de souligner les « heures troublées » de la guerre et les tentatives impérialistes de l'après-guerre. « On a entrepris de déraciner l'âme canadienne, de l'incliner vers un nouveau destin, de lui assigner une mission nouvelle [1]... » «... l'Église catholique, ouvrière sublime, a fait la patrie canadienne-française, et que cette patrie (...) ne restera pour nous ce qu'elle est et ce qu'elle doit être que dans la mesure où elle-même demeurera fidèle à l'Église [2]. »

Les travaux de Paquet doivent être situés dans cet effort de redressement. Il a lui-même précisé les limites de son entreprise en parlant de ses « modestes travaux de théologie, d'apologétique, de droit social, de coopération intellectuelle et académique [3] » et insisté sur les deux pôles d'attraction de son œuvre : « amour de l'Église et culte de la pensée et de la vie nationale [4] ».

Quelle était donc cette doctrine de Paquet, d'un homme attentif aux changements ? Il a formulé en 1930 ce qui fut sa préoccupation constante : « Et par doctrine, nous entendons cet ensemble de dogmes, de données et de thèses, ces expressions combinées de la foi et de la raison chrétienne, ce faisceau de certitudes immaté-

---

[1] *Études et appréciations. Mélanges canadiens* (*EAMC*), Québec, 1918, p. VII.

[2] *Discours et allocutions* (*DA*), Québec, 1915, p. VIII; *Études et appréciations, Nouveaux mélanges canadiens* (*EANMC*), Québec, 1919, avant-propos.

[3] *Noces d'or sacerdotales de Mgr L.-A. Paquet*, Québec, 1933, p. 90.

[4] *Ibid.*, pp. 136-137.

rielles, d'affirmations et de lois primordiales⁵...» Et il précisait
que la doctrine constitue « le foyer où s'alimente la flamme direc-
trice de tout mouvement religieux, de tout effort rationnel, et de
toute initiative sociale ».

Élaborée durant ses études romaines, la « doctrine » de Paquet
possédait toutes les garanties de l'orthodoxie. Appuyés sans cesse
sur un thomisme romain, ses principes étaient sanctionnés par les
encycliques et les documents pontificaux⁶ et leur interprétation
demeurait celle des canonistes orthodoxes (Taparelli, Cavagnis...).
La lecture de son *Droit public de l'Église*⁷ permet d'ailleurs de
constater jusqu'où pouvait aller une pensée préoccupée de juridisme
et de normativité et à quelles sources orthodoxes elle retournait
sans cesse, à tout propos.

Orthodoxe, le corps de doctrine de Paquet fut importé de l'étranger, sur l'axe ultramontain Québec-Rome. En ce sens Paquet
perpétuait sous de nouvelles formes la tradition ultramontaine.
Roma locuta... L'orthodoxie venait de l'extérieur, faute d'être le
caractère d'une pensée originale qui, distancée un peu du *hic et nunc*
canadien-français, eût pu assumer elle-même la réalité nationale.

Durant les années 1900 à 1930, la pensée de Paquet a bénéficié
des canaux de diffusion les plus diversifiés. Sa pensée s'est imposée
à travers des mandements épiscopaux, des schémas préparatoires
de conciles pléniers de Québec. Des politiciens prirent conseil
auprès de lui, de sa chambre même du séminaire de Québec. Il a
orienté sinon dirigé l'enseignement théologique et canonique. Il
a collaboré à plus de vingt revues et journaux dont *l'Action française, le Canada français, les Mémoires de la Société royale du
Canada, la Revue dominicaine, le Devoir, l'Action catholique*. Il
fut surtout de tous les mouvements religieux, intellectuels et so-

---

⁵ « Allocutions d'ouverture », *Académie canadienne Saint-Thomas-d'Aquin*
(*ACSTA*), Québec, 1932, session de 1930, p. 25.

⁶ « Les programmes pontificaux depuis un siècle », 1923. *Études et appréciations. Nouveaux fragments apologétiques* (*EANFA*), Québec, 1932, 2ᵉ éd.,
pp. 31-56; après 1929 : « L'hommage dû aux encycliques », *ACSTA*, 1938,
session de 1936, pp. 7-23.

⁷ Québec, 1908-1915, I : *Principes généraux*; II : *l'Organisation religieuse et
le pouvoir civil*; III : *l'Action religieuse et la loi civile*; IV : *l'Église et
l'éducation.* Chaque tome consacre un nombre de pages important à l'aspect
« canadien » de ces questions théoriques.

ciaux : Société du Parler français (1902), ACJC (1904), École sociale populaire (1911), Semaines sociales du Canada (1920), l'Académie canadienne Saint-Thomas-d'Aquin (1930). Sa participation à ces mouvements, souvent à titre d'interprète orthodoxe des problèmes, témoigne précisément de ce souci constant de Paquet de relier la doctrine à l'action, d'appliquer les « vieilles thèses d'écoles aux nécessités du jour [8] ». Celui que l'on a nommé, en le comparant à Mgr d'Hulst, le « premier prêtre du Canada » fut ainsi présent à tous les paliers des activités. Les témoignages en rendent compte [9].

III. — L'IDÉOLOGIE

1. Intérêt idéologique

Les travaux sur les idéologies au Canada français nous ont habitués à une typologie assez définie de « documents », prétextes à prélèvement idéologique : les imprimés de tous genres (1800-1810) inventoriés par MM. Hare et Wallot, les journaux quotidiens ou hebdomadaires et les périodiques à tendance idéologique polarisée utilisés par le groupe de *Recherches sociographiques*, les hommes représentatifs (Laflèche, Dessaulles...), et quelques autres documents qui n'incluaient pas jusqu'à présent les pamphlets et les brochures qui furent souvent l'expression de polémiques idéologiques circonstanciées mais tout aussi significatives.

Les historiens du Québec de même que ceux qui ont retracé l'évolution de la pensée sociale n'ont pas manqué de tenir compte des activités de Paquet et d'en faire parfois un microcosme utile du premier quart de siècle [10]. L'historiographie confirme donc

---

[8] *Noces d'or...*, *op. cit.*, p. 138.

[9] Mgr Cyrille GAGNON, « Mgr L.-A. Paquet », *ACSTA*, 1945, 12e session, pp. 11-33 ; Philippe PERRIER, « L'apostolat intellectuel de Mgr Paquet », *le Canada français*, XX, 6 (février 1933), pp. 489-496 ; Chan. GAUDREAULT, « L'œuvre théologique de Mgr Paquet », *Noces d'or...*, *op. cit.*, pp. 101-124 ; P. ARCHAMBAULT, « L'œuvre sociale et nationale de Mgr Paquet », *ibid.*, pp. 124-135.

[10] Robert RUMILLY, *Histoire de la province de Québec*, tomes IV à XXXIV, index ; Mason WADE, *les Canadiens français de 1760 à nos jours*, trad. A. Venne, Montréal, 1963, I, p. 554 ; J.-C. FALARDEAU, *l'Essor des sciences sociales au Canada français*, Québec, 1964, index.

l'importance rétrospective de Paquet. Les déclarations devenues classiques de Paquet rapportées par les historiens et les témoignages de ses contemporains concourent à faire de Paquet un homme représentatif de son époque. Il serait inopportun aujourd'hui de miser sur cet aspect représentatif de Paquet si nous n'avions pour valoriser cet aspect l'argument de l'existence alors d'une société à élites, relativement homogène, dont il devint précisément la personnification *a posteriori*. D'autant plus, qu'à ce moment, comme le soutenait monsieur Jean Hamelin au cours des discussions du séminaire, ce fut l'élite traditionnelle (clergé et professions libérales) qui élabora l'idéologie, et non la bourgeoisie d'affaires, anglaise, ni les travailleurs qui avaient certes des aspirations mais point d'idéologie précise. Ne serait-ce que par ce caractère représentatif mais non réductible de Paquet, l'homme offrirait un intérêt évident pour l'analyse des idéologies.

Mais, en plus, les travaux de Paquet nous mettent en présence pour une fois d'une pensée *systématique* qui n'en est pas moins hypothéquée par le temps et l'espace de son élaboration et de sa diffusion. Pensée systématique d'un homme qui vécut le passage du XIXe siècle au XXe siècle canadien-français et qui personnifia en éminence grise l'autorité morale, l'orthodoxie reconduite jusqu'au niveau de l'opinion publique. Autre intérêt : la pensée de Paquet se veut au-delà de l'immédiateté journalistique et s'alimente à une doctrine raréfiée, que ce soit la philosophie, la théologie morale, le droit public de l'Église catholique ou l'orthodoxie universaliste des documents pontificaux. Connaissance « universaliste » qui demande malgré tout une sociologie.

2. *L'articulation de l'idéologie*

Une lecture répétée des écrits de Paquet permet de conclure à l'existence d'un schème-clé de sa pensée : la médiation entre l'universel et le particulier qui devient sans cesse la nécessité de rapporter la théorie à son application, « les principes » à « l'action ». Cette articulation constante de l'œuvre de Paquet constitue de fait l'hypothèque d'une pensée qui s'alimente ailleurs, c'est-à-dire à Rome. Le recours aux principes universels de l'Église catholique contraint Paquet à chercher sans cesse une interprétation locale à des visées universelles. C'était le prix à payer par le « théologien national » d'une société catholique d'abord, française ensuite pour justifier « l'esprit romain [11] », non particulariste. Enfin ce souci de médiation représentait surtout une mentalité de compromis à faire entre la tradition et les innovations.

L'homme que l'on a identifié au rôle de la vocation spirituelle de la race française en Amérique avait opté pour le « spiritualisme contre le matérialisme [12] » et pour les principes [13]. Tête d'affiche de l'élite cléricale, Paquet a sans cesse dégagé les « principes » religieux, intellectuels, nationaux, sociaux et économiques que devaient diffuser une « action catholique », une « action intellectuelle », une « action nationale », une « action sociale » et une reconquête économique, clichés linguistiques d'une époque qu'il rejoint jusque dans sa terminologie quotidienne.

3. La doctrine religieuse et l'action catholique

La thèse essentielle de Paquet se résume dans la primauté de l' « idée religieuse », de l'esprit catholique [14], « fait pour dominer toutes les influences ». Cette position justifiée par un souci de hiérarchie implique idéologiquement la thèse ultramontaine par excellence de la surbordination de l'État à l'Église. Paquet fit de cette question du partage des « pouvoirs » le pivot de son Droit public de l'Église et le point tournant de sa conception de l'intervention épiscopale dans les conflits scolaires, du rôle de suppléance de l'État dans les questions « mixtes » et de diverses questions auxquelles il faudra nous attarder [15].

Cette omniprésence religieuse trouva aussi son expression dans le providentialisme de Paquet qui voit dans l'histoire [16] et dans le

---

[11] « L'esprit romain », EANMC, pp. 373-376.

[12] « Les fondements du spiritualisme », ACSTA, 1933, pp. 5-21.

[13] « Le rôle des principes », Études et appréciations. Fragments apologétiques (EAFA), Québec, 1917, pp. 3-15. Il s'agit d'un texte de 1907 : « Les principes : leur rôle et leur valeur », la Nouvelle-France, VI, 1907, pp. 5-13.

[14] « L'esprit catholique. Sa nature, ses manifestations », ACSTA, 1938, pp. 7-25; voir aussi « L'autorité religieuse », 1899, DA, pp. 13-24.

[15] Voir son attitude face à « La question romaine », 1919, EANMC, pp. 281-294.

[16] « La philosophie de l'histoire de Bossuet », 1928. Au soir de la vie (ASV), Québec, 1938, pp. 73-97.

destin des peuples [17] l'action de la Providence. La liste des textes qui glorifient le passé religieux du Canada français et l'action bénéfique de l'Église indiquerait plus qu'une nostalgie : une argumentation pour valoriser la relance de l'action nationale de l'Église. Moins partisane [18], l'influence de l'Église n'en demeurait pas moins nécessaire dans l'esprit de Paquet.

Ultramontain, Paquet s'en remettait à la haute hiérarchie de l'Église : le Pape et l'épiscopat. Quant à la participation du laïcat, ses limites semblent proportionnelles à la confiance que lui témoignait finalement Paquet [19].

Attentif enfin à la pratique religieuse (dévotions particulières...), Paquet insista moins sur l'action religieuse, catholique; il inscrivit, de fait, cet objectif dans toutes ses activités de 1900 à 1929.

4. Le thomisme et l'action intellectuelle

En 1893, Paquet écrivait à l'abbé S.-A. Lortie, alors à Rome : « Nous entrons dans des temps nouveaux qui vont exiger chez le clergé une plus forte dose de science que par le passé [20]. »

L'introduction et la propagation du thomisme fut l'œuvre de la carrière universitaire de Paquet [21], de même que la fondation de l'Académie canadienne Saint-Thomas d'Aquin (1930), version mi-théologique et mi-philosophique des Semaines sociales (de 1920 à nos jours). Académique et théorique, le thomisme n'en constituait pas moins pour Paquet « un corps de doctrine fait pour répondre aux exigences les plus pressantes de notre époque [22] ». Mais cette actualité en quelque sorte éternelle réfléchissait un passé idéal, celui de saint Thomas et de Louis IX : « Nous assistons là à une scène de l'Ancien régime extraordinairement dramatique et touchante où apparaissent, dans toute leur grandeur idéale, les re-

---

[17] « Dieu dans la civilisation canadienne », 1934, p. 8 et pp. 99-121.

[18] « Le préjugé sectaire », 1918, *EANMC*, pp. 108-124.

[19] « L'apostolat laïque », 1927, *Études et appréciations. Nouveaux thèmes sociaux* (*EANTS*), Québec, 1932, pp. 143-165; « Considérations sur le journalisme catholique », 1922, *ibid.*, pp. 166-235.

[20] L.-A. Paquet à S.-A. Lortie, 2 avril 1893. Archives du Séminaire de Québec, Séminaire 72, n⁰ 41 D.

[21] « Coup d'œil sur l'histoire de l'enseignement philosophique canadien », 1917, *EAMC*, pp. 37-60; « Vers l'encyclique *Æterni Patris* », 1929, *ASV*, pp. 11-36.

[22] « Saint Thomas et les besoins de notre âge », 1928, *EANFA*, pp. 91-113.

lations bienfaisantes de l'Église et de l'État, et qui, sauf changement d'acteurs et de décors, est faite, d'après le plan divin, pour être jouée dans tous les siècles et sous tous les régimes [23]. »

Le thomisme, idéologie d'importation, impliquait la résolution du dilemme habituel : concilier les « thèses de l'École » avec l'actualité, insérer les problèmes sociaux et nationaux dans des cadres de philosophie morale. La tentative de Paquet n'était pas isolée [24]; une telle adhésion à l'abstraction nécessitait des justifications. En ce sens, comme le droit, la théologie morale et le droit canonique, la philosophie du Canada français représente une zone d'émergence d'idéologie « sublimée » à prospecter.

L'action intellectuelle de Paquet se manifesta enfin au plan de l'éducation [25] para-scolaire dans le sillage des mouvements de jeunesse (ACJC, 1904-   ), élémentaire, à l'occasion du débat sur l'*école obligatoire* [26] et universitaire, précisément au moment de la division de l'université Laval et des débuts de « l'ère scientifique » canadienne-française. « L'œuvre universitaire », secteur de « l'influence religieuse », devait déboucher sur les « nécessités sociales du jour » : « En dehors des leçons générales de métaphysique et de religion (...) qui sont la base des études sociologiques (...) l'Université a cru devoir inscrire, parmi les desiderata de son enseignement philosophique supérieur, une chaire spéciale de sociologie [27]. »

Cette réponse « savante » — l'organisation de la sociologie — à une conscience de changements sociaux est enfin l'un des multiples aspects intéressants qu'offre un type d'œuvre comme celui de Paquet à la connaissance de la sociologie québécoise et à la sociologie de la connaissance.

---

[23] *Ibid.*, p. 109.

[24] Hermas BASTIEN, « Quelle sera notre philosophie ? » *l'Action française,* XIII, 1 (janv. 1925), pp. 312-316.

[25] « L'œuvre des jeunes », 1917, *EAMC*, pp. 292-322; « L'Église et la jeunesse », 1924, *EANTS*, pp. 98-119.

[26] Montréal, L'œuvre des tracts, s.d. Extraits du *Droit public de l'Église. L'Église et l'éducation,* Québec, 1916, 2e éd., pp. 256-270.

[27] « L'œuvre universitaire », 1920, *Études et appréciations. Thèmes sociaux (EATS)*, Québec, 1922, pp. 77-78.

5. *La doctrine et l'action nationales*

L'attitude de Paquet face aux événements contemporains (problèmes scolaires du Manitoba et de l'Ontario, effort d'industrialisation et promotion de la colonisation, impérialisme de temps de guerre) ne peut se comprendre adéquatement qu'en rapport avec la conception qu'il se faisait des coordonnées nationales de la « race » canadienne-française. En 1902, Paquet délimitait un projet collectif pour les Canadiens français, « une vocation » déjà esquissée par Mgr Laflèche, le juge Routhier, Mgr Racine [28]. Les citations qui suivent étayent l'escalade idéologique de cette « vocation de la race française en Amérique » :

> J'ai formé ce peuple pour moi; il publiera mes louanges. (Exergue)
>
> ... de proclamer une fois de plus, sans forfanterie comme sans faiblesse, prudemment, sagement, ce que nous avons été, ce que nous sommes, ce que nous devons et voulons être.
>
> ... à chacune de ces races, dans la hiérarchie des sociétés et des empires, un rôle propre et distinct.
>
> ... quelques-uns d'entre eux ont l'honneur d'être appelés à une sorte de sacerdoce.
>
> ... cette vocation religieuse et civilisatrice, c'est, je n'en puis douter, la vocation propre, la vocation spéciale de la race française en Amérique.
>
> ... ce que la France d'Europe a été pour l'ancien monde, la France d'Amérique doit l'être pour ce monde nouveau.
>
> Pendant qu'autour de vous d'autres peuples imprimeront dans la matière le sceau de leur génie, notre esprit tracera plus haut, dans les lettres et les sciences chrétiennes, son sillon « lumineux ».
>
> Cette parole prophétique qu'un écho mystérieux apporte à mes oreilles ... : « Vous serez mon peuple, et moi je serai votre Dieu » [29].

Cette mission religieuse d'une nouvelle France d'Amérique comportait, on le devine, les composantes idéologiques de l'identité nationale, du thème de la survivance : la foi, le passé et le sol, la langue, éléments significativement indissociables pour Paquet.

---

28 Émile CHARTIER (éd.), *Bréviaire du patriote canadien-français,* Montréal, 1925. Il s'agit d'une *réédition* commentée du discours de Paquet sur « La vocation de la race française en Amérique », 1902.

29 *DA,* pp. 183, 184, 185, 187, 193, 201, 202. Paquet avait déjà, en 1887, fait mention de cette vocation : « Le patriotisme canadien-français », *DA,* pp. 18, 21, 42. Il reprendra, en insistant à nouveau, cette idée dans « L'union française », 1919, *EANMC,* pp. 137-154.

Ses travaux seront l'explicitation soutenue de ces piliers de la tradition et de l'avenir.

Pour Paquet, l'Église catholique et son clergé furent et demeuraient le signe de la fidélité des Canadiens français à eux-mêmes. La possibilité de la survivance réciproque de l'Église et des Canadiens français justifiait l'attitude nationale militante de l'Église [30]. De même le passé, un passé lointain, constituait le recours unique d'une génération à la recherche d'une tradition, d'une identité, de la survivance [31] et garantissait contre une assimilation présente sur des fronts de plus en plus nombreux et variés. Et, en l'occurrence, le recours au passé impliquerait un retour à la terre [32], base économique des « harmonies profondes entre la foi et l'agriculture ».

Ponctuelle et mieux circonscrite, la défense de la langue française soumit le nationalisme canadien de Paquet à une épreuve plus précise et soutenue. La lutte pour le « droit naturel à la langue [33] » et les fondements et avantages historiques du « bilinguisme canadien [34] » ne garantirent pas pour autant le respect des droits scolaires des minorités à l'extérieur du Québec, comme l'atteste la réaction énergique de Paquet au Règlement XVII. Encore une fois, Paquet se fit l'interprète de directives pontificales : « Ces directions (...) ne vont pas jusqu'à interdire toute réponse calme et motivée à des propos blessants, à des assertions provocantes, et à des accusations qui dénaturent le sens des griefs et l'étendue des réclamations des minorités [35]. »

---

[30] « L'Église et la patrie canadienne », 1889, *DA*, pp. 33-53 ; « L'Église et les survivances nationales », 1924, *EANFA*, pp. 210-237 ; « L'Église et les clergés nationaux », 1926, *ibid.*, pp. 237-250 ; « La vie nationale et le droit chrétien », 1918, *EAMC*, pp. 41-60.

[31] « Le culte du passé », 1917, *EAMC*, pp. 13-20 ; « La revanche de l'Histoire », 1918, *ibid.*, pp. 116-137.

[32] « La terre canadienne », 1917, *EAMC*, pp. 3-12 ; « À travers les mémoires d'un fils du sol », 1916, *ibid.*, pp. 21-42.

[33] « La langue et le droit naturel », 1916, *EAMC*, pp. 61-70.

[34] « Le bilinguisme canadien », 1918, *EAMC*, pp. 71-90.

[35] « Benoît XV et nos questions de langue », déc. 1916, *EAMC*, p. 99 ; voir aussi « La lettre papale et le régime scolaire ontarien », 1918, *ibid.*, pp. 101-115.

Polarisée par la question scolaire, la langue française, on le soupçonne, mettait aussi en cause la religion au même titre que le droit
à un clergé paroissial de langue française en certains endroits [36].
Telle était donc la tradition religieuse, agricole et linguistique
qui justifiait une vocation religieuse et civilisatrice en Amérique
et qui délimitait l'option nationaliste canadienne de Paquet. Mais
comme Bourassa, Paquet n'ignora pas la position d'équilibre instable
de ce choix. La crise de la conscription le mit en face d'interrogations irrécusables. La conscription à peine votée, Paquet publiait
une « Consultation doctrinale [37] » sur la participation à la guerre.
Il répondait négativement à « l'obligation morale » d'une « colonie »
face à la « métropole » britannique de participer à la guerre. Pour
Paquet et l'épiscopat, il ne s'agissait point d'un « devoir de justice »
puisqu'il n'y a ni contrat ni obligation stricte à un souverain, mais
plutôt d'un « devoir de charité », c'est-à-dire d'une collaboration
indirecte par voie économique. Enfin, comme il ne s'agissait pas
d'une guerre où la « civilisation » est menacée, Paquet n'y voyait
pas d'impératif d'intervention. Deux ans plus tard le doute persistait encore quant au nationalisme canadien : « Cette union
politique (la Confédération) (...) a-t-elle répondu à toutes nos
espérances ? et peut-on dire qu'elle a produit tout le bien auguré
par nos chefs, et attendu par le peuple franco-canadien ? On nous
permettra d'en douter [38]. »

6. La doctrine et l'action sociales

Paquet ne fut pas de la génération du catholicisme social; aîné
du Père Archambault, des abbés Lapointe, P.-E. Roy, S.-A. Lortie,
d'Arthur Saint-Pierre [39], il personnifia davantage les années des

---

[36] « L'Église catholique et le problème des langues nationales », 1912, DA,
pp. 273-287.
[37] « Consultation doctrinale », 7 juillet 1917, EAMC, pp. 344-350. Sur le rôle
du pape, encore une fois, en temps de guerre : « Le pape et la guerre »,
1917, EAFA, pp. 183-218; « Le Pape justifié », 1918, EANMC, pp. 377-385;
« Angoisses et sympathies de Benoît XV », 1921, EATS, pp. 311-315.
[38] « L'union nationale », 1919, EANMC, p. 186; voir aussi « L'impérialisme
et la question sociale », 1921, EATS, pp. 176-203, et une reprise un peu
plus confiante : « Une grande force catholique et nationale », 1931, ASV,
pp. 153-176.
[39] Gérard LEMIEUX, « Notes sur le mouvement social catholique », Chronique

conflits politico-religieux et des « luttes constitutionnelles ». En ce sens, sa pensée sociale consista à définir les canons de l'orthodoxie, et les effets de son action en ce milieu furent secondaires. Paquet puisa dans saint Thomas[40], et dans *Rerum Novarum* et *Quadragesimo Anno*, les principes sinon une préoccupation de l'action sociale catholique[41]. Ses communications aux Semaines sociales du Canada se révélèrent plus encourageantes. En 1927, il affirmait, à propos des « Fondements de l'autorité[42] », que « toute autorité provient de Dieu » et que la souveraineté populaire est condamnable. En 1929 Paquet présentait une communication sur « les autorités sociales[43] ». Il y déplorait la disparition, « sous le souffle égalitaire », des anciennes formes d'autorité et de hiérarchie tout en réaffirmant le principe de « l'inégalité nécessaire des conditions humaines[44] ». Quant à ces autorités sociales (« forces hiérarchisées, foyers spéciaux d'influence, centres supérieurs d'activité et de vie[45] »), elles sont d'ordre moral et le lecteur d'aujourd'hui peut s'étonner de ce « pouvoir » parallèle et si peu exécutif. Ces autorités sociales sont donc d'ordre « intellectuel » (recteurs, professeurs, journalistes), « moral » (famille, laïcat) et « économique » (chefs d'entreprises et groupements ouvriers). Même si le « solidarisme » ne suffit pas entre « classes élevées » et « classes inférieures », c'est en terme de « dévouement » et de « charité » que Paquet décrivait leur rapport[46]. On s'étonne du silence de Paquet sur l'autorité de l'État, comme diffuse dans ces corps intermédiaires. Soucieux de ne pas modifier les rapports de pouvoir entre l'Église et l'État et conscient depuis 1917 de la montée socialiste[47], Paquet

---

sociale de France (Le Canada entre le passé et l'avenir), 5, 15 sept. 1957, pp. 459-474.

[40] « L'enseignement social et économique de saint Thomas d'Aquin », 1921, *EATS*, pp. 45-61. Un texte plus tardif, « Le mouvement thomiste et l'avenir canadien », 1933, *ACSTA*, pp. 7-22.

[41] « Regard d'ensemble sur deux encycliques », 1932, *ASV*, pp. 179-205.

[42] Communication publiée aussi dans *EANTS*, pp. 4-26.

[43] *EANTS*, pp. 67-97.

[44] *Ibid.*, p. 68.

[45] *Ibid.*, p. 71.

[46] *Ibid.*, pp. 78-81.

[47] « Le socialisme d'État », 1919, *EANMC*, pp. 79-106; « Le bolchévisme », 1920, *EATS*, pp. 141-175.

ne concédait à l'État qu'un « rôle de suppléance [48] », confiant ainsi à l'initiative privée la responsabilité première de la « charité » et de l'assistance publiques [49].

Quant à l'action sociale de Paquet, il appuya l'effort catholique du premier quart de siècle dans la mesure justement où « l'Action sociale catholique [50] » mettait à contribution dans une tâche commune d'éducation, d'apologétique et de « purification sociale » les « autorités sociales » qu'il avait souhaitées [51].

7. La doctrine et la « vocation » économiques

Dans son discours sur « la vocation de la race française en Amérique », Paquet accordait plus d'importance à l'affirmation des valeurs religieuses et culturelles qu'à la négation complète d'une nouvelle tâche économique. Il n'en demeurait pas moins que la vocation spirituelle primait :

> Notre mission est moins de manier des capitaux que de remuer des idées; elle consiste moins à allumer le feu des usines qu'à entretenir et à faire rayonner au loin le foyer lumineux de la religion et de la pensée. Laissons à d'autres nations, moins éprises d'idéal, ce mercantilisme fiévreux et ce grossier naturalisme qui les rivent à la matière. Nous ambitionnons avant tout l'honneur de la doctrine et les palmes de l'apostolat [52].

En 1918, Paquet pensait toujours ainsi : « On voulut bien ne pas trouver cette attitude étrange ni ce langage risqué. Notre opinion n'a point changé depuis [53]. »

Reprenant le mot du philosophe catholique Jacques Maritain, il déclarait en 1930 que nous avions besoin « de métaphysique

---

[48] « Le rôle social de l'État », Semaine Sociale, 1920, *EATS*, pp. 263-289.

[49] « Ce qui est la charité », 1922, *EATS*, pp. 324-325; « L'assistance publique », 1922, *EATS*, pp. 290-310.

[50] 1921, *EATS*, pp. 127-132; « Aux sources de l'Action catholique », 1935, *ASV*, pp. 207-228.

[51] « L'action sociale du Tiers-Ordre », 1922, *EATS*, pp. 97-121; « L'œuvre des jeunes », 1917, *EAMC*, pp. 292-314; « Les Semaines sociales », 1920, *EATS*, pp. 122-126; « Œuvre de doctrine et de salut », L'École sociale populaire, 1938, *ASV*, pp. 232-238.

[52] « La vocation de la race française en Amérique », 1902, *D.A.*, pp. 187, 197, 202.

[53] « La vie nationale et le droit chrétien », *EAMC*, p. 51.

beaucoup plus que de charbon [54] ». Les événements de ces décades, dont la crise de 1929, l'incitèrent sans doute à nuancer sa position : « Pionniers du spiritualisme sur ce continent où le culte passionné de la matière exerce tant de ravages, nous avons donc le devoir, non de mépriser ce que Dieu a créé (...) mais d'imprimer sur le terrain économique le sceau de notre esprit et de nos croyances [55]... » Il faisait ensuite allusion à « l'ascension économique [56] » des nôtres et à ces progrès économiques, « dont nous aurions le droit d'être plus fiers, s'ils portaient davantage notre marque [57] ».

Ces réserves d'un traditionaliste étaient justifiées par la primauté qu'il accordait à l'agriculture et par sa défiance de l'urbanisation qui jouait en défaveur de la natalité [58] : « Se suffire à soi-même est un avantage, devoir compter sur autrui cause une imperfection [59]. » D'où finalement, cet appui à l'œuvre de colonisation : « Il serait imprudent d'attendre exclusivement des pouvoirs civils l'impulsion nécessaire au mouvement colonisateur [60]. »

Enfin, au sujet du capitalisme, Paquet l'approuvait en plaidant la cause du droit de propriété et le « rôle providentiel » des riches [61], mais comme ses contemporains il ne pouvait en récuser les abus flagrants [62]. Quant à ses positions sur « l'organisation professionnelle [63] » (non obligatoire légalement et confessionnelle), sur le travail et le salaire, elles confirmaient ce que d'autres militants catholiques du milieu syndical avaient déjà énoncé ou inscrit dans les faits.

★

---

[54] *ACSTA*, session de 1930, p. 29.

[55] « L'Église et le progrès économique », 1931, *EANTS*, p. 276.

[56] *Ibid*, p. 272.

[57] *Ibid*, p. 273.

[58] « L'union française », 1919, *EANMC*, p. 141.

[59] Citation de saint Thomas, dans « L'enseignement social et économique de saint Thomas d'Aquin », 1921, *EATS*.

[60] « L'Union française », *EANMC*, p. 152.

[61] « L'Église et le progrès économique », 1931, *EANTS*, p. 258.

[62] « Regards d'ensemble sur deux encycliques », 1932, *ASV*, pp. 188 ss.

[63] Communication à la Semaine sociale de 1921, *EATS*, pp. 204-232; « La participation ouvrière », 1922, *ibid.*, pp. 232-263.

L'analyse des travaux de Paquet se prête à l'analyse des idéologies dans la mesure où ceux-ci, *systématisés,* définitivement *orthodoxes,* amplement *diffusés* et polarisés vers *l'action,* rendent possible un traitement opératoire de son œuvre et de ses activités. Pour le lecteur qui connaît l'œuvre de Paquet, mais qui interroge le passé en fonction des continuités et des ruptures historico-sociales, il est difficile de ne pas percevoir Paquet comme un homme qui chevauche le xixe et le xxe siècle et qui peut personnifier ce passage des préoccupations politico-religieuses aux questions sociales.

Ultramontain, Paquet continua, avec une docilité et une fréquence proportionnelle au rythme des changements, à importer de Rome les justifications de ses choix.

Alertée par les problèmes et les défis nouveaux, sa réaction en fut une de repli : reformulation globale des relations entre l'Église et l'État, effort de relèvement intellectuel du clergé, confiance renouvelée mais certainement plus critique en un nationalisme canadien, promotion énergique d'une vocation religieuse et française ébranlée par le progrès, appui répété des élites traditionnelles contre l'émergence de l'État, attention encore forte aux minorités françaises. En s'attardant sur ces positions de repli de Paquet, le lecteur contemporain comprend mieux en quel sens Paquet fut un Canadien français en deçà de la crise, en deçà de la seconde guerre mondiale et de ses effets au Québec.

Yvan Lamonde.

L'ACTION POLITIQUE OUVRIÈRE, 1899-1915

Avant qu'un groupe social quelconque n'accède à une perception politique de ses problèmes, il faut qu'il soit parvenu à une conscience dynamique de sa situation sociale. Les travailleurs québécois selon nous se sont manifestés comme classe sociale sous l'impulsion des Chevaliers du Travail dans les années 1880. Avant cette date, l'action ouvrière se réduisait à des organisations syndicales dispersées dont l'horizon se limitait à l'atelier ou au métier.

Les Chevaliers ont apporté un mode d'organisation, une philosophie du syndicalisme et surtout un intérêt certain pour l'action politique. La vigueur exceptionnelle que ce mouvement a pris au Québec en peu de temps témoigne des besoins profonds auxquels il répondait.

À l'origine cependant, les Chevaliers du Travail aux États-Unis avaient fermement rejeté toute action politique active. Influencés par le syndicalisme britannique, les Chevaliers au Canada ont pris une attitude différente. Comme le note Douglas Kennedy dans son étude sur les Chevaliers du Travail au Canada, ce fut une particularité de l'organisation canadienne de supporter activement la candidature de leaders ouvriers [1]. Ainsi, dès 1883, Adélard Gravel, un peintre appartenant à l'organisation des Chevaliers, pose sa candidature dans la région de Montréal. Aux élections provinciales de 1886, les électeurs de trois circonscriptions montréalaises ont l'opportunité de voter en faveur de candidats ouvriers. Plus heureux que ses prédécesseurs, A.-T. Lépine est élu en 1888 au parlement fédéral à l'occasion d'une élection partielle dans Montréal-Est. L'année

---

[1] Douglas R. Kennedy, *The Knights of Labor in Canada*, London, The University of Western Ontario, 1956, p. 50.

suivante, cette victoire fut suivie par l'élection au parlement provincial de Joseph Béland, membre actif des Chavaliers du Travail.

La décision de présenter un candidat à une élection suscitait chaque fois de violents remous dans les cercles ouvriers de la métropole. On avait peine à faire taire les rivalités personnelles entre chefs syndicaux et, surtout, à accepter une candidature qui ne soit rattachée ni à l'une ou l'autre des deux grandes formations politiques. Dans plusieurs des élections citées plus haut, le candidat ouvrier avait obtenu l'appui financier d'un des vieux partis : A.-T. Lépine, par exemple, avait financé sa campagne à l'aide d'argent provenant des conservateurs. Il n'est pas surprenant qu'une fois en Chambre leur comportement ait déçu plusieurs de leurs électeurs.

Au début du xxᵉ siècle, les chefs ouvriers rappelleront souvent à leur auditoire l'expérience malheureuse que leur a causée l'appui des libéraux ou des conservateurs. Ces premiers pas défaillants du mouvement ouvrier en politique active ont eu une énorme influence sur toute une génération de chefs ouvriers. Ces expériences ont raffermi en eux une forte conscience politique des problèmes ouvriers. Ce sont ces mêmes individus qui animeront le parti ouvrier au début du xxᵉ siècle.

Les difficultés économiques que rencontre le Québec dans les années 1890 ont affaibli le mouvement ouvrier. Plusieurs syndicats disparaissent tandis que les autres ont peine à survivre. Les leaders ouvriers sont beaucoup trop préoccupés d'assurer la survie de leurs syndicats pour être enclins à tenter de nouvelles expériences politiques.

La dépression économique qui a frappé le Québec durant la deuxième moitié du xixᵉ siècle fait sentir ses effets jusqu'en 1896. À partir de ce moment, le Québec entre dans un cycle économique plus favorable. L'ouverture de l'Ouest et l'exploitation des richesses du Bouclier canadien engendrent un essor tel que beaucoup d'économistes ont employé le terme de révolution industrielle pour caractériser la période 1896-1914. La reprise de l'activité économique engendre vers 1900 une recrudescence de l'organisation syndicale. Mieux en mesure de supporter leur lutte au plan économique, les travailleurs songent à reprendre en charge les objectifs politiques qu'ils avaient abandonnés dix ans plus tôt.

Rappelons en terminant que, dans ce court essai, nous insisterons sur la description des événements au détriment d'hypothèses de travail plus larges ou d'essais de systématisation qui nous auraient amené à déborder les limites matérielles fixées à ce travail. De même que la solution d'un problème mathématique exige sa mise en forme, de même la compréhension d'un problème historique nécessite d'abord une bonne connaissance des faits. Les deux premiers chapitres de notre travail correspondent aux deux périodes d'existence du parti ouvrier. Des faits, nous avons voulu dégager, dans les troisième et quatrième chapitres, certains problèmes qui nous apparaissent importants. Nous avons analysé quelques articles du programme du parti et précisé les relations entre le parti et les syndicats de même que les réactions de la bourgeoisie professionnelle à l'entrée des travailleurs en politique. Le cinquième chapitre fera l'objet d'un court aperçu de l'activité du mouvement socialiste au Québec. Son action est parallèle à celle du parti ouvrier et s'exerce également au niveau politique.

I. — LE PARTI OUVRIER, 1899-1900

Le 17 mars 1899, à une assemblée convoquée par le club Ouvrier-Centre, un groupe de travailleurs de Montréal décide de fonder un nouveau parti politique, le parti ouvrier. J.-A. Rodier, chroniqueur ouvrier à *la Presse*, est nommé organisateur de la nouvelle formation politique [2]. Aussitôt le nouveau mouvement se dote d'un programme électoral où sont consignées les réformes que les travailleurs réclamaient depuis des années. Parmi les 34 articles du programme, on note : l'éducation gratuite et obligatoire, l'assurance d'État contre la maladie et la vieillesse, le vote obligatoire, le suffrage universel, l'élection des juges par le peuple, l'abolition du sénat et du conseil législatif, l'impôt progressif sur le revenu [3], etc. Nous analyserons plus en détail dans un autre chapitre les principales revendications des travailleurs.

---

[2] *La Presse*, 18 mars 1899, p. 20. J.-A. Rodier était de loin le plus ardent défenseur de l'idée de créer un parti ouvrier. Il avait à cette époque derrière lui plusieurs années de lutte dans le mouvement syndical. Il était né en 1852 dans l'État de New York où s'était réfugié son père Benjamin

L'organisateur du parti, J.-A. Rodier, ne ménage pas ses efforts pour assurer le succès du groupe. *La Presse* fait largement écho aux faits et gestes du nouveau groupement et Rodier lui-même utilise les deux colonnes que lui donne chaque jour le journal pour commenter les articles du programme. L'appui à peine déguisé du plus grand quotidien de la métropole au nouveau parti n'est pas sans susciter de vives réactions dans la presse libérale et conservatrice. Sans doute la présence de Jules Helbronner comme rédacteur en chef à *la Presse* n'est pas étrangère à cette nouvelle vocation du journal.

Le nouveau parti se donne un comité d'organisation qui fondera des cellules du parti dans Sainte-Marie, Saint-Jacques, Club Centre

---

Rodier qui avait joué un rôle très actif dans la rébellion de 1837-1838. Encore très jeune, Rodier entra comme typographe au *Courrier de Saint-Hyacinthe*; il passa par la suite à *la Minerve*. Il n'avait reçu qu'une mince instruction sur les bancs d'école, mais son goût pour la lecture l'amena à s'intéresser aux problèmes ouvriers. En 1869, il est parmi les fondateurs de l'union typographique Jacques-Cartier; en 1886, il participe activement à la naissance du Conseil central des Métiers et du Travail de Montréal. Il devint également pendant un certain temps chef de district de l'Ordre des Chevaliers du Travail; au tournant du siècle, il se rangeait parmi les adversaires acharnés de cette même organisation. Marié en 1872, il était le père de cinq enfants dont Charlemagne Rodier qui, devenu avocat, se faisait le défenseur au tribunal des causes ouvrières. On trouve également souvent son frère Benjamin Rodier parmi les orateurs favorables à la cause de l'action politique ouvrière. À la mort de Rodier en 1910, en hommage à son travail, ses amis voulurent lui élever un monument à Montréal. Ils ont commencé une collecte dans ce but, mais il semble que les fonds recueillis ne furent pas suffisants pour réaliser leur projet (*la Presse*, 19 avril 1910, p. 1; *la Patrie*, 19 avril 1910, p. 1).

3 *La Presse*, 10 avril 1899, p. 5. Voir le programme complet en annexe. Alfred Charpentier soutient que le programme du parti est l'exacte copie de celui du Parti ouvrier indépendant anglais. Il aurait été apporté à Montréal par l'Irlandais P. Kerrigan et un Écossais du nom de Stewart (Alfred CHARPENTIER, « Le mouvement politique ouvrier de Montréal 1883-1929 », *Relations industrielles*, X (mars 1955), p. 78). Le Parti ouvrier indépendant fondé en 1893 est l'ancêtre du Parti travailliste anglais. Sans doute lui a-t-on emprunté une conception de l'action politique, mais il n'en reste pas moins que le programme du parti résume les revendications qui faisaient depuis fort longtemps l'objet de discussions dans les syndicats et les clubs ouvriers (Henry PELLING, *The Origins of the Labour Party 1880-1900*, Oxford, Clarendon Press, 1965, p. 119).

et Saint-Henri [4]. Pour trouver des fonds, les organisateurs se proposent de préparer une série de spectacles allant du concert aux activités sportives [5]. L'enthousiasme gagne bientôt plusieurs villes de la province. En octobre, les chefs du parti exposent leur programme à Rimouski; en novembre, ils tiennent une assemblée à Valleyfield; puis, à l'invitation du Conseil Central des Métiers et du Travail de Québec, ils se font entendre dans la capitale où cinq cents ouvriers se sont réunis pour les écouter. Après la conférence, une cinquantaine d'entre eux décident de former un comité d'organisation du parti ouvrier à Québec. P.-J. Jobin, un nom bien connu dans les cercles ouvriers de la capitale, est choisi comme président [6].

L'accueil réservé au « troisième parti » comme on aimait à l'appeler à l'époque, témoigne de la déception qu'ont causée, dans les milieux ouvriers, les politiques adoptées par le nouveau gouvernement libéral. Avant d'entrer en politique active, les travailleurs montréalais avaient fondé dans les années 1890 plusieurs clubs ouvriers dont le but était de regrouper les travailleurs pour discuter des problèmes qui leur étaient propres. C'est ainsi qu'on a vu naître le Club Ouvrier, le Club Central Ouvrier, le Club Ouvrier-Centre, le Club ouvrier Indépendant, le Club Social Ouvrier et le Club Indépendant des commerçants de fruits. Les partis politiques ont tenu également à grouper les travailleurs. Le parti libéral en accueillait un certain nombre dans le club Letellier et le Club Geoffrion; les conservateurs avaient également un club ouvrier composé, semble-t-il, en majorité de travailleurs. Quant à l'influence que pouvaient avoir ces clubs, soulignons que le Club Central Ouvrier réunissait en 1898 deux cents personnes à l'une de ses réunions [7]. Fondé en 1898, le Club ouvrier Indépendant comptait près de douze cents membres. Il avait organisé une caisse de chômage et prévoyait s'occuper de colonisation pour les ouvriers sans travail [8].

Ces clubs sont devenus à la manière du Conseil fédéré et du Conseil Central des Métiers et du Travail de Montréal des groupes

4 *La Presse*, 14 avril 1899, p. 1.
5 *Idem*, 18 octobre 1899, p. 8.
6 *Idem*, 27 novembre 1899, p. 7, et 1er décembre 1899, p. 5.
7 *Idem*, 15 mars 1898, p. 7.
8 *Idem*, 3 octobre 1908, p. 3.

de pression auprès de la municipalité et du gouvernement provincial. Mais contrairement à ces deux organismes qui réunissaient les seuls représentants de syndicats affiliés, les clubs ouvriers grâce à la formule d'assemblée publique touchaient un auditoire plus vaste. Ces rassemblements qui constituaient une véritable école de formation sociale raffermissaient chez les travailleurs leur sentiment de solidarité.

C'est à l'occasion d'une réunion d'un de ces clubs, le Club Ouvrier-Centre, que se matérialisa l'idée de former un parti ouvrier. L'élection du parti libéral au fédéral et au provincial avait entretenu l'espoir de réformes sociales profondes. Mais devant la lenteur des gouvernements à adopter des mesures favorables aux intérêts des travailleurs, une vague de déception gagna les milieux ouvriers de la métropole. C'est à ce sentiment que fait écho J.-A. Rodier lors de la fondation du parti :

> Nous avons travaillé à mettre Laurier et Marchand à la tête du pays; tous les ouvriers ont travaillé de concert dans ce but. Les libéraux sont maintenant au pouvoir depuis trois ans. Où sont les réformes qu'ils nous avaient fait espérer ? J'ai beau regarder attentivement, je n'en vois aucune. Devant cette ignorance de nos droits, des conservateurs et des libéraux, faut-il continuer à être divisés et s'attacher à l'un ou l'autre des partis politiques actuels ? Non, il faut former un groupe puissant à part, et défendre nos droits. Il faut aller en Chambre et au Conseil, et adopter nous-mêmes les réformes dont nous avons besoin [9].

Ce sentiment d'avoir été trahis par les vieilles formations politiques perce dans chacun des discours prononcés à l'occasion des assemblées politiques. On a perdu toute confiance en des partis qu'ils identifient à la classe capitaliste, à la classe des monopoles et des trusts. La solution leur paraît résider dans la prise en charge par les ouvriers eux-mêmes du pouvoir politique. C'est à cette conclusion que dès 1898 un orateur en arrivait : « En un mot, si l'ouvrier veut améliorer son sort, il lui faut s'emparer des pouvoirs publics et gouverner lui-même [10]. »

---

[9] *Idem*, 18 mars, p. 20.

[10] *Idem*, 26 octobre 1898, p. 5. Dans la même veine, un travailleur rappelait à la suite d'une décision rendue par le Parlement de Québec : « Tant que l'esprit de solidarité ne sera pas plus fort que l'esprit de parti chez les salariés, les intérêts de ceux-ci seront toujours sacrifiés lorsqu'ils viendront en conflit avec ceux des monopoleurs.» (*La Presse*, 4 mars 1899, p. 20.)

Cette désaffection des chefs ouvriers envers les partis traditionnels à la fin du XIXᵉ siècle trouve également son explication dans
les difficultés économiques sérieuses que traverse le Québec à
l'époque. La remontée des prix en 1897 ne fera véritablement sentir
ses effets sur l'emploi qu'en 1900-1901. Le chômage et la misère
en 1899 restent le lot de milliers de travailleurs montréalais. Selon
un d'entre eux, l'activité du port de Montréal à ce moment n'a
jamais été aussi faible depuis vingt ans et il affirme que le nombre
de sans-travail dans la région de Montréal à ce moment dépasse
le chiffre de dix mille [11]. C'est pourquoi en septembre le nouveau
parti convoqua une assemblée des chômeurs au Champ de Mars en
vue de déterminer les moyens pour leur venir en aide [12]. Une situation économique précaire alliée à l'insatisfaction de la politique
des gouvernements libéraux ont amené les travailleurs à vouloir
résoudre eux-mêmes sur le plan politique les problèmes qu'ils af-
frontaient. De là, la formation d'un parti indépendant strictement
dévoué aux intérêts de la classe travaillante.

Fondé en mars 1899, le parti se préparait à la prochaine élection
fédérale. À l'annonce que les électeurs se rendraient aux urnes en
novembre 1900, une grande assemblée fut convoquée en octobre afin
de choisir des candidats et trouver des fonds pour soutenir la
campagne [13]. Le Conseil fédéré et le Conseil Central ont fait taire
leurs querelles et se sont unis pour soutenir les candidats ouvriers.
Les représentants des deux grandes fédérations ont approuvé de
justesse (33 contre 29) le principe d'une candidature dans la circonscription de Sainte-Marie. Ils ont par la suite choisi unanimement Fridolin Roberge alors président du Conseil fédéré comme
candidat dans Sainte-Marie. C'est là où, dit-on, se concentre la
proportion la plus forte d'ouvriers [14].

Une douche d'eau froide vint freiner l'enthousiasme des organisateurs du parti lorsqu'ils apprennent que le candidat libéral dans
cette même circonscription n'est nul autre que le ministre des
Travaux publics et grand organisateur du parti libéral, Israël
Tarte. Rodier laisse percer du dépit dans sa chronique : « Si les

---

11 *Idem*, 11 septembre 1899, p. 7.
12 *Ibid.*
13 *La Presse*, 17 octobre 1900, p. 1.
14 *Ibid.*

partis qui nous ont gouvernés jusqu'à présent avaient eu le moindre respect pour nous, ne se seraient-ils pas tous deux effacés dans la division Sainte-Marie, la plus ouvrière de tout le Canada, pour laisser élire un représentant de notre classe [15]. » Le résultat du scrutin ne faisait plus aucun doute même pour le candidat ouvrier. La campagne devint alors une occasion de faire connaître le programme du parti indépendamment du résultat de l'élection. Le dépouillement du scrutin se révéla extrêmement décevant. Roberge ne recueillit que 184 votes alors que Israël Tarte avait pu compter sur l'appui de 3 188 voteurs.

Selon Rodier, « le candidat ouvrier a été non seulement défait, mais écrasé si on considère le petit nombre de suffrages qu'il a recueilli [16] ». On voit mal aussi comment ce candidat aurait pu résister au raz de marée libéral qui déferla sur le Québec. Rodier rattacha cette défaite au manque de fonds du parti et au refus des syndicats ouvriers d'entrer comme corps dans la lutte [17]. Une élection nécessitait une mise de fonds considérable pour l'époque. Le candidat devait faire le dépôt d'une somme de deux cents dollars qu'il perdait s'il recueillait moins de la moitié des votes du vainqueur. À cette lourde obligation, s'ajoutaient les frais encourus par la campagne. Accumuler une somme de deux cents dollars constituait déjà un problème en soi et on comprend que le parti ne disposait que de peu d'argent pour rencontrer les autres frais occasionnés par la campagne.

Les deux grandes fédérations de syndicats montréalais ont appuyé moralement l'action politique d'un des leurs, mais n'ont pas lié leurs membres à voter pour Roberge. Les chefs syndicaux concevaient l'action politique comme parallèle à l'action plus proprement économique des syndicats. Nous approfondirons dans un autre chapitre la conception qu'on se faisait à l'époque des rapports entre le syndicalisme et l'action politique ouvrière.

La piètre performance du parti découragea ses organisateurs qui ne jugèrent pas bon de présenter des candidats aux élections provinciales tenues la même année en décembre. Ainsi s'éteignit à l'aube du xxᵉ siècle cette première tentative de former une or-

---

15 *La Presse*, 20 octobre 1900, p. 14.
16 *La Presse*, 8 novembre, 1900, p. 3.
17 *Ibid.*

ganisation politique financièrement indépendante des libéraux et des conservateurs. La leçon avait été dure, mais les partisans d'une formation politique ouvrière promettaient bien de revenir à la charge aux prochaines élections « jusqu'à ce que la victoire leur accorde ses faveurs [18] ».

II. — L'ACTION POLITIQUE OUVRIÈRE, 1904-1915

La fièvre électorale gagna les milieux ouvriers en 1904 à l'approche des élections. Le mouvement syndical manifestait à ce moment un dynamisme comparable à celui qui l'avait animé dans les années 1880. Quelques années plus tôt, les syndicats internationaux avaient lancé avec succès une vaste campagne de recrutement dans la province. Ce bouillonnement de l'activité syndicale avait amené dans les rangs du mouvement ouvrier une nouvelle génération de chefs. Les Verville, Ainey, Arcand, Francq et Saint-Martin feront leurs premières armes à cette époque et auront une influence marquante sur l'orientation future du syndicalisme québécois.

Encore une fois, c'est J.-A. Rodier, ce vieux lutteur, qui fait campagne dans *la Presse* pour la formation d'un troisième parti. L'impulsion décisive vint du Conseil des Métiers et du Travail de Montréal qui décida, en novembre 1904, de présenter des candidatures d'ouvriers aux élections provinciales qui devaient se tenir en fin de mars [19]. Sans former un parti comme tel, on prévoyait présenter des candidats dans les circonscriptions de l'Est de Montréal. Le comité électoral du Conseil offrit à Achille Latreille, président du syndicat des tailleurs de pierre, de se présenter dans la circonscription de Saint-Louis. Il accepta, de même qu'Alphonse Verville alors président du Conseil des Métiers et du Travail de Montréal, et élu depuis peu également à la présidence du Congrès des Métiers et du Travail du Canada. Verville posait sa candidature dans Hochelaga. L'absence d'opposition conservatrice forte dans la province augmentait leurs chances de succès.

---

[18] *La Presse*, 8 novembre 1900, p. 3.
[19] Le Conseil fédéré de Montréal groupant les syndicats internationaux a modifié son nom et adopté celui des Métiers et du Travail de Montréal. Il ne faut pas le confondre avec la centrale rivale, le Conseil Central des Métiers et du Travail de Montréal.

Encore fallait-il vaincre l'idée que les politiques touchant les travailleurs ne s'élaboraient pas seulement au Parlement d'Ottawa ! Pour l'un, l'élection d'un candidat au provincial « donnera au parti ouvrier plus de vigueur pour les luttes qu'il devra soutenir plus tard dans l'arène fédérale [20] ». Pour d'autres, c'était l'occasion de mettre en valeur certains aspects du programme ouvrier qui pouvaient trouver une solution à Québec. Parmi ceux-ci, relevons des thèmes discutés depuis fort longtemps dans les cercles ouvriers de la métropole : l'abolition de la qualification foncière et l'éducation gratuite et obligatoire. Plus neuves sont les idées de créer un ministère du Travail et d'engager la responsabilité des patrons dans le cas d'accidents de travail.

Les assemblées des deux candidats font salle comble. C'est par centaines que les travailleurs se pressent pour écouter les orateurs ouvriers pourfendre les trusts et les monopoles. Les talents oratoires de Verville en particulier gagnent l'admiration des foules. Un journaliste assistant à une de ses assemblées nous rapporte ainsi la scène : « Imposant, dans sa carrure admirable de travailleur, M. Verville commença à parler; le silence se fit aussitôt. D'une voix sonore, énergique et douce toute à la fois, ses mots coulaient de ses lèvres sans hésitation et portaient la persuasion dans le cœur de ceux qui l'écoutaient avec avidité [21]. »

La persuasion pénétra le cœur de beaucoup de travailleurs d'Hochelaga puisque, même si la victoire lui échappa, le résultat des élections causa la frousse à son adversaire libéral, Jérémie Décarie, préfet du comté d'Hochelaga et ancien maire de Notre-Dame-de-Grâce. En effet, Verville recueillit 4 109 voix alors que Décarie l'emporta par une marge de 1 340 votes. Dans Saint-Louis, Latreille affrontait, en plus du conservateur, un adversaire libéral de premier ordre, Godfroy Langlois, directeur du journal le Canada. Celui-ci s'assura la victoire avec 1 215 votes alors que Latreille réussissait à obtenir l'appui de 518 électeurs. On était loin des 184 votes que le parti ouvrier avait obtenus de peine et de misère en 1899. Dans la région montréalaise, le parti ouvrier constituait maintenant une force avec laquelle les vieux partis devaient compter. Assimilés à la classe des riches et des monopoleurs, des milliers de travailleurs

---

[20] La Presse, 10 novembre 1904, p. 1.
[21] Idem, 21 novembre 1904, p. 14.

refusaient aux partis libéral et conservateur le droit de les représenter. Ils souhaitaient voir leurs intérêts soutenus en Chambre
par un des leurs « vivant et ayant vécu dans la classe ouvrière [22] ».
Le relatif succès de Verville entraîna les partisans de l'action
politique ouvrière à donner à leur mouvement une structure mieux
définie. Jusque là, l'annonce d'une élection dans un comté ouvrier
regroupait momentanément l'énergie de quelques travailleurs; mais,
entre les périodes électorales, aucune organisation comme telle ne
réunissait les partisans de l'action politique. À chaque occasion,
il fallait en quelques semaines raviver l'enthousiasme des uns, faire
taire les querelles des autres, solliciter des fonds, préparer un programme électoral, se choisir un candidat susceptible de rencontrer
l'approbation du plus grand nombre. L'improvisation, même le
fruit du plus grand enthousiasme, ne remplace pas le travail profond que seule une organisation permanente et bien structurée peut
accomplir. Cet objectif, les leaders ouvriers avaient déjà cherché
à l'atteindre antérieurement, mais leurs rangs étaient si lâches et
les possibilités de succès si minces qu'après une défaite l'apathie
gagnait leurs partisans. La chaude lutte menée par Verville au
candidat libéral aux élections provinciales de 1904 rendait plausible
la victoire d'un candidat ouvrier. C'est pourquoi, les travailleurs
se pressaient en plus grand nombre autour des *hustings* afin d'entendre les leurs pourfendre les *trusts* et réclamer une députation
ouvrière.

Quelques semaines après cette élection, en décembre 1904, le
Conseil des Métiers de Montréal étudie la possibilité de former
un parti ouvrier. Un débat s'engage pour savoir si le nouveau parti
dépendra du Conseil ou s'il œuvrera indépendamment de celui-ci.
Certains soutiennent qu'une organisation indépendante facilitera
le regroupement des travailleurs, qu'ils appartiennent aux syndicats
nationaux ou internationaux. Enfin, sous l'instigation encore une
fois de Rodier, on décide que la fondation du parti sera l'œuvre
du comité électoral du Conseil mais que, une fois fondé, il gardera
son autonomie et se pourvoira de fonds en dehors du Conseil [23].

Quelques jours plus tard, la nouvelle constitution du parti est
adoptée lors d'une assemblée où, dit-on, plusieurs centaines de

---

22 *Ibid.*
23 *La Presse,* 2 décembre 1904, p. 11.

personnes assistaient. En termes généraux, le groupement se propose comme objectif de « combattre toute politique adverse aux intérêts des travailleurs et de la société et d'améliorer le système d'économie politique actuel par une politique d'économie sociale et coopérative conforme à l'intérêt général et au bien de tout le pays [24] ». Quant au programme lui-même, il reprend sensiblement les mêmes thèmes qu'avait défendus le parti ouvrier en 1899. On y ajoute quelques nouveaux articles dont, entre autres, la création d'un ministère de l'Instruction publique et d'un ministère du Travail, l'organisation de bibliothèques publiques, l'entretien des routes par l'État et la représentation proportionnelle [25].

Pressé par la décision de Lomer Gouin, premier ministre, de se présenter à une élection complémentaire dans Saint-Jacques en avril 1905, le parti choisit d'entrer dans la lutte en présentant son secrétaire, Albert Saint-Martin [26]. Évidemment, contre un tel adversaire, le candidat ouvrier mordit la poussière (504 votes). Mais. l'intérêt de cette élection réside ailleurs. Depuis sa fondation, le journal la Presse s'était fait le porte-parole de la classe ouvrière. Il avait appuyé à fond toutes les velléités des travailleurs de porter au plan politique la solution à leurs problèmes. En 1905 cependant, le journal s'efforça en page éditoriale de discréditer la candidature de Saint-Martin.

La même année, J.-A. Rodier quitta son poste de chroniqueur ouvrier à ce même journal. Tout s'explique quand on sait que l'année précédente le propriétaire de la Presse avait vendu ses intérêts au parti libéral. Devenu l'organe de ce parti, les ouvriers perdaient l'allié le plus influent qu'ils aient eu [27]. Toutefois, cette perte fut compensée en partie du moins par l'arrivée de Rodier au journal la Patrie. L'influent chroniqueur reprenait sous un autre toit l'éducation des travailleurs. Au cours de l'élection partielle

---

[24] Idem, 5 décembre 1904, p. 9.

[25] Voir le programme du parti en annexe. Il restera sensiblement le même jusqu'à la fin de la période que nous étudions.

[26] Saint-Martin était traducteur et sténographe officiel au palais de Justice de Montréal. Ses adversaires ne manqueront pas de mettre en doute le caractère « ouvrier » de cette candidature (le Canada, 4 avril 1905, p. 4.

[27] RUMILLY, Histoire de la Province de Québec, T. XII, les Écoles du Nord-Ouest, pp. 119ss.

fédérale de 1906, les colonnes de *la Patrie* seront largement ouvertes à l'appui des candidatures ouvrières [28].

Laurier avait annoncé pour février 1906 des élections partielles dans Maisonneuve afin de remplacer le ministre Raymond Préfontaine décédé quelques mois plus tôt. Un certain nombre de membres du parti ouvrier rencontrèrent des « personnages importants » du parti libéral et leur firent savoir que, s'ils choisissaient un candidat libéral sympathique aux ouvriers, le parti ne lui ferait pas opposition, mais que, si M. L.-O. Grothé était choisi, les travailleurs présenteraient un candidat [29]. Grothé, propriétaire d'une fabrique de cigares était particulièrement détesté par les syndiqués qui avaient souvent eu maille à partir avec lui. Effectivement choisi comme candidat libéral, le parti ouvrier répliqua en annonçant qu'Alphonse Verville ferait opposition à son élection. Les conservateurs se retirèrent de la lutte donnant ainsi beaucoup plus de poids à la candidature de Verville [30].

Les libéraux ne manquèrent pas de l'accuser de conservateur déguisé. Prévoyant la chaude lutte qui s'amenait, *le Canada* et *la Presse* se lancèrent dans une lutte à fond de train contre le candidat ouvrier, l'accusant tantôt de socialiste, tantôt de ne pas avoir l'appui des syndicats ouvriers [31]. Les organisateurs libéraux firent

---

[28] Le 19 novembre 1905, le parti ouvrier fut dissous, mais pour quelques semaines seulement puisqu'au début de décembre 1905 un comité s'occupait de sa réorganisation (*la Presse*, 20 nov. 1905, p. 7; 6 déc. 1905, p. 2).

[29] *La Patrie*, 22 février 1906, p. 3.

[30] Alphonse Verville est né en 1864 à Côte Saint-Paul près de Montréal. Son père Alfred était mécanicien de son métier. Il quitta l'école à 14 ans pour devenir apprenti-plombier. En 1882-1883, il émigra à Chicago où il occupa le poste de contremaître dans deux grandes entreprises. C'est là qu'il s'intéressa au syndicalisme et devint membre de la Fédération américaine du Travail. Revenu à Montréal en 1893, il devint cinq ans plus tard président de la cellule n° 144 du syndicat des plombiers affiliée à la Fédération américaine. Il occupa le poste de président du Conseil fédéré de Montréal et fut élu régulièrement de 1904 à 1909 président du Congrès des Métiers et du Travail du Canada (Patricia Karen MALLOY, *Alphonse Verville, « Liberal-Labour » Member of Parliament, 1906-1914*, M. A. (History), University of Ottawa, 1970, p. 7).

[31] *Le Canada*, 20 février 1906, p. 4; 21 février 1906, p. 5; 22 février 1906, p. 3. A. T. Lépine, ancien député ouvrier, appuya activement le parti libéral.

appel à d'anciens chefs ouvriers pour soutenir leur protégé qui, affligé d'une timidité extrême, avait peine à prononcer un discours [32]. On invoqua également contre sa candidature l'avis des syndicats nationaux de s'abstenir de voter pour Verville, désigné comme le candidat des « unions américaines [33] ». Les orateurs du parti ouvrier, en réponse à ces attaques, insistèrent sur la nécessité de voir un des leurs les représenter au Parlement. À l'adresse des travailleurs libéraux, ils firent valoir que ce n'était pas trahir le gouvernement que de voter pour Verville puisque, une fois élu, il serait plus utile à Laurier que Grothé [34]. La veille de l'élection, Rodier dans *la Patrie* faisait état des grands efforts des libéraux pour s'assurer le comté et il lançait cet appel aux travailleurs : « Que l'on ne se laisse pas abattre par tant d'appareils. Avant l'or, avant les journaux, avant les orateurs il y a le peuple, et c'est lui qui est appelé à décider [35]. »

En effet, le peuple décida qu'un travailleur le représenterait en Chambre. Grothé recueillit 3,828 votes et Verville 4,912; il sortait victorieux par plus de 1,000 voix de majorité. Le parti ouvrier qui avait mené seul la campagne électorale faisait subir au parti libéral alors au faîte de sa puissance un échec imprévu. Pour la première fois, cette force neuve dans la société québécoise, le mouvement ouvrier, œuvrant à l'extérieur des partis, réussissait en s'appuyant sur ses seuls moyens à se faire représenter en Chambre. Au delà du député Verville, c'était toute une classe qui affirmait sa puissance. La bourgeoisie ne tardera pas à réagir. Dans les milieux ouvriers, une question revenait sur toutes les lèvres : saura-t-il résister aux « séductions » libérales ?

Jamais les travailleurs n'avaient acquis une telle influence. Les assemblées du parti ouvrier faisaient salle comble; le nombre de ses membres se comptait par plusieurs centaines. Il échappait aux influences traditionnelles de la société québécoise, aux valeurs véhiculées par le clergé et la bourgeoisie professionnelle. En octobre 1904, une délégation ouvrière française en route vers Saint-Louis fit un séjour au Québec. À Montréal, les délégués vantèrent les mérites du socialisme et entonnèrent en fin d'assemblée avec les

---

[32] Charpentier, *op. cit.*, p. 82.

[33] *La Patrie*, 21 février 1906, p. 3.

[34] *Idem*, 19 février 1906, p. 3; 21 février 1906, p. 3; 22 février 1906, p. 3.

[35] *Idem*, 22 février 1906, p. 3.

trois cents ouvriers présents l'Internationale [36]. L'année suivante, un groupe d'ouvriers montréalais en excursion à Saint-Hyacinthe reprenait l'hymne socialiste [37]. Deux grands noms du parti travailliste anglais vinrent encourager les travailleurs montréalais dans leur activité politique. Ramsay Macdonald, député travailliste, était de passage à Montréal en 1906 et Keir Hardie, le chef, fut reçu au Monument National en 1908. Ce dernier développa devant un auditoire nombreux le thème de l'action politique ouvrière. Pour sa part, la même année, l'archevêque de Montréal, Mgr Bruchési, invitait les syndicats internationaux à marquer la fête du travail d'un caractère religieux par la célébration d'une messe. Pendant ce temps, les évêques dans leur diocèse remettaient à l'honneur l'étude de l'encyclique *Rerum Novarum*. La bourgeoisie professionnelle qui depuis le début du XIXe siècle contrôlait l'activité politique dans la province ne restait pas non plus inactive.

Quelques mois après la victoire de Verville, les libéraux annonçaient une élection complémentaire dans Sainte-Marie, circonscription ouvrière par excellence. Laurier décida de contrer coûte que coûte la naissance de la nouvelle formation politique. Il en avait déjà plein les bras avec la propagande nationaliste menée au Québec par Bourassa. Le comité électoral du parti ouvrier porta son choix sur Joseph Ainey, secrétaire de la Fraternité des charpentiers-menuisiers de Montréal [38]. Le parti gouvernemental fit

---

[36] Alfred Charpentier tout jeune encore assistait à cette assemblée avec son père. Il en sortit marqué par les propos des orateurs (CHARPENTIER, *op. cit.*, pp. 80ss). Les délégués publièrent un rapport de leur visite au Canada et aux États-Unis. Ils nous font part de leurs observations sur la société canadienne-française (Albert MÉTIN, *Délégation ouvrière française aux États-Unis et au Canada*, Paris, Cornely, 1907, 300 pp.).

[37] *La Presse*, 26 juin 1905, p. 12.

[38] Le parti modifia rapidement l'article de la constitution qui exigeait qu'un membre ne pourrait être candidat qu'après un an d'adhésion au parti. Ainey avait toujours refusé de faire de la politique active et ne faisait partie d'aucun club ouvrier. Cette manœuvre entraîna la démission du président du parti, Achille Latreille (CHARPENTIER, *op. cit.*, pp. 82s.). Joseph Ainey, charpentier de son métier, avait derrière lui une longue expérience de l'activité syndicale. En 1885, il adhérait à l'Assemblée Ville-Marie des Chevaliers du Travail. Il contribua par la suite à former une assemblée composée presque exclusivement de charpentiers-menuisiers, l'Assemblée Maisonneuve. Deux ans plus tard, il répudiait la forme d'ac-

d'abord la cour à Ainey mais, devant son refus d'aliéner sa liberté, les libéraux trouvèrent le candidat idéal à lui opposer, Médéric Martin, ancien ouvrier lui-même, devenu propriétaire d'une fabrique de cigares et échevin de la ville de Montréal [39]. La lutte souleva encore plus d'intérêt lorsque Bourassa entra dans la campagne au côté du candidat ouvrier. Depuis la lutte commune des nationalistes et du parti ouvrier contre le bill du Dimanche, un vent de sympathie soufflait entre ces deux jeunes mouvements. L'adversaire était commun; pourquoi ne pas s'unir pour l'affaiblir ! Olivar Asselin tenta même sans succès de convaincre les conservateurs d'appuyer le candidat ouvrier [40]. Le *Nationaliste* se rangea du côté de *la Patrie* pour soutenir Ainey.

Médéric Martin et la presse libérale lancèrent à leur adversaire les épithètes d'anticlérical et de socialiste. Ces accusations semblent avoir porté puisque la campagne d'Ainey fut réduite à la défensive. Les ouvriers sont les véritables amis de l'ordre, clamait Asselin dans le *Nationaliste* [41]. Appuyant la plus grande partie du programme au niveau fédéral, les nationalistes mettaient néanmoins des réserves sur la suppression du Sénat et des banques privées. Ainey pour sa part s'abstenait d'exploiter un de ses thèmes favoris, l'éducation gratuite et obligatoire, qui risquait d'irriter Bourassa.

Fin novembre, Ainey fut défait par une forte majorité, 1 272 votes. L'appui des nationalistes n'avait pas réussi à élargir la brèche que Verville avait ouverte. Le parti libéral avait donné à cette élection complémentaire une signification qui dépassait largement les deux hommes en présence. Avant que les partis ouvrier et nationaliste ne constituent une menace sérieuse, Laurier désirait freiner l'élan de ces deux jeunes mouvements. Argent, efforts et appuis de la presse n'avaient pas manqué au candidat Martin. Outre l'importance attachée par le parti libéral à cette élection, ajoutons, pour expliquer cette défaite, la défection des conservateurs, les accusations de « socialiste » portées par les libéraux, la démission

tion menée par les Chevaliers et se rangeait sous la bannière des syndicats internationaux. Enfin, en 1897, il soutenait la création du Conseil fédéré (*la Presse*, 11 avril 1903, p. 28).

[39] *Le Nationaliste*, 4 novembre 1906, p. 1; *la Patrie*, 20 novembre 1906, p. 9.

[40] *Le Nationaliste*, 25 novembre 1906, p. 1.

[41] *Idem*, 19 novembre 1906, p. 1.

d'Achille Latreille comme président du parti ouvrier et l'appui du candidat des syndicats nationaux John E. Mee en faveur de Martin [42]. Cet échec révélait non pas la faiblesse du mouvement ouvrier mais la vigueur des partis traditionnels. C'était la dernière fois que les mouvements nationaliste et ouvrier conjuguaient leurs efforts. Après cette date, le fossé ne cessera de s'élargir entre Bourassa et les syndicats internationaux.

Depuis 1904, le parti ouvrier de Montréal ne cessait de voir augmenter le nombre de ses membres. La formule du club ouvrier coiffé par un comité général semblait être une heureuse trouvaille. Elle permettait de rapprocher le centre de décision de la base tout en laissant à chacun des clubs une large autonomie. C'est ainsi que, en plus de se préoccuper de problèmes politiques, certains clubs avaient organisé une bibliothèque, un bureau de placement, des excursions, des compétitions sportives, etc. Ces activités sociales dont on ne doit pas négliger l'importance renforçaient la cohésion du groupe ouvrier.

Il est difficile de déterminer avec précision le nombre exact de membres du parti ouvrier. De 1904 à 1911, une dizaine de clubs virent le jour [43]. Fondé en 1908, le club Hochelaga, par exemple, comptait 150 membres, le même nombre que le club Saint-Jean-Baptiste [44]. Selon toute probabilité, à ses débuts, le parti avait recruté entre 200 et 300 membres; à son apogée, en 1911, peut-être un peu plus du double payait leur cotisation régulièrement. Ces chiffres excluent les membres des syndicats qui, à partir de 1908, pouvaient s'affilier comme corps au parti.

Chaque nouvel adhérent devait signer une formule d'engagement qui se lisait comme suit : « Après avoir pris connaissance de la constitution et du programme du parti ouvrier, je m'engage solennellement sur ma parole et sur mon honneur, que je me conformerai aux lois et règlements de ce parti, et que je remplirai au meilleur

---

[42] M. Mee sera désavoué pour ce geste (*la Gazette du Travail*, octobre 1907, p. 482).

[43] Les clubs ouvriers dont nous avons pu déterminer l'existence à un moment ou l'autre entre 1904 et 1915 sont : Sainte-Marie, Hochelaga, Saint-Jean-Baptiste, Saint-Louis, Partie-Nord, Lafontaine, Mont-Royal, Saint-Laurent, Rosemont et Maisonneuve.

[44] *La Patrie*, 30 novembre 1908, p. 3; 4 janvier 1909, p. 7.

de ma connaissance les devoirs qui y sont attachés. » En 1907, on ajouta cette autre phrase à la formule d'engagement : « De plus, je déclare n'appartenir à aucun autre parti politique [45]. » Chaque club délègue un certain nombre de représentants au comité général du parti qui décide de l'élection d'un exécutif et de l'orientation générale du mouvement.

À plusieurs reprises, le parti tenta de se donner un journal, « le nerf de la guerre », comme on l'appelait à l'époque [46]. Gustave Francq lança en 1906 le journal *Vox populi*, organe officieux du parti. Il disparut peu après et fut remplacé en 1908 par *l'Ouvrier*, toujours dirigé par Francq, mais cette fois-ci avec la collaboration d'Albert Saint-Martin. À la suite de difficultés financières, le journal disparut après huit mois de publication [47]. En 1912, le club ouvrier Maisonneuve décida de fonder son propre journal, *le Travail*, un hebdomadaire, dont nous ne connaissons pas la durée de publication [48].

Précisons enfin que le parti ouvrier n'œuvra que dans les limites de l'île de Montréal. Toutefois, les ouvriers de Québec tentèrent en 1904 d'élire un des leurs candidat au Parlement provincial; ils échouèrent cette année-là mais eurent plus de succès en 1906 alors qu'Omer Brunet fit son entrée à la Législature [49]. En 1909, le député de Saint-Sauveur, Alphonse Langlois, avait été élu grâce à l'appui des syndicats nationaux [50]. Deux ans plus tard, le Conseil fédéral des Métiers et du Travail de Québec projetait de fonder un parti ouvrier [51]. Il ne semble pas que cette résolution se soit transformée en réalité.

Le mouvement ouvrier étendit même son influence jusqu'à une petite localité de la rive sud, Chambly Canton. Un parti ouvrier fondé en cette ville réussit en 1908 à obtenir la majorité au conseil de ville. Le maire était également membre du parti. Une des premières démarches du conseil pressait le gouvernement provincial

[45] *La Presse*, 5 décembre 1904, p. 9; 10 mai 1912, p. 13.

[46] *Idem*, 2 février 1914, p. 7.

[47] CHARPENTIER, *op. cit.*, p. 84.

[48] *La Presse*, 18 septembre 1912, p. 11.

[49] *La Gazette du Travail*, octobre 1904, p. 371; octobre 1906, p. 437.

[50] *La Patrie*, 4 novembre 1909, p. 12; 15 novembre 1909, p. 3.

[51] *Idem*, 13 novembre 1911, p. 32.

d'amender le code municipal afin d'autoriser le scrutin secret pour l'élection des conseillers. On voulait par là éviter les pressions indues exercées par quelques citoyens sur les conseillers [52].

De 1906 à 1908, le travail du parti ouvrier de Montréal consista à consolider son organisation, à surveiller la politique municipale et à préparer les prochaines élections. Au provincial, elles se tinrent en juin 1908 tandis qu'au fédéral les électeurs allèrent aux urnes en octobre. Le parti présenta au provincial la candidature d'un jeune et brillant secrétaire du parti, Gustave Francq. Typographe d'origine belge, il incarnait par ses idées socialisantes l'aile gauche du parti [53]. On lui reconnaissait également son opiniâtreté à défendre l'école gratuite et obligatoire, l'un des éléments du programme propre à susciter l'opposition farouche du clergé. À l'étonnement de Francq qui croyait qu'il s'abstiendrait, le parti conservateur présenta un candidat dans Hochelaga [54]. Celui-ci recueillit près de 6 000 votes contre 2 700 pour le candidat ouvrier. Le libéral Décarie s'assura la victoire avec 8 200 votes. Cet échec renforçait l'idée qu'en présence de candidats des deux vieilles formations politiques les chances de gain pour un tiers parti se révélaient pour le moins compromises.

C'est probablement pour cette raison que le parti ne présenta pas d'autre candidature que celle de Verville aux élections fédérales d'octobre 1908. Contre celui-ci, ni le parti libéral ni les conservateurs n'opposèrent de candidatures officielles. C'est pourquoi, il remporta une victoire facile par une majorité de près de 4 300 voix dans Maisonneuve. Celui-ci sera d'ailleurs régulièrement réélu aux élections fédérales subséquentes.

À partir de 1908, l'intérêt des membres du parti évolua vers la politique municipale. En somme, les travailleurs renouaient avec les problèmes qui avaient tenu en haleine les clubs ouvriers à la fin du XIXe siècle : chômage, voirie, bureau de placement, transports publics, etc. Ces problèmes plus proches des préoccupations quotidiennes des travailleurs suscitaient un plus grand intérêt. La po-

---

[52] *La Presse*, 8 février 1908, p. 20 ; 25 février 1908, p. 3.
[53] Selon RUMILLY, il siégeait à la loge maçonnique montréalaise l'Émancipation (*Histoire de la Province de Québec*, T. XII, *les Écoles du Nord-Ouest*, p. 102).
[54] *La Patrie*, 4 juin 1908, p. 3.

litique municipale en outre était à l'époque le théâtre de chaudes luttes. Un comité de citoyens avait mis à jour le pourrissement de l'administration municipale. De plus, les perspectives de succès à ce niveau étaient de beaucoup plus favorables au parti ouvrier. L'absence de partis politiques municipaux laissait le champ libre à l'action de groupes bien structurés ayant une politique bien définie. Le parti ouvrier réunissait ces qualités.

Au niveau fédéral et provincial, le parti ne présenta, de 1909 à 1915, de candidats qu'en une seule occasion alors que MM. Narcisse Arcand et G.-R. Brunet briguèrent les suffrages dans Dorion et Laurier aux élections provinciales de 1912. Tous deux connurent un échec si sérieux qu'il enleva le goût au parti ouvrier de tenter de nouvelles expériences de ce genre [55].

L'activité du parti se porta donc sur l'arène municipale où ses succès témoignent de l'appui reçu dans la population. En février 1910, Joseph Ainey qui briguait le poste de contrôleur de la ville de Montréal reçut le feu vert de ses commettants. De même, ont été élus les candidats à l'échevinage qu'appuyait le parti lors de cette élection [56]. L'année suivante, quatre des cinq candidats à l'échevinage dont le parti avait endossé la candidature se retrouvèrent échevins de la ville de Montréal [57]. En 1914, le parti donna également son appui à des candidats aux élections municipales [58]. Ces personnes n'étaient pas toujours elles-mêmes des travailleurs, mais recevaient l'appui moral et financier de la formation politique à la condition qu'elles s'engagent à être favorables aux politiques ouvrières.

L'importance que prenait le parti au niveau municipal entraîna, aussi paradoxal que cela puisse paraître, son déclin. Des rivalités personnelles opposèrent les chefs du mouvement. En 1912, J.-A. Guérin quitta le parti ouvrier pour fonder une organisation rivale intéressée uniquement à la politique municipale. Un peu plus tard, ce groupement parallèle se réunit dans une Fédération de clubs municipaux qui, selon Charpentier, était maîtresse en 1915 de la

---

55 *La Presse*, 12 avril 1912, p. 14.

56 *La Patrie*, 2 février 1910, p. 6.

57 *La Presse*, 2 février 1912, p. 9.

58 *Idem*, 16 février 1914, p. 7.

politique municipale [59]. Son fondateur dota même la Fédération d'un journal, *le Progrès ouvrier*, qui parut jusqu'en 1916. La difficulté de trouver des sources qui nous éclaireraient sur cette période nous empêche de cerner les raisons profondes qui ont engendré la scission du mouvement. Accentuant leur division, un autre événement vint freiner l'enthousiasme des militants. J.-O. Massé, président du Conseil des Métiers et du Travail de Montréal, fut démis de ses fonctions pour s'être présenté aux élections fédérales de 1911 sans l'approbation du parti [60]. À ce moment, le Conseil était affilié au parti et ses membres ne devaient s'occuper d'action politique que dans le cadre du parti ouvrier. Massé soutenait de son côté que cette action devait être séparée de l'activité syndicale, et c'est pourquoi, afin de porter un dur coup à la constitution du Conseil, il se présenta comme candidat dans Sainte-Marie [61]. Le geste de Massé provoqua un véritable désarroi au comité exécutif du parti et eut comme conséquence la lente désaffiliation des syndicats à l'égard de la formation politique.

En 1915, ne sont rattachés au parti que le Conseil des Métiers et du Travail de Montréal, la Fraternité des charpentiers-menuisiers et deux ou trois autres syndicats. Quant aux clubs affiliés, il n'en reste que deux, le club Saint-Jean-Baptiste et le club Maisonneuve [62]. Tous les autres sont disparus, ont déclaré leur indépendance ou ont joint les rangs de la Fédération des clubs municipaux. Le comité exécutif du parti ne compte plus que 35 délégués dont une dizaine représente le Conseil des Métiers. Aux dires de Charpentier, « tout le parti n'est plus que la réunion mensuelle d'une quinzaine d'amis dont l'influence ne sort pas des murs du Temple du Travail [63] ». Une campagne de recrutement lancée en 1914 aboutit à un fiasco complet de même que le rapprochement tenté en 1917 avec la Fédération des clubs municipaux [64].

À la veille de la Première Guerre mondiale, l'action politique ouvrière accuse, comme on l'a vu, une impuissance chronique. Les

---

[59] CHARPENTIER, *op. cit.*, p. 87.
[60] *Idem*, p. 85.
[61] *Ibid.*
[62] *Idem*, p. 86.
[63] *Ibid.*
[64] *Idem*, p. 87.

sérieux problèmes économiques qui affligent le Canada à cette époque dont une montée en flèche des prix réduisent le militantisme des travailleurs. Leur salaire réel baisse alors que le taux de chômage se maintient à un taux élevé. Déjà aux prises avec le problème d'assurer la survie de leurs syndicats, les chefs ouvriers ont peu de temps à consacrer à l'action politique. Bon nombre d'entre eux n'en sont pas moins convaincus de la nécessité de dépasser l'action syndicale pour œuvrer au niveau politique. Ce noyau d'activistes représente l'élément le plus significatif dans l'acquisition par les travailleurs d'une conscience vive de leur situation sociale. Ils seront d'ailleurs le moteur d'une recrudescence de l'activité politique des travailleurs après la guerre.

III. — LE PROGRAMME OUVRIER

Même si ce travail se présente comme un court essai de reconstitution historique de l'activité politique des travailleurs au début du siècle, nous avons voulu quand même dégager des faits l'analyse de quelques éléments du programme ouvrier qui ont donné lieu à des controverses avec les porteurs de l'idéologie dominante ou avec les membres du parti socialiste [65]. La suppression de la qualification foncière rencontra l'opposition des députés tandis que l'idée de l'école gratuite et obligatoire effrayait le clergé. L'étendue à donner à la municipalité ou à la nationalisation des entreprises distinguait le parti du mouvement socialiste. Nous aborderons également les difficultés rencontrées par le seul député ouvrier en Chambre grâce à l'étude de son projet de loi sur la journée de huit heures. Nous terminerons en dégageant la perception qu'avaient les membres du parti ouvrier de leurs adversaires.

---

[65] Il est surprenant de constater l'identité de vue des membres du parti tout au long de la période étudiée et cela, même si le parti a été dissous pendant un moment. On aura, pour le constater, qu'à se référer à l'appendice de ce travail où nous avons consigné le programme du parti tel que conçu en 1899 et 1904. À peu de chose près, les exigences des travailleurs sont les mêmes en 1899 qu'en 1915. Pour s'en convaincre, on n'a qu'à se référer au programme du parti consigné par A. SAINT-PIERRE dans *l'Organisation ouvrière dans la Province de Québec*, E.S.P. no 2, Montréal, 1911.

S'il est une question qui a irrité la classe ouvrière, c'est bien celle de la qualification foncière. Elle faisait déjà l'objet des attaques des travailleurs en 1886 lors de la fondation du Conseil Central des Métiers et du Travail de Montréal. Il était stipulé dans la charte de la ville de Montréal que ne pourraient se présenter à la mairie ou à l'échevinage que les citoyens possédant une propriété immobilière de deux mille dollars au moins. Ce règlement empêchait évidemment bon nombre de membres de la classe ouvrière de poser leur candidature. Selon le président du club Ouvrier-Centre, « tant que les ouvriers de Montréal n'auront pas obtenu cette réforme, il leur sera toujours difficile, sinon impossible, de faire aucun mouvement sérieux pour améliorer leur condition sociale [66] ».

Ce règlement avait été institué depuis fort longtemps pour assurer la direction de la municipalité à des hommes particulièrement intéressés à son progrès. Ce raisonnement reposait sur le postulat que seul un citoyen fortuné pouvait mériter la confiance du public. Mais pour les travailleurs, c'était un prétexte dont se servaient les propriétaires pour conserver un privilège. Un contremaître dans un discours sur la question faisait remarquer : « Serait-il prouvé que pour avoir acquis une fortune, il faut être d'une intelligence un peu au-dessus de la moyenne, il ne s'en suit pas que tous ceux qui ne possèdent rien sont des fous [67]. » Cette exigence avait été abolie dans le cas des députés et on ne voyait pas pourquoi elle serait maintenue pour la municipalité de Montréal. Et pourtant, le gouvernement provincial persistait à conserver cette obligation vétuste. Quand, à force de ténacité, les travailleurs réussissaient à faire approuver la réforme par le Conseil de ville, c'était le gouvernement provincial qui s'y refusait.

En 1910 et 1911, le Conseil de ville modifia la charte de la ville en ce sens mais cette mesure approuvée par la Chambre se heurta par deux fois à l'opposition du Conseil législatif [68]. Ce geste renforça la détermination des travailleurs de voir disparaître ce corps qui, selon eux, ne servait qu'à préserver les intérêts de la classe bourgeoise.

---

[66] *La Presse*, 29 novembre 1898, p. 5.

[67] *Ibid.*

[68] *La Patrie*, 3 mars 1911, p. 5.

Inscrite en tête du programme du parti en 1899, l'éducation gratuite et obligatoire était au niveau provincial la proposition soutenue avec le plus de vigueur et également celle qui soulevait l'opposition la plus vive. Les clubs ouvriers et le Conseil Central de Montréal avaient donné leur appui au parti libéral provincial dans l'espoir qu'il mette à exécution une fois au pouvoir cette vieille ambition libérale. Élu en 1897, le gouvernement Marchand céda aux pressions exercées par Mgr Bruchési. Cette reculade déçut vivement les travailleurs qui se promirent « de ne plus quêter », ni de « se mettre à genoux devant aucun politicien », mais de prendre en main eux-mêmes leurs destinées politiques [69]. Ce fut une des raisons qui entraîna les travailleurs à se doter d'un parti politique.

Cette réforme, selon J.-A. Rodier, conduira à l'émancipation des travailleurs et à la fin de l'exploitation des masses. Le peuple pourra alors lui-même juger de la valeur des paroles qu'on lui adresse et saura « lutter contre les sophismes des prétendus savants, intéressés à le tromper [70] ». La classe dirigeante, toujours selon Rodier, « a grand intérêt à nous tenir dans l'ignorance, leur pouvoir sur nous ne dépend que de cela, et le jour où nous serons suffisamment instruits, leur règne sera terminé, et le nôtre commencera [71] ».

En 1908, la question de l'uniformité des manuels divisait les membres de la Commission scolaire de Montréal. Les partisans de cette résolution y voyaient un moyen de réduire le coût de l'instruction tandis que les adversaires craignaient que cette mesure ne conduise au choix des manuels par l'État. Verville, qui dans une lettre à *la Patrie* avait félicité les membres de la Commission qui s'étaient prononcés en faveur de cette résolution, se vit sermonner quelques jours plus tard dans le même journal par le curé de la paroisse Saint-Hubert, l'abbé Baillargé [72]. Il lui reprochait, entre autres choses, de ne pas avoir consulté les membres du clergé avant d'émettre une opinion sur ce sujet. Aussitôt, Verville s'empressa de lui répondre qu'il n'avait pas à être traité comme un enfant de chœur et que cette affaire n'avait aucune incidence

---

[69] *La Presse*, 18 mars 1899, p. 20.
[70] *Idem*, 26 mai 1899, p. 7.
[71] *Ibid.*
[72] *La Patrie*, 16 décembre 1908, p. 3.

religieuse : « Vous avez beau voir une question religieuse et pédagogique à la fois dans le système de l'uniformité, moi, avec plus
de quatre vingt-dix pour cent des pères de familles de Montréal,
je n'y vois qu'une question d'argent, d'économie considérable pour
les pauvres gens [73]. » Le ton commençait à monter entre ces deux
groupes qui jusque-là avaient évité de se heurter de front.

Le parti soutint le bill présenté en 1904 par Godfroy Langlois à
la Législature provinciale en vue de la création d'un ministère de
l'Instruction publique. Encore une fois, Mgr Bruchési eut raison
du seul représentant de la vieille école libérale. « Nos lois scolaires,
affirma le premier ministre Gouin, sont aussi bonnes que nous
puissions les désirer, et le gouvernement n'a pas l'intention d'en
changer les principes [74]. » Pendant tout le XXe siècle, cette question
demeurera au centre du débat qui opposa le clergé catholique aux
syndicats internationaux.

Présenté à son arrivée en Chambre par Armand Lavergne, Verville essaya dès la première session de ne pas aliéner sa liberté à
aucun parti politique au moment où le parti ministériel lui faisait
une cour assidue. Il approuva le projet de loi Lemieux qui facilitait
le règlement des différends entre patrons et ouvriers, mais seulement
après avoir exigé plusieurs modifications au projet primitif [75]. Par
contre, il fut l'un de ceux qui avec les nationalistes combattit
vigoureusement le bill du Dimanche.

Toutefois, son activité se porta surtout sur la préparation d'un
projet de loi qui limitait à huit heures la journée de travail dans
les travaux publics. Cette question faisait alors également l'objet
d'une forte propagande aux États-Unis. Malheureusement, il retira
son projet de loi avant qu'il ne soit présenté en deuxième lecture,
expliquant que la session ayant été abrégée, son projet était placé
trop loin sur l'ordre du jour de la Chambre pour atteindre la
deuxième lecture [76]. Il promettait bien aux travailleurs montréalais
d'en saisir les députés à la prochaine session.

Néanmoins, ces explications ne parvenaient pas à convaincre
tous les membres du parti ouvrier. Dans une lettre publiée dans

---

[73] *Idem*, 29 décembre 1908, p. 8.
[74] RUMILLY, *op. cit.*, p. 95.
[75] *La Patrie*, 16 octobre 1907, p. 3.
[76] *Idem*, 7 octobre 1907, p. 3.

le Nationaliste, un ouvrier signant Voitout et qui n'était nul autre que J.-A. Rodier accusait Verville en termes violents d'avoir trompé la confiance du peuple en se faisant le « valet du vieux parti libéral[77] ». Outre le fait de n'avoir présenté aucun projet de loi tiré du programme du parti, plusieurs membres de l'exécutif lui reprochaient sa complaisance envers le parti ministériel lors de la présentation de la loi Lemieux, son refus d'assister (sous les ordres, disait-on, de ministres libéraux) à une assemblée du parti à Saint-Jean et sa participation à Québec à une manifestation en l'honneur de Laurier[78]. Ce débat provoqua bien des remous dans les milieux ouvriers et le comité général du parti semble avoir adopté par la suite la politique d'éviter de porter ces problèmes sur la place publique.

Dans un long discours présenté en Chambre, Verville justifiait ainsi la journée de travail de huit heures : à ses adversaires qui soutenaient qu'une diminution des heures de travail entraînerait automatiquement une réduction de la production, il rétorqua, en se référant à de nombreuses expériences tentées dans divers pays du monde, qu'une légère diminution de la production est largement compensée par une augmentation de la qualité du travail; cette mesure de plus provoquerait, selon lui, une diminution de la main d'œuvre infantile, une réduction des accidents et une amélioration du bien-être physique et mental des travailleurs[79]. « Parce que, dit-il, un ouvrier travaille à une machine, son patron ne doit pas le considérer comme faisant partie de la machine; mais il ne doit pas oublier la nature humaine et les aspirations de son employé. C'est avec raison que l'on affirme que la diminution d'heures de travail améliorera les forces physiques et mentales de l'ouvrier[80]. » Ces raisons ne semblent pas avoir sérieusement convaincu le parti libéral qui s'employa par toutes sortes de moyens à remettre de session en session ce projet.

Présenté à nouveau à la session de 1907-1908, Verville dut encore une fois retirer son bill avant qu'il n'atteigne la deuxième lecture. Il allégua que les règlements de la Chambre ne permettaient pas

77 *Le Nationaliste,* 29 septembre 1907, p. 1.
78 *La Patrie,* 7 octobre 1907, p. 3.
79 *Débats de la Chambre,* Session 1909, vol. IV, 6209 à 6222.
80 *Ibid.,* 6219.

qu'il soit discuté avant la fin de la session [81]. En 1909, il le raya encore une fois de l'ordre du jour afin de modifier son projet qui, à la session suivante, fut approuvé en deuxième lecture, mais aussitôt déféré à un comité spécial afin d'en discuter la portée. Le gouvernement lui avait promis que le rapport serait remis avant la fin de la session et que le projet serait définitivement adopté la même année (1910) [82].

Déposé en troisième lecture à la session suivante (1910-1911), le bill subit des modifications qui réduisaient la portée de la loi à la construction des édifices publics et diminuait de beaucoup les amendes imposées aux contrevenants. Verville avait accepté ces modifications au projet initial sans consulter le Congrès des Métiers pensant qu'il valait mieux que le Parlement accepte le principe de la loi que rien du tout. Approuvé en Chambre le 13 février 1911, il se heurta au refus du Sénat d'en admettre le principe. Pendant ce temps, Verville subissait les critiques sévères des syndicats qui refusaient d'endosser son compromis.

En 1912, il revint à la charge avec le projet initial, mais cette fois-ci c'était : aux conservateurs d'en disposer à leur gré. Il ne rencontra pas là non plus d'écho plus favorable. En 1914, il décida de retirer définitivement son projet puisqu'il n'atteignait jamais la deuxième lecture. L'Association canadienne des Manufacturiers avait fait campagne contre le projet, et le gouvernement pour divers motifs semblait peu désireux de le supporter [83].

Verville a-t-il aliéné sa liberté au parti libéral ? Est-ce plutôt le résultat d'un manque d'expérience parlementaire ? De toute façon, il lui fallait l'appui du parti ministériel pour voir aboutir son projet. Entre le compromis et une position ferme qui risquait de ne déboucher sur aucun résultat, il préféra opter pour la première solution, mais en sacrifiant la partie la plus substantielle de son projet de loi. La rigide discipline de parti le plaçait à la merci du gouvernement. On soupçonne les déchirements intérieurs auxquels Verville a dû faire face avant d'en arriver là [84]. Pour les membres

---

[81] *La Patrie*, 28 octobre 1909, p. 3.

[82] *Débats de la Chambre*, Session 1909-1910, vol. I, 1335.

[83] MALLOY, *op. cit.*, pp. 72 à 76.

[84] Pour une analyse plus détaillée de l'attitude de Verville en Chambre, voir la thèse citée ci-haut, pp. 56 à 77. En 1911, Verville s'identifiait comme « liberal-labour » (p. 18.)

du parti ouvrier, cette expérience parlementaire achevait de leur faire perdre leurs illusions sur l'influence d'un député ouvrier en Chambre. Sans doute est-ce une des raisons qui motivèrent le parti à s'intéresser plus aux affaires municipales qu'à la politique provinciale et fédérale.

Le parti ouvrier fut débordé sur sa gauche à partir de 1906 alors que le mouvement socialiste au Québec parvint à exercer une certaine influence. À l'intérieur du parti ouvrier comme tel, un certain nombre de chefs ouvriers dont Gustave Francq et Albert Saint-Martin représentaient la tendance socialisante. Dans le programme de 1899, le parti s'était fixé comme objectif la nationalisation de toutes les industries « donnant nécessairement lieu à un monopole [85] ». Ce même article est également inscrit dans le second programme approuvé en 1904. Par contre, le parti a réduit un peu plus tard la portée de la nationalisation et de la municipalisation aux seules entreprises d'utilité publique. A-t-il voulu par là atténuer la tendance socialisante de son programme ? Peut-être, quoique, même à ses débuts, les leaders ouvriers se soient référés la plupart du temps aux compagnies d'électricité, de tramway, de chemin de fer ou de téléphone lorsqu'ils dénonçaient les trusts et les monopoles.

Le monopole de la distribution de l'électricité et du gaz donné à la *Montreal Light, Heat and Power* et celui des tramways à la Compagnie des Chars Urbains suscitaient l'opposition des syndicats et du parti ouvrier. Selon les travailleurs, ces compagnies à monopole exigeaient des tarifs trop élevés alors qu'elles payaient à leurs actionnaires des dividendes « de quinze à vingt pour cent par année [86] ». La municipalisation de ces services permettrait à la ville d'encaisser les bénéfices « au lieu de les laisser s'écarter dans les poches d'un petit nombre de particuliers, qui se fichent des intérêts de la ville, comme de l'an quarante [87] ». C'était là une des orateurs ouvriers dénonçant l'influence des « monopoleurs » ouprès des gouvernements.

La nationalisation des télégraphes, téléphones et chemins de fer revenait aux gouvernements provincial et fédéral. L'achat de ces

[85] *La Presse*, 10 avril 1899, p. 5.
[86] *Idem*, 8 mars 1900, p. 10.
[87] *Ibid.*

entreprises ne causerait pas de difficultés « puisque, selon le chroniqueur ouvrier de *la Presse*, si des particuliers trouvent de l'argent pour les construire pourquoi l'État ne pourrait-il pas faire de même [88] » ? L'intérêt et le capital seraient payés à même les revenus de ces entreprises, et « viendrait un jour où toutes ces propriétés nous appartiendraient sans que nous n'ayons plus un sou à donner [89] ». Cette question demeurait un des thèmes favoris des orateurs ouvriers dénonçant l'influence des « monopoles » auprès des gouvernements.

C'était également un des points importants qui distinguaient le programme du parti de celui des socialistes. Pour ceux-ci, le système capitaliste devait être complètement aboli et les moyens de production placés aux mains des travailleurs. Le parti ouvrier refusera d'aller plus loin qu'une socialisation des entreprises donnant lieu à un monopole. Accusé lui-même d'être un parti socialiste par ses adversaires, il exclura de ses rangs en 1906 les personnes déjà membres du parti socialiste. À partir de cette date, une sourde hostilité divisera les deux mouvements.

Nous avons voulu réserver quelques lignes à la perception qu'avait le parti ouvrier de ses adversaires parce qu'ils sont le sujet de la plupart des discours, surtout lors de la formation du parti en 1899. À ses débuts, l'unité du parti résulte plus d'un sentiment d'opposition à la classe possédante que le fruit d'un sentiment d'identité entre travailleurs. L'ennemi, l'adversaire qu'il faut combattre, la source des maux qui accablent le peuple est identifié aux « monopoleurs », aux « trustards », aux « accapareurs » de tout acabit.

La tactique des monopoleurs est de s'emparer d'un secteur de l'activité économique afin d'en contrôler la production et la vente. Ils fixent alors des prix exorbitants qui frappent durement la classe la plus nombreuse, la classe ouvrière. Pour Rodier, il n'y a plus dans le monde que deux partis, le parti du capital et celui du travail. Le capital possède la propriété, les instruments de travail et les pouvoirs publics qu'il dirige à sa fantaisie. Le travailleur doit s'organiser pour obtenir sa juste part du produit de son travail, dont une partie lui est injustement enlevée non par le capital honnête, mais par le « capital spéculateur éhonté, agioteur, mono-

---

[88] *La Presse*, 28 juin 1900, p. 8.
[89] *Ibid.*

poleur ». Le travail doit donc s'unir au capital honnête pour combattre les monopoleurs [90].

Ceux-ci contrôlent également les partis politiques. « Depuis cinquante ans, déclare Rodier, les chefs politiques forcent le Parlement à légiférer dans l'unique intérêt du capital, sans se préoccuper plus des intérêts du Travail que s'il n'existait pas de travailleurs [91]. » Quant au système judiciaire, le parti réclame l'élection des juges par le peuple. « Le gouvernement, dit Joseph Ainey, est trop enclin à faire entrer dans la magistrature les ruinés et les tarés de la politique [92]. »

En résumé, rappelons que selon l'idéologie du parti les adversaires des ouvriers se recrutent non pas parmi les capitalistes honnêtes, mais chez les monopoleurs qui exploitent les travailleurs et contrôlent le système politique. L'élection de députés ouvriers a pour objet de ravir à cette minorité le contrôle de la vie politique et de rétablir la concurrence là où il y a monopole. « Quelle différence, demande à ses lecteurs le rédacteur du *Bulletin du Travail*, y a-t-il entre un trust et une escouade de brigands guettant les voyageurs au milieu de la forêt » Les deux vous demandent la bourse ou la vie. La différence, s'il y en a une, est toute en faveur du brigand [93]. »

IV. — SYNDICATS, BOURGEOISIE ET ACTION POLITIQUE

Dans le contexte nord-américain, la position à adopter à l'égard de l'action politique a toujours représenté un problème pour les organisations syndicales. Conçu comme un organe de défense des intérêts économiques des travailleurs, le syndicat peut-il œuvrer en politique active ? Aux États-Unis, une longue tradition renforcée par la Fédération américaine du Travail tendait à dégager les syndicats d'une participation politique active. Faisant contrepoids à l'influence américaine, le modèle anglais a plutôt retenu l'attention des Canadiens. Contrairement à ceux des États-Unis, les Chevaliers du Travail du Canada appuyèrent des candidats ouvriers indépendants.

---

[90] *La Presse*, 18 décembre 1899, p. 9.
[91] *La Patrie*, 8 août 1906, p. 8.
[92] *Idem*, 8 août 1906, p. 1.
[93] *Le Bulletin du Travail*, 5 janvier 1900, p. 2.

Toutefois, cet appui ne déboucha pas sur la formation d'un parti politique ouvrier malgré que certains travailleurs aient été favorables à cette idée [94]. Un groupe d'entre eux soumit par deux fois une résolution en ce sens au Conseil Central des Métiers et du Travail de la ville de Montréal à la veille des élections en 1895 et 1896. Mais devant la division que ce problème créait chez ses membres, le Conseil rejeta la proposition [95]. Les partisans de l'action politique comprirent que leur action devait s'exercer parallèlement au mouvement syndical.

Aussi, lors de la fondation du parti ouvrier en mars 1899, les promoteurs du projet, même s'ils se recrutent tous parmi les chefs du monde syndical, refusent d'y associer les syndicats. La raison de ce geste nous est fournie par Georges Warren, organisateur de la Fédération américaine du Travail au Canada : « Il y a, dit-il, dans nos sociétés ouvrières, des libéraux et des conservateurs, et ce serait une insulte à faire à ces membres que de les forcer par leurs sociétés, à soutenir un parti politique quelconque, fût-il le plus indépendant du monde et le plus ouvrier possible [96]. » Lire que l'appui au parti ouvrier risque de mettre l'existence des syndicats en danger.

Pour sa part, le Congrès des Métiers et du Travail du Canada, malgré les demandes pressantes de certains de ses membres, surtout après l'élection en 1899 de deux députés ouvriers, l'un au Manitoba, l'autre en Colombie, refusait de se lancer dans cette aventure. On préféra tenir un référendum sur cette question qui se révéla favorable à la formation d'un troisième parti [97]. Au Congrès de 1900, la majorité se prononça en faveur d'un nouveau parti, mais laissait aux ouvriers de chaque province le soin de choisir ses candidats et de conduire la campagne électorale [98]. Déjà en février 1900, le

---

[94] Voir, à ce sujet, V. O. CHAN, *Canadian Knights of Labor*, Thèse de maîtrise, Université McGill, 1949, p. 111.

[95] *Montreal Herald*, 10 janvier 1895, p. 8; *la Presse*, 10 mars 1896, p. 1; *idem*, 13 mars 1896, p. 1.

[96] *Idem*, 21 mars 1899, p. 1.

[97] *Idem*, 21 septembre 1900, p. 1.

[98] *Idem*, 2 octobre 1900, p. 3. Une analyse détaillée de cette question se trouve dans Martin ROBIN, *Radical Politics and Canadian Labour, 1880-1930*, Kingston, Industrial Relations Center, Queen's University, 1968.

Conseil Central de Montréal pour sa part s'était prononcé en faveur du principe de poser des candidatures ouvrières aux prochaines élections [99]; le Conseil fédéré après la décision du Congrès nomma un comité chargé d'étudier cette question [100]. C'est à la suite de ces décisions que le parti ouvrier réunit le 16 octobre 1900 une assemblée des membres de ces deux fédérations qui choisirent Fridolin Roberge comme candidat dans Sainte-Marie aux élections fédérales [101].

Ce choix ne semble pas avoir plu aux membres du Conseil Central puisque deux semaines plus tard deux de leurs chefs, MM. Dubreuil et Fitzpatrick, étaient parmi les orateurs soutenant la candidature du libéral Tarte [102]. Peu après, le Conseil Central votait une résolution endossant sans réserve les candidats libéraux aux élections provinciales [103]. Lorsqu'il eut été banni du Congrès des Métiers et du Travail du Canada à la suite de la propagande faite en ce sens par les membres du Conseil fédéré de Montréal, le fossé ne cessa de s'élargir entre ces deux organismes. Le parti recrutant ses chefs parmi les membres des syndicats internationaux, on comprend que le Conseil Central ait perçu le parti comme un appendice du Conseil fédéré. Peut-être également le Conseil Central avait-il des affinités profondes avec le parti libéral. Toujours est-il qu'en 1905, il appuyait Lomer Gouin contre le candidat ouvrier; l'année suivante, il conseillait à ses membres de s'abstenir de voter pour Verville qu'il désignait comme « le candidat des unions américaines [104] ». Présentant eux-mêmes leur président M. Mee aux élections provinciales de 1906 dans Sainte-Marie, là-même où Joseph Ainey devait faire la lutte au candidat ministériel, ils s'aperçurent peu avant le jour de l'élection que leur président se désistait en faveur du candidat libéral [105]. En 1908, même manège : le Conseil préférait l'élection de Lomer Gouin à celle du socialiste Albert Saint-Martin, ou encore à celle de Bourassa [106]. Quoique le

---

[99] *La Presse*, 16 février 1900, p. 3.

[100] *Idem*, 5 octobre 1900, p. 2.

[101] *Idem*, 17 octobre 1900, p. 1.

[102] *Idem*, 31 octobre 1900, p. 10.

[103] *Montreal Herald*, 30 novembre 1900, p. 5.

[104] *Le Canada*, 7 avril 1905, p. 8; *la Patrie*, 21 février 1906, p. 3.

[105] *La Gazette du Travail*, octobre 1907, p. 482.

[106] *Le Canada*, 1er juin 1908, p. 5.

Conseil Central vît ses effectifs et son influence diminués au cour de la période étudiée, il n'en reste pas moins que ce schisme des travailleurs représentait une épine douloureuse pour le parti ouvrier. Le parti libéral d'ailleurs ne se gênera pas pour exploiter à fond la division des travailleurs.

Pour sa part, le Conseil fédéré, appelé plus tard aussi Conseil des Métiers et du Travail, œuvra activement en 1904 dans la fondation d'un nouveau parti ouvrier [107]. C'est lui qui forma un comité appelé à proposer des candidats à l'élection provinciale de 1904. Cependant, on se rendit compte que l'association trop étroite du parti avec la fédération risquait d'écarter les membres des syndicats nationaux. C'est pourquoi, il fut décidé que le nouveau parti agirait indépendamment du Conseil et trouverait ses fonds à l'extérieur de celui-ci [108]. Toutefois, cette mesure, comme on l'a vu, ne fut pas suffisante pour amadouer le Conseil Central.

En 1906, on assiste au Canada et aux États-Unis à un revirement de l'attitude du monde syndical à l'égard de la politique. Jusque là, on peut affirmer que le «compérisme» ou la doctrine qui veut qu'on sépare l'action syndicale du politique l'emportait dans les milieux syndicaux canadiens quoiqu'il ne faille pas oublier que cette influence était en partie contrée par celle du parti travailliste britannique et par le groupe toujours plus nombreux de travailleurs européens récemment émigrés au Canada qui manifestait une conscience vive des problèmes sociaux. La Fédération américaine du Travail modifia quelque peu sa politique en 1906 et laissa l'impression qu'elle allait se lancer en politique active [109]. Cette décision eut aussitôt son écho au Conseil des Métiers et du Travail de Montréal qui s'empressa de son côté de suivre l'exemple américain en s'associant de plus près au parti ouvrier [110]. Cette association prit la forme de la représentation d'office de quinze délégués du Conseil au comité général du parti [111]. Pour sa part, la même année, le

---

[107] À ne pas confondre avec son opposant le Conseil Central qui modifiera plus tard son nom en celui de Conseil Central national des Métiers et du Travail.

[108] *La Presse*, 2 décembre 1904, p. 11.

[109] J. David GREENSTONE, *Labor in American Politics*, New York, Vintage Books, 1970, pp. 29 ss.

[110] *La Patrie*, 3 août 1906, p. 3.

[111] *Idem*, 6 août 1906, p. 3.

Congrès des Métiers et du Travail se prononçait également en faveur de la création d'un parti ouvrier canadien [112].

Le rapprochement entre le mouvement syndical et le parti ouvrier se raffermit en 1908 lorsqu'on permit aux syndicats eux-mêmes de s'affilier comme corps au parti. Chaque syndicat avait un certain nombre de délégués au comité général au prorata de ses membres. Cette mesure dans l'esprit des dirigeants du parti visait à raffermir l'influence des syndicats sur le comité général. On craignait que les clubs ouvriers ne puissent être « pactés » et « fassent contrepoids à la majorité des véritables adeptes de ce parti [113] ». Cette crainte était-elle fondée ? Le manque de documentation ne nous permet pas de répondre de façon certaine.

Alors que les syndicats internationaux montréalais évoluaient vers un rapprochement plus intime avec la politique, la Fédération américaine du Travail et le Congrès du Travail du Canada suivaient une tangente différente. La FAT, après quelques hésitations en 1906, refusa de s'engager dans la création d'un parti ouvrier et revint à sa politique d'antan [114]. Rodier dans sa chronique ne se gêna pas pour critiquer la décision prise par la Fédération [115]. Il n'épargna pas non plus le Congrès canadien dont le projet d'organiser un parti à travers le pays était resté lettre morte. L'organisme qui, selon lui, n'avait joué aucun rôle au plan économique pouvait justifier son existence en œuvrant sur le terrain politique. « S'il manque à cette tâche, dit-il, sa raison d'être n'existe plus [116]. » L'appui des syndicats au parti n'empêcha pas son déclin. La crise qui frappa le pays avant la Première Guerre affaiblit le mouvement syndical et, conséquemment, affecta l'action politique des travailleurs.

Les ouvriers montréalais au cours de la période étudiée ont manifesté une forte conscience politique de leurs problèmes. Même si la conception « gompérienne » des relations entre la politique et le syndicalisme pénétrait certains milieux syndicaux, d'autres, et ils sont nombreux, favorisaient le recours à l'action politique.

---

112 ROBIN, *op. cit.*, pp. 81 ss.
113 *La Patrie*, 14 septembre 1908, p. 5.
114 ROBIN, *op. cit.*, p. 69.
115 *La Patrie*, 27 novembre 1906, p. 3.
116 *Idem*, 3 mars 1909, p. 3.

Comment ne pas voir là la marque laissée au siècle précédent par les Chevaliers du Travail ? Le principal organisateur du parti, J.-A. Rodier, était lui-même un ancien chef de district de l'Ordre des Chevaliers. Comme nous l'avons souligné plus tôt, les Chevaliers au Canada, même s'ils n'ont pas organisé de parti ouvrier comme tel, ont contribué à raffermir une conscience politique des problèmes sociaux.

Jusqu'à l'élection de Verville, la bourgeoisie professionnelle qui contrôlait la presse et les partis politiques n'a pas perçu le parti ouvrier comme une menace. Sa fondation en 1899 est presque passée inaperçue si ce n'est qu'on a reproché à *la Presse* de lui faire une publicité qui dépassait largement l'importance numérique de ce groupe. En fait, ce ne sont pas les 184 votes recueillis par Fridolin Roberge en 1900 qui risquaient d'éveiller l'attention. Tout au plus y voyait-on une tactique des conservateurs pour diviser les votes libéraux [117]. Cette interprétation sera reprise à chaque élection et, dans le cas de l'élection de Verville en 1906, les conservateurs se sont volontairement abstenus de présenter un candidat parce que Verville leur apparaissait pouvoir vaincre le libéral. Après cette élection, comme nous le verrons, le parti conservateur a modifié sa stratégie sur ce point.

Lorsque le parti est devenu une menace sérieuse dans certaines circonscriptions électorales, la bourgeoisie a recouru à des arguments plus sérieux. Elle accusait le parti ouvrier de vouloir se faire le porte-parole d'une classe sociale en particulier alors qu'un député en Chambre doit représenter les intérêts de l'ensemble de ses commettants [118]. « Sous notre système constitutionnel de gouvernement par un parti, soutient l'éditorialiste du *Canada*, les députés sont censés représenter les intérêts divers de la masse des électeurs de la division qu'ils représentent. C'est dire que les candidatures qui n'aspirent à représenter que les intérêts de la classe ouvrière, sont des excursions très hasardeuses en dehors de notre système [119]. » Albert Saint-Martin dans un manifeste à ses électeurs rétorqua : « Quand les ouvriers demandent d'avoir au moins un représentant en Chambre pour y défendre leurs intérêts, vous les accusez de

---

[117] *La Presse*, 23 mars 1899, p. 1; 31 octobre 1900, p. 10.

[118] *Idem*, 10 novembre 1899, p. 2; *le Canada*, 22 février 1906, p. 5.

[119] *Le Canada*, 16 novembre 1904, p. 4.

vouloir soulever une lutte de classes; regardez donc, honorable ministre, la poutre dans votre œil. Ah ! vous ne prêchez pas la lutte de classes, non, vous la pratiquez ! N'est-il pas vrai que votre ministère se compose uniquement d'avocats [120] ? » Accepter cette argumentation, c'était pour la bourgeoisie approuver le fait que, depuis cent ans, elle n'avait défendu que ses propres intérêts. Cela, évidemment, elle était à cent lieues de le croire.

À cet argument, le parti libéral ajouta une raison propre à effrayer la population. Volontairement, on associa le parti ouvrier aux socialistes. Le défilé socialiste du 1er mai 1906 avait déclenché la réprobation des journaux et les foudres de Mgr Bruchési. Lors de l'élection dans Maisonneuve en 1906, *le Canada* intitulait un de ses éditoriaux : « Le socialiste communiste à Maisonneuve [121] ». Parmi une population à forte proportion catholique, l'argument faisait le poids. Il n'était pas facile de faire comprendre la distinction entre la nationalisation de quelques entreprises d'utilité publique et la socialisation de tous les moyens de production. La nuance ne passait certainement pas la rampe.

Une fois Verville élu, on a l'impression que les partis traditionnels serrent les rangs. Le revirement du parti conservateur à l'élection provinciale de 1906 est fort significatif. Il n'avait pas présenté de candidat contre Verville, espérant à juste titre enlever cette circonscription au parti libéral. Quelques mois plus tard, les chefs conservateurs ont accepté de ne pas présenter encore une fois de candidat contre Joseph Ainey dans Sainte-Marie. Cependant, à la dernière heure, les conservateurs modifièrent leur stratégie. L'épisode nous est raconté par Olivar Asselin : « L'ordre est parti on ne sait d'où de voter pour Martin (libéral) parce que Maréchal (conservateur) n'aurait pas de peine à le vaincre à la prochaine élection, tandis qu'il ne pourrait guère se porter candidat contre un député ouvrier sans nuire au parti conservateur [122]. » La défection des conservateurs serait, selon Asselin, une des raisons de la défaite d'Ainey. Ce qu'il est important de noter, c'est que les conservateurs ont craint plus le candidat ouvrier que le libéral. Derrière la raison purement tactique invoquée, n'y aurait-il pas la

---

[120] *La Patrie*, 6 avril 1905, p. 9.
[121] *Le Canada*, 20 février 1906, p. 4.
[122] *Le Nationaliste*, 25 novembre 1906, p. 1.

crainte que, après l'élection de deux candidats, le parti ouvrier
ne devienne une force politique importante et qu'il mette en danger
le traditionnel bipartisme ?

Toutefois, il faut bien comprendre que l'influence du parti ouvrier
ne débordait guère la région de Montréal et que, pour les deux
partis traditionnels, il constituait une menace très localisée. Mais
c'était une force nouvelle qui émergeait de notre société ; n'allait-elle
pas, comme en Europe, bouleverser tout un ordre social ? La bourgeoisie professionnelle en était consciente et cherchait à endiguer
le phénomène.

V. — LE PARTI SOCIALISTE

Un incident en apparence mineur bouleversa en 1906 la société
montréalaise. Cinq à six cents socialistes fêtaient le 1er mai en
paradant dans les rues de la ville. Rendus en face de l'université
Laval, un certain nombre d'entre eux se mirent à crier à pleins
poumons : « À bas la calotte » ; « Vive l'anarchie [123] ». Messieurs
Dorman et Albert Saint-Martin avaient organisé cette manifestation. Quelques membres du parti ouvrier marchaient également à
la suite du drapeau rouge sur lequel était inscrite en lettres blanches
cette phrase : « Travailleurs du monde, unissons-nous [124] ! » « Ce
drapeau, clamait Saint-Martin, brisera les fers de l'opprimé et
anéantira les tyrans [125]. » Ces cris glacèrent d'effroi bon nombre
de Montréalais. Allait-on revivre à Montréal les luttes violentes
qui avaient déchiré l'Europe !

Un mouvement socialiste existait à Montréal depuis les années
1890. Son activité cependant ne débordait pas le cercle étroit d'un
petit nombre de militants. C'est sous l'influence du Parti socialiste
américain conduit par Daniel de Léon que des cellules socialistes
sont apparues au Canada. L'année 1894 marque le début de cette
organisation en Ontario [126]. Au Québec, à une année que nous ne

---

[123] *La Patrie*, 2 mai 1906, p. 1.
[124] *Ibid.*
[125] *Ibid.*
[126] ROBIN, *op. cit.*, p. 34.

pouvons préciser (1894 ou 1895), un petit groupe d'enthousiastes se rencontrent à Montréal et décident de former une cellule du *Socialist Labour Party of the United States*[127]. R. J. Kerrigan, un ouvrier d'origine anglaise, et William Darlington en sont les fondateurs[128].

Peu après (1899), cette cellule se joint à la Ligue socialiste canadienne fondée à Toronto en 1899 par George et G. W. Wrigley. Le socialisme tel que conçu par Léon leur apparaissait trop proche du marxisme et ils proposaient plutôt un socialisme d'inspiration chrétienne[129]. Le mouvement connaît un développement rapide surtout en Ontario alors qu'il réunit en 1901 deux organisations provinciales (Ontario et Colombie) et 70 cellules locales[130]. Il trouva en Colombie chez les mineurs un terrain propice à l'adoption des idées socialistes. Avec l'élection dans cette province de deux députés socialistes, le centre d'activité du parti se déplaça de Toronto vers Vancouver.

À Montréal, il est probable que, de 1895 à 1906, une et peut-être deux cellules étaient affiliées à la Ligue socialiste canadienne. En 1904, les socialistes de la Côte du Pacifique se séparèrent de la Ligue et fondèrent leur propre organisation, le Parti socialiste du Canada. La première cellule montréalaise de ce parti vit le jour le 17 janvier 1906; elle s'était donné le nom de *German Working Man's Club of Montreal*[131]. Jusqu'au défilé de 1906, l'activité du groupe socialiste demeure très marginale et se limite à la ville de Montréal.

L'arrivée massive d'immigrants d'Europe centrale alimenta au début du siècle le mouvement socialiste canadien d'éléments radicaux. Défilaient dans les rues de la métropole avec les Canadiens, des Allemands, des Juifs, des Ruthéniens, des Polonais que les orateurs haranguaient dans leur propre langue. Albert Saint-Martin, forcé de quitter le parti ouvrier, devint le chef de file des socialistes

---

127 G. TROOP, *Socialism in Canada*, M.A. Thesis, McGill University, 1922, p. 10.
128 En 1896, la cellule existe puisqu'elle est mentionnée dans le *Montreal Herald*, 30 mars 1896, p. 8.
129 ROBIN, *op. cit.*, pp. 34 s.
130 TROOP, *op. cit.*, p. 12.
131 *Western Clarion*, 27 janvier 1906, dans G. TROOP, *op. cit.*, p. 18.

montréalais. De 1906 à 1908, c'est lui qui organisa les parades du 1er mai et qui déploya une énergie peu commune à faire connaître la pensée socialiste auprès des Canadiens français [132].

Le défilé de 1906 ayant eu les répercussions que l'on sait, on appréhendait l'approche du mois de mai 1907. Mgr Bruchési demanda aux catholiques de s'abstenir de participer à cette manifestation [133]. Au conseil municipal de Montréal, des pressions s'exerçaient pour interdire le défilé [134]. Les étudiants de Laval adressaient une requête au conseil en ce sens; l'un des arguments invoqués était ainsi formulé : « Attendu qu'une manifestation socialiste révolutionnaire est en elle-même une insulte grave à l'autorité établie, tant civile que religieuse et une cause tendant à la discréditer auprès des classes ouvrières, et à inspirer à celles-ci des sentiments hostiles à son égard [135]. » Le chef de police de Montréal y alla d'une lettre au maire où il prévoyait que la répétition du défilé « constituait un véritable danger pour les citoyens paisibles » et « qu'il ne pouvait accepter la responsabilité du bon ordre ni de la sécurité publique [136] ».

Les socialistes acceptèrent de défiler mais, cette fois-ci... en voiture. La force constabulaire était avantageusement représentée au point de ralliement des manifestants. Ces agents, aux dires du journaliste de La Patrie, avaient pour devoir de maintenir la paix et, selon lui, ils n'ont pas failli à la tâche [137]. À la vue du drapeau rouge, un policier le brisa sur son genou tandis que ses confrères renvoyaient les cochers avec leurs montures. Au Champ-de-Mars, pendant que les socialistes prêchaient la concorde et la paix, des cris de protestation jaillissaient d'un groupe d'étudiants. Le chef de police décida, une demi-heure après le début de l'assemblée, de disperser la foule. En quelques minutes, une centaine de constables précédés de la police montée faisaient évacuer le terrain [138].

---

132 Albert Saint-Martin était traducteur et sténographe officiel au palais de Justice de Montréal. Membre du parti ouvrier depuis 1904, il se présenta sous cette étiquette aux élections provinciales de 1905.

133 RUMILLY, Histoire de la Province de Québec, T. XIII, Bourassa, pp. 40 s.

134 La Patrie, 24 avril 1907, p. 7; 30 avril 1907, p. 3.

135 Idem, 24 avril 1907, p. 7.

136 Idem, 1er mai 1907, p. 1.

137 Idem, 2 mai 1907, p. 1.

138 Idem, 2 mai 1907, p. 11.

L'année suivante, le défilé ne rencontra pas plus la sympathie des policiers. Leur drapeau leur fut enlevé et les deux cents personnes réunies pour écouter les orateurs dispersées. Saint-Martin protesta auprès du chef de police parce qu'on leur refusait la liberté de défiler [139]. En 1909, un chef socialiste W. Cotton est arrêté pour avoir obstrué le trottoir [140]. L'année suivante, trois socialistes sont traînés en cour pour avoir distribué de la littérature contrairement à un règlement municipal [141]. Chaque année, le zèle des policiers à l'endroit des socialistes ne manquait jamais de s'affirmer.

La montée du mouvement socialiste se manifestait également sur d'autres plans. Un journal de Cowansville dans les Cantons de l'Est, le *Cotton's Weekly*, devint l'organe du Parti socialiste canadien pour l'Est du pays. Son directeur, W. U. Cotton, était un avocat ayant fait ses études à McGill et qui, en 1908, s'était converti aux principes du socialisme [142]. Ce journal, selon G. Troop, a exercé une très grande influence parmi les socialistes canadiens avant la guerre.

Quant au nombre d'adhérents du parti socialiste, il est difficile de le déterminer; le tirage du *Cotton's Weekly* peut quand même nous donner une indication intéressante de l'influence du mouvement. En 1909, 788 personnes au Québec recevaient le journal; il rejoignait plus de 1 200 lecteurs en 1912. Pour ces deux années, le tirage atteignait pour tout le Canada 3 411 et 23 956 exemplaires. L'Ontario et l'Ouest canadien étaient les régions qui se partageaient le plus grand nombre d'abonnés [143]. Rédigé en langue anglaise, il avait évidemment moins de chance de rejoindre le lecteur de langue française.

Quelques socialistes tentèrent leur chance dans l'arène politique. Saint-Martin se présenta en juin 1908 aux élections provinciales dans Saint-Jacques où Bourassa et Gouin se faisaient la lutte.

---

[139] *Idem*, 2 mai 1908, p. 32.

[140] *La Presse*, 3 mai 1908, p. 1.

[141] *Idem*, 2 mai 1910, p. 1.

[142] Troop, *op. cit.*, p. 27.

[143] Idem, p. 57. L'auteur ne donne malheureusement pas la référence. À la fin de l'année 1914, le Parti social-démocrate canadien auquel le journal avait donné son appui depuis 1911 comptait 230 cellules dont huit seulement au Québec (*American Labour Year Book*, 1917-1918, p. 291, cité dans Troop, p. 58).

Inutile de dire qu'il mordit la poussière. Même résultat dans Saint-Laurent à l'élection fédérale tenue la même année alors qu'il recueillait à peine 186 votes [144]. Cotton, candidat socialiste dans Brome en 1908 et dans Saint-Laurent en 1911, ne fit guère mieux. La tige du socialisme avait du mal à prendre racine au Québec; à cet égard, le parti ouvrier s'incarnait beaucoup plus dans la société québécoise. L'importance du mouvement socialiste au Québec se situe moins au niveau du nombre de ses membres que par la crainte qu'il exerçait.

Les socialistes avaient pour objectif la suppression de la propriété privée et son remplacement par la propriété collective des moyens de production. Selon le schème classique d'explication marxiste, le travailleur est le véritable propriétaire des biens qu'il produit alors que, dans la société canadienne, ce sont les capitalistes qui détiennent les moyens de production. Cette situation engendre l'enrichissement des possesseurs de capitaux et l'appauvrissement de la classe ouvrière. Le parti socialiste vise à abolir le salariat et à instaurer la possession collective des moyens de production. L'État ayant été jusqu'ici l'instrument de la classe capitaliste, les travailleurs doivent s'emparer du pouvoir politique afin de mettre à exécution leur réforme du système économique [145].

Cet objectif, les socialistes espéraient l'atteindre grâce à l'éducation des masses et à l'action politique. La violence, selon Cotton, n'était pas absolument nécessaire à l'avènement du prolétariat au pouvoir [146]. Leur propagande se faisait à l'aide de journaux, revues et volumes vendus à vil prix. Le 1er mai était l'occasion pour les orateurs socialistes de se faire entendre de la population. Parfois, à Montréal, face à la salle Saint-Joseph, on priait les piétons de bien vouloir entrer pour écouter les orateurs [147]. Saint-Martin ne ratait pas une occasion d'affirmer publiquement les principes socialistes. Il se fit entendre devant la Commission royale sur l'industrie textile (1909) et à celle sur l'Éducation (1910). Il profitait

---

144 *La Patrie*, 28 octobre 1903, p. 1.

145 *Cotton's Weekly*, 1er avril 1909, p. 3.

146 *Cotton's Weekly*, 2 juin 1910, cité par TROOP, p. 30.

147 *La Patrie*, 2 novembre 1909, p. 3; *le Devoir*, 10 janvier 1910, p. 5; *Cotton's Weekly*, 8 août 1912.

également de l'occasion que lui offrait sa candidature à une élection pour tenir des assemblées publiques.

La position des socialistes à l'égard de l'action menée par les syndicats évolua selon les périodes et les partis. La Ligue socialiste canadienne a entretenu de bonnes relations avec les syndicats. Le Parti socialiste du Canada pour sa part manifesta le plus grand mépris pour le syndicalisme perçu comme un instrument aux mains des capitalistes afin de détourner les travailleurs de la véritable révolution [148]. Plus modéré, le *Cotton's Weekly* résolvait le problème en identifiant le parti socialiste à l'ensemble de la classe ouvrière alors que les ouvriers syndiqués ne représentaient qu'une faible portion de celle-ci [149].

La position du mouvement syndical face aux socialistes a elle aussi changé selon les périodes. En 1895, le Congrès des Métiers et du Travail du Canada a refusé l'affiliation d'une cellule du parti socialiste sans toutefois exclure de ses rangs les travailleurs qui militaient dans un parti socialiste. Lorsqu'en 1906 le Congrès projeta de créer un parti ouvrier canadien dont le programme s'inspirait plus des principes du parti ouvrier anglais que de ceux du socialisme orthodoxe, les relations s'envenimèrent. On fit valoir au congrès du parti socialiste en octobre 1906 qu'aucun parti politique qui ne préconiserait l'abolition de l'exploitation et la fin du salariat ne pouvait vraiment représenter la classe ouvrière [150].

À Montréal, le fondateur de l'aile canadienne-française du parti socialiste, Albert Saint-Martin, était également membre actif du comité général du parti ouvrier. Après le défilé du 1er mai 1906, sa présence au sein du parti était accueillie avec réserve, d'autant plus que la population risquait d'assimiler les membres du parti ouvrier aux socialistes. Le comité général décida donc de modifier la constitution en exigeant que tout adhérent renonce à militer dans une autre organisation politique ayant un programme contraire à celui du parti ouvrier [151]. Cette mesure, soulignait-on, aurait pour effet de dissiper l'équivoque mentionnée ci-haut. Ajoutons enfin que le parti socialiste, du moins en milieu canadien-français, était trop

[148] ROBIN, *op. cit.*, pp. 93 s., et TROOP, *op. cit.*, pp. 36 s.
[149] *Cotton's Weekly*, 26 octobre 1910, cité dans TROOP, p. 37.
[150] *Western Clarion*, 20 octobre 1906, dans ROBIN, *op. cit.*, p. 83.
[151] *La Patrie*, 11 juin 1906, p. 3; 4 mars 1907, p. 3.

marginal pour qu'il amenât le parti ouvrier à condamner vigoureusement son action. Philosophiquement, Rodier suggérait que « l'unique moyen de détruire ce parti ce serait de réaliser ce qu'il y a de bon dans son programme, et de lui laisser le reste... il ne vivrait pas une année après une telle opération [152] ».

Mgr Bruchési voyait d'un autre œil le mouvement se propager à Montréal. Après les événements qui ont entouré le premier défilé en 1906, il lut lui-même dans la cathédrale dans les jours qui précédèrent le 1er mai 1907 une lettre où il invitait les ouvriers catholiques à s'abstenir de participer à cette manifestation. Après avoir défendu le droit de propriété, « une des bases sur laquelle la société repose », il affirmait que suivre ce drapeau, c'était « s'insurger contre ce qui garantit l'ordre et la paix publique, déclarer la guerre aux décisions augustes et aux sages directions de l'Église ». Il terminait en lançant cet appel : « Que tous les amis de l'ordre nous prêtent leur concours [153]. » La lettre pastorale n'est pas restée sans écho puisque quelques jours plus tard un échevin de la ville réclamait que la manifestation soit interdite [154].

Le peu de succès des défilés suivants n'amenèrent pas l'archevêque de Montréal à prendre des mesures plus sévères. Ce qui l'inquiétait plus, c'était l'influence que prenaient les syndicats internationaux à Montréal. Leur philosophie issue du syndicalisme américain heurtait l'idéologie dominante sur plusieurs points : neutralité religieuse, instruction gratuite et obligatoire, uniformité des manuels, etc. L'Église qui sentait bien que la montée du mouvement ouvrier était un phénomène irrésistible chercha moins, comme le souligne Rumilly, à l'arrêter qu'à l'endiguer, ou mieux encore à l'orienter [155].

Le mouvement socialiste canadien se divisa en groupuscules, chacun jaloux de son originalité au plan idéologique. Le *Cotton's Weekly* soutint en 1911 le Parti social-démocrate canadien dont il devint l'organe officiel. À la veille de la Première Guerre, les socialistes canadiens, selon l'historien Martin Robin, se révélèrent divisés, plus enclins à dépenser leurs énergies dans des querelles

152 *Idem*, 15 mai 1906, p. 3.

153 RUMILLY, *Bourassa*, pp. 40 s.

154 *La Patrie*, 30 avril 1907, p. 3.

155 *Bourassa, loco cit.*

académiques que dans l'organisation systématique que réclame l'activité politique [156].

☆

L'activité politique des travailleurs au Québec évolua parallèlement à celle qui a animé les travailleurs des autres provinces du Canada. Une influence réciproque diffusée surtout par l'intermédiaire du Congrès des Métiers et du Travail du Canada s'exerçait entre les deux groupes de travailleurs. Bien que le mouvement socialiste n'ait pas gagné beaucoup d'adhérents au Québec, il n'en reste pas moins que le « travaillisme » ou l'action politique telle que menée en Angleterre par le parti travailliste recueillait la faveur de bon nombre de chefs ouvriers au Québec.

Le parti ouvrier montréalais fondé en mars 1899 représente la première formation ouvrière qui ne soit pas d'inspiration socialiste au Canada [157]. Jusque-là, les travailleurs qui avaient brigué les suffrages en Colombie et en Ontario l'avaient fait sous étiquette socialiste. L'originalité du programme du parti ouvrier montréalais s'explique du fait qu'il s'inspire des idées qui animaient les milieux ouvriers en Angleterre et qui seront à l'origine de la formation du parti travailliste anglais en 1900. C'est dans cette voie que s'engageront, en 1900, A. W. Puttee au Manitoba et Ralph Smith en Colombie; tous deux auront plus de chance que Fridolin Roberge et seront élus, bien qu'il faille mentionner que ni les libéraux ni les conservateurs n'ont présenté de candidats contre Puttee et que, aussitôt élu au fédéral, Ralph Smith se rangea sous la bannière libérale. L'Ontario échappa à l'influence du « travaillisme » et son aile militante en politique se rattache au mouvement socialiste. Après l'élection de deux députés « travaillistes », le Congrès des Métiers et du Travail du Canada vint bien près de se lancer en

---

156 ROBIN, *op. cit.*, p. 102.

157 En 1895, un parti ouvrier indépendant voyait le jour à Winnipeg; mais il semble ne pas avoir présenté de candidats à des élections et son action plutôt éducative se situe beaucoup plus dans le sens d'un club ouvrier tel qu'il en existait à Montréal à l'époque que dans celle d'un véritable parti politique (ROBIN, *op. cit.*, pp. 37 ss).

politique, mais refusa d'aller plus loin que d'endosser le principe de l'élection de travailleurs indépendants.

Ce n'est qu'en 1906 que le Congrès franchit le Rubicon et décida, avec l'appui de représentants des syndicats montréalais, d'approuver la formation d'un parti ouvrier canadien, mais en laissant à chaque province le soin de se charger de l'organisation de la nouvelle formation politique. Déjà, depuis 1904, une solide organisation réunissait à Montréal les partisans de l'action politique. Le parti ouvrier avait depuis ce temps présenté quatre candidats, dont Alphonse Verville élu en février 1906 lors d'une élection complémentaire. La Colombie, le fief du socialisme au Canada, refusa de s'orienter dans le sens du « travaillisme »; le parti ouvrier en Alberta et en Saskatchewan, provinces agricoles par excellence, est resté une organisation sur papier; l'Ontario et le Manitoba pour leur part, à la suite de la décision du Congrès, se dotèrent d'un parti ouvrier. À l'élection provinciale de 1908, quatre candidats faisaient la lutte dans la région de Toronto. L'échec de ceux-ci entraîna en pratique la disparition du parti ouvrier canadien dans ces provinces [158].

À Montréal, cependant, l'activité du parti demeura importante jusqu'en 1912 alors que les travailleurs tournèrent leur attention sur la scène municipale. Le « travaillisme » semble donc avoir trouvé à Montréal un terrain plus favorable à son développement. Ce phénomène trouve son explication dans le fait que le Québec n'a à peu près pas connu les luttes qui ont opposé socialistes et travaillistes et qui ont eu pour effet en Ontario et au Manitoba de paralyser l'un et l'autre mouvement. La faiblesse des socialistes au Québec a en quelque sorte favorisé une naissance plus hâtive et un développement plus important du « travaillisme ». La division entre syndicats nationaux et internationaux a sans doute contribué à affaiblir le parti ouvrier, mais, étant surtout concentré dans la ville de Québec et ayant peu d'intérêt pour l'activité politique, les syndicats nationaux n'ont pas entravé l'action politique des travailleurs autant qu'un parti socialiste aurait pu le faire. L'hypothèse d'un consensus plus grand au Québec autour des objectifs du « travaillisme » reste donc pour nous une explication valable.

---

[158] Sauf à Hamilton où un parti ouvrier indépendant fondé en 1907 continua d'exister jusqu'en 1916 (ROBIN, *op. cit.*, p. 123).

Encore faut-il se demander pourquoi la pensée socialiste a-t-elle rencontré si peu de gens pour la soutenir au Québec. Nous avons retenu trois éléments d'explication. Premièrement, les luttes internes et les querelles de factions auxquelles le mouvement canadien était en proie n'ont sûrement pas aidé sa cause au Québec. De plus, puisque les partis socialistes aient d'abord visé à être des mouvements d'éducation populaire, leur propagande conçue et rédigée en langue anglaise atteignait beaucoup plus difficilement les francophones. Enfin, la lutte menée par le clergé dès que ce mouvement a manifesté une présence active a réduit considérablement la portée de son action auprès du groupe catholique francophone. Le parti ouvrier à cet égard, étant, si l'on peut dire, sous la coupe des syndicats internationaux, n'a pas eu à subir l'opposition active du clergé même si, sur quelques points, il heurtait la pensée officielle de l'Église. Depuis la querelle qui avait opposé Mgr Taschereau aux Chevaliers du Travail, les syndicats, le parti ouvrier et le clergé faisaient bon ménage, ou plutôt s'ignoraient mutuellement. Les tentatives du clergé d'organiser des syndicats catholiques viendront rompre cet équilibre.

Jacques ROUILLARD.

L'ACTION CATHOLIQUE, 1920-1921

La période que nous devons étudier ne s'étend que sur deux ans, mais ce ne sont pas deux années « comme les autres ». Même si la Grande Guerre était terminée depuis quelques mois, la paix n'était pas encore rétablie. C'était cette vie paisible que les Américains recherchaient en novembre 1920, en élisant le sénateur Warren G. Harding à la présidence de leur pays. Dans sa campagne, Harding avait promis la restauration de l'état normal (qu'il appelait, par mégarde, *normalcy*, enrichissant ainsi la langue anglaise) ; dans le fond, son message incarnait autant les désirs des Canadiens et, plus spécifiquement, des Québécois. Le monde avait été bouleversé sur tous les plans et le pays du Québec, bien que loin des tranchées de la France et de l'Allemagne, n'en était pas moins touché. Dans plusieurs pays d'Europe, le *statu quo* politique menaçait de s'écrouler devant la vague révolutionnaire qui s'était déchaînée dès 1917. Trône et Autel risquaient d'être enterrés dans les débris des sociétés traditionnelles. La guerre finie, la trêve entre les ouvriers et le patronat se terminait et, en Amérique du Nord comme en Europe, de graves crises industrielles éclataient. Dans le domaine économique, l'inflation des prix semait l'insécurité dans la population, au Québec comme ailleurs, et la courte dépression de 1921 ne faisait qu'aggraver les difficultés. L'immigration vers le Canada, recommencée dès la fin des hostilités, suscitait un vif mécontentement dans les milieux populaires. Au Québec, aussi, un nombre croissant de cultivateurs abandonnaient leurs terres familiales et gagnaient Montréal et d'autres villes du Québec et de la Nouvelle-Angleterre. L'accélération étourdissante de l'histoire troublait tous ceux qui regrettaient, nostalgiquement, le « bon vieux temps » de l'avant-guerre. C'est dans ce climat de frustration, de désordre, voire de révolution, que les rédacteurs du journal *l'Action catholique* commencèrent à définir leur pensée.

I. — LE JOURNAL : SA FACTURE ET SON ORIENTATION IDÉOLOGIQUE GÉNÉRALE

L'Action catholique a été fondée en décembre 1907 pour être l'organe de l'Action sociale catholique et aussi, plus ou moins officiellement, celui de l'archevêché de Québec. Chaque année, d'ailleurs, à l'occasion du Jour de l'An, le cardinal Bégin lui accordait sa bénédiction dans une lettre que le journal publiait avec une grande joie.

L'équipe de rédaction de l'époque comprenait, entre autres, le docteur Jules Dorion, directeur; l'abbé Jean-Thomas Nadeau; l'abbé Édouard-Valmore Lavergne, un orateur et écrivain aussi fougueux que son cousin, Armand; M. J.-Albert Foisy, anciennement du *Droit*; et un cinquième qui écrivait sous le nom de plume de Paul-Henri. De plus, Mgr Louis-Adolphe Paquet, doyen de la faculté de Théologie de l'université Laval et homme fort influent dans les milieux intellectuels catholiques, signait parfois des éditoriaux.

Le nombre d'abonnés se chiffrait aux environs de 20 150 en mars 1920. Au cours des mois suivants, le tirage monta régulièrement pour atteindre 22 700 en octobre. L'accroissement de l'année 1921 fut beaucoup plus lent et, en septembre 1921, le journal ne tirait qu'à 22 900 exemplaires. Parmi les lecteurs se trouvait une partie importante de l'élite de la région de Québec [1]; pour cette raison, on ne saurait sous-estimer l'influence du journal.

Le nom du journal révélait son orientation. « Il faut une presse qui soit catholique, écrivait Paul-Henri. Il faut une presse toute dévouée à la vérité sans attache de parti, toujours prête à proclamer les enseignements du Souverain Pontife, à combattre et à endiguer

---

[1] Le Courrier des paroisses, paraissant presque quotidiennement, donne de précieuses indications sur le rayonnement du journal : Québec, Beauce, Cantons de l'Est, Côte-Sud de Sorel à Gaspé, Côte-Nord et Saguenay–Lac-Saint-Jean.

les flots d'erreur et d'immoralité... ² » Pour sa part, l'abbé Lavergne, futur curé de Notre-Dame-de-Grâce de Québec, énonçait ainsi sa propre doctrine d'infaillibilité journalistique : le journal catholique disait sans faute la vérité parce qu'il la possédait ³ ! Dans un autre éditorial, Albert Foisy s'employait à signaler les différents genres de journaux : on trouvait les journaux politiques, au service d'un parti; les journaux d'affaires, soucieux de gains financiers; et, finalement, tout récemment, les journaux catholiques, comme *l'Action catholique*, « fondés pour défendre les bons principes, renseigner le public sans parti pris, guider les intelligences sans corrompre les cœurs ⁴ ». Qui oserait contester un but si noble ! Voyons maintenant jusqu'à quel point cet idéal se réalisa.

II. — LES THÈMES POLITIQUES

1. *Politique internationale*

En 1920-1921, les éditorialistes de *l'Action catholique* étaient relativement peu préoccupés de problèmes de politique internationale, sauf pour les cas spéciaux susceptibles de toucher le Canada français et catholique. À propos de la question irlandaise qu'on traitait habituellement à la première page, Foisy fit remarquer qu'elle dominait « toutes les autres ⁵ » et il ne manqua pas de souligner l'injustice de l'attitude anglaise envers ce pays « martyr depuis sept siècles à cause de sa foi ⁶ ». Malgré pareille affirmation, la guerre civile n'a fait l'objet que de quatre éditoriaux en deux ans; ce traitement ne peut guère être qualifié d'exagéré !

D'une façon générale, le journal approuvait la France avec vigueur. Bien sûr, la révolution de 1789 l'avait fait dévier de son noble chemin, surtout en matière de religion, mais ces fautes pourraient se corriger éventuellement. « Dans le feu de la guerre, instruite par les événements, méditait Mgr Paquet, ne finira-t-elle pas par se rendre compte des erreurs passées, se rapprocher de

---

2 « Silence coupable », éditorial, 30 juin 1920.
3 « En avant », éditorial, 12 février 1920.
4 « Cherchons la vérité », éditorial, 9 juillet 1920.
5 « La question irlandaise », éditorial, 29 juillet 1920.
6 « Le mensonge organisé », éditorial, 12 juin 1920.

l'Église [7], et mettre fin à l'athéisme officiel [8] ? » Du moins, on devrait l'espérer. Après tout, la France était, au dire de Mgr le doyen, « l'une des nations les plus dévouées, les plus désintéressées, les plus chevaleresques », et elle saurait sûrement « faire prévaloir sur les visées et les intérêts du matérialisme grossier et de l'égoïsme orgueilleux et profiteur, sa haute pensée civilisatrice [9] ».

D'autre part, les nations anglophones et protestantes étaient moins bien considérées. L'Angleterre, semblait-il, manifestait un excès de cupidité et un trop grand orgueil national. Les Américains, de leur côté, cherchaient uniquement à faire de l'argent. Et l'Allemagne protestante ne nous voulait que du mal.

Les mêmes critères de jugement s'appliquaient au domaine des relations internationales. L'Action catholique n'était jamais optimiste devant les chances de succès de la Paix de Versailles et de la Société des Nations. Ses raisons n'étaient pas celles qu'offraient habituellement les sceptiques. Non, la paix ne pourrait durer parce que le Pape, victime de la haine anticatholique, avait été évincé du Congrès de Versailles [10]. La paix ne pourrait durer non plus parce que le président Wilson avait voulu remplacer le Pape comme arbitre des destinées morales du monde [11]. Enfin, la paix ne pourrait durer parce que les nations refusaient de reconnaître cette grande force supérieure à tout : le catholicisme.

2. Politique nationale

Le journal n'évoquait des sentiments de nationalisme politique dans ses discussions qu'à propos de rapports entre deux entités et deux seulement : le Canada et la Grande-Bretagne. L'impérialisme britannique était, pour Dorion, une question de « primordiale importance », et sa propre attitude ne laissait planer aucune équivoque : « Nous sommes les adversaires décidés de cette doctrine politique qu'on a dénommée impérialisme [12] », disait-il. Pendant la campagne électorale fédérale de l'automne 1921, l'Action demandait

---

[7] En reprenant ses relations diplomatiques avec le Vatican.

[8] « L'impérialisme et la question sociale », IV, éditorial, 16 avril 1921.

[9] Ibid.

[10] « En passant », 9 janvier 1920.

[11] J.-Albert FOISY, « Harding est élu », éditorial, 3 novembre 1920.

[12] « Pas déloyaux », éditorial, 18 janvier 1921.

que les chefs politiques prissent position là-dessus. Le Canada serait-il le « simple écho de Downing Street » ? Les dominions accepteraient-ils enfin de songer à eux tout d'abord comme c'était leur droit et même leur devoir ? Nos hommes d'État cesseraient-ils de faire de la politique anglaise avant de faire de la politique canadienne [13] ? Meighen, évidemment, incarnait cette politique impérialiste rejetée par les Québécois : c'est ainsi, du moins, que Dorion expliquait le balayage libéral (65 comtés sur 65) de la province aux élections de 1921 [14].

Du strict point de vue politique, le mot « Nation » revêtait un sens tout à fait pancanadien. Dans ce Canada-Uni, quelle place serait réservée au Canada français ? Dans ses moments d'optimisme, *l'Action* rêvait certainement d'une Confédération bilingue et biculturelle; plus souvent, cependant, elle semblait désespérer. « Ce serait beau si un plus grand nombre d'Anglais apprenaient le français... », écrivait Foisy. « Mais à quoi sert de dire tout cela ? Parviendra-t-on jamais à crever l'outre gonflée d'orgueil et de vanité de la surhumanité anglo-saxonne au Canada [15] ? » *O tempora ! O mores !*

Au niveau de la mentalité et de la culture, la thèse des deux nations faisait déjà son chemin dans les pages éditoriales. « Rien n'est commun à ces deux peuples (les Anglais et les Français) si ce n'est le pays », prétendait Foisy. Et encore ! « Les Canadiens français ne veulent d'autre pays que le Canada, alors que les Anglais voient leur *home* de l'autre côté des mers [16]. » Le curé Lavergne ne ménageait pas son éloquence pour apporter sa contribution à la discussion. Les Anglais se considèrent de race supérieure, déclarait-il. Et qu'est-ce donc qu'une race supérieure ? C'est la « marque de commerce d'un pompon très en honneur et très porté chez nos bons amis de Toronto [*sic* ! ! !] qui croient l'avoir inventé et prétendent avoir seuls le droit de s'en orner; ils le hissent en un geste d'arrogant défi en voyage, chez eux, au repos, au travail, dans le Parlement, dans la finance... » Par contre, les Canadiens français ne sont pas de ce genre-là, tant s'en faut !

---

13 Jules DORION, « Où en sont les choses ? », éditorial, 29 octobre 1921.
14 « L'élection d'hier », éditorial, 7 décembre 1921.
15 « Deux témoignages », éditorial, 17 février 1921.
16 « Humbles et délicats », éditorial, 8 mars 1921.

« Modestes et contents de leur supériorité morale, fiers de leurs
nombreuses familles, généreux jusqu'à la prodigalité, nobles et
enthousiastes... jusqu'à l'emballement, ceux-ci ne se préoccupent
guère de porter des pompons et d'inventer de prétentieuses marques
de commerce [17]. » *Amen !*

Pour les journalistes de *l'Action,* le célèbre axiome « la langue,
gardienne de la foi » contenait une large part de vérité. Dans une
série de huit éditoriaux sur la langue maternelle, Foisy déclarait
que « la langue maternelle est une sauvegarde quasi essentielle à
la conservation de la foi... L'abandon de la langue maternelle place
les minorités dans un contact si intime, si fréquent et si dangereux
avec la majorité protestante, que la conservation de la foi catholique
devient impossible, à moins d'un miracle [18] ». Tout de même la
langue française était plus que la sauvegarde de la religion catholique : parce qu'elle avait « le plus contribué au triomphe de la
vérité et de la beauté sous toutes leurs formes [19] », elle constituait
l'âme même de la nation canadienne-française.

3. *Philosophie politique*

L'Action exprimait des craintes et des réserves sérieuses à l'égard
de la démocratie. La « foule » (qu'on appelait aussi « le troupeau »
ou « la masse ») est incapable de gouverner, car elle méprise les
valeurs morales et intellectuelles [20]. De plus, elle est « impression-
nable, composée d'une majorité d'ignorants, proies faciles des
agitateurs, des sophistes et des excitateurs de préjugés [21] ». La
possibilité qu'elle prenne le pouvoir constitue « la menace la plus
terrible qui puisse jamais être faite à une époque [22] ». En preuve,
regardons la misère apportée à la Russie par le triomphe absolu
de la démocratie !

Les politiciens ne sont guère plus dignes que les masses qu'ils
représentent. Ils flattent les passions du peuple pour se faire élire,
contant des mensonges et faisant des « appels aux préjugés et aux

---

[17] « Race supérieure », éditorial, 7 avril 1920.
[18] « La langue maternelle », II, éditorial, 26 octobre 1921.
[19] « La langue maternelle », VIII, éditorial, 14 novembre 1921.
[20] J.-A. FOISY, « Nous voulons Barabbas », éditorial, 23 mars 1921.
[21] J.-A. FOISY, « Et les masses gouvernent », éditorial, 23 novembre 1921.
[22] *Ibid.*

appétits les plus vils [23] ». Ils sont des « agents de dissolution et de ruine nationales [24] ». L'attitude du journal à l'endroit des gouvernants — surtout du « genre américain » — reflétait donc beaucoup de méfiance, voire d'hostilité.

III. — ÉCONOMIE ET TRAVAIL

1. Inflation

Sur le plan économique, 1920 et 1921 ne furent pas des années « normales ». En 1920, le Québec était aux prises avec des pressions inflationnistes très sérieuses. La montée des prix s'accentua durant la guerre et continua durant l'année 1920. C'est seulement en septembre de cette année-là qu'on commença enfin à constater une baisse. Au mois de mai, la nourriture pour une famille de cinq personnes, pour une semaine, coûtait $16,65. La même nourriture aurait coûté seulement $4,78 en mai 1914 [25]. En 1920, le beurre coûtait 60 cents la livre, une douzaine d'œufs 65 cents, une livre de sucre, jusqu'à 30 cents. Les loyers et les vêtements subissaient aussi des augmentations considérables. Les salaires avaient-ils monté d'autant ? Citant en preuve les « dernières statistiques », le journal déclarait, en juin 1920, que les prix étaient montés de 114 à 300 pour cent depuis 1914 alors que les salaires ne s'étaient accrus que de 40 à 59 pour cent, et cela pour les ouvriers syndiqués [26].

L'explication que donnait l'Action catholique de la montée des prix nous en dit long sur l'idéologie du journal. Les causes classiques — l'instabilité des conditions économiques, le déclin du commerce, les ravages de la guerre et les revendications ouvrières exagérées (des syndicats internationaux, non des unions catholiques) — étaient au moins mentionnées, mais elles n'étaient pas les causes « préférées » du journal. Par contre, la spéculation en était certainement une, surtout dans le cas du sucre. Il fallait dénoncer « ces messieurs qui accaparaient, entreposaient, et empo-

---

[23] Ibid.

[24] « En passant », 10 mars 1920.

[25] 16 juin 1920.

[26] « Chez les ouvriers », 18 juin 1920.

chaient la clef [27] ». L'avarice était aussi un thème favori. À ce sujet, l'auteur de la rubrique « Chez les ouvriers » critiquait vivement ceux qui rejetaient sur le dos des ouvriers la responsabilité de la montée des prix. « C'est faux ! s'exclamait-il. Mettons un frein à la rapacité des profiteurs et on aura remédié au mal [28]. » Dans la même rubrique, discutant de l'augmentation des loyers, l'auteur avertissait ses lecteurs contre « le propriétaire qui veut devenir un petit kaiser et se constituer en agent bolchéviste [29] » !

Somme toute, les causes les plus importantes de l'accroissement du coût de la vie, à en juger par le grand nombre de références dans le journal, découlaient de la soif du plaisir et de l'égoïsme de l'homme. C'était la mauvaise conduite morale des citoyens qui amenait l'inflation. C'était leur goût de l'inutile, de l'extravagant et du luxueux, selon Foisy. C'était, dans une certaine mesure, la faute des ouvriers qui ne cessaient « de vouloir égaler en splendeur, en apparence et en loisirs, les plus favoris de la fortune [30] ». L'abbé Lavergne prétendait constater un lien très proche entre, d'une part, la hausse du coût de la vie et, d'autre part, l'urbanisation et l'installation d'une multiplicité d'amusements publics. « On emploie aux industries du plaisir, des masses d'hommes enlevés aux féconds labeurs des champs, disait-il en se lamentant. Leurs forces s'épuisent à des travaux inutiles et dangereux, tandis qu'il en manque pour la production des choses essentielles à la vie. » Quel était le résultat ? « Plus le prix du plaisir est devenu bon marché, plus le prix de la vie a monté. » Sa conclusion était à prévoir : les ouvriers, « dont la vie s'épuise à faire du cinéma et de l'alcool », devraient plutôt s'employer à des travaux utiles. Il faudrait aussi qu'on évite tout le tam-tam qui attire les jeunes gens en ville [31]. L'analyse de Paul-Henri était semblable. Lui aussi dénonçait la fuite vers les villes. « Là, prétendait-il, est le secret de la constante augmentation du prix de la vie... Chaque homme qui laisse la campagne est un producteur de moins, un consommateur de plus [32]. »

---

[27] « Maintenant, c'est tant... », éditorial, 27 mai 1920.
[28] 18 juin 1920.
[29] 19 janvier 1920.
[30] « Quelques chiffres », éditorial, 26 juin 1920.
[31] « À rebours », éditorial, 19 janvier 1920.
[32] « Ça ne peut pas durer », éditorial, 20 mai 1920.

Pourquoi les gens émigraient-ils à la ville ? Était-ce à cause
du surpeuplement des campagnes ou de la difficulté d'y trouver du
travail ? Pas du tout ! Au contraire, la main-d'œuvre faisait défaut
(selon *l'Action*) et l'exode de la population rurale menaçait de
transformer des terres fertiles en désert. Les jeunes gens quittaient
la campagne pour les centres urbains parce qu'un « vent de plaisir
et de jouissance leur brûle le cerveau, les affole, les rend incapables de raisonner et de voir [33] ». Quoi qu'il en soit de ses causes,
l'inflation, en plus d'être désagréable, comportait une menace très
sérieuse car des désordres sociaux pourraient très bien en être
la conséquence.

2. *Chômage*

Dès l'automne 1920, le Québec fut atteint d'une légère dépression économique. Les prix baissaient enfin, mais les salaires dimi-
nuaient aussi. Bon nombre de fabriques fermaient leurs portes ou
réduisaient leur personnel. Pendant tout ce temps, *l'Action* ne
consacrait que très peu d'attention au problème. En mars 1921
on avouait que les perspectives pour l'été n'étaient pas brillantes.
En juillet, Jules Dorion déclarait que la situation était très sombre,
et le mois suivant un article soutenait : une « effroyable crise de
chômage nous menace [34] ». En septembre on parlait de « 25 000
chômeurs à Montréal maintenant et 40 000 sans travail l'hiver
prochain [35] ». À la fin de l'année, Dorion signalait qu'au moins
mille pères de famille chômaient à Québec [36].

L'*Action* ne tentait pas d'analyser les causes du chômage. Son
intérêt se portait plutôt vers les remèdes, dont le célèbre projet
de loi sur l'Assistance publique. Plus tard, nous aurons l'occasion
d'étudier la pensée de Dorion lors du débat sur ce projet de loi.

3. *Syndicalisme*

La question ouvrière était d'une brûlante actualité en 1920-
1921. L'instabilité des conditions de vie ne faisait que stimuler

---

[33] *Ibid.*
[34] 3 août 1921.
[35] 12 septembre 1921.
[36] « Le chômage », éditorial, 19 décembre 1921.

les revendications des travailleurs. Les syndicats connaissaient une croissance très rapide et les patrons ne pouvaient plus les ignorer. Au Québec, les unions américaines s'occupaient déjà d'un grand nombre d'ouvriers, mais beaucoup d'autres — environ 35 000 en 1920 [37] — s'étaient groupés dans des syndicats confessionnels et nationaux. En septembre 1921, quatre-vingt-huit syndicats catholiques participèrent à la fondation de la Confédération des travailleurs catholiques du Canada à Hull. Le Congrès des métiers et du travail du Canada, réunissant plusieurs des syndicats internationaux, avait un effectif deux ou trois fois plus grand que la CTCC. Comme nous le verrons, *l'Action catholique* éprouvait une très vive sympathie envers les syndicats catholiques et une très vive animosité envers les Internationaux.

Les quelques éditorialistes de *l'Action* qui s'intéressaient aux problèmes ouvriers (notamment l'abbé Maxime Fortin) cherchaient à appliquer les principes de *Rerum Novarum* au contexte québécois. Les ouvriers et les employeurs devaient tous être animés par la foi chrétienne, par un esprit de charité et de justice. Le capitaliste, pour sa part, aurait à apprendre à ne plus considérer son employé comme un esclave. À son tour, l'ouvrier ne devrait pas voir en son patron un oppresseur. De temps à autre, *l'Action* critiquait les deux côtés. Elle reprochait aux employeurs « une certaine mentalité anti-syndicale malheureusement trop répandue [38] ». Elle réprouvait aussi leur trop grand goût du luxe et des jouissances matérielles, goût qui « ferait grandir dans l'âme populaire les germes de la haine qui percent au grand jour dans le désordre des révolutions [39] ». Par contre, les ouvriers se voyaient trop souvent comme « les ennemis irréductibles du capital et du patronat [40] ». De plus, ils oubliaient parfois que c'était leur devoir d'assurer leur salut éternel « en respectant la justice dans la sphère sociale où Dieu les a placés [41] ». En somme, pour *l'Action*, la question sociale n'était pas principalement une question d'ordre économique; c'était d'abord et avant tout une question morale et religieuse.

---

[37] 5 février 1920.
[38] 27 mars 1920.
[39] « Le premier mai », III, éditorial, 8 mai 1920.
[40] *Ibid.*
[41] « Le premier mai », II, éditorial, 5 mai 1920.

À la lumière de ces remarques générales du journal, ni leurs nombreuses mises en garde aux ouvriers catholiques, ni leur réaction hostile aux syndicats internationaux ne doivent nous surprendre. Ces derniers développaient chez leurs adeptes « un esprit détestable » et servaient de véhicules pour « le communisme imbécile et sanguinaire [42] ». Ils « prêchent la lutte des classes, la séparation de la vie économique de la vie rurale, et donnent à toutes voiles dans le socialisme [43] ». Ils sont prêts à déclencher des grèves à tout bout de champ. En effet, d'après Foisy, « ce sont les grèves, les troubles, les querelles, les désordres, les haines, les misères et les souffrances qui sont les manifestations de la vie des Syndicats internationaux [44] ». Pourquoi donc de bons Canadiens français adhéraient-ils à ces organismes étrangers par la langue, par la religion, par la mentalité, par les mœurs ? Personne n'essayait de trouver une réponse. On se limitait à exprimer l'espoir que « le jour viendra bientôt où les ouvriers canadiens comprendront l'ignominie de se faire conduire par le bout du nez, par des étrangers [45] ».

La croissance des syndicats catholiques et nationaux était chaleureusement saluée dans les pages de *l'Action catholique.* Ceux-ci, par leur « apaisante influence », permettaient « la prospérité industrielle dont nous jouissons [46] ». Ils « opèrent une saine influence là où ils existent, grâce à leur bonne volonté et à l'esprit de justice qui les guide [47] ». Ils constituent une sauvegarde de l'ordre et de la propriété, une « digue contre les vagues mugissantes du socialisme accapareur et de l'anarchie niveleuse [48] ».

En parlant du syndicalisme, on ne peut éviter la question des grèves. L'attitude de *l'Action* paraît un peu équivoque. Foisy admettait dans un éditorial qu'il était « incontestable que les ouvriers ont le droit de faire la grève quand il n'y a pas d'autre moyen d'obtenir la justice [49] », mais il ne manquait pas de souligner

---

[42] « Des internationaux fâchés », éditorial, 10 janvier 1920.
[43] Lettre de l'abbé Maxime Fortin, 19 janvier 1920.
[44] « Déclaration de guerre », éditorial, 9 mai 1921.
[45] « En passant », 1er septembre 1921.
[46] « De l'entente », éditorial, 6 février 1920.
[47] « Saine influence », éditorial, 5 mars 1920.
[48] « Le droit à l'association », éditorial, 3 juin 1920.
[49] « La guerre des classes », éditorial, 22 juin 1920.

l'horreur que beaucoup d'ouvriers éprouvaient devant le spectre d'une grève.

IV. — ÉDUCATION ET BIEN-ÊTRE

1. *Éducation*

Dans ses éditoriaux sur l'éducation, *l'Action* jouait une partie défensive. Les critiques commençaient à suggérer l'idée d'un rôle accru de l'État dans le domaine de l'éducation. Plusieurs demandaient l'instruction obligatoire et gratuite et certains allaient même jusqu'à réclamer un réseau d'écoles neutres et laïques. Un système d'instruction sans base religieuse était impensable. Seule une formation chrétienne pourrait combattre le matérialisme américain et « redresser les peuples contre les idées affreusement radicales qui courent aujourd'hui le monde » ; seules des écoles confessionnelles pourraient « servir aux esprits l'antidote voulu contre le socialisme et la révolution [50] ». Si le Québec vivait dans l'ordre et la paix, si « notre province [était] un îlot de justice et de tranquillité au milieu de la mer agitée des revendications plus ou moins violentes des classes laborieuses des autres provinces [51] », si le peuple québécois était reconnu pour sa sagesse et sa pondération, c'était grâce à l'enseignement religieux.

Parmi toutes les provinces, le Québec se classait en première place en matière d'éducation, aux dires du secrétaire provincial, Athanase David. Sa déclaration rencontrait immédiatement l'approbation de Jules Dorion qui saluait ces paroles comme « sages [52] ». Foisy affirmait dans un éditorial (le premier d'une série de six intitulée « Supériorité intellectuelle ») que la culture reçue dans les collèges classiques avait « élevé le niveau intellectuel de notre peuple bien au-dessus de celui de nos compatriotes d'origine et de croyances différentes [53] ». Plus tard, probablement en réponse à d'autres critiques, Foisy assurait ses lecteurs que « nous ne

---

[50] Mgr Louis-Adolphe PAQUET, « Le bolchévisme : rempart nécessaire », VI, éditorial, 7 février 1920.

[51] J.-A. FOISY, « Supériorité intellectuelle », II, éditorial, 13 août 1920.

[52] « Sages paroles », éditorial, 21 août 1920.

[53] « Supériorité intellectuelle », I, éditorial, 12 août 1920.

ferons pas à nos collèges classiques l'injure de comparer leur programme à celui des *high schools* canadiens-anglais. Par l'importance des matières, par la profondeur de l'enseignement, par l'étendue de la formation, nos collèges sont tellement supérieurs, que la comparaison n'est pas possible [54] ». Ainsi tout semblait aller pour le mieux dans le meilleur des mondes, mais des signes avant-coureurs d'une tempête se manifestaient déjà.

« Le serpent de l'instruction obligatoire a fini par rentrer sa tête dans le palais de nos lois scolaires... Et maintenant, il essayera de s'étirer assez pour introduire tout son corps et verser tout son venin.» C'est ainsi que Paul-Henri commentait une nouvelle loi visant à empêcher les enfants de quitter l'école avant l'âge de seize ans à moins de savoir lire, écrire et compter. « Bien adroit et bien avisé celui qui saura l'étrangler à temps [55] », concluait l'auteur. Mais l'instruction obligatoire n'était-elle pas nécessaire ? Nullement, semblait-il, car 96 pour cent de la population de Montréal savait lire et écrire, « pas mal pour un peuple que [au dire des Anglais] les prêtres maintiennent sous le joug et dans l'ignorance la plus abjecte [56] ». Comme s'il n'en était pas tout à fait convaincu lui-même, Paul-Henri affirmait que « lire, écrire et compter ne constitue pas la source de la vraie grandeur, du vrai bonheur », que cela peut « mettre sur un front le tricorne du savant, mais plus facilement encore, il peut y laisser descendre le capuchon du gibier de potence [57] ». Ceux qui savaient lire couraient toujours le risque de se faire empoisonner par une littérature « déprimante, corruptrice, qui sème à pleine page les germes de la dépravation et du crime [58] ».

L'école obligatoire, gratuite, laïque — voilà autant de « fumiste-ries qui cachent dans la pompe de leurs adjectifs : « l'école sans Dieu » [59] ». Voilà une des principales causes du mouvement anar-chique et du bolchevisme. Voilà une preuve de plus de l'activité fébrile de la maçonnerie. Et que faire pour contrecarrer cette menace ? « Nous dénoncerons l'école obligatoire. Nous refuserons

[54] « Quelques chiffres », éditorial, 23 février 1921.
[55] « Lire, écrire, compter », éditorial, 5 avril 1920.
[56] *Ibid.*
[57] *Ibid.*, II, 6 avril 1920.
[58] PAUL-HENRI, « Sans-Dieu », éditorial, 27 avril 1920.
[59] *Ibid.*

de mettre aux mains des 6,636 francs-maçons de la Province de Québec, le moyen de déchristianiser notre peuple [60]. »

En somme, *l'Action,* tout en entretenant certaines inquiétudes, croyait que la situation était sous contrôle. Les gouvernants défendaient les droits des autorités religieuses dans l'éducation, ce qui leur valait les félicitations du journal. Le mal, infiltré dans toutes les couches des sociétés environnantes, n'avait pas encore vraiment pénétré les frontières du Québec.

2. Bien-être

En 1921 le gouvernement Taschereau présenta en Chambre un projet de loi visant à accorder de l'aide aux nécessiteux de la province. Parmi ses dispositions, le bill prévoyait des octrois à certaines institutions catholiques et établissait un régime de contrôle sur l'emploi de l'argent. L'attitude de Dorion, précisée dans ses quatre éditoriaux sur le sujet, illustrait bien les craintes des autorités religieuses devant toute ingérence de l'État dans leurs affaires.

Dorion mettait d'abord en valeur l'importance de la loi et félicitait les législateurs du « sentiment généreux [61] » auquel ils obéissaient. Un des objectifs de la loi, selon Dorion, était de « faire contribuer aux besoins des pauvres, les indifférents, les dénaturés, et les oublieux — malgré eux [62] ». Deux inconvénients se présentaient tout de suite : en premier lieu, ces indifférents seraient excusés de leurs devoirs de charité; probablement le nombre de sans-cœur augmenterait aussi. Deuxièmement, dans un régime sous la tutelle de l'État, une partie des fonds recueillis serait dépensée inutilement pour les frais d'administration.

Plus tard Dorion indiquait un troisième obstacle. Il s'agissait cette fois de l'intrusion gouvernementale dans les affaires des communautés religieuses. Pendant trois cents ans, les institutions de charité avaient (disait-il) bien fonctionné, même sans aucune assistance gouvernementale. L'État promettait de l'aide maintenant, mais proposait effrontément un régime de surveillance

---

[60] « En passant », 19 janvier 1920.
[61] « L'assistance publique », éditorial, 18 mars 1921.
[62] *Ibid.*

Le gouvernement, concluait Dorion, a « le droit, même le devoir, de faire quelque chose pour soulager la misère, mais ne doit pas compromettre l'existence des établissements actuels, ou en faire de simples rouages de son administration [63] ».

V. — RELIGION, MORALE, FAMILLE

1. Religion

En tant que journal catholique, *l'Action* se faisait le porte-parole d'un catholicisme intégral. Son travail était hautement apprécié par l'épiscopat. Au début de 1920, le cardinal Bégin écrit au directeur Jules Dorion pour lui assurer chaleureusement que, « de toutes les moissons qui consolent et remplissent d'espérance le soir de [sa] vie, il n'en est guère qui [lui] soient plus chères que la moisson, déjà splendide, [qu'il a] le bonheur de voir pousser dans le champ fertile de l'Action Sociale Catholique et de son organe, *l'Action catholique* [64] ».

L'œcuménisme n'avait pas encore vu le jour. Le protestantisme était jugé sévèrement; de même, on le sait, beaucoup de protestants à l'époque ne ménageaient pas leurs critiques à l'endroit des catholiques. Parfois les journalistes tentaient d'expliquer quelques-uns des grands principes de la doctrine protestante. « Pour être catholique, il faut croire aux vérités révélées, affirmait Foisy. Mais pour être protestant, il suffit de ne pas croire à l'une ou à l'autre des vérités. » Le protestantisme est alors une « religion de la négation [65] ». Selon Dorion, « c'est l'anarchie dans la croyance [66] ».

Un des effets néfastes du principe protestant du libre examen était, au dire de Foisy, d'enlever toute autorité aux pasteurs. Sur des questions morales, ceux-ci n'oseraient pas s'exprimer, craignant de contredire les passions et les préjugés de leurs ouailles, de vider leurs temples et de perdre leur position [67]. Il en résultait que les sectes protestantes, face aux vagues du socialisme révolutionnaire,

---

[63] « Les sociologues catholiques », éditorial, 21 avril 1921.
[64] 2 janvier 1920.
[65] « Erreur à bêtise », éditorial, 6 juillet 1920.
[66] « La marée protestante », éditorial, 25 août 1920.
[67] « Vers le paganisme », éditorial, 9 juin 1920.

se contentaient de fermer les yeux en raison de leur impuissance. Pis encore, le protestantisme amenait une « décadence réelle de l'esprit de foi », un climat général de tiédeur, d'indifférence et de stagnation [68].

Dans des moments plus charitables (fort rares), le journal invitait les fidèles à prier pour le retour de nos « frères égarés » au giron de l'Église catholique, au bercail de Pierre [69] ».

Beaucoup plus que les protestants, les juifs étaient constamment fustigés par le journal. Le juif, cependant, n'était pas attaqué uniquement à cause de sa religion. L'antiprotestantisme de *l'Action* ne peut être considéré au même niveau que son antisémitisme. Le sens de cette affirmation deviendra compréhensible plus loin dans notre exposé.

2. *Préoccupations morales*

Les sujets qui inspiraient le plus grand nombre d'éditoriaux étaient ceux qui traitaient de la morale; des diverses questions soulevées, la lutte contre l'alcool était de beaucoup la plus importante. *L'Action catholique* se mettait vigoureusement au service de la tempérance et favorisait, à cette époque, un régime de prohibition totale. Un très grand nombre de reportages du journal concernaient le progrès de la tempérance en dehors du Québec, des saisies de boisson, l'alcoolisme et les « épiciers fraudeurs ».

Dans les éditoriaux, les journalistes brossaient des tableaux très sombres des effets de l'alcool. Valmore Lavergne, après un voyage en train de Lévis à Rivière-du-Loup, écrivait : « On pouvait trouver dans chacun des chars [*sic*] quelques êtres à face humaine que l'alcool avait ravalés aux apparences de la brute... Quelques-uns dormaient renfrognés sur les banquettes, d'autres... vociféraient, crachant leurs obscénités et leur haleine empestée à la face des femmes apeurées et de tout le monde [70]. » Mais *l'Action* ne se contentait pas de simples descriptions. Elle exigeait des condamnations plus fréquentes et des punitions plus sévères pour ceux qui contrevenaient aux lois de l'alcool. Elle s'insurgeait aussi contre

---

[68] J.-A. FOISY, « L'effet et la cause », éditorial, 16 septembre 1921.

[69] 12 janvier 1920.

[70] « Ensuite on jugera », éditorial, 5 janvier 1920.

bon nombre d'épiciers qu'elle traitait « d'empoisonneurs publics [71] » à cause de leurs ventes d'alcool. Comble d'hypocrisie, selon le journal, ces « fraudeurs », responsables de tant de misères et de malheurs, « se rendaient probablement à la messe, tranquillement, parmi les citoyens estimés et estimables [72] ».

Le cinéma subissait des attaques aussi vitrioliques, quoique moins fréquentes. Par la voie du cinéma, « nous nous enfonçons dans la pourriture et la barbarie », déclarait le curé Lavergne. « Quand notre peuple sera-t-il suffisamment écœuré de tous ces manques de goût, de bon sens et de morale [73] ? » Tenant le même langage plus tard, il dénonçait le cinéma qui « contribue à déformer les intelligences, à dépraver les cœurs, à pousser dans les voies de la luxure les âmes qu'il finira par damner [74] » ; en outre, il laissait entrevoir un proche rapport entre le cinéma et la montée du crime et de la prostitution. Aucune amélioration ne semble avoir été apportée à la qualité du cinéma durant notre période, car à la fin de 1921 l'abbé Lavergne pouvait toujours écrire : « Nous assistons à la démoralisation, à l'empoisonnement, à la dépravation des générations nouvelles [75]. » Les parents — en nombre incalculable — qui dormaient pieusement dans leurs lits pendant que leurs enfants assistaient à ces « avant-scènes du crime et de la débauche », n'échapperaient pas impunément aux foudres divines. « Dormez, chers parents, les avertissait-on, vous vous réveillerez sans doute au jugement quand il faudra rendre compte à Dieu âme pour âme [76]. »

Les danses — surtout les danses immorales [sic] comme le fox-trot et le tango — constituaient un autre méfait du matérialisme américain, une véritable « honte de la civilisation [77] ». Des bons Québécois, épris de cette nouvelle « mode », s'en allaient dans les salles de danse (qualifiées par le curé Lavergne de « vestibules du libertinage et d'écoles de débauche [78] ») et là « ils dansent, trottent

[71] Jules DORION, « Contre l'alcoolisme », éditorial, 16 septembre 1920.

[72] « Épiciers fraudeurs », éditorial, 10 janvier 1920.

[73] « En passant », 12 janvier 1920.

[74] « Profiteurs », éditorial, 2 février 1920.

[75] « Au plus pressé ?... », éditorial, 8 novembre 1921.

[76] « En passant », 18 février 1920.

[77] « En passant », 5 février 1920.

[78] « Salles de danse », éditorial, 27 avril 1921.

et se balancent en des costumes bas par le haut et haut par le bas, spectacle de chair nue comme à l'étal du boucher [79] ».

L'Action s'attaquait aussi au travail dominical, aux « profanateurs du dimanche » qui ouvraient leurs théâtres et leurs tavernes même le Jour du Seigneur, au gaspillage (« issu du matérialisme brutal d'une civilisation areligieuse entretenu par une incommensurable vanité [80] »), et au plaisir en général. Pour les journalistes, il ne faisait aucun doute : la société était atteinte d'une maladie extrêmement grave. « Tout cet extérieur de plaisir et de somptuosité, déplorait E.-V. Lavergne, nous fait penser à la parole justement célèbre... « Après moi, le déluge » [81] ».

Une des causes de cette « crise des mœurs » était l'exode de la population des campagnes vers les villes. Le programme de colonisation du gouvernement, appuyé avec enthousiasme par *l'Action*, visait certainement à retenir les Canadiens français au Québec et au Canada pour des raisons patriotiques : un prêtre-colonisateur, J.-B.-L. Bourassa, signait plusieurs articles dans ce sens. Mais en même temps, on cherchait à conserver le mode de vie agricole; il fallait donc arrêter les départs vers les centres urbains. « La vie en [*sic*] campagne est plus saine », soutenait D. Belzile à la Page agricole de *l'Action*. « En ville les dangers de perversion sont multiples. Pour des jeunes gens inexpérimentés, la ville est très souvent funeste au point de vue moral [82]. »

Un des éditorialistes brossait un tableau de la vie désagréable et démoralisatrice des villes. Une jeune fille, partie travailler à Québec, revint à la campagne après six mois pour une visite chez elle. Selon la description, elle arriva « bracelets brillant sur des bras presque nus, une bague à chacun de ses doigts, de fines chaussures à tiges très hautes, une jupe trop courte et ridiculement étroite, l'œil provocateur, les gestes presque garçonniers, fumeuse de cigarettes [83] », etc. C'était là une preuve de plus de la difficulté de vivre en bon catholique en ville.

---

[79] « En passant », 26 janvier 1920.

[80] 10 août 1920.

[81] « À rebours », éditorial, 19 janvier 1920.

[82] « Effets nuisibles de l'exode rural », article, 9 avril 1921.

[83] « Sources empoisonnées », éditorial, 19 mars 1920.

3. Famille

On ne trouve que peu de références à la vie familiale, mais on peut supposer que *l'Action* acceptait pleinement l'enseignement de l'Église à ce sujet. On voyait le divorce comme « une plaie [84] » et une « manifestation du retour des peuples au paganisme [85] ». Il est « lié à des manifestations de dégénérescence, particulièrement au suicide et à la folie [86] ». À ce moment, un bill visant à mettre sur pied des cours de divorce dans les provinces anglaises avait été présenté à Ottawa. L'attitude de *l'Action* ne péchait guère par ambiguïté : « Nos députés, soutenait Paul-Henri, ... ont le devoir, comme catholiques et comme législateurs éclairés, de lui tordre le cou sans cérémonie [87]. »

La conduite des femmes aussi suscitait quelques inquiétudes chez les éditorialistes. Leurs mœurs et leurs vêtements scandaleux poussaient Lavergne à les juger plutôt durement. « Il n'y a pas plus de bon sens dans leurs têtes, disait-il, que de vêtements sur leurs épaules [88]. » On voulait naturellement le maintien de la femme comme « reine du foyer domestique et éducatrice des générations qui poussent [89] ». Ceux qui cherchaient à « révolutionner » son rôle lui rendaient mauvais service. Un des journalistes citait en évidence des statistiques anglaises pour montrer que les cas de folie parmi les femmes de la classe intellectuelle et celles qui aspiraient à monter dans les professions libérales étaient en nette progression, tandis qu'on trouvait rarement dans les asiles des femmes des classes ouvrière et agricole [90].

Après les remarques précédentes, il est assez évident que, dans tout le domaine de la religion et de la morale, *l'Action* se faisait l'avocat de prises de position traditionnelles.

---

[84] 12 février 1920.

[85] J.-A. FOISY, « Vers le paganisme », éditorial, 9 juin 1920.

[86] PAUL-HENRI, « Vos largesses, gardez-les », éditorial, 17 avril 1920.

[87] « Un abominable forfait », éditorial, 1er mai 1920.

[88] « Sur leurs épaules », éditorial, 6 juillet 1921.

[89] 31 janvier 1920.

[90] « En passant », 3 avril 1920.

VI. — TROIS MYTHES

Nous avons déjà souligné l'instabilité aiguë qui caractérisait le début des années 1920. Depuis 1900 environ, les forces du changement dans le monde occidental, incarnées dans les divers mouvements syndicalistes, réformistes et révolutionnaires, assiégeaient les bastions des forces de l'ordre. Refusant le régime économique et politique en vigueur, les partisans de ces mouvements entendaient recourir aux pressions nécessaires — dont les grèves et les révolutions — soit pour humaniser ce système, soit pour le renverser. Ennemis jurés du militarisme et du chauvinisme, ils se faisaient les avocats du pacifisme et de l'internationalisme. L'Église, à cause de sa position historique, de ses sympathies traditionnelles et de ses craintes à l'endroit des forces du changement, se rangeait presque toujours du côté du *statu quo* ou, au moins, cherchait à apaiser les appétits des révolutionnaires assoiffés.

La Grande Guerre renforça les positions de l'*establishment*, même si ce n'était que temporairement. L'ennemi national mis en vedette, la guerre sociale marcha au ralenti. Cette trêve fut de courte durée et, même avant la fin des hostilités, les luttes civiles reprirent de plus belle. Pour les défenseurs de l'ordre, ces menaces étaient d'autant plus insupportables qu'ils escomptaient un retour à la vie normale et tranquille d'antan. Et ils n'entendaient pas non plus se laisser vaincre facilement. Ils fustigeaient leurs adversaires et les discréditaient, souvent en leur collant des étiquettes impopulaires. Les juifs et les francs-maçons, jamais bien aimés, réunissaient, croyait-on, les forces néfastes qui œuvraient pour saboter l'ordre établi. La Révolution d'octobre en Russie dévoila l'identité du troisième membre de l'infâme trinité : le bolcheviste. Dépeint habituellement sous les couleurs les plus sombres, une image effroyable fut vite créée à son égard. La simple mention du nom suffisait à évoquer toute l'image... et aussi à démolir les réputations de ceux à qui l'étiquette de « bolcheviste » était attachée. Sans aller jusqu'à ériger une règle générale, nous oserions dire que les partisans de l'ordre ne se souciaient pas toujours de distinguer entre flambant rouge et rose pâle dans le spectre idéologique.

Le franc-maçon, le Juif et le bolcheviste étaient tous au centre de mythes. D'après ces mythes, les trois groupes — souvent travaillant ensemble parce que très étroitement liés — passaient leur temps à tramer des complots contre l'ordre naturel, contre la société chrétienne et contre l'humanité en général. Souvent on ne les voyait pas au travail, mais on ne manquerait pas de constater bientôt les fruits de leurs activités diaboliques.

Toutes les circonstances favorisaient la propagation efficace de tels mythes, même au Québec. D'abord, la population en général éprouvait une intense anxiété en cette époque de changements rapides. Ensuite, le monde des années 1920 était un monde crédule qui, devant son incapacité à découvrir les vraies sources du mal, était prêt à croire en la présence de conspirations sataniques. Examinons-les, telles que *l'Action* les a présentées.

1. La franc-maçonnerie

Dès 1738, le Saint-Siège avait condamné la franc-maçonnerie. Dans sa bulle, Clément VII précisait que sa décision avait été motivée par le « Secret » maçonnique et par d'autres raisons qui « nous sont connues ». Aux yeux de tout bon catholique, la franc-maçonnerie était dès maintenant une hérésie qui conspirait la ruine de l'Église. De là, il était relativement facile de déduire que les maçons dirigeaient les divers mouvements anticléricaux souhaitant la réduction de l'influence temporelle de l'Église. Devant les pressions favorisant une étatisation graduelle de l'éducation au Québec, par exemple, l'auteur de la rubrique «En passant » affirmait : « La maçonnerie veut l'instruction obligatoire, gratuite, laïque [91]. »

Au dix-neuvième siècle, on « découvrit » d'autres activités des maçons. Un prêtre jésuite, l'abbé Barruel, trouva la « cause » de la Révolution française: la franc-maçonnerie, bien entendu. N'était-ce pas là une preuve sûre de l'immixtion des maçons dans toutes les révolutions ? D'autres montraient que Satan lui-même œuvrait diaboliquement par l'entremise des maçons. Finalement, vers la fin du dix-neuvième siècle, on prétendait que la franc-maçonnerie n'était qu'un instrument entre les mains des Juifs — accusation

[91] 19 janvier 1920.

qui ne tenait guère compte de certains faits historiques, comme la difficulté qu'éprouvaient les juifs, auparavant, à s'affilier aux loges.

L'Action acceptait telles quelles ces « découvertes » et les convictions qui en découlaient. « La franc-maçonnerie peut considérer la révolution comme son œuvre [92] », expliquait Paul-Henri. Albert Foisy soutenait le même point de vue en affirmant plus tard que les maçons avaient machiné les révolutions mexicaines (« afin d'écraser l'Église catholique [93] ») et qu'ils voulaient déclencher une révolution en Espagne. Il allait de soi que les bolchevistes aussi subissaient des influences maçonniques : *l'Action* déclarait en avoir les preuves [94] et faisait de Lénine et de Trotzky des vedettes de la franc-maçonnerie russe.

L'inspiration infernale de la franc-maçonnerie était un thème fréquent. « C'est l'Église de Satan, organisée par Lucifer, pour recevoir l'hommage suprême [95] », affirmait l'abbé Georges Dugas dans un article repris par *l'Action*. Les francs-maçons sont « les fils de Satan, menteurs comme lui, à son image et à sa ressemblance assassins, pères de la révolution en France, du bolchevisme dans le monde entier, tous les deux dirigés contre le Christ et contre son Église [96] », apprenait Paul-Henri aux lecteurs du journal. Bien entendu, l'activité des maçons « chez nous » ne faisait que corroborer ces accusations, du moins aux yeux des journalistes de *l'Action*. On savait, par exemple, qu'ils cherchaient à « corrompre la femme en vue de déchristianiser et de corrompre la société [97] ».

On ne manquait pas non plus de souligner les prétendus rapports entre les maçons et les Juifs. En Hongrie, c'était les « judéo-maçons [98] » qui complotaient les « nouvelles atrocités de demain ». L'expression « judéo-maçonnerie » devint monnaie courante. Nous donnerons d'autres références à ce sujet au chapitre suivant.

---

[92] « L'esprit révolutionnaire », éditorial, 11 juin 1920.

[93] « Toujours pareil », éditorial, 18 mai 1921.

[94] 4 novembre 1920.

[95] 21 février 1920.

[96] « Pétris du même levain », éditorial, 15 novembre 1920.

[97] « En passant », 12 août 1920.

[98] « Alibi maçonnique », article, 28 mai 1920.

Si, après toutes ces explications, le lecteur demeurait sceptique, un dernier avertissement était lancé pour le réveiller. « La franc-maçonnerie a vendu la France [aux Allemands pendant la guerre] », écrivait l'auteur d' « En passant ». « Prenons garde, ses manœuvres sont toujours les mêmes [99] ». Des preuves plus spécifiques étaient-elles vraiment nécessaires dans le climat de l'époque ?

2. Les Juifs

Les journalistes de *l'Action* n'étaient pas très tendres à l'endroit des juifs. Dans cette courte période de deux ans, nous avons compté vingt-sept éditoriaux complètement ou partiellement consacrés à la propagande antisémitique. En plus de cela, des articles spéciaux ont été rédigés ou tirés d'autres journaux. Il nous incombe de décrire et d'expliquer cet antisémitisme.

À travers les siècles, les antisémites ont reproché aux Juifs une trop grande puissance économique dans les milieux où ils vivaient. Mais l'absence ou quasi-absence de Juifs ne signifiait pas nécessairement l'absence de l'antisémitisme. En effet, il n'était pas très difficile de montrer la main invisible du Juif à l'œuvre, responsable des misères locales. Ce thème était toutefois d'une moindre importance dans les pages de *l'Action* à l'époque. Le journal déclarait, une fois, qu'on serait « étonné de connaître la quantité de propriétés » possédées à Ottawa par les Juifs qui, tout en étant moins nombreux que les Canadiens français, étaient probablement plus riches [100]. Un autre article, tiré de la *Libre Parole* de Paris, condamnait « l'action dissolvante des usuriers, maquignons ou accapareurs juifs dans les campagnes et les petites villes [101] ». Foisy s'exprimait de la même façon lorsqu'il prétendait qu'il n'y avait « pas de race qui sache s'immiscer avec plus d'habileté dans la vie économique d'un peuple et y accaparer une partie considérable de sa vitalité et de sa richesse [102] ». C'est lui aussi qui soulignait, à maintes reprises, la domination économique des Juifs en Angleterre, à New York et ailleurs.

[99] 9 janvier 1920.
[100] 10 février 1920.
[101] « Les Juifs et la presse en Allemagne », 21 février 1920.
[102] « La juiverie errante », éditorial, 17 novembre 1920.

Cet antisémitisme découlait encore moins de simples désaccords religieux. Oui, les Juifs s'étaient unis contre Jésus et il fallait prier pour leur conversion; de plus, leur retour en Palestine était inquiétant pour les catholiques du monde. Mais cela ne susciterait sûrement pas un antisémitisme aussi intense que celui qui se propageait à l'époque. Non, la base de l'antisémitisme était à la fois beaucoup plus large et beaucoup plus vague. Ce que les Juifs cherchaient en réalité, croyait-on, c'était la domination du monde et, au préalable, il leur fallait détruire la société chrétienne.

Mais laissons la parole à des journalistes plus éloquents que nous. « Ce que nous reprochons aux Juifs n'est pas le sang qui coule dans leurs veines, ni la courbe de leur nez », assurait l'abbé Lavergne. C'est plutôt « la haine violente qui, en général, les anime, le mépris profond qu'ils professent contre tout ce qui est chrétien... Les Juifs... comme race, sont nos ennemis-nés. Leur but est l'effacement du nom chrétien, fallût-il pour y atteindre verser des flots de sang [103] ». Foisy abondait dans le même sens que son collègue. Les Juifs, malgré les diverses étiquettes qu'ils portaient — conservateurs, socialistes, pro-Allemands, etc., — « sont d'abord Juifs et... ils trouvent toujours moyen de tendre vers le même but, qui est l'infiltration juive dans la direction des gouvernements, des chancelleries, des journaux, et des banques internationales [104] ».

Si les Juifs souhaitaient si ardemment la destruction de la civilisation chrétienne, il semblait logique de les voir en arrière de toutes les révolutions et de tous les désordres sociaux qui ébranlaient les autorités établies, temporelles et spirituelles. L'élément juif « constitue un ferment révolutionnaire terrible », déclarait Foisy. « Les journaux juifs le disent et s'en glorifient !... Il faut l'écraser avant qu'il n'ait produit ses fruits de mort et de carnage [105]. » Dans un autre article, le chanoine David Gosselin démontrait que le « rôle permanent de conspirateur » est tout naturel pour le Juif. « C'est pourquoi on trouve des Juifs, des menées juives, de l'esprit juif à l'origine de la plupart des grands mouvements révolutionnaires de l'époque moderne [106]. » Dans ces activités, les Juifs

---

[103] « Haine aux Juifs », éditorial, 21 septembre 1921.
[104] « Juiverie triomphante », éditorial, 2 septembre 1920.
[105] « La poussée juive », éditorial, 16 novembre 1920.
[106] « La race juive », 13 septembre 1921.

collaboraient étroitement avec les francs-maçons, de sorte qu'on pouvait conclure que « la juiverie et la franc-maçonnerie marchent la main dans la main et [qu']il est tout probable que celle-ci est au service de celle-là [107] ». On trouve quelques références aussi à la « conspiration judéo-maçonnique pour s'emparer du monde [108] ».

La plus récente accusation portée contre les Juifs était de loin la plus amère : les Juifs avaient été responsables de la Révolution bolcheviste en Russie; c'est au moyen de cette révolution que la juiverie était arrivée au pouvoir dans ce malheureux pays et y avait établi son système infernal.

« La Révolution bolchéviste est l'œuvre des Juifs [109]. » Cette affirmation venant de la plume de Foisy n'était-elle pas suffisamment catégorique ? Et dans la rubrique « En passant », un des journalistes écrivait : « Il est un fait indéniable, c'est que les Juifs dirigent le bolchévisme. Ils sont donc à la tête du mouvement révolutionnaire qui rêve de détruire l'Église et la société [110]. » Plus tard, dans la même rubrique, nous lisons qu'entre le bolchevisme et la juiverie, « il y a une proche parenté, de frère à sœur [111] ». On nous donne aussi des statistiques pour montrer que les grands noms de la Révolution d'octobre étaient presque tous des Juifs [112], sans mentionner que ceux-ci ne se considéraient plus comme tels, ni que la plupart des Juifs s'opposaient au bolchevisme, sans mentionner non plus que de nombreux *pogroms* — violents soulèvements populaires anti-juifs — avaient fait des milliers de victimes sous le régime tsariste.

C'est à cette époque que les célèbres *Protocoles des sages de Sion* firent leur apparition. Ces *Protocoles* contenaient le prétendu plan de domination universelle que les Juifs cherchaient à réaliser. Ils furent rapidement reconnus comme une fraude perpétrée par la police secrète tsariste, mais à l'époque on s'interrogeait sérieusement sur leur authenticité. Foisy constatait à ce sujet que « les événements qui se produisent sont l'accomplissement exact du programme

---

[107] J.-A. FOISY, « Juiverie triomphante », éditorial, 2 septembre 1920.
[108] IDEM, « Autour du monde », éditorial, 4 février 1921.
[109] « La poussée juive », éditorial, 6 novembre 1920.
[110] 27 janvier 1921.
[111] 30 novembre 1921.
[112] 21 décembre 1920; 2 février, 23 avril, 15 octobre, 30 novembre 1921.

tracé dans les documents [113] ». Plus tard, après avoir reçu le texte
des *Protocoles*, il affirmait : « Si ce n'est pas l'exposé d'un plan
ourdi d'avance, c'est une prophétie remarquable [114]. » Le curé Lavergne exprimait son assentiment et montrait « comment la juiverie
s'efforce de discréditer le document révélant les secrètes machina-
tions des « Sages de Sion » contre le monde [115] ».

Il ne reste qu'une chose. Le péril juif était réel; les Juifs nous
envahissaient. Très bien ! Mais comment pouvait-on contrecarrer
cette menace au Canada ? L'unité des Canadiens français était une
condition *sine qua non*, insistait l'abbé Lavergne, « si nous ne
voulons pas qu'un jour quelque Juif, récemment débarqué de
Cracovie, sorti des steppes de la Russie, ou vomi par les quais de
Liverpool, écrive : « Nous régnons sur les Canadiens français; vaincus, ces indigènes s'inclinent devant l'évidence de notre supériorité. » [116] » Unissons-nous donc pour stopper l'immigration juive
au Canada, afin que le pays ne devienne pas rapidement « le dépo-
toir et le refuge de la juiverie continentale européenne [117] ». L'abbé
Antonio Huot, dans une série d'articles publiés en éditorial et
intitulée « Pour s'orienter dans la question juive », conseillait
d'autres façons d'agir pour conserver les positions acquises :
« Veillons au choix des députés; surveillons les Juifs bolchévistes
qui aiment à se glisser dans les assemblées ouvrières; accoutumons-
nous à économiser l'argent; appuyons les mouvements sérieux anti-
juifs et antimaçonniques [118]. »

L'utilisation de la violence contre les Juifs n'était cependant pas
admise. « Nous ne disons pas « Haïssez le Juif. Pourchassez-le ! »
Le cœur d'un catholique ne s'ouvre qu'à la haine du mal [119] »,
avouait l'abbé Lavergne. « Nous voulons que les Juifs convertis
atteignent au ciel; nous ne pouvons souffrir qu'ils précipitent les
nôtres en enfer [120] », ajoutait-il.

---

[113] « L'invasion juive », éditorial, 15 décembre 1920.
[114] « Plan infernal ou prophétie ? », éditorial, 28 février 1921.
[115] « C'est un faux ! », éditorial, 16 novembre 1921.
[116] « Race supérieure », éditorial, 7 avril 1920.
[117] J.-A. FOISY, « La poussée juive au Canada », éditorial, 18 novembre 1920.
[118] 20 mai 1921.
[119] « Race supérieure », éditorial, 7 avril 1920.
[120] « Haine aux Juifs ! », éditorial, 21 septembre 1921.

3. *Le bolchevisme*

La controverse autour du socialisme n'était pas de date récente, mais la Révolution bolcheviste en Russie lui donna une nouvelle importance et la rendit moins académique. Peu à peu, les lignes de bataille se précisèrent et on en vint à voir l'Église catholique comme l'adversaire le plus constant du bolchevisme et du socialisme en général. Alors que l'Église défendait la civilisation, les socialistes voulaient instaurer un régime basé sur la barbarie. Dans une longue série d'articles, tous publiés en éditorial par *l'Action catholique*, Mgr L.-A. Paquet examinait tous les aspects du problème bolcheviste. Le sens du bolchevisme semblait s'expliquer adéquatement par « un formidable synonyme que nous avions déjà : l'anarchie [121] ». Plus précisément, selon lui, « l'idée bolchéviste peut se définir comme le renversement de l'ordre social et de toutes les institutions par tous les moyens, sans excepter la violence [122] ». Tel qu'il a été mis en pratique en Russie, c'était un système basé sur « l'assassinat, le terrorisme, le vol et le pillage [123] », un « système de démolition qui... vise l'univers entier [124] ».

Regardant les causes immédiates, Mgr Paquet passait rapidement en revue (il était seul à le faire, d'ailleurs) le problème agraire et les bouleversements provoqués par la guerre en Russie; il concluait : « La semence bolchéviste tombait sur une terre singulièrement préparée [125]. » Les « causes profondes » retenaient plus longuement son attention. Comparant la Révolution bolcheviste à la Réforme protestante, Mgr Paquet expliquait que, dans les deux cas, on tentait de « substituer l'homme à Dieu, les enseignements de l'homme aux enseignements de Dieu, la loi de l'homme à la loi de Dieu [126] ». En d'autres termes, le bolchevisme lève la tête quand l'État oublie Dieu.

Ensuite le théologien examinait le rapport entre le socialisme et le bolchevisme. Tous les socialistes réclament la suppression du patronat, disait-il. Mais — et c'est là la clé, évidemment — « toutes

---

[121] « Le bolchévisme », éditorial, 21 janvier 1920.
[122] *Ibid.*
[123] *Ibid.*
[124] *Ibid.*
[125] « Le bolchévisme », éditorial, 24 janvier 1920.
[126] « Le bolchévisme », éditorial, 29 janvier 1920.

les autorités légitimes sont solidaires. L'on ne saurait attenter aux droits du patronat sans ébranler ceux de tous les pouvoirs constitués, des pères de famille, des chefs de l'Église, des gouvernements civils ou des commandants militaires... Les socialistes... visent toutes les forces, toutes les institutions et toutes les organisations qui participent en quelque manière de la souveraineté politique ou religieuse [127] ». Nous parvenons donc au bolchevisme. Et justement, ajoutait Mgr Paquet, « réprouver le bolchévisme et professer le socialisme, nous paraît une contradiction malfaisante [128] ».

La conclusion de Mgr Paquet nous semble significative. D'après lui, « l'unique moyen d'entraver le mouvement d'anarchie est de restaurer la société d'après les principes chrétiens [129] ». L'union de l'État et de l'Église constitue la base de cette restauration. Après pareille affirmation, il serait facile pour certains esprits zélés (et peu portés à nuancer) de voir les bolchevistes à l'œuvre au Québec partout où l'on s'attaquait à la position de l'Église dans la société canadienne-française.

Le bolchevisme n'apportait rien de bon. C'est bien l'impression qu'on conserve en lisant les descriptions que *l'Action* donne de cet « enfer » instauré en Russie. Trente millions de morts, des massacres de populations paisibles, la disparition de l'ordre et de la discipline, le détraquement général des habitants, le choléra, les croisades des ventres creux, le remplacement de la liberté, de l'égalité et de la fraternité par l'esclavage, l'écrasement et la haine — oui, c'était certainement un enfer et les bolchevistes en étaient certainement responsables.

On peut légitimement se demander comment le bolchevisme a pu survivre à cet état de choses. Évidemment, les journalistes de *l'Action* ne croyaient pas que ce régime pourrait durer, peut-être parce qu'ils ne voulaient pas le croire. Les nouvelles suivantes (ainsi que la prépondérance même de nouvelles de ce genre en 1920) pourraient être la conséquence de ce *wishful thinking* des journalistes. Le 2 janvier 1920, on déclarait que *Trotzky* avait été pendu. Le 27 janvier on annonçait « une révolte des Rouges à Moscou » et on affirmait que « le gouvernement soviétique [avait] évacué

---

[127] « Le bolchévisme », éditorial, 31 janvier 1920.
[128] *Ibid.*
[129] « Le bolchévisme », éditorial, 7 février 1920.

Moscou en raison d'une rébellion ». Le 31 juillet, on prétendait que les officiers bolchevistes étaient sur le point de se révolter contre le régime soviet de Moscou. Le 27 août, à la une, on faisait part de rumeurs voulant que la révolution avait éclaté à Moscou et que Lénine et Trotzky avaient été massacrés. Ensuite, le 9 octobre, une révolte générale à Moscou était annoncée. Le 19 janvier 1921, on affirmait, à la une, que Lénine, épuisé par le surmenage, était devenu fou. Prolonger la liste des nouvelles de ce genre serait fastidieux.

Si les journalistes entendaient, par leur choix de nouvelles, donner l'impression que le régime bolcheviste était voué à une disparition plus ou moins rapide, ils ont réussi, en même temps, à susciter une peur intense en brossant un tableau de l'activité bolcheviste en dehors de la Russie. À plusieurs reprises, ils signalent que les bolchevistes « seraient sur le point » de déclencher une offensive dans les Indes ou en Perse, ou « préparaient » l'invasion du Japon ou de la Roumanie. Le 16 février 1920, par exemple, on nous dit que « les Soviets *menacent la Pologne* » et, quelques jours plus tard, que l'on craint « une invasion prochaine de la Pologne par les bolchévistes [130] ». Mais, comme on le sait, ce furent les Polonais qui envahirent la Russie au début de mai 1920. *L'Action* soulignait les succès polonais et, plus tard, Jules Dorion justifiait l'offensive du maréchal Pilsoudski en disant, que les Polonais ne faisaient que « tendre la main aux multiples provinces russes qui tentaient d'échapper à l'étreinte bolchévique en se constituant en états autonomes [131] ». En repoussant les Polonais, on ne s'imaginait pas que les Russes cherchaient à se défendre. Selon *l'Action*, ils préparaient plutôt la bolchevisation de l'Europe; et la Pologne, petite nation catholique qui s'est « souvent battue uniquement pour l'honneur [132] », n'en serait qu'un tremplin. L'intervention des Français en faveur de la Pologne, vigoureusement approuvée par *l'Action*, a donc sauvé toute l'Europe.

En plus d'agiter constamment l'épouvantail d'invasions bolchevistes, les journalistes laissaient croire que des révolutions bolchevistes étaient sur le point d'éclater partout. Ce danger existait

---

[130] 6 mars 1920.
[131] « Quelques précisions », éditorial, 18 août 1920.
[132] Jules DORION, « La crise polonaise », éditorial, 15 juillet 1920.

certes, mais il se peut bien que les journaux occidentaux de l'époque, *l'Action* y comprise, l'aient exagéré. Le 5 mars 1920, par exemple, on confirmait « plus ou moins » l'établissement d'une république soviétique au Portugal. Le 19 mars, en première page, on trouvait la nouvelle que « la population de l'Alaska veut se séparer des États-Unis et organiser un gouvernement soviet » !

Les bolchevistes semblaient actifs même au Canada. Un conférencier prétendait à Toronto qu'il existait au pays 65 sociétés bolchévistes [133]. On disait aussi que les Soviets voulaient faire du Canada le centre de leur activité en Amérique [134]. Plus tard, on annonçait la découverte d'un « complot bolchéviste [135] ». En septembre, Foisy suggérait que « le bolchévisme a des amis au Canada » et que « les idées bolchévistes font des pas dans le Congrès des Métiers et du Travail [136] ». Après une explosion de dynamite dans une maison à Montréal, on titrait un article, paru à la une : « Est-ce un attentat bolchéviste ? [137] »

Le lecteur de *l'Action* pouvait difficilement comprendre le bolchevisme en termes rationnels. Les avertissements presque quotidiens d'une menace bolcheviste ne pouvaient que finir par affecter ses émotions. Même le langage habituellement utilisé dans les discussions journalistiques — c'était toujours le « fléau bolcheviste », le « torrent bolcheviste », la « vague bolcheviste », la « marée bolcheviste » ou la « contagion bolcheviste » — contribuait énormément à engendrer une psychose de peur qui, en rendant impossible toute discussion objective sur le sujet, fournissait une arme extrêmement précieuse aux défenseurs du *statu quo*.

VII. — JOURNAUX AMIS ET JOURNAUX ENNEMIS

À cette époque *l'Action* s'entendait bien avec *le Devoir* et publiait de temps à autre des extraits de ce journal à la page éditoriale.

---

[133] 5 janvier 1920.
[134] 8 janvier 1920.
[135] 12 mars 1920.
[136] « La propagande rouge », éditorial, 17 septembre 1920.
[137] 24 septembre 1920.

Une déclaration de Bourassa, à Chicoutimi, voulant que l'entente entre les deux journaux catholiques, malgré quelques divergences, semblât parfaite sur tous les points essentiels, a été chaleureusement accueillie par *l'Action*. Un des éditorialistes, dans son commentaire, a dit qu'elle « réjouira tous les sincères amis de la presse catholique [138] ».

Par contre, *l'Action* engageait souvent d'amères polémiques avec *le Soleil* et *l'Événement*. Ce dernier, par exemple, ne disait « rien sur les marchands d'alcool, les montreurs de pellicules et les exploiteurs du vice [139] ». Quand il s'attaqua à la Ligue antialcoolique et à *l'Action catholique* sur la question de la tempérance, on lui répondit : « L'article perfide et venimeux qu'il nous décoche est un des meilleurs exemples de sa façon de frapper traîtreusement, par derrière, les défenseurs de toutes les nobles causes [140]. » *Le Soleil*, à son tour, se voyait accuser d'une « descente du ridicule à l'infamie » à la suite de son affirmation que le programme des ouvriers catholiques et celui de Lénine se rapprochaient singulièrement. Dans le débat sur la question de l'assistance publique, *l'Action* croyait bon de critiquer *le Soleil* pour avoir « fait fausse route en entreprenant de prouver qu'il n'y a rien à reprendre dans la loi [141] ».

☆

La période 1920-1921, comprenant les bouleversements que l'on connaît, constitue un moment très intéressant dans la vie de *l'Action catholique*. Les opinions du journal, les espoirs et les craintes qu'il exprimait, montrent son souci de conserver le *statu quo*, de résister aux changements qu'il juge néfastes. Parfois, *l'Action* donne l'impression d'être relativement satisfaite. L'état de l'éducation au Québec lui plaît, de même que la tranquillité de la société québécoise en général. Cependant, elle était profondément inquiète devant l'évolution du monde telle qu'elle la voyait. Ces inquiétudes seront,

---

[138] « En passant », 28 mai 1920.
[139] 19 janvier 1920.
[140] « Les embusqués », éditorial, 30 mars 1920.
[141] Jules Dorion, « Les sociologues catholiques », éditorial, 21 avril 1921.

dans une large mesure, apaisées, du moins temporairement. Dès la fin de 1920, les choses semblent reprendre peu à peu leur place habituelle et l'on jouira de la paix et de la prospérité — jusqu'à la fin de la décennie.

Richard A. JONES.

L'ACTION FRANÇAISE, 1917-1921 *

I. — LA PREMIÈRE « ACTION FRANÇAISE »

En 1910 [...] l'ennemi est à l'intérieur et à l'extérieur. Contre nous, contre nos minorités s'accroissent les agressions des majorités anglo-saxonnes. Tous nos droits constitutionnels sont remis en question. Nous-mêmes nous sommes gravement atteints d'indifférentisme national. Le jeu des alliances parlementaires, les ambitions du pouvoir, les passions de parti ont anémié le sentiment français dans le monde politique. Là nous cédons tout le terrain que demande le fanatisme. Dans le reste du peuple, dans la vie commerciale, industrielle, professionnelle, se rétrécit rapidement le domaine de la langue française [1].

En janvier 1920, l'abbé Groulx a rappelé l'atmosphère des années précédant la Première Guerre mondiale. C'est dans ce climat que la LIGUE DES DROITS DU FRANÇAIS a vu le jour. Fondée le 11 mars 1913 par Joseph-Papin Archambault, s.j., et deux de ses amis, le docteur Joseph Gauvreau et le journaliste Omer Héroux, la Ligue se proposait de défendre les droits de la langue française. Comme le manifeste du premier comité de direction le déclarait,

le mouvement que nous entreprenons [...] n'est nullement un mouvement de provocation, une déclaration de guerre. Notre langue a des droits : droits naturels, droits constitutionnels. Nous voudrions qu'ils ne restent pas lettre morte, nous voudrions surtout que nos compatriotes soient les premiers à les respecter [2].

* Je tiens à remercier M. Jean-Pierre Gagnon qui a assumé la traduction française de mon texte.

[1] Lionel GROULX, « Notre hommage au *Devoir* », *Action française (AF)*, IV : 1 (1920), p. 30.

[2] Pierre HOMIER (pseudonyme de Joseph-Papin Archambault, s.j.), « Les origines de l'*Action française* », *AF*, V : 1 (1920), pp. 36-37.

Pendant ses premières années d'existence, la Ligue organisa des conférences, publia des brochures, traduisit des annonces et des catalogues commerciaux de l'anglais au français, et dénonça les injustices auxquelles était soumise la langue française. La Ligue reçut très tôt l'approbation totale du clergé francophone. En 1914, Mgr Roy accorda son appui au mouvement : « La Ligue des droits du français accomplit un travail de toute première nécessité sur le terrain des revendications urgentes. On peut regretter qu'elle ne soit pas née plus tôt [3]. » Le 2 février 1915, le R. P. Guillaume Charlebois, provincial des oblats du Canada, devint membre du comité de direction qui comprenait alors le Père Archambault et MM. Joseph Gauvreau, Omer Héroux, Léon Lorrain et Anatole Vanier.

La Société Saint-Jean-Baptiste a elle aussi donné son appui à la Ligue en mettant à sa disposition un bureau au Monument National. Plus tard en 1921, alors que l'abbé Groulx était collaborateur de *l'Action française,* le Père Archambault a décrit le « petit réduit, situé au rez-de-chaussée, sous le grand escalier qui conduit au premier étage » :

> L'espace n'était pas très large, ni l'air très pur; ni la lumière très vive [...] mais avec de la bonne volonté nous arrivions à nous placer, tous les six, autour de la table de notre assistant secrétaire [...]. Là s'élabora *l'Action française,* là se décidèrent nos principales interventions, là peu à peu prit corps cette doctrine dont le directeur actuel de notre revue, choisi là, lui aussi, pour son poste futur, nous expose aujourd'hui dans son magnifique langage les principes régénérateurs [4].

Conscient de la nécessité de mieux faire connaître les objectifs de la Ligue, le comité de direction décida de publier « un bulletin d'information et de direction nationales [5] ». Le premier numéro de *l'Action française* parut en janvier 1917. Le comité de direction assuma la responsabilité du contenu des douze numéros mensuels.

Au mois de mars 1917, le R. P. Charlebois et Léon Lorrain démissionnèrent du comité de direction. L'abbé Lionel Groulx et Louis Hurtubise, ingénieur civil, leur succédèrent. Mais de 1917 à 1921, il n'y eut pas de changements substantiels dans la com-

---

[3] *Ibid.,* p. 39.
[4] *Ibid.,* p. 41.
[5] « *L'Action française* », *AF,* II : 1 (1918), p. 31.

position du comité. Le Père Archambault, qui l'avait quitté en 1919, continua à écrire sa rubrique mensuelle, « À travers la vie courante ». L'abbé Philippe Perrier et l'avocat Antonio Perrault en firent partie après son départ. Seuls le clergé et les professions libérales furent représentés au comité de direction.

Le tirage d'une revue est un bon indice de sa popularité. Après la publication des cinq premiers numéros, *l'Action française* pouvait déjà compter 1 100 abonnés à part « quelques centaines [de personnes] qui l'achetèrent chez les libraires [6] ». Malheureusement, comme M. Héroux l'a noté en octobre 1917, la distribution du journal était inégale :

> Il est des villes où nous n'avons que deux ou trois souscripteurs, tandis que, dans telle localité d'importance à peine égale, nous en avons trente ou quarante. Il faut que l'équilibre soit rétabli dans le bon sens. Dans de grandes villes comme Québec et Montréal, nous n'avons encore exploité qu'une fraction du champ qui s'offre à nous [7].

En 1918 le tirage passait de 2 500 à 4 000 exemplaires; il atteignait 5 000 en février 1919. « Nous avons reçu des abonnements jusque de l'Afrique [8] », annonçait fièrement la revue en mai 1919.

Mais il ne faut pas se tromper; la revue ne touchait guère que les milieux intellectuels malgré ses efforts pour rejoindre les couches populaires. D'autre part, en juillet 1920, cinq cents lecteurs n'avaient pas encore payé leur abonnement de 1919 et de 1920. Une telle situation devait amener la direction de la revue à écrire :

> Or, si l'on songe maintenant que, depuis quatre ans, nous avons traîné en moyenne un millier de retardataires; si l'on fait le compte des dépenses exigées par l'envoi de notes, de lettres restées toujours sans réponse; si l'on y joint le coût des timbres, le temps perdu par le personnel de nos bureaux, l'on aura quelque aperçu des embarras qui ne sont pas épargnés aux œuvres de pure charité intellectuelle comme la nôtre, vouée aux seuls intérêts du public [9].

De 1917 à 1920, chaque numéro de la revue se vendit dix sous. Un abonnement d'un an coûtait un dollar. La marge de profit était

---

6 LE COMITÉ D'ENQUÊTE, « Notre Enquête », *AF*, I : 5 (1917), p. 147.

7 Omer HÉROUX, « Les quarante-huit pages de l'*Action française* », *AF*, I : 10 (1917), p. 294.

8 Jean BEAUCHEMIN, « Propagande ! Propagande ! », *AF*, III : 5 (1919), p. 233.

9 Jacques BRASSIER [pseudonyme de l'abbé Groulx], « La vie de l'*Action française* », *AF*, IV : 10 (1920), p. 477.

faible, si l'on considère que les frais d'imprimerie s'élevaient à 84 sous. Ils augmentaient d'ailleurs au même rythme que le nombre de pages. Or la revue passa de 32 pages en 1917 à 48 en 1918, et à 64 en 1921. Elle survécut grâce au travail bénévole des membres du comité de direction et des collaborateurs. En 1921, le taux de l'abonnement fut fixé à deux dollars.

La revue put compter sur cent vingt collaborateurs de 1917 à 1921. Trente-quatre d'entre eux étaient membres du clergé. Un cardinal et cinq évêques faisaient partie de ce groupe. Il est surprenant de constater une participation si active du clergé. En 1920, il y avait 3 250 religieux au Québec, qui représentaient à peine ⅓ de un pour cent de la population francophone qui s'établissait à deux millions. Or ce petit groupe fournissait à peu près 30 pour cent des collaborateurs de *l'Action française*.

L'identification de tous les autres collaborateurs nécessiterait une analyse en profondeur de la revue. Au premier abord, les laïques semblent appartenir à tous les milieux de la société québécoise. On y trouve, par exemple, le briqueteur Alfred Charpentier, le président de l'Association des voyageurs de commerce du Québec, J.-A. Bernier, et le ministre Jos.-E. Caron. Mais, comme dans la majorité des revues idéologiques, la participation des ouvriers et des cultivateurs ne correspond pas à leur importance numérique dans la société. *L'Action française* n'a peut-être pas connu un succès fulgurant, justement à cause de son manque d'assises dans le milieu ouvrier.

Quel objectif *l'Action française* poursuivait-elle ? Le docteur Joseph Gauvreau l'a défini ainsi dans le premier numéro :

> Nos droits, nos traditions, notre langue [...], qu'en restera-t-il dans dix ou vingt ans si pour les maintenir un groupe organisé n'est sans cesse sur la brèche ? On les oublie au foyer, on les néglige dans la vie commerciale, on les bafoue dans la vie politique.
> Eh bien ! nous les rappellerons, nous les restaurerons, nous les défendrons. Et tel est, en trois mots, le rôle de notre revue. Elle sera l'organe de notre œuvre, la Ligue des droits du français, dont l'influence bienfaisante se fait déjà sentir dans tant de milieux. Organe vigilant, allègre, énergique, et surtout traditionaliste [10].

---

10 Joseph GAUVREAU, « Au Public », I : 1 (1917), p. 8.

Dès le début, les dirigeants de *l'Action française* voulurent lancer une revue de combat, comme l'abbé Groulx l'a écrit en janvier 1917.

Le temps est déjà loin où l'on pouvait croire la littérature un jeu inoffensif. Toute notre tradition littéraire proteste contre ce dilettantisme. Chez nous, écrire c'est vivre, se défendre et se prolonger [11].

Mais le premier rédacteur en chef, Omer Héroux, un journaliste qui avait plus de vingt ans de métier, n'a pas réussi à publier une revue de ce type. Au début, il n'y a pas vraiment d'idéologie, mis à part le vieux thème des droits linguistiques répété depuis 1913. La lutte sous Héroux se limite à ce problème.

Groulx se rendit compte du besoin de formuler une idéologie plus étoffée. Il exprima clairement son opinion à ce sujet, en novembre 1919 : « Une action française qui voudra être efficace devra être faite d'autre chose que ces revendications partielles, si nobles, si urgentes soient-elles. La langue ne saurait survivre comme une force isolée, indépendante [12]. » Ce diagnostic posé, il élabora sa pensée sur les réformes qui lui apparaissaient urgentes :

La sage coordination de toutes les activités sera requise pour maintenir l'équilibre et le progrès d'une communauté humaine. Et c'est ainsi que notre langue ne peut durer que si nos prêtres nous gardent nos croyances, premier soutien de notre nationalité, que si nos mères, nos éducateurs façonnent à nos enfants l'âme héréditaire, que si nos publicistes, nos écrivains, nos artistes, inspirent par un art supérieur l'orgueil de la pensée française. Mais de même pouvons-nous écrire, avec autant de vérité, que nulle survivance n'est possible si nos économistes, nos agriculteurs, nos financiers, nos commerçants, nos industriels, nos ouvriers, non seulement ne nous conquièrent l'indépendance économique, mais aussi ne construisent une production, une organisation du travail, un commerce de qualité et d'aspirations françaises, au service de nos traditions [13].

L'abbé Groulx occupa dès le début un poste important au comité de direction de la Ligue qui contrôlait la revue. C'est lui qui rédigea les longues introductions des enquêtes annuelles : « Nos forces nationales » (1918), « Les précurseurs » (1919), « Comment servir » (1920), et « La question économique » (1921).

Cependant l'abbé Groulx a joué un rôle prédominant à *l'Action française*, après le mois d'octobre 1920. À partir de ce moment, il

---

[11] Lionel GROULX, « Une action intellectuelle », *AF*, I : 2 (1917), p. 34.

[12] IDEM, « Comment servir », *AF*, III, 11 (1919), p. 492.

[13] *Ibid.*, p. 493.

fut directeur de la Ligue et rédacteur en chef de la revue. Il a réussi alors à sortir la doctrine de la revue « de sa gangue », à uniformiser les idées exprimées par les collaborateurs et à dépasser la lutte pour les seuls droits linguistiques. Le docteur Gauvreau le reconnut en août 1921 :

> Pour savoir quelle reconnaissance la Ligue d'action française doit à M. l'abbé Groulx, il faut connaître les circonstances extraordinairement difficiles dans lesquelles il est entré comme directeur de la Ligue. Notre période d'enthousiasme effervescent était passée. Déjà deux directeurs sur six avaient flanché. Nous étions en face de difficultés graves de régie interne, d'administration générale et de propagande. Nous manquions d'hommes, nous manquions d'argent. La critique, plus avide de réformes que de progrès, devenait agaçante. Le temps de commenter nos statuts était arrivé. Il fallait exposer largement notre doctrine, par le ministère de notre revue. Un maître nous était nécessaire.
>
> Comme au temps du poète dont parle Boileau, l'abbé Groulx vint. Il accepta d'être le directeur de notre revue. Son premier souci fut de mettre en relief la vérité de notre doctrine, présentée et acceptée par tous, mais qui n'avait pas encore pris corps dans des formules précises.
>
> L'éminent service rendu par l'abbé Groulx à la Ligue d'action française, c'est d'avoir dégagé notre doctrine de sa gangue, et d'avoir contribué plus que personne par ses articles de revue, ses conférences, ses mots d'ordre, ses enquêtes, ses pèlerinages, je ne dis pas de faire accepter notre doctrine, elle l'était depuis longtemps par tout le peuple *in petto,* mais de la vulgariser et de la mettre au rang des flambeaux qui ne s'éteignent pas... *L'Action française* qui déjà, pour tout le monde, s'appelle la Revue de l'abbé Groulx [14].

Dans un sens, il y eut deux revues qui s'appelèrent *l'Action française.* La première, qui eut Héroux comme rédacteur en chef, était à la recherche d'une idéologie cohérente. Elle contenait tous les thèmes de la deuxième, mais ils n'étaient pas organisés de façon systématique. Groulx utilisa les idées qu'on trouvait épars dans la première pour constituer un programme global d'action. Avec lui, *l'Action française* devint réellement une revue de combat. Dans ce travail nous allons étudier la première *Action française.* Mais nous pourrons remarquer l'empreinte de Groulx, à mesure que nous approcherons de 1921.

---

14 Joseph GAUVREAU, « La vie de *l'Action française* », V : 8 (1921), pp. 503-504.

II. — LES THÈMES

1. La famille

Le thème de « la famille » était plutôt secondaire dans la revue. Ce sujet était surtout discuté par les membres du clergé et les collaborateurs féminins (un collaborateur sur neuf était une femme). Tous s'entendaient sur le devoir de procréation de la femme et la responsabilité qui lui incombait de bien éduquer ses enfants. Le Père Archambault a bien synthétisé l'opinion des collaborateurs à ce sujet :

> Nos mères canadiennes ne reculent pas devant leur premier devoir — regardez ces familles nombreuses échelonnées, comme des grappes aux fruits pressés, le long du Saint-Laurent, — qu'elles prennent garde d'oublier le second ! [...] Sans doute on ne saurait rattacher toutes les faiblesses et toutes les trahisons dont nous avons souffert à l'éducation familiale, mais ne porte-t-elle pas sa large part de responsabilité ? Combien de foyers où de jeunes âmes sont élevées dans l'ignorance complète de notre histoire, sans fierté et sans amour de la race, confiées même parfois à des cerveaux hostiles à toutes nos aspirations [15] ?

Plusieurs femmes ont souligné le besoin d'une meilleure éducation familiale. Michelle Le Normand, par exemple, écrivait en janvier 1918 :

> Nous sommes entourés de dangers ; l'anglicisation partielle, l'américanisme guettant les enfants de chez nous, si nous ne les tenons pas bien serrés par le cou ! si nous ne trouvons pas le tour de tant murmurer d'histoire du pays à leur oreille, qu'elle devienne leur souci et leur orgueil [16] !

Irène Lesage, pour sa part, croyait que la formation patriotique commençait à la maison avant l'entrée des enfants à l'école ;

> Si l'on veut que l'enfant aime sa patrie, il est nécessaire de la lui faire connaître. Attendra-t-on qu'il aille à l'école pour lui donner cette connaissance ? Il serait tard et l'on aurait perdu un temps précieux. Un homme peut se transformer au cours de sa carrière ; toujours cependant son éducation le suit comme son ombre, et le trahit à chaque occasion. En effet, rien ne se grave plus parfaitement que les premières impressions, les premiers sentiments ; or, c'est dans la famille que ceux-ci naissent. À la famille donc incombe le devoir de provoquer des impressions dignes de durer toute une vie, de préparer une atmosphère propice à l'éclosion de

---

15 Pierre HOMIER, « À travers la vie courante », *AF*, II : 12 (1918), p. 568.
16 Michelle LE NORMAND, « L'éveil nécessaire », *AF*, II : 1 (1918), p. 17.

nobles sentiments, de les cultiver de façon à recueillir les fruits qu'elle attend [17].

On accordait une telle importance à l'éducation des enfants qu'il n'est pas surprenant que les mariages mixtes aient été si mal vus. En décembre 1918, Mgr Béliveau a noté qu'ils étaient une plaie, « une plaie mortelle pour la foi catholique en ce pays ». Il s'y opposait parce que « soixante à soixante-dix pour cent des enfants issus de mariages mixtes sont perdus pour la foi catholique [18] ».

Selon les collaborateurs de *l'Action française*, la femme d'autrefois était le modèle que les Canadiennes françaises devaient imiter :

> Elles furent, avec le clergé, la racine et la force du Canada français, les conservatrices de la langue et des traditions françaises et de la foi catholique, et à mesure que nous nous transformons, nos âmes, en devenant plus floues, plus sentimentales et plus factices, ont engendré des faiblesses qui sont une menace dans la crise que nous traversons [19].

2. L'éducation

Les idées des collaborateurs sur l'éducation n'étaient pas aussi unanimes que celles qu'ils professaient à l'égard de la famille. Certains, en effet, défendaient le *statu quo* alors que d'autres demandaient certaines réformes. Les partisans du *statu quo* étaient surtout des clercs. En avril 1917, Édouard Lecompte, s. j., déclarait que « tout utiles et tout éducatives que soient les mathématiques et les sciences, elles n'offrent rien qui puisse approcher de la valeur de ces études classiques [20] ». Lecompte n'a point ignoré les critiques du collège classique :

> J'entends l'objection : Tout cela est bien beau, bien ordonné, mais ce n'est pas *pratique*. Avec tout ce bel idéal, avec cet interminable cours d'études, quelques hommes percent ci et là, oui, mais la masse, mais la multitude, mais le peuple reste au bas de l'échelle et se fait distancer par les autres races plus pratiques. — Alors, vous voulez... ? — Nous vou-

---

17 Irène LESAGE, « L'éducation patriotique de l'enfant », II : 2 (1918), p. 56.

18 Mgr BÉLIVEAU, « Nos forces nationales : La langue française », *AF*, II : 12 (1918), p. 539.

19 FADETTE, « Nos forces nationales : La canadienne », *AF*, II : 6 (1918), pp. 242-243.

20 Édouard LECOMPTE, s.j., « À la source du renouveau », *AF*, I : 4 (1917), p. 102.

lons que tous ces collèges classiques de la province et d'ailleurs changent leur méthode. Ils ont fait leur temps. Ils retardent. Corrigez vos programmes, Messieurs : moins de grec et de latin, plus de langues vivantes, et vivement, six ans au lieu de huit, de même aussi plus de sciences, plus de mathématiques, de la comptabilité, de la géographie économique, politique, du dessin linéaire, les notions essentielles de l'agriculture, de l'arboriculture, de... — Assez, assez, malheureux ! Voulez-vous écraser vos fils sous couleur d'en faire de petites encyclopédies ? Et qu'en restera-t-il à la fin du compte ? Après s'être gavés de mille aliments disparates, ils apporteront à telle ou telle profession une intelligence hypertrophiée, par l'entassement de petites connaissances usuelles [...] [21].

Tout allait pour le mieux dans le meilleur des mondes selon Mgr Georges Gauthier, recteur de l'université Laval à Montréal. Les réformes n'étaient pas nécessaires. En mai 1918, il s'est prononcé contre l'instruction gratuite et obligatoire et contre l'école neutre :

Ce qui achève de nous inquiéter, c'est que l'on veut introduire dans notre système d'enseignement des réformes qui ont été poursuivies ailleurs et qui n'ont pas réussi... Laïcité, une arme de combat; gratuité, un leurre, l'instruction n'ayant jamais coûté plus cher au contribuable que depuis qu'elle est gratuite; obligation, une impossibilité. Quel intérêt avons-nous à recommencer l'expérience, à insérer dans nos statuts des lois qui ne seront pas observées, et qui, pour toutes sortes de raisons, les unes politiques, les autres économiques, ne peuvent pas l'être [22] ?

Deux ans plus tard, alors que l'université Laval de Montréal devenait l'université de Montréal, M. Amédée Monet a décrit l'image qu'il se faisait de l'université :

Avant tout, infusons à notre Université une âme créée à l'image de l'âme collective de la race, où s'harmonisent les hérédités immortelles des ancêtres, les fécondes lumières du génie français et les éternelles vérités de l'Évangile. Rien ne sert de se payer de mots ou de se nourrir de chimères; notre Université devra être canadienne-française ou elle sera incolore, elle devra être catholique ou elle sera inutile [23].

Le Père Théophile Hudon, s.j., qui avait quinze ans d'expérience dans l'enseignement, a expliqué, pour sa part, le principe fondamental qui devait guider les enseignants dans leur tâche :

---

21 *Ibid.*, p. 103.
22 Mgr Georges GAUTHIER, « Nos forces nationales : Notre enseignement », *AF*, II : 5 (1918), p. 194.
23 Amédée MONET, « Notre université », *AF*, IV : 3 (1920), p. 113.

Ayant enseigné, pendant quinze ans, des classes diverses, je crois avoir
appris que l'art d'enseigner consiste avant tout en deux choses : simplifier
et répéter. Plus le manuel est court, plus l'élève suit; plus il est compliqué,
moins l'élève suit [24].

Malheureusement, ce collaborateur ne semble pas se rendre compte
que la simplicité peut être contraire à la vérité. L'opinion de
Fadette s'inscrit dans la même ligne de pensée. Selon cet auteur,

Trop de mères, par faiblesse ou inintelligence, au lieu de seconder les
religieuses ou les professeurs, détruisent leur influence en les critiquant
chaque fois que l'enfant se plaint. Les résultats sont désastreux et l'autorité des parents en souffre autant que celle des éducateurs.
Même s'il y a erreur de leur part — cela peut arriver — il faut discrète-
ment, à l'insu de l'enfant, régler les difficultés. Il vaut mieux laisser passer
une injustice que de critiquer l'autorité choisie par nous et que nous
demandons à nos enfants de respecter [25].

Il est bizarre de constater qu'aucune femme ne contestait les
idées traditionnelles au sujet de la mère. Toutes, en effet, accep-
taient que son rôle se limitât à la procréation et à l'éducation des
enfants. Par contre, la conception traditionnelle de l'instruction
était remise en question par certains collaborateurs dont les opinions
apportaient un certain souffle d'air frais dans les pages de *l'Action
française*.

En septembre 1919, le frère Marie-Victorin s'est élevé contre
l'absence de tradition scientifique au Canada français :

Tous ceux à qui incombe la responsabilité d'orienter l'évolution intellectuelle des Canadiens français y songent; qu'ils favorisent, par tous les
moyens, l'éclosion et la culture des vocations proprement scientifiques.
Comment ?
En introduisant les sciences naturelles à tous les degrés de l'enseignement,
depuis l'école primaire jusqu'à l'Université — ou depuis l'Université jusqu'à
l'école primaire [26].

Édouard Montpetit, de son côté, croyait que les écoles devaient
« porter les curiosités vers la sociologie, l'économique, la haute
politique, orienter une partie des études secondaires vers les ques-

---

[24] Théophile HUDON, s.J., « Pour la langue française », *AF*, IV : 11 (1920),
p. 113.
[25] FADETTE, « Nos forces nationales : La canadienne », *loco cit.*, p. 250.
[26] MARIE-VICTORIN, « Les précurseurs : L'Abbé Léon Provencher », *AF*, III : 9
(1919), p. 392.

tions du jour, préparer des chercheurs [27] ». Deux mois plus tard, soit en mars 1921, Olivar Asselin écrivait dans la même veine que « s'il est vrai que le salut de la race dépende de son émancipation économique, les directeurs de l'enseignement secondaire ne s'étonneront pas qu'on leur demande de faire une toute petite place dans leur programme à l'économie politique [28] ».

En novembre 1920, l'abbé Groulx était directeur de la Ligue depuis quatre ans et rédacteur en chef de *l'Action française* depuis deux mois. Or il n'avait pas réussi à mettre fin aux contradictions qui apparaissaient dans la revue au sujet de l'instruction. Les idées qu'il défendra par la suite émergent dans une courte note éditoriale qu'il a rédigée à ce moment. Selon lui, le problème fondamental n'est pas l'enseignement des sciences naturelles et sociales dans les écoles mais plutôt la nécessité d'éviter le contact avec les anglophones. Le projet d'établissement d'une résidence « canadienne » à Paris le révolte :

> Nos jeunes hommes doivent en revenir l'esprit ouvert sans doute à tous les courants supérieurs de pensée, mais surtout pénétrés des vertus de l'âme française. On les envoie là-bas afin qu'ils vivent de la vraie vie catholique et française, non d'une atmosphère anglo-saxonne et protestante. De retour au pays ces dirigeants accompliront une œuvre puissante et saine s'ils la rattachent aux traditions catholiques et françaises de notre race. Elles seules font de notre peuple au Canada le premier représentant de l'ordre. On ira à l'encontre de ce but, l'on écartera nos fils de leur mission si on les place, de passage à Paris, dans un milieu aux idées protestantes et saxonnes.
>
> Nous voudrions pour notre part l'ouverture d'une maison où prévaudrait l'élément français, sous une direction stable comme celle que lui garantirait, par exemple, un institut religieux [29].

3. La religion

La dernière citation montre bien les rapports qui existaient entre la religion et la nationalité dans l'esprit de l'abbé Groulx et de plusieurs des collaborateurs de *l'Action française*. La plupart d'en-

---

27 Édouard MONTPETIT, « Le problème économique : l'indépendance économique des Canadiens français », *AF*, V : 1 (1921), p. 15.

28 Olivar ASSELIN, « Le problème économique : Les lacunes de notre organisation économique », *AF*, V : 3 (1921), p. 130.

29 *L'Action française*, « Mot d'ordre : une maison canadienne à Paris », *AF*, IV, 10 (1920), p. 481.

tre eux étaient incapables d'imaginer que la langue pût survivre indépendamment de la foi. Pour Mgr Paquet, par exemple, elles étaient indissolublement liées :

> La première de nos forces nationales, c'est la foi. Elle est la plus haute, la plus sûre, la plus féconde de toutes les influences qui façonnent un peuple, celle qui le maintient dans l'exacte notion de ses droits et de ses devoirs et dans l'unité nécessaire de sa vie.
>
> Le peuple canadien-français a eu la bonne fortune de puiser dans le sein de la France, avec le lait de cette mère généreuse, le sang du Christ. Il est né chrétien, et chrétien il est demeuré dans toute la signification catholique et romaine de ce terme [30].

Aucun collaborateur de la revue entre 1917 et 1921 ne conteste les idées reçues sur « la langue, gardienne de la foi ». En revanche, plusieurs voient dans l'urbanisation, les syndicats non confessionnels et les progrès de la presse des menaces graves pour l'avenir du catholicisme au Canada français. Mgr Paquet soulignait ces dangers dans son article de 1918, en s'attaquant d'abord au problème des villes :

> Çà et là surtout dans les centres urbains, le père du mensonge a jeté sa semence d'erreur et de mort, et la graine maudite a levé. Elle a étouffé, dans quelques esprits, le froment divin. Elle a fait de plusieurs autres des cultures bâtardes, mêlées de bon grain et d'ivraie, et où le naturalisme avec trop de succès, hélas ! dispute à l'esprit catholique le double terrain de la croyance et de la conscience [31].

Il passait ensuite à la question des syndicats neutres :

> Les unions ouvrières neutres, si pleines de risques pour la vraie foi et les intérêts catholiques, et vues d'un si mauvais œil par l'autorité religieuse. Ce sont les serres chaudes du socialisme canadien [32].

Finalement il s'en prenait à la presse :

> Les progrès de l'imprimerie et l'instinct frondeur et libertaire de l'esprit moderne ont ouvert sur le monde toutes les écluses de l'erreur. Des millions de livres français nous apportent, avec l'or pur de l'orthodoxie catholique, l'alliage, les scories, et la fange de la libre pensée. D'un autre côté, la presse anglaise charrie dans ses flots et dépose quotidiennement à nos portes tout ce que l'utilitarisme anglo-saxon et le matérialisme

---

[30] Mgr L.-A. Paquet, « Nos forces nationales : notre foi », *AF*, II : 1 (1918), p. 3.

[31] *Ibid.*, p. 3.

[32] *Ibid.*, p. 8.

américain peuvent offrir de plus contraire aux saines doctrines morales et religieuses [33].

Pour les collaborateurs de *l'Action française*, foi, langue et nationalité ne pouvaient être divisées. Tous auraient pu écrire, à l'instar de l'abbé Philippe Perrier : « La langue française pour nous est gardienne de la foi [34] ». Le vieux journaliste Jules Dorion a bien démontré l'importance fondamentale que la revue attachait à cette union sacrée entre les croyances religieuses et la langue française. Selon lui, en effet, « les Canadiens français seront catholiques, ou ne seront pas. C'est dire comme la foi en Dieu, la fidélité au Pape tiennent à l'essence même de notre être [35] ».

4. La vie politique

La vie politique constitue un thème important de discussion dans *l'Action française* de 1917 à 1921. Au début, les préoccupations des collaborateurs étaient centrées sur les problèmes posés par la survivance de la langue française. En 1917, par exemple, Omer Héroux esquissa les avantages qu'il y avait à faire campagne pour propager l'emploi du français dans l'industrie et l'administration publique.

> Si, faisant ce que l'Anglais fait avec raison chaque jour pour sa propre langue, vous exigez qu'on vous parle français dans les magasins, qu'on vous écrive en français dans les grandes administrations publiques, vous assurez par là la présence dans les magasins et dans ces administrations d'hommes de votre race, vous accroissez l'influence du groupe, dont vous ne tarderez pas à tirer un bénéfice personnel [36].

En janvier 1918, le Père Archambault se prononçait pour le bilinguisme et rejetait l'unilinguisme :

> Le français dans le Québec, l'anglais dans le reste du Canada : c'est priver nos compatriotes des autres provinces d'un droit que leur garantit la constitution du pays, c'est traiter notre charte en chiffon de papier afin de dénationaliser plus sûrement des milliers d'hommes. *Kaiserisme* que tout cela ! Le Canada ne doit être ni exclusivement anglais, ni exclusivement français. Il doit être bilingue, et dans toute l'étendue du pays [37].

---

[33] *Ibid.*, p. 7.
[34] Abbé Philippe Perrier, « Les précurseurs : Mgr Langevin », *AF*, III : 7 (1919), p. 295.
[35] Jules Dorion, « Comment servir : le publiciste », *AF*, IV : 10 (1920), p. 438.
[36] Omer Héroux, « Méditation dans la tranchée », *AF*, I : 6 (1917), p. 163.
[37] Pierre Homier, « À travers la vie courante », *AF*, II : 1 (1918), p. 25.

Quelques mois plus tard cependant, le bilinguisme passait au second plan. On discutait maintenant de la valeur du rôle joué par les porte-parole politiques du Canada français et de l'attitude des Canadiens anglais à l'égard du fait français au pays. Selon le jésuite Théophile Hudon, les représentants du peuple avaient mal servi ses intérêts dans le passé.

Chaque fois qu'il s'est agi d'une mesure contraire aux droits des Canadiens français, les nôtres ont pris des attitudes diverses. Les uns partisans aveugles se sont ouvertement rangés contre leurs compatriotes : ils ont fini par sombrer dans quelque grasse sinécure.

D'autres, moins audacieux, et sincères peut-être, ont pensé qu'en reculant, qu'en faisant montre de modération, ils désarmeraient l'intransigeance... Les illusions des faux conciliateurs n'ont abouti qu'à un résultat, et désastreux. Ils ont assisté à la débâcle de nos privilèges les plus sacrés. Rongés intérieurement par des regrets tardifs, ils demeuraient prisonniers, pour ainsi dire, de leur conduite antérieure. Leurs premières défections les avaient engagés trop avant qu'ils pussent se ressaisir ; la mort dans l'âme — nous leur prêtons volontiers des sentiments généreux — ils ont constaté que les adversaires encouragés par ces reculades, exigeaient d'autres sacrifices, de nouveaux abandons ; ils ont savouré le remords d'avoir été vaincus sans combattre.

Il reste les vrais preux, les chevaliers sans peur et sans reproche qui ont préféré tomber les armes à la main. Ils furent les vrais bâtisseurs d'histoire ; ils ont réservé les offensives de l'avenir, en faveur du droit et de la justice [38].

Pour l'abbé Groulx, les Canadiens anglais étaient les vrais responsables des injustices faites aux Canadiens français puisqu'ils n'avaient pas su respecter les termes de l'entente conclue en 1867 entre les représentants des deux groupes ethniques.

Et cependant, cinq ans à peine après le serment d'alliance des deux races, la plus forte commençait déjà de trahir la plus faible. En 1872 c'étaient les droits scolaires des catholiques et des Acadiens des provinces maritimes qu'on battait en brèche. De là l'attaque se portait dans les nouveaux territoires de l'ouest, dans le Manitoba, dans le Keewatin, puis dans l'Ontario, avec la méthode et la brutalité que l'on sait. Aujourd'hui, au moment même où l'on fête le cinquantenaire de la confédération et où les discours officiels parlent hypocritement de paix et d'unité nationale, toutes les minorités françaises doivent se battre non pas seulement pour l'un ou l'autre de leurs droits, mais pour le droit suprême

---

[38] Théophile HUDON, s.j., « Paul-Émile Lamarche », AF, II : 12 (1918), pp. 556-557.

de l'existence. Et ces choses se passent sous l'œil impassible de notre gouvernement central qui a démontré sans cesse une parfaite inintelligence de son devoir [39].

Antonio Perrault soulignait en mai 1919 « l'impossibilité de créer une nation canadienne — les Anglo-Canadiens refusant de nous accepter comme associés [40] ».

Les collaborateurs de *l'Action française* se méfiaient du « prétendu *fair play* britannique ». Ainsi le Père Archambault, parlant des débats sur les chemins de fer, écrivait :

> Une fois de plus le prétendu *fair play* britannique s'est montré sous son vrai jour. La majorité en effet s'est obstinément accrochée à la lettre de la loi afin d'en mieux étouffer l'esprit [41].

5. *La nation*

La nation est sans contredit le thème le plus important de l'idéologie exposée dans *l'Action française*. La langue française est l'un des éléments caractéristiques de la nation canadienne-française. Léon Lorrain insistait sur ce fait en 1917 :

> Si vous ne parlez que l'anglais pendant un certain temps, incapable d'exprimer exactement ce que vous pensez, l'expression réagira sur la conception et vous en arriverez bientôt à penser comme vous parlez, c'est-à-dire à ne plus penser tout à fait de la même façon. C'est à cause de cela que celui qui perd sa langue perd du même coup sa mentalité. C'est à cause de cela aussi que l'angliciseur ou le germaniseur, qui veut arracher son identité au Canadien ou à l'Alsacien, essaie de lui enlever d'abord sa langue [42].

Les Canadiens français doivent leur identité non seulement à la langue commune qu'ils parlent, mais aussi au fait qu'ils sont « un peuple catholique » et « un peuple français d'une lignée d'ancêtres incomparables [43] ». De plus, la nation canadienne-française n'est pas limitée au Québec, mais ses membres sont dispersés sur tout le territoire canadien :

---

[39] Lionel GROULX, « Ce Cinquantenaire », *AF*, I : 7 (1917), p. 196.

[40] Antonio PERRAULT, « Les précurseurs : Edmond de Nevers », *AF*, III : 5 (1919), p. 217.

[41] Pierre HOMIER, « À travers la vie courante », *AF*, II : 6 (1918), p. 285.

[42] Léon LORRAIN, « Parlons mieux », *AF*, I : 6 (1917), p. 170.

[43] Lionel GROULX, « Notre enquête », *AF*, I : 12 (1917), p. 371.

Nous du Québec, foyer, noyau principal, mais non la majorité de la race, songeons toujours que plus de deux millions et demi d'hommes de notre sang vivent en dehors de chez nous. Fraternité veut dire unité et soutien. Que nos frères dispersés ne renient point le vieux foyer; que notre foi, notre histoire, nos traditions nous restent communes [44].

Cette conception pancanadienne de la nation peut expliquer le bilinguisme prôné par *l'Action française*, malgré la mauvaise foi qu'on décèle dans l'attitude des Canadiens anglais. Le bilinguisme assurerait la survivance des îlots francophones qui se sont constitués en dehors du Québec.

Pour inspirer à ses contemporains une foi patriotique plus intense, l'abbé Groulx fit appel aux anciens. Il croyait que l'habitant de la période héroïque de la Nouvelle-France devrait être pris comme modèle par les Canadiens français.

... Ah ! puissions-nous songer que ces hommes et ces femmes furent de notre race et que ces souvenirs peuvent fortifier notre vie intérieure ! Aujourd'hui comme autrefois, nous devons garder le goût des postes périlleux; contre la barbarie nouvelle, nous devons nous préparer aux sacrifices suprêmes pour la défense de la cité française; pour que nos gestes soient continués, nous avons besoin de léguer à nos descendants la poussée des vertus héréditaires [45].

Dollard des Ormeaux était le héros parfait aux yeux de Groulx. En mai 1918, le clerc proposa d'ériger un monument en son honneur. « Les jeunes gens du Canada français, pensait-il, [y] viendront prêter leur serment à la patrie [46]. » Un peu plus d'un an plus tard, Joyberte Soulanges, inspirée par l'enthousiasme de Groulx, lançait l'idée d'un serment que les jeunes gens pourraient prêter. En voici le texte :

Ô Dollard, je t'apporte le serment de mon enfance. Comme toi, je veux être le chevalier de ma race et de ma foi. Par ma vie d'aujourd'hui je veux apprendre le goût des nobles devoirs, l'amour des grands dévouements. Je me souviendrai que le héros est le fruit de nobles semences. Je serai fort, généreux, laborieux, pur dans ma jeunesse, pour être un jour vaillant et héroïque. J'écouterai la voix de la terre, de la patrie, la voix des morts; je laisserai entrer dans mon âme les inspirations de

---

[44] L'ACTION FRANÇAISE, « Mot d'ordre : pour la fraternité française », *AF*, V : 2 (1921), p. 65.

[45] Lionel GROULX, « Ville-Marie », *AF*, I : 5 (1917), p. 137.

[46] IDEM, « Au pays du Dollard », *AF*, II : 5 (1918), p. 211.

notre histoire; je laisserai tout féconder par la prière, par la vertu divine, et, jusqu'au bout, ô mon grand frère, je le promets, je servirai la Nouvelle-France [47].

Pour Groulx, l'histoire constituait un facteur d'identité fondamental pour les Canadiens français.

L'histoire ne conserve point le passé à l'état de matière inerte, stérilisée. Elle conserve et transmet de la vie; elle peut être un multiplicateur de forces. Par elle les vertus et les forces des vivants s'augmentent à chaque génération des forces et des vertus des morts. Sans l'histoire nous ne garderions dans le mystère de nos nerfs et de nos âmes que de vagues tendances, que des vestiges presque informes de la vie et des héroïsmes anciens [...]

En effet, par l'idéal qu'elle maintient et prolonge, par la vision qu'elle donne des buts collectifs, l'histoire fait encore la continuité des générations [48].

Le Canada français doit être fier de son passé. Mais son épanouissement exige qu'il continue à puiser aux sources française et romaine :

Nous demandons la culture romaine et la culture française. La première nous donnera des maîtres de vérité, ceux qui fournissent des règles aux esprits, qui font briller de haut les principes sans lesquels il n'est point de ferme direction, point de fondements sociaux intangibles, point d'ordre permanent, point de peuple assuré de sa fin. Dans l'ordre naturel, la culture de France, l'éducatrice immortelle de nos pensées, achèvera le perfectionnement de nos esprits [49].

Le Canada français, alors, sera prêt à faire face à toutes les situations :

Quoi qu'il advienne demain, que la confédération s'écroule ou se reconstruise sur de nouvelles bases, que nous ayons à choisir entre l'absorption impériale ou l'annexion américaine, que l'une ou l'autre nous soit imposée ou qu'un État français surgisse du morcellement du continent, que notre peuple soit assez robuste, ait accru suffisamment ses forces intègres pour faire face à ses destinées [50].

---

[47] Joyberte SOULANGES, « Le pèlerinage de Jacques », *AF*, III : 11 (1919), p. 513.

[48] Lionel GROULX, « Nos forces nationales : notre histoire », *AF*, II : 8 (1918), p. 344.

[49] IDEM, « Notre doctrine », *AF*, V : 1 (1921), pp. 27-28.

[50] *Ibid.*, p. 31.

6. *Travail et économie*

L'Action française fit campagne pour que le français soit respecté et devienne langue d'usage dans le commerce et l'industrie. Le Père Archambault se montra particulièrement sensible à cette question. Mais il s'agissait pour lui d'un problème de bilinguisme, non d'unilinguisme :

> Nous soutenons que tout client, tout acheteur a droit d'être servi dans sa langue par le fournisseur qu'il favorise. Que nos marchands servent donc en anglais leurs clients anglais, nous en sommes; mais que, par contre, ils se fassent servir à leur tour, en français par leurs fournisseurs [51].

Il encourageait les femmes à faire respecter leur droit de parler français dans les grands magasins de Montréal et à exiger qu'on leur réponde dans leur langue :

> Presque toutes les femmes sont ou acheteuses ou vendeuses. Des premières le devoir est clair et simple. Constamment, où qu'elles soient, qu'elles s'adressent en français au commis. S'il ne peut pas répondre, elles auront au moins montré qu'il y aurait avantage pour lui à savoir le français, qu'il satisferait ainsi plus complètement sa clientèle. Les vendeuses, elles, sont obligées de tenir compte de la langue de leur client. Et de même que nous voulons être servis en français, nous comprenons que d'autres veulent être servis en anglais. Mais avec les nôtres, ou avec les personnes dont elles ignorent la langue, que les vendeuses n'hésitent pas un instant à parler français [52].

L'attitude des entreprises anglophones à l'égard du fait français provoquait une certaine impatience à *l'Action française*. Émile Bruchési, en novembre 1920, en donnait la preuve :

> Tramways, éclairage, énergie électrique, téléphones et télégraphes, transports par terre ou par eau, dans cette province où les Canadiens de race française sont l'immense majorité, tout cela aux mains du capital anglais ou américain et c'est une bataille de chaque jour pour nous, les clients, parce que nous exigeons qu'on nous demande en français l'argent qui servira à payer de gros dividendes [53].

La lutte en faveur du bilinguisme allait de pair avec une campagne en faveur de l'agriculture et de la colonisation. Le retour à la terre, réponse traditionnelle aux problèmes économiques, était

---

[51] Pierre HOMIER, « À travers la vie courante », *AF*, I : 3 (1917), p. 84.
[52] IDEM, « À travers la vie courante », *AF*, III : 1 (1919), p. 26.
[53] Émile BRUCHÉSI, « Au Mexique et chez nous », *AF*, IV : 12 (1920), p. 551.

prêché, en effet, dans les pages de *l'Action française*. Le sénateur
L.-O. David, par exemple, recommanda :

> Aujourd'hui, comme en 1848, les intérêts les plus chers de notre province
> demandent que l'on cherche dans la colonisation et la culture de nos
> terres, le secret de nos destinées nationales. Aujourd'hui comme alors,
> nos seigneurs les évêques et nos citoyens les plus estimables devraient
> organiser la croisade de la colonisation et de l'agriculture, par la chaire
> et la tribune, par la prédication, la plume et la parole, par l'adoption
> de résolutions dans des assemblées publiques. Aujourd'hui comme alors
> le gouvernement répondrait à leur appel, et même s'il était jugé nécessaire
> d'établir une taxe ou de créer un fonds spécial pour le triomphe de la
> plus patriotique, de la plus sainte des causes, notre population ne refu-
> serait pas de faire sa part de sacrifices [54].

Henri Bourassa, pour sa part, mit en relief les rapports qui
existaient, à son avis, entre la religion et la colonisation :

> Dès l'origine, les apôtres de la Nouvelle-France et ses vrais colonisateurs
> ont vu dans le défrichement du sol et l'implantation, à la place de la
> forêt, de fortes et saines familles de colons chrétiens, le moyen *matériel*
> le plus efficace pour favoriser l'extension du royaume de Jésus-Christ
> dans ces dures régions du Nord américain. Il est donc exact de dire qu'à
> leurs yeux la colonisation constituait l'un des principaux appuis *humains*
> de l'action religieuse, le principal peut-être. Tel était, tel devrait être
> encore le mobile inspirateur de tous les protagonistes de la colonisation
> intérieure [55].

Certains nationalistes, toutefois, contestaient ces idées démodées
d'une époque révolue. En août 1917, J.-N. Cabana souligna le rôle
des Caisses populaires dans la vie économique canadienne-française.
Il minimisait l'importance de l'agriculture lorsqu'il écrivait :

> L'homme qui a dit : « Une race, pour être forte, doit être maîtresse des
> institutions qui reçoivent ses épargnes », voyait loin. Et si depuis cent
> cinquante ans, nous avions su mettre en pratique cet axiome, que de
> choses seraient changées !
> Que d'industries auraient été créées, que d'ingénieurs, que de techniciens
> y auraient trouvé asile ! Que d'œuvres auraient pu surgir de cette richesse
> accumulée et multipliée [56] !

Édouard Montpetit, de son côté, était favorable à l'accroissement
du rôle de l'État dans la vie économique. Même s'il n'était pas un

---

[54] L.-O. DAVID, « Colonisation et agriculture », *AF*, I : 5 (1917), p. 131.

[55] Henri BOURASSA, « La Colonisation », *AF*, II : 10 (1918), p. 434.

[56] J.-N. CABANA, « Pour nous et chez nous », *AF*, I : 8 (1917), p. 227.

socialiste, ses idées étaient radicales pour l'époque. En janvier 1919, il résuma sa pensée de la façon suivante :

> Nous pouvons résumer dès maintenant les grandes lignes d'une telle politique :
> Intervention modérée de l'État en vue de concilier les bienfaits de la concentration avec les véritables intérêts du peuple ;
> Instruction professionnelle à tous les degrés ;
> Conservation de la propriété sociale ;
> Développement systématique des ressources nationales ;
> Encouragements à l'agriculture et à l'industrie ;
> Décentralisation administrative et création de ministères provinciaux appropriés aux nouvelles fonctions du gouvernement ;
> Organisation du crédit.
> Dégageons deux articles de ce vaste programme : l'exploitation rationnelle des ressources nationales et l'enseignement professionnel [57].

Pour Montpetit, « la question nationale est devenue une question économique » et le Canada français ne peut survivre qu'en augmentant son influence dans le domaine économique. En janvier 1919, il écrivait :

> Si nous voulons remplir notre rôle et sauvegarder nos origines, nous devons, comme nous avons fait autrefois, lutter avec les armes mêmes dont on nous menace. Lorsque nous aurons acquis la richesse nous pourrons développer en nous la culture française et nous tourner vers la suprême conquête : la puissance intellectuelle. Nous ne survivrons pas autrement [58].

III. — LES ADVERSAIRES

L'Action française croyait que la nation canadienne-française avait des ennemis, non seulement chez les Canadiens anglais, mais en son sein même. Si les Canadiens anglais ne sont pas tous hostiles au fait français, la plupart le sont cependant. On ne peut même pas compter sur les catholiques irlandais. Si on pouvait compter au moins sur tous les Canadiens français ! Malheureusement trop d'entre eux ont une attitude suspecte, qui ne peut que provoquer la méfiance.

---

[57] Édouard MONTPETIT, « Les précurseurs : Errol Bouchette », *AF*, III, 1 (1919), p. 15.

[58] *Ibid.*, p. 20.

Le Canadien anglais est une personne louche pour la quasi-totalité des collaborateurs de *l'Action française*, parce que, contrairement à son concitoyen de langue française, il ne respecte pas les droits d'autrui. L'abbé Groulx en faisait la remarque en juillet 1917 :

> Si le respect du droit est mort en notre pays, n'en sommes-nous pas quelque peu coupables ? Nous avons scrupuleusement respecté le droit des autres. Avons-nous déployé assez d'énergie à défendre le nôtre ? Pendant tout ce demi-siècle n'avons-nous pas manifesté une ignorance phénoménale de la psychologie ethnique [59] ?

En outre, le Canadien anglais fait preuve d'un acharnement sans borne lorsqu'il attaque les Canadiens français. Théophile Hudon en donnait un exemple en janvier 1920, lorsqu'il parlait des problèmes scolaires en Ontario :

> Les difficultés scolaires d'Ontario ont surgi de nos défaites scolaires dans l'Ouest, le Manitoba, la Saskatchewan et l'Alberta. Parce que nous avions été vaincus — et encore, sans les honneurs de la guerre, — on conçut l'idée de nous acculer dans nos derniers retranchements. Ainsi naquit l'imbroglio dans la province voisine [60].

Or, les Canadiens français ne peuvent même pas compter sur l'appui des catholiques irlandais dans leur affrontement avec les Canadiens anglais dont la grande majorité est de foi protestante. Aurèle Gauthier le signala en mai 1921 :

> Il serait naïf de paraître surpris de la position qu'a prise à notre égard un groupe anglo-protestant de l'Ontario. Les antipathies contre le catholicisme, ses hérédités anti-françaises, l'instinct qui lui montre dans le principe des nationalités, le coin qui fera éclater les plus fermes empires, les aspirations mercantiles dont il n'espère le contentement possible que par le moyen d'une culture anglaise intense, un goût de simplification mal servi par la théorie de l'omnipotence de l'État en matière d'instruction au moins profane, autant de motifs, autant de sentiments qui le disposaient, depuis longtemps, à se dresser contre nous, un jour ou l'autre. Que l'étonnement explose, c'est quand on voit les Irlandais s'acoquiner à cet élément si hostile à l'Église [61].

De plus, selon *l'Action française*, la nation canadienne-française compte même des ennemis dans ses rangs. À Montréal, plusieurs

---

[59] Lionel GROULX, « Ce cinquantenaire », *AF*, I : 7 (1917), p. 201.

[60] Théophile HUDON, S.J., « Philippe Landry », *AF*, IV : 1 (1920), p. 15.

[61] Aurèle GAUTHIER, « Au pays de l'Ontario », *AF*, V : 5 (1921), p. 309.

Canadiens français fréquentent des milieux anglais, épousent des non-catholiques et emploient la langue anglaise en affaires. Le Père Archambault fit le point sur la situation en août 1918. À son avis,

les couches profondes de la race — nous sommes heureux de le constater — paraissent toutefois avoir été peu atteintes. L'amour et la fierté de la langue sont encore très vivaces chez le peuple, et si certaines classes moyennes, la classe commerciale en particulier, ont subi la fascination non d'une civilisation, mais d'un système d'affaires étranger, la faute en est à nos dirigeants qui ont trop souvent exalté ses méthodes et adopté sa langue.

De ceux-ci malheureusement, on ne peut dire qu'ils ont gardé intact le patrimoine des aïeux. Au barreau, dans le commerce et l'industrie, dans la haute finance surtout, que de lâchetés, que de reculades, que d'abandons ! Il y aurait là une étude instructive à faire. Je l'entreprendrai peut-être un jour. Je ne veux que noter aujourd'hui, à la suite de plusieurs esprits clairvoyants, une nouvelle et importante étape, dans l'anglicisation de notre ville.

Jusqu'ici les Montréalais qui se détachaient de leur passé agissaient presque toujours, quelle que fût leur situation, comme simples individus. Mariages mixtes, fréquentation habituelle des milieux anglais, encouragement aux institutions étrangères, abandon, au moins en affaires, de la langue maternelle : c'étaient là des cas personnels, affectant directement celui qui les posait, et par répercussion seulement ceux qui se mouvaient dans le cercle de son influence.

Mais voici qu'aujourd'hui ce n'est plus soi-même uniquement qu'on livre, c'est la ville même qu'on habite, et du coup tous ses citoyens français ! Montréal, en effet, est gouverné depuis quelques mois par une commission administrative composée de quatre Canadiens français et d'un Anglais. Or cette commission, depuis qu'elle siège, viole ouvertement les droits de notre langue. Elle a commencé par délibérer en anglais [62].

☆

Les collaborateurs de *l'Action française* des années 1917-1921, presque tous issus des rangs du clergé et de la bourgeoisie libérale, professent les mêmes idées sur certains sujets, mais divergent d'opinion sur d'autres. Ainsi, tous s'entendent sur la nécessité pour les Canadiens français de demeurer catholiques, et d'avoir une progéniture nombreuse, pour demander à la mère de rester à la maison afin de bien éduquer ses enfants, et pour promouvoir le patriotisme chez les jeunes.

---

[62] Pierre HOMIER, « À travers la vie courante », *AF*, II : 8 (1918), pp. 375-376.

L'instruction, cependant, est un sujet de controverse. Alors que certains demandent qu'on adapte l'école à la vie moderne et qu'on y enseigne les sciences naturelles, physiques et sociales, d'autres refusent tout changement. Dans le domaine économique, les anciens insistent pour que l'on accorde plus d'attention à l'agriculture et à la colonisation, alors que les modernes voudraient voir les Canadiens français faire leur chemin dans l'industrie et le commerce. Si la plupart croient au Canada, certains, comme Édouard Lecompte, s.j., expriment le souhait qu' « un jour, un jour lointain », le Canada français puisse s'élever au rang des nations [63].

Groulx entreprit de mettre de l'ordre dans la revue et de lui assurer une plus grande homogénéité de pensée. De 1917 à 1921, il évita de discuter les sujets les plus controversés : l'éducation et l'économique. En même temps, il essaya de modifier la vision que ses contemporains avaient du passé afin qu'ils comprissent mieux le présent. En janvier 1921, par exemple, il présenta un résumé de l'évolution du Canada français :

Ce germe de peuple fut, un jour, profondément atteint dans sa vie; il fut gêné, paralysé dans son développement. Les conséquences de la conquête ont durement pesé sur lui; ses lois, sa langue ont été entamées; sa culture intellectuelle fut longtemps entravée; son système d'éducation a dévié en quelques-unes de ses parties, sacrifié plus qu'il ne convenait à la culture anglaise; son domaine naturel a été envahi, ne le laissant que partiellement maître de ses forces économiques; par l'atmosphère protestante et saxonne ses mœurs privées et publiques ont été contaminées. Un maquillage désolant a recouvert graduellement la physionomie de nos villes et de nos villages, signe implacable de la sujétion des âmes à la loi du conquérant.
Ce mal de la conquête s'est aggravé, depuis 1867, du mal du fédéralisme [64].

Ce paragraphe est à la base de l'idéologie qu'il développa par la suite dans l'*Action française*. Selon lui, la conquête était à la source des maux du Canada français. En mettant l'accent sur cette question, Groulx fit de la revue hétérogène de Héroux « la Revue de l'abbé Groulx », plus homogène et plus vindicative.

Donald SMITH.

[63] Édouard LECOMPTE, « À la source du renouveau », *AF*, I : 4 (1917), p. 105.
[64] Lionel GROULX, « Notre doctrine », *AF*, V : 1 (1921), p. 24.

INDEX

ACHEVÉ D'IMPRIMER
LE TRENTE NOVEMBRE 1973
AUX ATELIERS DE
L'IMPRIMERIE LAFLAMME LTÉE
QUÉBEC, CANADA